人脑基本语言单位
与汉语词库

Basic Unit of Language in the Brain
and Chinese Mental Lexicon

张珊珊 著

陕西新华出版
陕西人民出版社

图书在版编目（CIP）数据

人脑基本语言单位与汉语词库/张珊珊著. —西安：陕西人民出版社，2023.9
ISBN 978-7-224-14947-0

Ⅰ.①人… Ⅱ.①张… Ⅲ.①汉语-语言学 Ⅳ.①H1

中国国家版本馆 CIP 数据核字（2023）第 100637 号

责任编辑：晏 藜 王 倩
封面设计：蒲梦雅

人脑基本语言单位与汉语词库
RENNAO JIBEN YUYAN DANWEI YU HANYU CIKU

作　　者	张珊珊
出版发行	陕西人民出版社
	（西安市北大街 147 号 邮编：710003）
印　　刷	陕西隆昌印刷有限公司
开　　本	787 毫米×1092 毫米　1/16
印　　张	18
字　　数	313 千字
版　　次	2023 年 9 月第 1 版
印　　次	2023 年 9 月第 1 次印刷
书　　号	ISBN 978-7-224-14947-0
定　　价	78.00 元

如有印装质量问题，请与本社联系调换。电话：029-87205094

国家社科基金后期资助项目出版说明

　　后期资助项目是国家社科基金设立的一类重要项目,旨在鼓励广大社科研究者潜心治学,支持基础研究多出优秀成果。它是经过严格评审,从接近完成的科研成果中遴选立项的。为扩大后期资助项目的影响,更好地推动学术发展,促进成果转化,全国哲学社会科学工作办公室按照"统一设计、统一标识、统一版式,形成系列"的总体要求,组织出版国家社科基金后期资助项目成果。

全国哲学社会科学工作办公室

前　言

　　大脑词库(Mental Lexicon)，又叫心理词典，19世纪研究失语症的学者开始注意到这一概念，Treisman(1960)提出了大脑词库的雏形，此后学术界对大脑词库的概念和结构的认识一直处在不断的发展和完善当中。1998年9月，众多研究者相聚在加拿大埃得蒙顿大学召开了第一届大脑词库国际学术研讨会，之后每两年就举行一次。会议上，具备不同学术背景的学者提交了大量与大脑词库研究相关的学术论文，从不同的视角反映了大脑词库研究领域的最新发展动态。近年来，大脑词库研究更是呈现出空前繁荣的发展态势，越来越多的包括语言学家、心理学家、认知神经科学家等在内的很多的学科研究者都加入大脑词库的研究中来，显示出极大的兴趣。大脑词库研究已经成为诸多交叉学科关注的核心问题。

　　学术界对大脑词库如此热衷，是由于被视为当代前沿科学的生命科学、脑科学等对脑与语言关系的高度关注，因为只有语言是人类特有的，而其研究难度和意义也是最大的。脑与语言关系的研究俨然成了矗立在众多尖端学科学术高峰上的皇冠，而大脑词库研究则不啻这顶皇冠上的一颗明珠。就在医学界和心理学界研究者注意到大脑词库研究之后，Chomsky将词库概念深化到语言理论高度。他利用"词库"这一概念将词汇从短语结构规则中分离出去，使得词库成为其理论体系中与生成规则平起平坐的独立组成部分。生成语法理论的后期阶段更是将各种句法形态信息都作为词库的组成部分，使得词库的规模和作用急剧膨胀。词库当中的词条因而有了许多特征，这就为词条被选择进入句子提供了特征核查的可能(Chomsky,1995)。目前所有关注脑与语言关系的各学科学者都毋庸置疑地认为是大脑词库和语法一起组成了人类语言(Pinker,1995)，这就使词库研究同时具备了理论语言学和神经语言学的双重意义。

　　由于印欧语一般都具有比较复杂的形态变化，因此印欧语大脑词库的研究首先是关注纷繁复杂的形态变化，直到现在，国外大脑词库研究的核心问题仍然是形态问题。形态的研究不仅牵涉到多层级语言单位，而且与研究者对大脑词库的模型建构也有密切的联系，只有找到大脑词库中存储和提取的基本单位，并以此为基础的大脑词库模型建构才是合理的。国外大脑词库研究在关注形态加工的同时，还从不同角度对大脑词库中的语言单位进行了探讨，尤其是对词库中的基本语言单位问题进行了实验心理学、理论语言学等多方面的研究，发现了不同层级的启动效应，但是始终未能在存取的基本语言单位问题上达成一致。值得一提的是，对印欧语大脑词库存取问题的研究一般集中在词和语素两个层级上，但对于哪一级单位更有可能是大脑词库中存取的基本语言单位，以及作为语素的词干和词缀在大脑词库中的地位是否相同等问题，学界尚未形成统一意见。

汉语的情况又有不同。汉语没有复杂的形态变化，汉语中词的概念一直到现代语言学阶段才真正建立起来，之前的汉语研究都以字为中心，因此，汉语语言单位的问题在学术界存在一定争议。虽然《马氏文通》建立了第一个汉语语法体系，但汉语究竟存在哪些层级的语言单位以及它们之间的关系一直都是汉语语法研究中的核心问题。语法分析应该以语素为基本单位，还是以字、词或是短语为基本单位？汉语的语法体系与形态丰富的印欧系语言有着怎样的差别？语言学家们运用内省的方法构造着汉语语法系统，不过至今都没有达成共识，其实问题最后都得归结到汉语应该建立以何种语言单位为基本单位的语法体系，以及如何以神经生物学为背景确定语言的基本单位。而汉语大脑词库中语言单位的提取和存储问题正是从语言加工的神经机制研究角度出发来寻找答案的。

本书选择"人脑基本语言单位和汉语词库"问题进行研究，一方面考虑大脑词库中基本语言单位问题在当前科学体系、脑与语言关系研究中的核心地位，另一方面这一研究也可为大脑词库研究提供不同于印欧系语言的汉语视角的观照，并关注汉语词库系统的建立。汉语具备不同于印欧语的许多特征，如没有复杂的形态变化，汉字具有表意功能等。汉语大脑词库应当具有什么样的特点，无疑对其他语言，乃至普遍语言的词库研究都具有重要意义。汉语大脑词库中语言单位存取的研究对神经语言学来说也具有核心意义。一方面词库中究竟有哪几级语言单位，以何种语言单位为基本单位，词库中的基本语言单位具有哪些具体特征，与语法、语义、语用等相关的特征究竟是否存在于大脑词库中，词库中语音、语义和字形等下位库以及它们之间的关系如何确立，整个词库中复杂结构关系该如何构建，都需要通过大脑词库以哪一级语言单位存取来重新衡定；另一方面语言要实现其基本的交际功能，就必须理解和生成句子，词库如何实现与句子的对接，或是与哪一单位对接，也需要以大脑词库存取的语言单位的研究作为前提。在汉语大脑词库语言单位的存取研究中，有人认为存取的基本语言单位是汉字，还有人认为是语素，也有人认为是词，甚至有人认为笔画也应当是词库中的基本单位,因为这些因素在识别汉语中都具有一定的效应。但是,具有效应并不能成为汉语大脑词库存取语言单位的判断标准,而只能作为参照性的证据,在考察语言单位的存取时需要考虑到它们的影响作用。判断什么才是汉语大脑词库中存取的基本语言单位,需要从多层级语言加工角度来论证。这一研究状态提醒我们需要对大脑词库做进一步深入研究。

本书从语言加工的神经机制角度来研究汉语大脑词库中的基本语言单位和汉语词库系统。考虑到汉语的特殊性,我们的研究从单音节和双音节两个层面来切入,主要运用神经电生理学技术手段,即事件相关电位(Event-Related Potentials,简称为ERPs),它目前已经被广泛应用于心理学、生理学、神经科学、神经语言学等众多研究领域,被称为"观察脑功能的窗口"。我们设计了一系列实验来考察汉语大脑词库语言单位的加工情况,比较并分析各层级语言单位加工特征,并进而研究汉语词库系统。

全书共分九章,第一章和第二章介绍汉语语言单位和国内外大脑词库相关问题的研究现状;第三章介绍ERPs的工作原理、分析指标以及本书的实验说明;第四章至第七章是从提取和存储两种认知加工方式角度考察汉语的语言单位,综合分析汉语词库可能的基本语言单位这一核心问题,并讨论与此相关的一些理论问题,共包括六个ERPs实验;第八章以离合词加工为切入点(实验七)探讨词法与句法加工特点,分析汉语词库系统的特征,并构拟汉语词库模型;第九章为结语。

总体来说,本书较为全面细致地对汉语大脑词库提取和存储的基本语言单位做了深入研究,研究创新性主要体现在两个方面。一方面,学术界对操汉语者大脑中的基本语言单位问题研究很少,迄今为止还没有人用ERPs的手段对汉语词库中语言单位的提取和存储进行如此全面系统的研究;另一方面,运用ERPs这一神经电生理手段分析汉语的语言理论问题,从语言的神经机制角度出发,探讨汉语语言单位加工的神经基础,可以为语言理论问题的解决提供确凿证据,在语言学理论的研究上也具有一定的创新意义。但是我们仍然有些问题没有能够深入研究,如词的内部分类不够详细,没能从构词法的角度来分析词的加工特点,也没将构成语素的自由和黏着作为变量考察对词加工的影响,另外,研究角度和研究手段有局限,如实验只涉及视觉加工,缺乏听觉加工的研究,这些问题都有待以后进一步研究。

本书是在我博士论文的基础上,几经修改增补完成的。书稿中有些内容曾发表于《外语与外语教学》《语言科学》等杂志,已在行文中一一注明。

书稿能够完成,首先要感谢我的导师杨亦鸣先生,是老师带领我走入神经语言学的殿堂,让我领略到科学研究的无限风光,并指引我一直走到今天!本书实验均在江苏师范大学语言科学与艺术学院、语言与认知神经科学江苏省重点实验室完成,感谢神经语言学研究同仁刘涛、赵仑、耿立波、顾介鑫、马鹏举等同志在实验讨论和庞杂数据处理方面给予我的无私帮助!感谢陕西人民出版社编辑对我书稿倾注的心血!感谢我的多位硕士研究生褚丹娜、王敏、杨先行、顾诗瑜、周易、田宇宇等帮助我完成最终书稿校定!

本书的出版得到了国家社会科学基金后期资助项目(13FYY010)和教育部人文社会科学规划基金项目(12YJA740106)的资助,谨致谢忱!

限于时间、精力和能力,拙作中定有不妥与错误之处,恳请广大读者批评指正!

目 录

第一章　汉语的语言单位问题研究现状 …… 1
第一节　汉语的语言单位 …… 1
一、从"字"到"词" …… 1
二、"词"与"字"的分离 …… 3
三、"词""语"的争论 …… 4
第二节　一种特殊类型的语言单位:离合词 …… 6
一、"离合词"的概念 …… 6
二、离合词的界定标准 …… 9
三、本文对"离合词"的理解和界定 …… 10
第三节　"本位观" …… 10
一、"本位"的概念 …… 10
二、"本位"理论 …… 11
第四节　本研究对汉语语言单位的划分和界定 …… 12

第二章　大脑词库中基本语言单位问题研究现状 …… 14
第一节　大脑词库问题国内外研究现状 …… 14
一、语言学研究视野中词库与大脑的关系 …… 14
二、大脑词库的概念与内涵 …… 16
三、大脑词库的研究历史与现状 …… 19
第二节　大脑词库研究的核心问题 …… 22
一、形态加工依赖的是运算还是存储? …… 22
二、词的加工是否从形态上进行分解? …… 24
三、复杂形态的加工 …… 25
四、形态加工中的语义效应 …… 27
第三节　与大脑词库相关的模型和假说 …… 30
一、层次网络模型与扩展激活模型 …… 30
二、跳石模型和瀑布模型或瀑布状模型 …… 32
三、语素通达模型或词缀剥离模型 …… 32

四、词汇通达模型和完整列出假说 …………………………… 33
　　五、地址化形态模型和扩展的地址化形态模型 ……………… 34
　　六、依赖词的语音和形态为基础的混合模型 ………………… 35
第四节　大脑词库提取的基本语言单位问题研究现状 ………… 35
　　一、对汉语之外其他语言大脑词库提取的基本语言单位研究 … 37
　　二、汉语大脑词库提取的基本语言单位研究 ………………… 39
第五节　大脑词库存储的基本语言单位问题研究现状 ………… 42
　　一、对汉语之外其他语言的大脑词库存储的基本语言单位研究 … 42
　　二、汉语大脑词库存储的基本语言单位研究 ………………… 44
第六节　研究方法 ……………………………………………… 48
　　一、理论语言学研究方法 ……………………………………… 49
　　二、心理语言学方法 …………………………………………… 49
　　三、神经语言学方法 …………………………………………… 50

第三章　事件相关电位技术以及与实验相关的说明 ………… 54
第一节　ERPs 的基本原理和数据离线分析 …………………… 54
第二节　与语言相关的 ERPs 成分 ……………………………… 56
　　一、早期成分和外源性成分 …………………………………… 56
　　二、P2 成分 …………………………………………………… 57
　　三、N400 成分 ………………………………………………… 58
　　四、LPC 成分 …………………………………………………… 60
第三节　ERPs 成分的效应研究 ………………………………… 61
　　一、新旧效应 …………………………………………………… 61
　　二、相继记忆效应 ……………………………………………… 62
第四节　ERPs 的优点和限制 …………………………………… 63
第五节　与实验相关的说明 …………………………………… 64
　　一、本研究的实验假设 ………………………………………… 64
　　二、实验设计及实验范式 ……………………………………… 65
　　三、实验语料选择和编排 ……………………………………… 67
　　四、关于预实验 ………………………………………………… 67

第四章　汉语单音节语言单位提取的神经加工机制研究 …… 69
第一节　实验一：汉语单音节语言单位的内隐提取 …………… 70
　　一、被试和实验语料 …………………………………………… 71
　　二、实验设计和程序 …………………………………………… 71

三、脑电记录与获得 …………………………………………… 72
　　四、数据处理和分析 …………………………………………… 72
　　五、实验结果 …………………………………………………… 73
　　六、分析和讨论 ………………………………………………… 77
　　七、小结 ………………………………………………………… 83
第二节　实验二：基于再认的汉语单音节语言单位的外显提取 … 83
　　一、被试和实验语料 …………………………………………… 83
　　二、实验设计和程序 …………………………………………… 84
　　三、脑电记录与获得 …………………………………………… 85
　　四、数据处理和分析 …………………………………………… 85
　　五、实验结果 …………………………………………………… 86
　　六、分析与讨论 ………………………………………………… 94
　　七、小结 ………………………………………………………… 98
第三节　综合分析与讨论 …………………………………………… 99
　　一、无意义的字的提取机制 …………………………………… 99
　　二、词和非自由语素的提取机制及其存储关系 …………… 101
第四节　本章结论 ………………………………………………… 102

第五章　汉语双音节语言单位提取的神经加工机制研究 ………… 104
第一节　实验三：汉语双音节语言单位的内隐提取 …………… 106
　　一、被试和实验语料 ………………………………………… 106
　　二、实验设计和程序 ………………………………………… 106
　　三、脑电记录与获得 ………………………………………… 107
　　四、数据处理和分析 ………………………………………… 107
　　五、实验结果 ………………………………………………… 108
　　六、分析和讨论 ……………………………………………… 111
　　七、小结 ……………………………………………………… 117
第二节　实验四：基于再认的汉语双音节语言单位的外显提取 … 117
　　一、被试和实验语料 ………………………………………… 117
　　二、实验设计和程序 ………………………………………… 118
　　三、脑电记录与获得 ………………………………………… 118
　　四、数据处理和分析 ………………………………………… 118
　　五、实验结果 ………………………………………………… 119
　　六、分析和讨论 ……………………………………………… 127

七、小结 …………………………………………………… 131
　第三节　综合分析和讨论 ………………………………………… 131
　　一、单纯词和合成词的提取加工 …………………………… 131
　　二、词与短语的差异 ………………………………………… 132
　第四节　本章结论 ………………………………………………… 133

第六章　汉语单双音节语言单位存储的神经加工机制研究 …… 134
　第一节　实验五：汉语单音节语言单位的记忆编码存储 ……… 137
　　一、被试和实验语料 ………………………………………… 137
　　二、实验设计和程序 ………………………………………… 137
　　三、脑电记录与获得 ………………………………………… 138
　　四、数据处理和分析 ………………………………………… 138
　　五、实验结果 ………………………………………………… 139
　　六、分析和讨论 ……………………………………………… 146
　　七、小结 ……………………………………………………… 157
　第二节　实验六：汉语双音节语言单位的记忆编码存储 ……… 158
　　一、被试和实验语料 ………………………………………… 158
　　二、实验设计和程序 ………………………………………… 159
　　三、脑电记录与获得 ………………………………………… 159
　　四、数据处理和分析 ………………………………………… 159
　　五、实验结果 ………………………………………………… 160
　　六、分析和讨论 ……………………………………………… 165
　第三节　本章结论 ………………………………………………… 168

第七章　汉语基本语言单位的神经机制以及相关问题 ………… 169
　第一节　汉语词库中基本语言单位的确立 ……………………… 169
　　一、词库的语言单位中不包括句子 ………………………… 169
　　二、不支持字是汉语词库的基本语言单位 ………………… 170
　　三、语素也不能成为汉语大脑词库的基本语言单位 ……… 173
　　四、词更有可能是汉语词库的基本语言单位 ……………… 176
　　五、短语不可能是汉语词库的基本语言单位 ……………… 179
　第二节　汉语基本语言单位加工的神经机制 …………………… 180
　　一、汉语基本语言单位提取的神经机制 …………………… 180
　　二、汉语基本语言单位存储的神经机制 …………………… 183
　第三节　基本语言单位和后备程序的关系 ……………………… 185

第四节　相关语言理论问题的探讨 …………………… 186
　　　　一、语言单位加工的神经机制和"本位观" …………… 186
　　　　二、语素和构词法 ……………………………………… 187

第八章　汉语词库研究 ……………………………………… 190
　　第一节　词库的争论与证据 …………………………… 191
　　　　一、有词库观 …………………………………………… 193
　　　　二、无词库观 …………………………………………… 196
　　第二节　实验七：汉语词法与句法的接口及词库特征研究 …… 197
　　　　一、被试和实验语料 …………………………………… 202
　　　　二、实验设计和程序 …………………………………… 203
　　　　三、脑电记录与获得 …………………………………… 203
　　　　四、数据处理和分析 …………………………………… 203
　　　　五、实验结果 …………………………………………… 204
　　　　六、分析与讨论 ………………………………………… 207
　　　　七、小结 ………………………………………………… 214
　　第三节　汉语语言单位存取条件下的词库特征 ……… 215
　　第四节　汉语词库特征及其模型构拟 ………………… 219
　　　　一、以词汇加工为基础提出的大脑词库的模型及争论 … 219
　　　　二、汉语大脑词库的特征 ……………………………… 223
　　　　三、汉语词库模型构拟 ………………………………… 225
　　第五节　本章结论 ……………………………………… 228

第九章　结语 ………………………………………………… 230
　　第一节　主要结论 ……………………………………… 230
　　　　一、关于汉语词库的基本语言单位的结论 …………… 230
　　　　二、汉语语言单位提取加工的结论 …………………… 231
　　　　三、汉语语言单位存储加工的结论 …………………… 232
　　　　四、语言加工与 ERP 指标 …………………………… 233
　　　　五、与汉语理论相关的结论 …………………………… 233
　　　　六、有关汉语词库的结论 ……………………………… 234
　　第二节　有待探讨的问题 ……………………………… 234

参考文献 ……………………………………………………… 236

图清单

图 1　ERPs 提取原理图（引自魏景汉等，2002）················ 55
图 2　三类单音节语言单位的 ERPs(CP3、CP4) ················ 75
图 3　三类单音节语言单位 280—370ms 时段平均波幅的地形图 ··· 75
图 4　三类单音节语言单位的 ERPs 总平均图(C3、C4、FP1、FP2) ··· 77
图 5　三类单音节语言单位 450—650ms 时段平均波幅的地形图 ··· 77
图 6　三类单音节语言单位再认阶段的 ERPs ················ 88
图 7　词的新旧效应(FP1、FP2) ·························· 89
图 8　词的新旧效应(P3、P4) ···························· 89
图 9　非自由语素的新旧效应(P3、P4) ···················· 90
图 10　非自由语素的新旧效应(FP1、FP2) ················ 91
图 11　无意义的字的新旧效应(P3、P4) ·················· 92
图 12　无意义的字的新旧效应(FP1、FP2) ················ 92
图 13　三类单音节语言单位旧项减新项的差异波 ·········· 93
图 14　三类单音节语言单位旧项减新项的差异波地形图 ···· 94
图 15　三类双音节语言单位的 ERPs(FP1、FP2) ············ 109
图 16　三类双音节语言单位 110—240ms 时段平均波幅的地形图 ··· 109
图 17　三类双音节语言单位的 ERPs(FC3、FC4) ············ 110
图 18　三类双音节语言单位 270—320ms 时段平均波幅的地形图 ··· 110
图 19　三类双音节语言单位再认阶段的 ERPs ·············· 121
图 20　单纯词的新旧效应(P3、P4) ······················ 123
图 21　合成词的新旧效应(P3、P4) ······················ 124
图 22　短语的新旧效应(F3、F4) ························ 125
图 23　短语的新旧效应(P3、P4) ························ 125
图 24　短语的新旧效应(C3、C4) ························ 125
图 25　三类双音节语言单位旧项减新项的差异波(FZ、CZ) ··· 126
图 26　三类双音节语言单位旧项减新项的差异波(CPZ、PZ) ·· 126
图 27　三类双音节语言单位 380—600ms 时段旧项减新项的差异
　　　波地形图 ·· 127

图 28　正确记忆的三类单音节语言单位的 ERPs(O1、O2) ············ 140
图 29　三类单音节语言单位的 ERPs(F7、F8、C3、C4) ················ 141
图 30　三类单音节语言单位的 ERPs(P3、P4) ·························· 142
图 31　词的 DM 效应(F3、F4、CZ、CPZ) ······························· 143
图 32　词(记住减未记住差异波地形图) ·································· 144
图 33　非自由语素的 DM 效应(F3、F4、FZ、FCZ) ···················· 144
图 34　非自由语素(记住减未记住差异波地形图) ······················ 145
图 35　无意义的字的 DM 效应(P3、P4、CPZ、PZ) ···················· 146
图 36　无意义的字(记住减未记住差异波地形图) ······················ 146
图 37　三类双音节语言单位的 ERPs(FC3、FC4) ······················ 161
图 38　三类双音节语言单位的 ERPs(CP3、CP4) ······················ 162
图 39　单纯词的 DM 效应(F3、F4) ······································ 163
图 40　短语的 DM 效应(F7、F8) ·· 164
图 41　短语的 DM 效应(CZ、PZ) ·· 164
图 42　三类双音节语言单位差异波地形图 ······························· 165
图 43　转引自 Gow(2012) ·· 195
图 44　三类双音节语言单位的 P200 成分(F3、F4) ···················· 205
图 45　三类双音节语言单位的 N400 成分(FC3、FC4) ················ 206
图 46　三类双音节语言单位的 P600 成分(C3、C4) ···················· 206
图 47　汉语词库模型构拟 ·· 228

表清单

表 1　三类单音节语言单位行为数据统计表 …………………… 74
表 2　再认阶段三类单音节语言单位新旧项目行为数据统计表 …… 86
表 3　三类双音节语言单位的反应时和正确率 ………………… 108
表 4　再认阶段三类双音节语言单位旧项目数据统计表 ……… 120
表 5　再认阶段三类双音节语言单位新旧项目行为数据统计表 …… 120
表 6　再认阶段三类单音节语言单位的反应时和正确率 ……… 139
表 7　再认阶段三类双音节语言单位的反应时和正确率 ……… 160
表 8　三类语言单位的平均反应时和正确率 …………………… 204

第一章　汉语的语言单位问题研究现状

第一节　汉语的语言单位

汉语中存在哪些语言单位？这些语言单位又有着怎样的特点？互相之间有着怎样的关系？哪一层级的语言单位适合作为汉语语法体系的基本语言单位？这些问题在语言学界一直是众说纷纭，意见并不一致。自1898年《马氏文通》出版以来，中国汉语语言学的研究开始受到西方语言学理论的强烈冲击，一百多年来，学界对汉语语言单位的研究经历了一个发展的认识过程。众多语言学家运用内省式方法结合语言理论的分析，围绕汉语语言单位问题展开了深入研究，出现了多次学术争论和学术大讨论。下面简要综述汉语语言单位相关问题的研究。

一、从"字"到"词"

学界对汉语语言单位的研究经历了从"字"到"词"的认识转变。"小学"是中国传统语文学的研究核心，"字"是基本单位，因此语言研究的内容也从"字"出发，研究它的形、音、义，即从文字、音韵和训诂三个方面进行研究。1898年《马氏文通》问世，它的出现为中国的语言学发展揭开了崭新的一页，它是我国第一部语法学专著，引入了西方语法研究的内容，打破了中国语言研究的传统格局，仿照西方语法的分析方法对汉语语言单位进行划分，主要提出了"字""词""次""句""读"这几类语言单位，由于马建忠长期受中国传统语文学熏陶，他没有放弃"字"的概念。但是王海棻（1998：1，69）认为，"《文通》所说的'字'，有两种不同的含义：一是指文字，即汉字；一是指能独立运用的语言单位，即词"，而"《文通》的词相当于今天所说的句子成分"。于是，"字"有了不同的意义。金兆梓（1922/1983）明确把语法单位分成字、字群和句，他指出，"文法上的一个字并不是限定在一个个方块的字，乃是'意义的最后独立单位'。例如'伯劳飞燕各东西'一句内，我们可以把他分解为'伯劳''飞''燕''各''东''西'六个最后的单位。这六个单位中只有'伯劳'是拿两个方块的字做成的结合语。但是此语形式上虽然是有两个方块的字，若把他再去分开做'伯''劳'两字,在形式上固然可以独立存在,而意义却与联结时完全不相干,……可见'伯''劳'两字在此句内分解不开,必须结合两个字才能算一个'意义的最后独立单位'。所以虽然看似两个字,只能当他一个单位——就是文法上的字"。可见,金兆梓所说的"字"相当于章士钊(1907/1935)所指的"词"的概念,另外,他认为,"字群"在句中的功用也相当于"字","字群在句里,按着他的文法和作用,亦可分别支配入……各词品中"。

"词"的概念在这个时期被明确提出。章士钊在《中等国文典》(1907/1935)中将句子的基本结构单位明确地称为词,他在讨论词的性质特点以及字词关系等问题的基础上,指出汉语句法单位有字、词、句和短语,对字、词和句做了详细区分,"句,集字而成者。如《孟子》云:'齐宣王见孟子于雪宫',共九字为一句。分视之则为字,合观之则为句,此字与句之区别也。右所引句,共九字也,而自文法上视之,则'孟子''齐宣王''雪宫',皆名词;'见',动词;'于',前置介词。名词三,动词一,前置介词一,共五词也。是一字可为一词(如'见'字为动词,'于'字为前置介词之类),而一词不必为一字(如'齐宣王'三字,'孟子'两字,始为一名词之类),泛论之则为字,而以文法规定之则为词。此字词之区别也"。章士钊着重于给词进行分类,但是从他的语法体系中已经可以明确地看出汉语的语法层次体系。黎锦熙(1924/2000:15)认为,字就是一个一个的单字。词就是说话的时候表示思想中一个观念的语词。很多时候,汉语中一个字就是一个词,如"人"等。有的时候要两个字组合起来才成为一个词,而他把两个以上的词组合起来还没有成句的,称为短语,简称"语"。句子指的是能够表示思想中一个完全的意思。黎锦熙先生对字、词、短语和句子这几个语言单位进行了界定,并且还与英文中的 syllable、word、phrase 和 sentence 进行了对比,指出了其中的差异,尤其是字与 syllable,他认为 syllable 是"就声音的一个单节说的;若就文字形体的方面来说,现代国语中的单字,多数也就可以说是 Character。但必须成了意义确定的语词,才可以说是 word"。刘复(1939)提出了字、词和句这三种语法单位,他认为,字、词和句分别对应于英文的 words、phrases 和 sentences,字是意义的最后的独立的单位,句是意义的独立的单位。在词、短语和句子几个概念的认识上,他与黎锦熙先生的观点一致。

总之,在词的概念被引入后,学界开始有意识地将汉语与其他语言进行比较,并开始尝试建立具有共性的语法单位体系,但是汉语自身的特点使得研究者并不能放弃字的概念,语言单位的概念中包括了字、词、短语和句子。

二、"词"与"字"的分离

20世纪50年代初期,汉语学界对词展开了大讨论。讨论中,大家认识到明确字和词这两个不同性质的单位对于语法研究的重要意义,"词"语法单位的身份得到了正式的认可,也成为人们研究词汇和语法的基本单位。曹伯韩(1951)认为,"过去所谓'积字而成句'的观念是不对的。一个个的方块字只能代表一个个的音节。它们并不能算作文法上的基本单位。文法上的基本单位是词儿……"吕叔湘等(1952:7)首先肯定,"构成句子的是词,不是字",并区别"字是形体和声音的单位,词是意义的单位"。后来吕叔湘(1953:3)明确指出:"语言的最小的独立运用的单位是词,而文字的最小的独立运用的单位是字。一个词可能只有一个字,也可以不止一个字。"

通过这次大讨论,人们对字和词的概念都有了清楚的认识,并进而提出必须要区分字和词,正确看待字和词的关系。王力(1954/1984)认为,中国语法里有字和词的区别。词相当于英文的 word,而字可以译成 a syllable represented by a character。他还用"语言的最小意义单位"来定义词。吕叔湘(1947/1982)指出,"字"和"词"是很有分别的,每个字只代表一个音缀,可以成为一个词,可以不成为一个词。词有意义单位和表现单位之分。而且,他还强调,复合的词只是最小的表现单位,不是最小的意义单位,而单纯词同时兼为意义单位和表现单位,这说明单纯词既是词也是语素,同时还强调了词与语素的差别。他的这一观点在今后的文章中也得到了体现,对后来学术界产生了重要影响。吕叔湘(1979/1999:501)认为,语素、词、短语(包括主谓短语)是语言的静态单位,他同时将介乎词和短语之间的短语词也包括在静态单位中,其中语素是基本单位。语言的动态单位包括小句和句子,其中小句是基本单位。这一观点更是确定了词在汉语和汉语研究中的地位,并将字从汉语语言单位中直接剥除出去。

更值得一提的是,学界对语言单位认识的更新,不得不归功于语素观念的引进。陈望道(1940a/1997)首先引进了"语素"的概念,他首先采用了"辞素"和"语素"的名称,"我们要连写的是辞构成或语构成的成分,就是辞素或语素"(陈望道,1940a/1997:425)。不久之后,他又提出"规定'语'为单位名称,'字'为单字多字的通称","规定辞为单辞多辞的通称,句为辞成句者的特称"(陈望道,1940b/1997b:439)。他用语代替了词的概念。后来,陈文彬(1953)使用了"词素"这个概念,区分"基本词素"和"附加词素"。陆志韦(1957)一方面强调构成词的是词素而不是字,另一方面在实际的叙述中对字和词素又不加分辨,他提出"字不单是指单音节的,也可以是多音节的",因此,他在理论上对词素的理解和他在实际的操作中还是有不一致情形的。研究引发了20世纪50年代对词素、语素和字的大讨论。在这场讨论中出现了几种观点,有的认为构词单位是词素,而不是字,要分清字、词素和词这三个概念,这种意见以张寿康(1957)为代表;有的反对以"词素"代替"字",认为"字"在汉语的构词学中占有重要地位,它不仅是文字的形体单位,同时也是语言的声音单位,这种观点以杨柳桥(1957)为代表;有的一方面主张构成一般的词成分的是词素,另一方面在分析"简称"时却认为它们的构成成分是"字",这种观点以许威汉(1959)等为代表。经过大讨论,汉语学界确立了语素的概念。朱德熙(1961)明确提出用"语素"来代替"词素"翻译英语 morpheme,这种术语的更换是有理由的,因为词素是从词分离出来的,但是在许多语言里把一个语言片段分析成语素往往比分析成词来得容易。后来,吕叔湘(1979/1999)首次把语素、词、短语、小句和句子这五级单位引进汉语语法研究,还特别强调语素的重要性,认为语素比词素好,"最小的语法单位是语素","语素可以定义为'最小的语音语义结合体'",而且从划分上指出词素与语素的差别,语素的划分可以在词的划分之前,但是词素的划分在词的划分之后(吕叔湘,1979/1999:489)。这种说法很有道理,之后学界就普遍接受并采用"语素"这一术语。

三、"词""语"的争论

词与短语的界限和区分在20世纪90年代左右基本达成了共识。章士钊在20世纪初最早提出了"短语"的概念,之后黎锦熙(1924/2000)也提出了"短语"和"词"的概念。王力(1954/1984)提出比词大一级的语言单位——仂语,他认为"凡两个以上的实词相联结,构成一个复合的意义单位者,叫作仂语",提出用插入法、转换法来区分二者,而在界限不清的情况下,他认为"宁可认两词的联结为仂语,因为中国语到底是以单音词为主的"。到了20世纪50年代,学术界对词与短语的界限问题展开了更为深入的讨论。胡附、文炼(1990)认为要从实际语言运用中去区分词与词组,对于词和仂语两可的语言单位,他们的观点与王力的不同,认为应该把它看作是词,因为"原则上词是不允许隔开的,把仂语误认作词,充其量没有隔开来罢了,语法上不致发生错误。仂语是允许隔开来用的,把词误认作仂语,一个不小心,就会发生分裂双音词的毛病"。曹伯韩(1954)认为"两个字经常结合在一起,独立运用,音节又是汉语词中普遍存在的双音节,我们就应该认为是复合词,不认为是短语"。张世禄(1956a、1956b)认为,"词是由一个或几个音构成,用来表明一定的意义的",而"词组是说话的时候,为着表达意思,总是运用一些词,按照一定的规则,把它们联结配置起来,构成一个个的语言组织",他认为词是由词组凝固成的。吕叔湘(1979/1999)也对词与短语的界限问题进行了探讨,并提出了一些疑问,揭示了词和短语区分问题上的词汇标准和语法标准的矛盾,以及口语和书面语的矛盾。他认为,语法原则和词汇原则在划分词和短语时有时候有矛盾。两个原则各有侧重点,前者强调组合不容易拆开,其组成部分也不能随意进行扩展,而后者强调这个组合不太长,最好有比较统一的意义,他设想"如果能用不同的名称来称呼'语法的词'和'词汇的词',这个矛盾就解决了",不过可惜的是,现在还没有一个名称可以共用。他还将词和短语的中间物称为"基本短语"或"短语词"(吕叔湘,1979/1999:502-503)。

之后,王宗炎(1981)专门发表了一篇对吕叔湘论文的书评,文章的中心问题就是语素、词和短语如何划界的问题。他指出,辨认一个项目是词还是短语,不能只看其中有没有"的"字,不能只看功能或结构,而要看它在意义上有没有单一性。意义单一性的词,只能是词,而不可能是短语。但是,没有意义单一性的"大树""大车(对小车而言)""老实人"等,无论在词汇上还是语法上都是短语,不是词。对于词加后缀再加后缀的语法单位,如"我们的",王宗炎认为在语法上是词,不是短语,而介词加宾语的语法单位,如"从这里",在语法上认为是短语。他仍然用意义作为标准来区别。词与短语最难区分开的原因就在于复合词与短语的界限,王宗炎认为,由不单用成分加单用成分构成的只能是词,由单用成分加单用成分构成的可以是词,也可以是短语。因此,"驼毛""人造革"等是词,"羊毛""鸡蛋""人造丝"等可以是词,也可以是短语。王宗炎拓宽了词的范围标准,试图采用兼属的方法来解决词与短语之间的界限问题,但其实也没能真正解决问题。但这些研究对词与短语的性质以及划分标准等问题进行了充分讨论,为后来学者区分词与短语提供了认识基础。

黄伯荣等(1993)认为,短语是词和词的语法组合。它表示一定的意义,也是造句成分,能单说,也能够单用,但它不是最小的能够独立运用的单位。这一说法的提出不仅说明了词与短语的概念,更重要的是明确了词与短语的关系。张斌(2003)认为复合词与短语的区别有时模糊不清,短语是词和词结合起来构成的,但是词与词联在一起并非都是词。他提出采用王力的"插入法"(也就是扩展法)区分词与短语,并且在插入别的词之后,不仅要保持基本结构,而且不能改变原来的意义,如"大雨"可以说成

"大的雨",是短语,而"大衣"不能说成"大的衣",则是词。但是,张斌认为用扩展法来区分也会遇到麻烦,如一些偏正结构在甲场合可以扩展,但在乙场合却不能扩展,一些动宾结构,即离合词,这些结构中的两个语素大多有一个不能单说的语素,似乎看成词更合理,但在插入了别的词语之后,宜当作短语。张斌(2003)通过对这些结构的分析认为,如果我们只是考虑语法教学的方便,可以采用一些简单的区分原则,也就是说,这些结构没有隔开使用时它是词,隔开用的时候就是短语。

词与短语概念的认识,尤其是对于二者界限以及区别方法的讨论使得汉语中词与短语的关系得到了进一步明晰,也确立了汉语具有不同层级语言单位的观点。

第二节　一种特殊类型的语言单位:离合词

离合词是现代汉语中一种常见的特殊语言现象,离合词究竟是一种怎样的语言单位,是词还是短语,或者它根本就是一种独立的语言单位呢?离合词是词和短语之间需要界定的一个特殊范畴,它的存在与词和短语的界定标准有着密切的关联,它也是研究词法和句法关系的一个切入点。下面简要介绍离合词的概念和界定标准。

一、"离合词"的概念

最早明确提出"离合词"概念的是吕叔湘,他在文章《"停"是词吗?"止"不是词吗?》中指出,由于汉语的历史演变导致了这种现象的出现,有不少字一般都是不单独使用的,可是如果有了上下文,就可以单用,吕先生举了"止"这个例子,他认为在"到……止"格式里就是这样的,还有诸如"诉"和"苦"等,他认为有些语言学家称这种现象为"可分离词"是一种解决方法,但是也认为划定范围会是比较难的一件事情。在这篇文章里,吕叔湘认为这是解决像"止"是否为词这种问题的一种方法。(吕叔湘,1955)其实在这之前,有些语言学家已经注意到动宾结构的分离现象,陈望道在《语文运动的回顾和展望》一文中就发现"上当""捣乱""生气"等"成语"经常将"对象辞"插在其中,成为"上他的当""捣我的乱""生我的气"这样的语言现象,但是他没有做进一步的解释和分析,只是提出了这一语言现象(陈望道,1940c/1997)。林汉达(1953)在《动词的连写问题》一文中也提及具有可分离性的动宾结构,但是他没有明确提出"离合词"的概念,而且他文章中提到的可以分离的动宾结构其实还不是严格意义上的

"离合词",他只是开始注意到了动宾结构的动词存在着分离的现象。张寿康(1957)最早提出"离合动词"的概念,认为"革命""跳舞"等这种类型的语言单位可以称为"离合动词"。之所以称为动词,是由于它们充当的是一个句法成分,例如"我跳舞了"这句话中是"跳舞"充当谓语,而不是"跳"作谓语"舞"作宾语。但是,如果用词的语法特征去判断这类单位的内部结构,它们又是词组。所以,这类支配式的"离合动词",如果合在一起就是词,拆开来使用就是一个动宾词组(张寿康,1957:8)。之所以这样认为,与他对词和词组的划分界限的认识有关,张寿康认为"划分'词'和'词组'的原则是'词汇·语法'原则",简单说就是从词的语法特点和词组的语法特点两个方面着手,词的语法特点是指形态学和结构学上的特点,词组的语法特点是指结构学上的特点,此外还要关注与语音、词汇的关系,于是他使用了陆志韦(1956)提出来的"扩展法"作为划分词和词组的主要方法,因此就出现了存在问题的"革命""跳舞"等这一类特殊的语言单位,单用可以,扩展使用也可以,所以他认为这类单位合在一起时是一个"词",拆开来用的时候是"词组"。他的这一观点得到了后来不少学者的认同。

赵元任(1979/2001:86)将这类能够在中间插入其他成分的现象称为"离子化",指出"任何动补组合都可以插入'得/不',但只有一部分动宾组合可以离子化",而且"平常老粘在一块儿的语素的分开,有不同类型和不同程度","但是有一个共同的条件:这两个部分必须在同一个句子里,或者至少在相近的上下文里。因此可以用化学上的离子来比喻,我们根据中间有无可能的停顿决定'理发'是一个词,所以不但可以有'理发呐','在那儿理过发',还可以有'理完了一次发'。"他还强调,"黏着语素离子化以后,可以改变次序"。在论及动宾结构的复合词与短语的扩展时,赵元任(1979/2001)认为有限的扩展是离子化,比如短语扩展可以有多种形式就不是离子化,但是复合词扩展形式是有限的,两个成分挨得也比较近,就可以认为是离子化。他承认这样可以扩展的复合词仍然属于词,并且还指出了如"滑天下之大稽""将他一军"等这样的用法属于"假 V-O 复合词的离子化",也就是把这类结构原本不是动宾结构的复合词当成动宾结构并给了它离子化的形式(赵元任,1979/2001:203-204)。

吕叔湘(1979/1999)谈及一个语素组合能不能拆开的问题时指出,对于有些组合,它们只有单一的意义,这种单一的意义很难分割开属于这个组合各个成分,例如"洗澡"等等。这样的离合词,作为词不分开,但是一旦分开了就是短语,所以吕先生认为这类组合与普通的动名组合并没有什么差异,他仍然更愿意将它们看作短语,"尽管从词汇的角度来分析似乎可以看作词,但是从语法的角度看,这些组合还是短语",因此吕先生提出了"短语词"的概念,指那些介于词和短语之间的语言单位,包括一些形动、副动和动形组合如"老实说"等,这些组合"没有加进去的、地、得,因而它的成分不能扩展",之所以不愿意称其为词,也是因为如果是复合词的话,那么一般所说的复合词就需要改个名称了,这样才能区别开二者。他认为直接称为"短语词"或许更简单一些。另外,他还认为动趋组合如"看清"等语言单位在没有加"得""不"的时候仍然是复合词,但在加了"得""不"之后,由于前后两部分也不具备扩展的能力,与一般短语不同,所以应该叫短语词。

20世纪80年代以后,学界对离合词的讨论更为细致和深入。由于典型的离合词多是动宾结构和动补结构,因此对离合词的研究也多集中在这两种结构。李清华(1983)将"语素间的结合不太紧密,中间可以加入其他成分,能扩展"的这类词称为"离合词",他归纳了这类词的特点:组成词的两个语素"可离可合,合在一起的时候,是一个词,具有单一的意义;分离扩展的时候,是词组"。文章分析了动宾结构和动补结构的离合词的特点和用法,尤其是分析了这类词的扩展用法,他认为这类词"不同于一般词的突出特点就是可以扩展;但是这种扩展不是自由的、无限的,所以又和词组不同",同时还指出离合词的两个成分合在一起表达的是一个非常单一的意义,意义已经凝固,如果没有扩展使用就仍然还是一个词。

赵金铭(1984)定义的离合词是"词汇意义单纯而专门化,但语音形式不固定,即当中可插入其他成分",如"省心""吹牛""生气""鞠躬"等。文章详细探讨了可以扩展的三类"动+名"格式,分析了公认的短语、离合词和词典中注明不可扩展的词这三类结构在进行不同格式转换时的差异以及共性,也就是主要从结构关系和语法形式入手,来给离合词定性。他认为,"动+名"格式的离合词应该看作是词,并建议将其作为词收入词典。范晓(1996)认为"鞠躬""洗澡"这类组合,"从意义上看,具有专指性。从结构上看,有分离性的一面,因为组合中的两个成素可以扩展,如'鞠一个躬''洗一个澡';但又有凝固性的一面,因为组合中的两个成素往往是不自由的,它们的结合是相对固定的",他将这种现象具体分为两类,一类是如"打仗""洗澡"等不仅能插入数词量词扩展,又可将成素的次序颠倒,这类特殊的词就是"短语词";另外一类如"鞠躬""努力"等也可以插入数词量词扩展,但是"分开时可以看作为一种修辞用法",是"修辞上的一种拆词法"。黄伯荣等(1993)认为"离合词"的两个语素之间可以插进别的成分,合的时候看成一个词,分开的时候作为两个词。它们的存在是合理的,因为没有恰当的同义形式代替它们。

此外,研究者还从离合词的确定方法(赵淑华、张宝林,1996;谢耀基,2001等)、结构特征和插入成分的特点(于根元,1987;段业辉,1994;饶勤,1997、2001;施茂枝,1999等)、产生的动因(王海峰,2002;董秀芳,2002;李宗江,2006;马清华,2009)等方面对离合词进行了深入的研究。

事实上,这些不同观点的形成都归因于对词和短语划分不同标准的认定上:持"词说"的学者坚持意义标准,离合词的意义具有整体性,因此被看成是词,而结构形式上可以分开只不过是"有限形式的扩展"而已(赵元任,1979/2001:200);持"短语说"的学者则是以结构形式上能否分开为标准来区分词和短语,王力认为如果两个字中间能够插入别的字,那么就是仂语,不然就只是一个词(王力,1946/1982);持"离合词"说的观点则是综合了这两个标准,将离合词"合"与"离"的语言运用状态分开看待,吕叔湘(1979/1999)更是指出离合词体现了词和短语划分问题,认为是词汇标准和语法标准两者之间的矛盾,因此他认为从语法的角度看"睡觉"这类语言单位并不是词,所以我们不得不认为这些组合是短语。

二、离合词的界定标准

近年来人们从不同角度对离合词的界定标准进行了研究。有人主张"离合说",有人认为"离合说"不能解决问题,如赵淑华等(1996)提出观点,认为界定离合词有几种不同的鉴定标准:"第一,用组合成分中是否含有黏着语素来界定离合词,凡含有黏着语素的都是离合词;第二,搭配严格受限。即一个动词性成分只能与一个名词性成分组合,或一个名词性成分只能与一个动词性成分组合的动名组合是离合词;第三,非动宾式而用如动宾式的动名组合是离合词;第四,可以扩展又兼属名词或形容词的是离合词。"这几种观点的提出,为我们界定离合词开阔了新的视野,使离合词的分类更为准确。人们在不断完善界定标准的同时,进一步对"离合说"提出了质疑,如沈怀兴(2003)就提出认定词的依据只能是历史。学界还对离合词的结构类型进行了细化分类,提出了不同观点。学界普遍认为动宾型是离合词最主要的结构类型,此外还包括联合型、偏正型、动补型、主谓型等[可参看王素梅(1999)、段业辉(1994)、刘顺(1999)等对于离合词结构类型的研究]。

三、本文对"离合词"的理解和界定

本文将离合词理解为在结构上具有可合可离的特点,但在意义上组合的意义不是这个组合的构成成分的意义的相加,而具有单一性。"离"是指组合成这类语言单位的"语素"在使用时可以分离开,"合"是指这类语言单位在合在一起使用时结构和意义上都具有整体性、单一性,具有单一的词汇意义。对于少数单纯词如"幽默""滑稽"等虽然存在有限形式的扩展,但是我们不将其作为离合词来考虑。另外也排除在一定语境下在语法、语义上被看成特殊用法的情况。我们在复合词语料的选择中同样也排除了文中所界定的"离合词"。

第三节 "本位观"

一、"本位"的概念

汉语语法研究自《马氏文通》以来,一直不断寻求最有利于解决汉语问题的研究方法和研究理论。在一百多年的历史发展中,汉语研究中出现了"字本位""词类本位""语素本位""词组本位"和"小句本位"等种种"本位"理论。但是,"本位"究竟是什么呢?

周国光等(2003)认为,"本位"原本是金融术语,指货币制度的基础或货币的价值的计算标准。语法学界借用"本位"一词而产生的"语法本位",一方面含有"本位"一词原来的含义(标准单位或基本单位),另一方面还包含了语法结构的基本单位以及进行观察和分析的层面和基点等含义。潘文国(2002a、2002b)对"本位"的阐释更为明晰,他认为"本位"有三层含义:第一层含义是指最重要、最根本的单位,它也是语法研究的出发点;第二层含义是指语法研究的基本单位,有可能这种单位不止一个;第三层含义是指语言的基本结构单位。他认为,各种"本位"理论所指的具体含义并不完全一致,如"词组本位"和"小句本位"都是指第一个含义,即语法研究出发点的单位,而"字本位"则包含第一层和第三层的含义,其中以第三层含义为主。之后,他又根据"本位"所指不同,把对"本位"研究理论意义的讨论分成两个方面进行,一是从语法研究的最重要单位和作为语法研究出发点的角度,如"词类本位""语素本位""字本位""词组本位"和"小句本位"的不同,还有则是从语言基本结构单位出发,主要是"字本位"和"词本位"的对立。

二、"本位"理论

"词类本位""语素本位"和"字本位"等这些"本位"理论有的是研究者自己明确提出来的,有的是后人的概括和总结。下面介绍几种有影响的本位理论。

《马氏文通》是中国现代意义上的语法研究的开始,也是第一个语法研究本位观——"词类本位"。但是,马建忠并没有鲜明阐述他的词类本位观念,只是后人对其语法体系的一种认识(潘文国,2002b)。《马氏文通》以词类(字类)为纲来建立其语法系统,十卷中除《正名》一卷外,其余八卷都讲"字",一卷论"句读"。篇幅的多少就可以说明其词类本位观念的表现,而实际上《马氏文通》也是通过对词类的详细论述来讨论句读的。马建忠词类本位的建立对后来汉语语法研究具有深远的影响。

"句本位"的提倡者是黎锦熙。他提出"句本位"的观点,目的是批判马建忠的"词类本位",他直接以《"句本位"的文法和图解法》作《引论》的标题,旗帜鲜明地提出"句本位"的文法,指出"若从句子底研究入手,……,而且:(一)可以发现一种语言底普通规则;因为句子就是语言底单位,……(二)可以作学习或翻译他种语言的帮助……(三)可以帮助心能底陶冶……",而且认为词类是"依句辨品,离句无品"(黎锦熙,1924/2000)。

"字本位"观点由徐通锵首先提出。他的理论思想主要体现在徐通锵(1991、1994a、1994b、1997)等研究中。他认为,词本位是印欧语的特色,汉语是以"字"为基本结构单位的"语义型语言",和印欧语言有很大差异。字是表达一个概念(意义单位)的一个音节,形成"一个字·一个音节·一个概念"的一一对应的结构格局。他后来还认为汉语的字不仅是最小的书写单位(方块汉字),还是最小的听觉单位(音节)和最小的结构单位(字)。潘文国(2001a、2001b、2002a、2002b)也支持"字本位"说,他指出,字本位理论中所主张的"字",是"语法结构基本单位"和"语言结构基本单位",因而认为,"字本位"说具有语言研究方法论和本体论的意义。他还比较了印欧语的"word"与汉语的"字",认为只有这二者在各自语言中的地位才有对应性,分别都具有语言的天然单位、本民族认识世界的基本单位、语言各平面的交汇点等特点,并且强调"词"和"语素"不能成为汉语研究的本位。

"词组本位"的观点由朱德熙(1985/2000)正式提出。但在此之前,郭绍虞(1978)也表现出词组本位的思想,与朱德熙观点有相近之处,他认为,汉语语法的特殊性表现为词组在语法上的重要性,而词、词组和句子这几种语言单位在结构形式上是同一的。郭绍虞的观点还不能算是真正意义上的词组本位,因为词组本位是以词组作为基点来建立整个汉语语法体系的。因此,真正意义上的词组本位理论提出者是朱德熙,他以"词组本位"观念为指导建立了一个有特色有影响的语法体系。他强调的原因与郭绍虞的观点相同,他认为正是由于汉语句子的构造原则与词组的构造原则基本上是一致的,我们才有可能在词组的基础上来描写句法,建立一种以词组为基点的语法体系,他的这种以词组为基点的语法体系被称为"词组本位的语法体系"(朱德熙,1985/2000)。

"小句本位"的观点由邢福义(1995)提出。他称其为"小句中枢"说。不过,最早提出小句概念的是吕叔湘(1979/1999),他认为"小句是基本单位,几个小句组成一个大句即句子",同时还指出"用小句而不用句子做基本单位,较能适应汉语的情况"。后来邢福义(1995)在《导言》中明确提出了"小句中枢语法系统",小句中枢说认为小句在汉语语法系统的地位是最为核心的,处于中枢地位。李宇明(1997)认为,也许"中枢"与"本位"的具体含义有非常相近的地方,但还是有所不同的,故而也应看作是一种"本位"说。"小句中枢说"是在对汉语语法的透彻研究的基础上发展起来的,也正因为以篇章语言学为理论背景,这一观点的提出反映了当时结合语用、语义来研究语法的语言理论研究方向。

几种不同的本位理论反映出汉语研究的几个相互关联的基本问题,首先是汉语语法研究的基本单位是什么,这关系到语法研究的出发点;其次是汉语的语法体系应该如何建立? 应该是哪种语法单位作为基本单位?事实上,本位理论尝试构建的正是汉语的语法体系,而最重要最基本语法单位的确立对体系构建具有重要的意义。

第四节 本研究对汉语语言单位的划分和界定

在本研究的讨论中,语言单位的概念层级与分类主要采用黄伯荣等(1993)的基本观点,将语言单位分为语素、词、短语和句子,成语、隐语等语言单位在本研究的实验设计中暂不考虑。

根据黄伯荣等(1993)的理解,语素是指语言中最小的音义结合体。根据语素的构词能力,将语素划分为自由语素、半自由语素和不自由语素:自由语素可以独立成词;半自由语素不能独立成词,必须同其他语素自由组合成词,在构词时位置不固定;不自由语素不能独立成词,而同其他语素组合成词时位置是固定的。比语素高一级的语言单位是词,词是最小的能够独立运用的语言单位,"独立运用"的含义是指能够单说或单用,单说是指可以独立成句,单用是指单独做句子成分或者是独立起语法作用。词分成单纯词和合成词,一个语素构成的词是单纯词,两个或两个以上的语素构成的词是合成词。单纯词又有单音节和多音节之分,而合成词根据构词方式不同分为复合式、附加式以及重叠式三种。词和词组合在一起构成短语。它能够表达一定的意义,也可以直接单说或单用,但它不是最小的能够独立运用的单位。

另外,需要说明的一点是,与一般语言学家的内省式研究方法不同,本研究采用神经语言学实证的方法来研究汉语的语言单位。自 Chomsky(1965)确立语言的生物属性以来,人们已经认识到,只有搞清楚人脑中客观存在的、具有心理现实性的语言单位是什么,从大脑生物机制出发研究语言单位,进而构建语言系统,才能使我们获得科学的、更加接近语言生物本质的结论。我们在汉语语言理论的研究基础上,将语言单位区分为字、语素、词和短语等不同层级,不过在类型下位分类上与黄伯荣等(1993)存在差异,我们在实验语料选择中再进行详细说明。我们通过实验来考察这些不同语言单位的加工及其脑机制,期望从语言单位的神经生物基础出发,获得基本语言单位问题以及汉语词库的直接结论。

第二章　大脑词库中基本语言单位问题研究现状

第一节　大脑词库问题国内外研究现状

最早注意"大脑词库"这一概念的是19世纪失语症研究者（Henderson，1989），但直到Treisman（1960）才真正提出大脑词库的雏形。从提出大脑词库的雏形，到大脑词库全面系统性的研究经历了快半个世纪，在这几十年里，学界对大脑词库的研究内容、研究方法和研究方向都发生了很大的变化。从早期只有语言学家和心理语言学家关心大脑词库，发展到现在神经科学家、认知科学家和计算科学家都非常关心大脑词库的研究，大脑词库的研究已经成为研究脑与语言关系的学者们共同关心的话题。尽管大脑词库研究得到了众多学科领域学者们的关注，国内外学术界对大脑词库的理解和界定仍然有许多不同的观点，到目前为止还没有得到统一。但正是因为观点的不一致，学者们对词库问题的认识才不断发展变化，现有研究才越来越逼近词库的本质。了解词库研究发展的脉络，有助于我们对大脑词库提取和存储的基本单位问题的认识，更有助于我们了解大脑词库的运行方式乃至全貌。

一、语言学研究视野中词库与大脑的关系

语言学理论的研究很早就开始关注词库的研究，Bloomfield提出了"词库"的概念，他认为词库实际上就是语法的附录，是一个基本的不规则内容的单子。他的这一词库观点很快被普遍接受。（可参看中译本《语言论》，布隆菲尔德，1997/2002）

但真正将词库概念深化到语言理论高度的是转换生成语法学派，这一学派是语言理论研究中最早关心语言与人脑关系的一个学派，也最早提出了"完整词库"概念，其创始人Norm Chomsky在他的标准理论阶段就提出了"词库"的概念。他对词库与心理关系的最早论述影响了早期心理语言学对大脑词库的理解和研究，但随着他对语言理论认识的加深和改变，他对词库的理解也发生了变化（Chomsky，1965）。具体词汇被Chomsky从短

语结构规则中剥离出来,它们被合并在一起称为词库,与生成规则一样,词库也是独立的单位。从此,词库在语言体系中便占有了重要的地位。也就是在这个阶段,Chomsky 提出了心理现实性,他指出,语言研究的对象是一个心理实体,语言学理论涉及揭示作为实际行为基础的心理现实,而他的这一对语言与心理关系的解释和观点被心理语言学研究所接受。之后,Chomsky et al.(1968)阐述了对词库的认识,如果根据规则,词缀可以直接加到词干上,那它就不是词库管辖的,也就是说词库内并不包含规则的变化,词库只应该包含特异性的东西。而到了扩展了的标准理论阶段,Chomsky 将形态标记纳入了词库的范畴,将词汇搭配规则一部分放入词库,一部分归并到词汇插入规则中(Chomsky,1970/1971)。在标准理论的发展中,Chomsky 的弟子 Bresnan 又创建了词汇—功能语法,这一语法体系的主体是所谓的词汇规则,大部分的句法过程都被纳入词汇规则,他明确提出词库的内容主要包括两个方面,一是词条,二是词汇规则,词条中列出词语的句法特征和语法功能,而词汇规则中描述了各种句法过程,可以表示具体词汇的句法功能变化,也就是将 Chomsky 的转换变成了词汇规则。(转引自石定栩,2002)因此,在词汇—功能语法理论的解释中,词库包含的内容非常广泛,包括了标准理论的词库和转换过程。

到了支配及约束理论,Chomsky 的解释里词库并没有出现在句子生成程序中,同时也没有明确规定在句法中词库的功能或是地位。但是,深层结构的生成离不开词库,表层结构不仅要依赖词库,也必须在一定程度上符合词库的规范,因此,词库依旧是句法过程中必不可少的组成部分(Chomsky,1981)。在最简方案时期,Chomsky 关于词库的观点又发生了变化,他认为词库是词汇的集合,但是它在普遍语法和句法过程中的地位有了一些不同。词库中词条具有语音、语义和句法特征,但是不包括全体词条所共有的特征。他还假设所有的人类语言共用一个大词库,各种语言的小词库就从大词库中挑选词条(Chomsky,1991)。之后,Chomsky(1993)的想法又深入了一层,他认为人类的语言都应该包括词库和运算系统两个部分。词库的作用是在句法过程中,它能够提供所需词汇和功能性成分。整个的句法过程就是从词库中挑选出一组词汇和功能性成分,经过运算生成语言表达形式。这样来看,大脑词库中的词作为聚集了一定特征的整体在词库中存储着,只要一提取就可以直接进入句法运算生成语言表达形式。Chomsky(1994/1995)继续发展了最简方案,他提出"极纯短语结构"的基本设想,因为词库中的词条成为句法特点的集合,包括了词类符号所代表的抽象的句法特征,所以,词条是短语结构的基本单位,他将短语结构规则也直接取消掉。词库中所储存的词条和功能性成分都有完整的句法特性，是语音特征、语义特征和形式特征的组合。由于将句法形态信息都放入了词库，导致了词库规模的急剧膨胀，同一个词条在词库里就有许多位置，具体的数量决定于这个词条的数、时态等语法范畴的变化分布（石定栩，2002）。

最简方案理论在不断的发展和演变中，Chomsky 力图寻求出最合理和最简洁的理论来解释语言，但他一直都没有放弃词库的概念，到层阶式派生理论的提出，Chomsky 依旧承认人类共有一个大词库，特别是实质性的部分。整个的运算过程是按层阶进行的，合并过程牵涉的就是直接来自词库中的这个实质性成分，是将词库中整个的词汇系列分成若干个系列，每个系列只包括形成一个层阶所需要的成分（Chomsky, 1999）。Chomsky 一直相信，所有的人类语言共用一个大词库，各种语言的小词库都从大词库中挑选词条。

认知语言学也将词库作为语言研究的重要组成部分，他们认为大脑词库是认知过程的结果（范畴）作为概念储存于大脑中形成的，而大脑词库又表现为外部的语言符号。认知语言学的代表人物之一 Jackondoff（1997）明确阐述了由词库和心理语法组成的语法的概念，处于语法中的词库是短语结构和句子结构接口模块的一部分，词库中的词项应该被看成一条对应规则。后来，他认为传统的理解混淆了词的列表和记忆中事物的列表这两个概念，简单认为词库就是词的列表或是记忆中事物的列表这种看法是不对的，将二者合二为一的观点也有失偏颇。Jackondoff（2002）认为，事实上词库是词语在长时记忆中的存储，而语法是在这样的长时记忆中构建短语和句子的。

二、大脑词库的概念与内涵[①]

早期学者从心理语言学的角度理解和定义大脑词库的概念，如提出大脑词库雏形的 Treisman（1960）就认为大脑词库是由很多具有不同阈限的词条组成的，词条的激活超过了它的阈限，词就被认知了。Butterworth（1983）指出大脑词库中词汇存储的矛盾性，词如果直接存储在词库中，又依赖规则生成词，显然不符合大脑经济原则，因为无形中就增加了大脑的加工负担，如果词在使用时每次都有加词缀的程序，势必会增加言语产出

---

① 这一部分主要介绍学界对大脑词库的概念认识，关于有无词库的争论我们将在第八章中详细说明。

的负担。人们可以毫无障碍地处理加工语言信息,减少在线加工的负担定是人脑必不可少的。

Just et al.(1987)将大脑词库定义为词的意义在人脑中的表征。Levelt(1989)则认为大脑词库是语言使用者他自己语言中的与词相关的信息的存储。Aitchision(2003)认为大脑词库的自然属性就是"人的词汇存储",但是她提出,大脑词库的内容并不是固定不变的,人们任何时候都在增加新的词语,经常在言语发展中不时地创造新词语或是为词语赋予新的意义。

Packard(2001)在对词库进行定义时,首先对词做了定义,他认为词是在说话者需要的时候被重复使用并被削弱至变成很小的部分,减少成为句法成分痕迹的占据者。然后他假定这些"词"被选择插入句子句法痕迹中的抽象实体是存在的,说话者已经"通达"(Access)或"知道"了一系列这样的词项。像这样的装置,语言学家、心理学家和心理语言学家都称之为词库。因此,词库是一系列形式—意义组成的对,被运用在话语的产出和理解中,它们是在言语流中作为意义的传达者被确定的成分。至于词库的数量,他认为言语产出通达的词库和言语理解通达的词库是同样一个词库,因为意义—声音配对的表征是言语产出系统和理解系统共同拥有的。否则人脑中就有两个独立的词库存在,一个词库用于产生输出,而另外一个用于理解输入。如果是这样的话,例如,当说话者听到一个新的词语,先进入理解词库,然后再进入产出词库为了准备输出使用,当说话者形成了一个新词语,它将成为说话者产出词库的一个部分,但假定它仍然要进入理解词库且多余地占据一个地方。这看起来不合情理,因此他认为词库是单个的表征系统,既为理解语言服务也为产出语言服务。

同时,词库很难定位到大脑中某个具体的部位,主要是因为它的功能缺乏一致性,研究者们接受了术语"词库",用它来描述词汇在各种不同加工中所起到的特定作用。因此,这个术语对于不同的研究群体来说,它的意义是不同的。句法学家将其描述为语法知识的存储(Bresnan,2001;Jackendoff,2002);形态学家是将它看成是声音和意义之间的界面(Ullman et al.,2005);计算语言学家将它看作是一种数据库,在这里与词有关的一串表征与一系列的特征相联系,包括词的意义、拼写,发音和语法功能(Pustejovsky,1995)。这些观点看起来都不一致,但是他们都共享了同一种基本特征。很多人都认为,词是作为连接词(形或声音)表征和其他各类知识的界面,例如 Hickok and Poeppel(2007)就用"词界面"(Lexical Interface)而不是使用"词库"的概念,他们的词界面观点引起了对词库几种基本运算特征的关注,词被看成是通达不同类型知识的一种方法,激活词库中的通路就作为通达或者处理信息的类型,需要完成某种给定的任务来获得:例如,分析一个句子、协调肌肉运动的指令来产生一个词或者是组合自上而下的信息来解释模棱两可的词。任何界面表征的特定形式必须受限于以它为媒介的输入—输出的映射。这里提到的模型中,词汇表征起到了运算的作用,与联结模型中的隐藏节点(Hidden Nodes)比较相似。隐藏节点对于输入表征的特征敏感,输入表征又与它映射的输出表征相关性很强。例如,词"ran"和"run"都与"快速使用你的腿移动"这样的一般概念相关,只考虑投射到意义的话,就可能被看作是相同词的不同变体。相比之下,理解语音信息和发音"ran"则需要以"run"的再认为前提,单词"ran"就需要标记词之间的区别,要被定义为是词素/词项(Lexeme/Lemma)的区别。除了它们作为语音和更高层次表征之间界面的作用之外,词也显示出对更低层次听觉语音表征和加工中起到作用。Gow 和 Segawa(2009)的研究证实了在短语图片匹配任务中,需要通过对词形抽象的表征调节听觉—语音输出表征。总的来说,词汇表征主要有两个作用。第一个作用,是作为低层次声音表征与高层次的语言学的或者世界知识不同方面的表征之间的界面,第二个作用是作为一种机制,它使听觉的不同输出表征正常化,并用来解决在线或离线加工中存在的语音模糊性。这些研究都从不同方面强调了词加工在语言加工中起到的不同作用。

  Elman(2004)又提出了一种与众不同的对大脑词库的全新理解。作者解释,通常都认为,知晓语言的必备条件就是知晓那门语言的词。这种词的知识一般被认为是存储在大脑词库之中的,这个大脑词库是包含有关词的意义、读音、句法特征等信息的一类词典。Elman 却认为大脑词库中的词不是这样的,他认为,词是被作为对大脑状态(Mental State)直接起作用的刺激来理解的。词的语音、句法和语义特征是通过它们在这些状态(State)上的效应被揭示的。与其说将词汇知识放到被动的存储中(这些知识必须通过这种机制才被通达、提取和整合等),还不如说词可能被想成与其他感觉刺激一样的方式:它们直接作用于大脑状态。但 Elman 并不否定词库中特征的相互作用的属性是非常复杂和具有系统性的,他还将语音、句法、语义和语用等所揭示的词的特定属性看成是作用于大脑状态结果的效应。Elman 还提出了一个特别的联结主义模型——简单循环网络(Simple Recurrent Network,简称 SRN)用来解释这一具有动态特征的大脑词库的概念。

三、大脑词库的研究历史与现状

20世纪60年代,学者们开始对大脑词库展开研究,对于人类是怎样设法存储词语,这些词语又是怎样被人们使用的这些基本问题,研究者试图提供大脑词库可能的工作方式的全部图景和它的自然属性,因此大脑词库研究包含的内容很广泛,涉及大脑词库的诸多方面,包括语音表征、语义结构、形态表征、正字法表征以及词语的辨认等等,其中最受关注的话题是词的意义表征,也就是词的意义特征是怎样在大脑词库中组织和表征的,并且围绕着这些研究设想出多种大脑词库的模型结构,试图解释和构拟词库的状态和运行方式。研究的方法主要是内省和心理学实验,其中内省的方法包括调查正常说话者的词语提取以及口误,因为正常的词语搜索和提取可以反映大脑词库中这些词语之间的关系,另外在自然语言中,口误是偶然发生的错误,对口误情况的总结和研究能够揭示大脑词库的词语存储的工作方式;心理学实验方法有很多,包括词语联想、词汇判断和启动实验等,这些实验的优点就是可以优先利用实验室条件,通过实验设计操控一个或多个变量,从而观察不同因素对研究目的的影响,因此这些经典实验范式到现在仍然在运用,如词汇判断和启动范式等,这些研究都有力地推动了大脑词库向科学研究的迈进。早期大脑词库的研究目的非常简单,就是通过词语使用的外在形式探讨词是怎样在大脑词库中存储的,但是由于研究手段的限制,对于大脑与词的具体联系,也就是词库的脑机制研究涉及相对要少,仅有的这方面研究主要集中在对失语症病人的研究,人们首先希望发现那些大脑词库被选择性损伤的病人是因为哪些脑区被损伤,而哪些脑区功能正常才会导致这样的言语损伤,尝试将语言功能与脑功能定位建立起联系。假定我们发现一个病人他能够记住名词,但是不能记住动词,这可能就暗示着在人的大脑中这些词是以不同的方式组织起来的,也可能显示出大脑词库内可能的次系统。研究人员相信,失语症病人的问题是正常说话者可能经历的困难的简单夸张。如失语症病人言语的错误、不正确的使用以及对单词的曲解是不同的,通过对正常人的研究,可以发现是在疲劳、分散注意力,还是在受到干扰因素影响的状态下出现的这些不正确的使用和对单词的曲解。研究发现,失语症病人的错误和正常说话人的口误之间有很多相似之处。但是,研究者也认识到,对失语症病人的言语研究也存在一些问题,最明显的问题就是损伤的大脑不可能总是正常大脑的代表,也就是除了损伤部位之外其他部分的大脑和正常人这些部分的大脑是不能完全简单对应的,因此损伤大脑和正常大脑之间的关系无法说清楚,另外,相同的语言输出可能是由于不同的内在因素导致的,研究者根本无法寻找到其真正的原因。

这一状况到了20世纪90年代后有了比较大的改变。1998年在加拿大埃得蒙顿大学举行了第一届大脑词库国际学术研讨会,在这些会议上提交了众多的学术论文,集中反映出大脑词库研究领域的最新发展动态和研究现状。从论文中可以看出,近些年用于研究大脑词库的新手段正在加速发展,甚至在改革研究的方法上,显示出研究方法的多样化,从而使研究目的和研究思路都发生了变化。这些研究方法和研究思路的有益结合也正是神经语言学向成熟发展的标志。

研究手段的多样化推进了大脑词库的研究。这些研究手段包括神经电生理学方法和神经影像学方法,前者主要包括事件相关电位技术,它记录有刺激的事件诱发的脑电变化,以此来研究大脑活动。这种方法的最大优势是高时间分辨率,因为它精确到毫秒,可以即时反映大脑活动。运用这些新技术对大脑词库的研究,确定了一些长久以来语言学家们一直在怀疑的问题,如具体词与抽象词之间加工的区别,名词与动词之间加工的基本区别,动词之间不同类型的区别等问题,得出了不同类型词类的不同脑区激活和不同神经通路,这些差异的神经基础为将来的工作无疑提供了更广阔的认识。神经影像学方法包括正电子发射断层扫描(Positron Emission Tomography,简称PET)、单光子发射断层显像(Single Photon Emission Computerized Tomography,简称SPECT)和功能磁共振成像(Functional Magnetic Resonance Imaging,简称fMRI)等,尤其是20世纪90年代出现的功能磁共振成像技术,它的应用为大脑词库的研究提供了强有力的技术支撑,fMRI具有毫米级的高空间分辨率,它通过磁共振信号的测定来反映血氧饱和度和血流量,进而反映脑的能量的消耗,达到功能成像的目的,从而观测不同任务条件下的脑激活,显示出大脑的哪个部位在哪个时间里是活跃的。在应用这些新技术的同时,研究者也认识到所有这些神经技术手段除了优势之外,也具有一定的缺点,如尽管通过这些手段研究者可以观察到大脑加工的差异,但是无法完全搞清楚这些急剧的脑活动和语言之间究竟有多大程度的关系。

大脑词库是语言能力的中枢,因此词库仍旧是研究脑与语言的中心话题。新手段的出现和研究目的结合使现在的大脑词库研究将大脑的神经活动和心理活动紧密联系起来,探讨不同语言活动的神经机制。这一目的不同于之前的大脑词库模型的简单构拟,而是将词库的具体表征和神经活动结合起来,考察人的大脑如何在很短时间范围内将词汇知识有效组织起来,如何提取使用并保持信息的完整,也就是大脑词库的存储和运算的功能。

对大脑词库的研究,最为关心的问题之一就是词库中词的加工和表征,现在研究词表征和加工的方法很多,从众多的研究论文可以看出,多是通过不同语言(跨语言)、不同人群、不同任务以及不同的技术方法来展开研究。Libben(2002)研究表明,语言、人群和任务是影响大脑词库研究的三个主要因素,而对大脑词库的研究思路的更新也正体现在这几个方面。首先,不同的语言在语音、形态和正字法上都具有不同的特征,这些差异既提供了不同的研究领域,同时约束了关于语言普遍性的研究。学界对大脑词库的研究就是为了寻求不同语言表征和加工的普遍性,揭示人脑组织的共性,但是另外一方面,个别语言的语音、形态等方面的研究又具有不同的要求和特点,因此跨语言的比较研究和双语者大脑词库的研究开始被重视,也就是语言类型学的研究逐渐得到普遍关注。其次,对不同人群的研究也是得到不同结论和解释的重要因素。对儿童语言获得的研究提供了词汇表征和加工发展的前景,而对双语者的研究又可以获得不同个别语言发展和获得的特异性,对大脑损伤人群的研究提供了词汇加工系统中相关弱点的证据以及这些失语症状和特定大脑损伤位置之间的关系,这些都有助于对整个大脑词库功能结构的整合的理解。研究者采用的实验任务更是研究大脑词库最为重要的影响因素,任务与实验目的紧密相关。Aitchision(2003)认为,实验的好处就是实验者能将环境简单化,而且每次都能巧妙处理变量,而不用面对在日常言语中发现的几十个甚至几百个不可控制的因素。但是这也同样产生了另外的问题,为了能够完美地完全控制这些变量,构造一个人为环境就是必须要面对的事情了。有时,它会将人们带入为了解决问题才设计出的不正常的设计中,而在正常环境下这些情况是永远都不会出现的。由于不熟悉这些存在的变量,许多无心的事实都会篡改实验。因此不能盲目依赖任何一个实验,正是认识到了这一点,许多研究者在实验设计上花了很大功夫,好的实验设计才可以真正揭示大脑词库内的词汇表征、组织和加工以及语言的特定特征效应。实验范式也正在日益被提炼以供研究者去揭示词汇加工的时间进程,并且去考察语言的不同成分的作用,实验设计中最为重要的就是要将实验目的、实验任务和实验中可以控制的变量这几者之间的关系搞清楚,这样实验才能更好地为大脑词库的研究服务。因此,目前的研究非常注意实验任务的选择,很多研究通过用不同的任务来考察同样的实验目的,任务的选择也呈现多样化,除了保留传统经典的实验设计,也开始运用多种实验任务相结合,包括多模态方式的结合,如视觉和听觉任务的结合,词汇判断和命名任务的结合等。因此,通过多方面的综合分析,大脑词库的研究才能更为系统和全面。

第二节 大脑词库研究的核心问题[①]

形态问题是语言理论研究的核心问题。形态是指词的屈折形式和词的结构,它区别于作为组词成句规则的句法,是语法的重要组成部分。[②]当前的语法分析模式,无论是词和词形变化(Word and Paradigm,WP)模式、项目和配列(Item and Arrangement,IA)模式、项目和过程(Item and Process,IP)模式,还是项目和聚合体(Item and Paradigm)模式[③]都将形态问题作为研究的核心问题。Chomsky(1965)开始将形态问题列入词库,此后词库便在其理论体系中占据着越来越重要的地位。作为理论研究的核心问题,形态在词库中的作用以及运作方式等问题受到了神经语言学和认知科学等建立在神经生物本质上的实证研究的集中关注。2004年 *Brain and Language* 杂志第90卷发表第三届国际大脑词库会议特辑,其中一半论文是研究大脑词库中的形态加工,足见学术界对大脑词库中的形态问题的重视。正如 Aronoff(2000)所言,大脑词库中的形态加工不仅关系到大脑词库的结构,而且与句法和语用的研究有着密切的关系。同时学界对形态较为丰富的印欧系语言的研究成果,对汉语词库和句法的研究无疑也具有一定的参照作用。因而,我们有必要对近些年来大脑词库中形态加工问题进行介绍。

一、形态加工依赖的是运算还是存储?

大脑对不同形态变化的加工,究竟是根据规则进行运算的,还是直接从大脑词库中提取的呢?传统语言理论和生成语法理论的早期阶段将形态规则和句法规则放在一起进行研究,但随着生成语法的词库理论的建

[①] 本节内容发表于《南京社会科学》(2010年第11期,140—144页),收入本书时略有改动。
[②] 一般认为,形态学(Morphology)的研究包括词的屈折形式的研究和构词研究,有时也被翻译成"词法"。也有人认为,构词法应当是形态学之外的一个独立的领域,不应把它归入形态范畴。本文采纳一般意义上的形态的观点。
[③] Hockett C. F. (1954), *Two models of grammatical description*, *Word*, 10: 210-231. Hockett 归纳出两种语法分析模型,即 IA 和 IP。他同时认为传统语法当属于 WP 模式。后来系统功能学派归纳出系统语法是项目和聚合体模式,但不少语言学家仍把项目和聚合体模式列入 WP 模式。

立,词库中是否需要运算问题也就被人们对于词项的特征的关注而取代。神经语言学和认知科学通过对人们语言机制的深入研究,提出了"双重系统"(Dual-system)和"单独系统"(Single-system)两种理论。单独系统理论,以 Rumelhart et al.(1986)、Seidenberg(1997)为代表,认为规则和不规则的形态变化都是大脑通过同一种机制来进行运算的,人们并不需要通过不同的机制来对规则和不规则的形态变化进行加工。双重系统理论,以 Pinker(1994)、Ullman(2001)、Marslen-Wilson et al.(1998)等为代表,认为规则的变化是根据规则进行的运算,而不规则的变化是存储在大脑词库中的,二者的产生机制是不同的。可见,不管是单独系统,还是双重系统,都承认了大脑词库形态加工中运算的存在。不同的是,双重系统中的形态加工有时还必须依赖存储。

随后,更多的来自神经心理学(失语症)、神经电生理学和神经影像学的证据,证明了大脑词库的形态加工中的不规则和规则变化的分离。Miozzo(2003)通过失语症病人对英语中动词和名词的规则和不规则形式的加工情况的研究,获得了来自神经心理学的证据,表明运用于以规则为基础的形态加工和运用于不规则形态加工的大脑组织是不同的,结果支持规则屈折和不规则屈折的形态变化在大脑中是以不同的方式表征的。Penke et al.(1997)和 Gross et al.(1998)运用事件相关电位技术分别研究了德语和意大利语形态复杂动词的规则屈折和不规则屈折正确和错误形式的加工,结果发现错误的不规则屈折动词诱发了更广泛的负波,而错误的规则屈折动词则无此效应。这一结果也支持了以词汇为基础的屈折和以规则为基础的屈折之间是存在区分的,二者的加工具有不同的神经机制。Beretta et al.(2003)运用 fMRI 技术研究了德语屈折形态的加工,发现规则形式和不规则形式具有不同的激活方式,规则的屈折形式显示出左侧优势,而不规则屈折则不明显,作者解释,这可能是不规则形式的加工需要更多的双侧记忆和注意资源并结合了左半球加工导致的。而且,作者认为,在他们观察到的激活区域的差异中,左额、左颞脑区的差异证明了规则性差异的存在,认为可能是规则形式和不规则形式的不同重复启动和不同行为抑制的结合导致的效应。

Ullman et al.(2005)更是从寻找形态运算和存储的不同神经关联角度来研究形态加工,他们通过调查若干例失语病人的语言情况,发现词库中记忆的单词主要和大脑左颞和颞顶等结构相关,而规则形态形式的运算是和左额的大脑结构有关,二者具有不同的大脑结构系统。

二、词的加工是否从形态上进行分解?

大脑词库中的词在存取时是否需要从形态上进行分解,还是以整词的形式加工,也就是说,词汇提取和存储所依赖的语言单位究竟是整词还是语素,这是长期以来在大脑词库研究中的基础问题,也是一直存在争议的问题。问题的分歧主要集中在形态复杂词的加工上。Butterworth(1983)、Cole et al.(1989)认为词的加工过程中不存在形态上的分解;而 Caramazza et al.(1988)认为,词的加工过程中存在着形态上的分解,至少有一些不熟悉的词是以形态分解的方式加工的;Hankamer(1989)、Frauenfelder et al.(1992)则认为只有从形态上进行分解加工才能不增加使用的负担,符合脑的信息加工的经济性原则。

这一问题在近些年的研究中更为突出。不同语言的形态加工存在很大的差异,想找到形态加工普遍性就必须对不同语言进行研究。以前对于这一问题的研究多是以英语为对象,近年来出现了来自更多语言,乃至跨语言研究的证据,为我们获得普遍性的结论提供了可能。Waksler(1999)通过对多种语言如亚美尼亚语、韩语、希伯来语、英语和德语等进行跨语言的比较研究后得出结论,大脑词库词的表征采用双列出模式,即大脑词库中的加工,部分采取整词形式,部分为在形态上分解为语素的形式。Correa et al.(2004)通过词汇判断任务考察葡萄牙语名词和形容词的性屈折是否与西班牙语一样,都以完全的形式在词库中表征,研究结果表明,语法的范畴或是屈折过程的属性影响了词表征和通达的方式。研究者还扩大了语言类型的研究范围,跨语言的研究为这一问题的解决提供了普通语言学的证据。

此外,更多实验任务、实验范式的运用也提供了多层次视角。Zwitserlood et al.(2004)通过一项实验任务——音节监测任务(Syllable Monitoring Task)研究了荷兰语中复杂词和简单词的组成语素的可通达性,并且发现,语素界限与音节界限一致的程度很重要。他们得出结论,在言语加工的早期阶段音节被暗示用来帮助词汇通达,但语素的组成成分是在词汇后通达的。多种实验任务结合研究也是一种尝试,如 Boudelaa et al.(2004)主要运用两类不同的语言调查任务:大声读出词和判断词语义之间的关联程度,他们通过在线和离线两个不同层次的比较来研究阿拉伯语中词汇组织和表征的最小形态单位的性质,文章实验结果支持词根在形态和词汇表征中的重要核心作用。

三、复杂形态的加工

形态加工与语素研究密不可分,形态加工的复杂性使人们不得不去考虑语素与形态加工的关系,对于有丰富形态变化的语言来说,形态很容易被直接地理解为词的句法和语义特征,如果一个词拥有这些基础特征就会被认为是形态上复杂的词。形态复杂的词语素的数量肯定超过一个。但是语素的意义又是什么呢? 一般认为语素可以被描述成"有意义的最小的语言单位"。但是我们知道,一些英语母语使用者并不将意义归结到词的组成成分上去,例如"conceive"就是这种拥有黏着词根的词。很显然,母语者不会关心词的语源学,除非他们是受过特殊训练的,他们更不可能去将词的有意义的次成分使用起来,如 helicopter(直升机)(helix+wing),这样的词真的是多语素词吗? 因此,很多研究者考虑语素究竟是不是语言单位,而且它对语言使用者来说是不是具有意义。De Jong et al. (2000)、Schreuder et al. (1997)等人的工作已经指出,在跨语言的词汇判断任务研究中,形态家族是具有促进效应的。词的形态家族包含所有的以这个词为语素的词。结果很明显,语素作为大脑中的单位是有根据的。但是研究(De Jong et al.,2002)还表明,一般来说,一个在个人使用历史上不具备充足频率的语素不太可能被看成是语言理解和产出中的功能单位。在一定程度上语素作为词汇加工单位的功能与它分布的差异直接相关,也就是说,使用频率和作为功能单位的语素也是相关的。语素在心理学中的地位就是自身变量(包括意义、频率、形式的联系紧密性和分布差异)的因素。这样的话,形态加工研究就被看成是理解这些变量所起的作用以及相互之间的作用。

总体来说,集中对语素、形态上的复杂性的深入讨论有利于我们考察形态加工的诸多问题。但是对多种语言的研究发现,各种语言之间的形态差异是非常显著的,要想找到形态加工的普遍性的特征似乎是很困难的。目前对形态加工的研究主要集中在对英语的研究上,因此,从英语模型中归纳得出的假说肯定存在一些问题,如英语中的多语素词一般都是外来的,而世界上的其他语言则不同,如希腊语和意大利语的情况就不同。汉语被认为是几乎没有形态复杂变化的语言,汉语中的大多数词都是由两个语素组成的。还有一个问题就是,英语相对来说是形态系统简单的语言,对于法语、俄语等形态变化很多的语言来说,以英语为基础的形态加工模型不足以解释其他语言中复杂的形态变化。从另外一方面来说,英语中的复合比法语和阿拉伯语中的复合要更具能产性,而且在英语加工系统中占有更重要的作用。而在汉语的词法系统中,复合则可能被认为占据了独一无二的统治地位。

语言单位中的语素越多,所能体现出的形态类型就越复杂,语素的形式、内部结构、功能和出现条件等对形态加工的影响也越大。大脑词库中的复杂形态的加工,主要体现在多语素形式的加工上。对这些多语素的形态加工复杂性的深入研究和讨论能揭示出很多复杂的问题。神经语言学和认知科学研究者也敏锐地把握了多语素形式研究的重要性。Libben et al.(2004)这样解释:多语素单位系统比一般的系统增加了两类作用。第一类作用就是可以允许我们在大脑中表征建立在已知形式意义联系上的新单位,而且这个新单位在第一次被使用和接受后,更容易获得和保持,并且更容易被理解;第二类作用就是,多语素系统增加了语言结构的新水平,也就是形态模式本身,这种模式不仅能够帮助我们知晓复杂词的语素,而且也告诉我们这些模式之间的关系。多语素词之所以吸引形态加工研究的更多关注,原因就在于多语素词的特征和它所包含的语义句法等意义。

对多语素词的研究可以了解形态复杂词的多种形态相互之间的关系,通过对这些类型关系的研究揭示了不同类型形态复杂词之间的差异导致的因素。Buck-Gengler et al.(2004)通过对说英语的儿童"名+名"复合词运用的研究,阐述了第一个组成成分规则复数和不规则复数的屈折加工差异,第一个名词的不规则复数形式可以用从复数到单数的可通达性的加工因素来解释,这一因素影响了说话者,而对先天语法没有要求,可以用来解释儿童和成人语言行为的相似性。作者得出结论,这样的差异是因为词的可切分性以及形式的重叠导致的,而与先天语法成分的顺序水平无关。同样也是对儿童语言的研究,Nicoladis et al.(2004)针对说英语的儿童,研究"名+名"复合词中规则和不规则的屈折形态的加工情况,结果发现水平顺序并没有限制儿童不合语法复合词的产生,他们的研究也得出了与 Buck-Gengler et al.(2004)类似的结论。

对多语素词的研究还可以发现形态复杂的词和它本身包含的简单形态之间的关系,如形态复杂的词和它们在形态上简单的次类有怎样的关联,词的加工究竟是采用前词汇形态分解(复杂词是通过它们的组成部分被再认的)方式,还是采用后词汇分解(复杂词的激活导致了它们在形态上简单的次类的激活)的方式。这一关系对此类词在大脑中的形态表征和对词库模型的构拟起了很大的作用。Gagne et al.(2004)对多语素词成分之间的不同关系类型对整个词通达的影响进行了研究,结果表明,连接组成成分的概念关系的不同不会影响整个复合词的通达,但会影响组成成分互相之间的关系。Mondini et al.(2004)的研究也探讨了这一关系,他们考察了30个意大利语失语症病人"动+名"复合词的大脑表征,分析了词汇的分解问题。假如这些复合词是在词汇加工中分解的话,具有文献上说的对动词加工损伤的失语症病人可能会显示出对"动+名"复合词加工的困难,但是实际上,作为整个的词,这些词的性质是名词。结果显示,整个复合词的加工受到它们组成部分词类范畴的影响。也是就说,这些病人对这些整体为名词(由动词和名词复合而成)的加工同样显示出障碍,这说明词的组成成分对整词的影响,同时也说明多语素词的加工过程中词的组成部分(语素)是以分解的方式加工的。

另外,词汇通达和表征所依赖的语言单位究竟是整词还是语素,这是长期以来在大脑词库研究中存在的争议问题,这一问题在近些年的研究中更为突出,语言研究的种类更加丰富,还引入了不同的实验范式从不同的角度来论证。

研究的语言多是以印欧语为主,尤其是英语的研究最多(Taft,1994;Spencer et al.,1998),但是英语的形态单位往往和语音、语义以及正字法都有关联,很难将形态效应从其他的效应中分离出来。多种语言与形态加工存在较大差异,想找到形态加工普遍性特征存在一定的困难,但是对多语言的研究可以提供不同的证据和不同思路。正是认识到这一特点,研究者扩大了语言类型的研究范围,对阿拉伯语、希腊语等语言的形态单位在词汇中的表征进行了考察,如 Boudelaa(2001、2004)等,寻求不同于英语大脑词库特征的形态单位。Correa et al.(2004)则研究了葡萄牙语中名词和形容词的表征是否也以词的完全形式在大脑词库中表征。这些对不同语言的研究丰富了多语素词形态加工的研究,为词加工过程的研究增加了类型学上的证据。

四、形态加工中的语义效应

研究形态加工必须要考虑到它与语义加工之间的联系和区别。对于有丰富形态变化的语言来说,形态加工过程中,语义作为一个重要的因素对言语理解和产生都具有重要作用。形态加工中的语义问题的研究主要集中在两个方面。

一方面是研究语义对多语素词和它的组成成分之间关系的影响,语义透明性的不同程度对形态加工是否具有不同的效应。Feldman et al.(2004)运用跨模型和视觉—视觉启动模式,通过变化刺激间隔来研究不同等级的语义透明性在形态关系中的效应,结果在视觉呈现条件下,只在长的刺激间隔情况下发现了促进效应。不管是否有掩蔽,短的刺激间隔条件下都没有发现语义透明性效应。作者得出结论,基本语素成员的多少和语素组合成词的语义透明性对形态加工存在影响。Dohmes et al. (2004)在图片命名任务中也发现了和语义透明性和模糊性相关的语素启动效应,并且提出,形式层上同样存在语素的表征,而不依赖语义相似性,语义透明性在言语产生和理解中都起重要作用。Schirmeier et al. (2004)的研究也表明,德语动词加工中语义透明性和其他因素对词汇加工产生联合影响。

另外一方面是研究形态加工中语素的形式和意义之间的关系。Taft et al. (2004)通过掩蔽的启动实验,研究了多语素词中类语素(可能是语素,也可能不是语素)单位的加工,词"virus"不被认为是多语素词,但是在语义和正字法上都和词"viral"有关,因此词单位"vir"发挥了黏着语素的作用,词"future"和"futile"也分享了同样的次单位"fut",但是两个词却没有任何语义关系。结果发现,在正字法上具有相似性时,语义上相关的开头是一样的单词(如 viral 和 virus)具有促进效应,但是语义不相关的词没有促进效应。无论目标词和启动词发音方式是否相同,显示启动效应与这一因素无关。而且,当正字法上不同时,语义相关性也不足以产生启动效应。作者认为,单语素词 virus 和 viral 都具有次单位 vir,它们可能在更高层次的表征上依赖形式和意义的联结,而不仅仅就是词项内语素的表征。"future"和"futile"可能就是在更高层次上的独立的表征,而且互相之间具有竞争作用。作者研究了语言表征中形式和意义之间的作用和关系,从而揭示了词的不同性质的次单位可能都具有自己的独立的表征系统,而不完全是依赖某一特定层次的意义和形式的结合。Martin et al. (2004)则从另外一个角度揭示语素形式和意义之间的关系,他们通过研究荷兰语词和非词的过去时态的构成和末尾的清音化现象,发现以类型为基础的类推效应和以表意特征为基础的频率效应都非常接近和适合人的行为,这些效应表明词汇加工不需要依赖语义等不同的加工水平,而且根本上也不依赖预先确定的词的语言结构。有的研究还直接指出了形式和意义的不一致性,如 Boudelaa et al. (2004)从另外一个方面提供了阿拉伯语语素变体的证据,这一证据支持形态加工允许所包含语素的形式和它们表面形式之间存在一定的分歧,也就是说在加工过程中表面的形式和内在的意义并不完全是一致的。而 Pastizzo et al. (2004)使用了向前掩蔽启动的任务来研究有自由词干或黏着词干不同的启动对目标词是否有形态上的促进作用。他们发现了不同词干类型的相同启动作用,说明英语中形态加工能够独立作用于启动词和目标词之间的语义相似性。Lehtonen et al. (2007)利用 ERP 技术揭示了芬兰语母语者在进行视觉词汇判断任务时,复杂词形态加工中颞叶的动态变化,提示复杂词的形态加工没有早期的形态效应,但加工的资源耗费主要来源于语义句法层面,从另外一个角度证明了复杂形态加工与语义关系密切。

总的来说,这些年来由于学术界的普遍关注,大脑词库中的形态加工的研究取得了较为丰富的成果,研究内容的涉及面越来越广,越来越多的形态加工的相关方面被揭示出来,同时越来越多的语言进入大脑词库中的形态研究的视野,世界语言在这一领域的普遍性在一步步地被挖掘;在研究对象上,来自儿童、正常成人、失语症病人和老年痴呆症患者等具有各种特征的人群的证据,从不同角度对形态问题进行观察;在研究手段方面,除了传统的行为心理学和神经心理学的方法外,近年来神经电生理学和神经影像学的方法的介入,为研究提供了更为先进和丰富的手段,同时不同实验范式的运用也为我们越来越接近语言现象的本质提供了可能。

当然大脑词库的形态加工仍然有许多问题尚待解决,这些问题不仅表现在许多问题缺乏统一的认识,还表现在现有的部分问题需要进一步深入,同时还有许多核心的问题为研究所未能涉及。具体来说,首先是词库中形态的结构方式问题,前文提到有的学者认为是运算和存储并存,那么运算和存储究竟是什么关系,运用存储的信息进行运算时如何接口,它们在对具体形式的加工中是如何相互作用的?大脑词库的词浩如烟海,运用什么样的结构方式,才能实现在几百毫秒之内的快速加工?其次是形态加工的普遍性问题。大脑词库的形态加工问题长期以来主要集中在对形态较为丰富的印欧系语言的研究上,对其他形态不丰富的语言,如汉语,词库中相关问题如何表征,或者说它们在词库结构上具有怎样的同一性?再次,大脑词库中形态的加工方式,对整个词库的结构方式会存在什么影响?词库中其他非形态问题的加工依据的是什么样的方式?形态加工的经济性如何实现与词库其他问题加工的经济性的统一?而且,大脑词库中的形态加工与句法、语用等因素如何实现接口?这不仅表现在多语素词的加工规则与句法规则的同一性问题上,句法、语义、语用等因素在词库和形态加工中如何实现,形态加工的结果如何进入句子等等问题都值得深思。这同时也牵扯到句法和词法如何分工和联系的问题。如此等等,更多的越来越接近核心的问题,都有待于未来的研究去发掘和揭示。

第三节　与大脑词库相关的模型和假说

语言学、心理学和神经科学等不同领域的研究者们从关注大脑词库开始,模型建构的问题就一直围绕着他们。为了解和解释大脑词库的内容、运行模式以及基本机制,最简单有效的方法就是构建模型,因为模型最为直观和实际。Aitchison(2003)在她的书中直言不讳,研究的全部目的就是提供大脑词库"模型"的轮廓详细说明,其中包括大脑词库的组织方式以及它是怎样工作的。她还对"模型"的概念进行阐释,认为"模型"并不是原物的缩减复制品,而是具有一定自然属性和局限性的,如它具有高度简单化和比复制品更能代替推测的特征。由于对原物的每个细节都进行完美复制,这样的标准模型建构起来既耗费时间又不具可行性,因此,建构的模型是集中注意力在被模仿的事物的重要特征上,而不是完全复制,这样的模型才可以为研究者所使用。Aitchison 认为大脑词库的模型是介于具体模型和抽象模型之间的,目前心理语言学家已经提出了很多种大脑词库的不同模型。而事实上,模型建构可能是神经语言学研究中一件好坏参半的事情。人们可能通过去建构计算的和知觉的模型,来准确重建一些现象,但是却并不能确信这个模型已经抓住了有关这些现象自然产生的某些必需的方面。例如 Friederici(1992)提出了有关句法激活方面的一个静态模型的想法,但这个模型被实验收集来的神经心理学的证据所质疑。在这个领域里,关于哪一种模型是基于现有知识状态下并且是最被接受的,当前并没有统一的意见。然而,模拟对产生出"存在证据"起了很重要的作用,这个证据是关于语言可能是怎样被表征的。因此,模型更像是个假说,即能够引导实验研究发展,而且可以测试通向成功的模型中可能暗含的一些假设。

下面简单介绍几种大脑词库的模型及其主要观点。

一、层次网络模型与扩展激活模型

层次网络模型(Hierarchical Network Model)是由 Collins et al.(1969)提出的。这种模型认为,任何词的意义都以它与其他词的关系而定,存储在语义结构中的词是由复杂关系的节点连接起来的,每一个节点代表一个词或一个概念,它们构成一个具有层级性的系统,在系统中,一些节点与其他节点处于同一个水平层次上,但它们又处于一些节点之下和另外一些节点之上。这些节点所代表的概念按照这种逻辑的上下级关系组织起来,构成一个层次的网络系统。这一理论按认知的经济原则对概念的特征进行相应的分级储存,在每一级概念的层面上,只储存该级概念独有的特征,而同一级的各概念所具有的共同特征则储存在上一级概念的层级上。他们用心理学的反应时方法来验证这个模型,出示给被试的句子的主语都是层次网络中最低层面的一个具体名词,而谓语则是取自不同的层面,让被试进行正误判断,同时记录反应时,如"金丝雀是金丝雀""金丝雀会飞""金丝雀是动物"等。研究认为被试的反应时间反映了大脑词库中信息的组织方式,可以测定层次网络系统中各个词之间的距离,另外实验还发现搜索一个特征的时间要长于搜索相应的概念,因此属性是根据概念存储的,他们通过实验结果论证并反映词的存储状态。

层次网络模型是从信息与概念的角度对大脑词库进行分析和构建的,得到了一些研究者的支持,但同时也受到了不少学者的挑战,研究者认识到层次网络模型的局限性,提出语义层面对反应时影响不大,而概念与特征联系的频率或强度则是决定反应时的主要因素。Aitchison(2003)更是明确地指出层次网络模型忽视了其他因素,如联系频率和强度、内涵项多少对提取难度的影响以及词义歧义性等对实验结果的影响,可能不仅仅是语义层面。因此,孤立地从语义层面进行分析很不全面。但是,层次网络模型大胆地开拓了大脑词库语义结构关系的先河,这为后来的大脑词库研究提供了研究的基础。

Collins et al. (1975)在层次网络模型的基础上面对他们存在的问题,又提出了扩展激活模型(Spreading Activation Model)。该模型是个词语加工模型,认为词汇是以网络关系的形式表征的,但其组织不具有严格的层次性,而是以语义联系或语义相似性将概念组织起来的。在这个模型中,一个概念的意义或内涵也是由与其联系的其他概念,尤其是联系密切的概念来确定的,但是概念特征不一定要分级存储。一个特征不仅仅与某一个层面的概念相连。有些特征除了存储在高层次的节点上之外,还在与它们经常发生关系的词的节点上同时存储着。该模型的加工过程也并非相交的搜索,而是通过激活的扩展方式进行的。后来,这一模型又得到了Stemberger(1985)等人的丰富和完善,并进一步提出了词汇提取的理论。他们认为,如同在复杂电路中,电流在特定的点之间来回流动并不断激活周围的点一样,词汇提取中,语义阶段先开始,一个语义场被唤起,然后锁定,在做出最后选择前,激活作用于语音"指示标",这样也有一群词被引发激活,同时激活的词又反作用于语义,又激发了更多的词。当如此来回运转时,越来越多相关的词都将被激活。当激活的联系被检索时,相关的词语及联系变得越来越兴奋,而不相关的则不断受到抑制,将一直持续到众多被激活的词中最终有一个被选定。用这一模型来解释各种口误是具有一定说服力的,因此也得到了 Fromkin 和 Aitchison 等人的支持。

二、跳石模型和瀑布模型或瀑布状模型

跳石模型(Stepping-Stone Model)是关于人们如何从大脑词库中搜索、提取词语的模型,它认为对词语基本成分的运用就如同穿过小溪,在将跳到下一块石头时要在前一块上停留。当后一个阶段开始时,前一个阶段已经结束,每个阶段并不互相作用。词语的基本成分,一个是语义和词类,另一个是语音,它们就如同"跳石"。人们在第一阶段先挑语义和词类,然后再与语音结构联系。在第一阶段结束时有一个指示标,指示从何处进入下一成分。同时模型又具有缩定性,当词汇提取处于语义成分阶段时,很多相关的语义被激活,然后缩定为所要选择的语义,而对于语音成分,也有许多具有总体特征的词被激活,最后确立为目标词。但事实上,Browman(1978)就举出很多与目标词在语义及语音上均具有相似的词替代目标词的错误,显示出被激活的与语义相关的词存在时,语音就已经被选择了。这种口误的情况是语义阶段和语音阶段互不作用的跳石模型所无法解释的。

在认识到跳石模型的优缺点之后,一些研究者(McClelland,1979)考虑到既要整合跳石模型中有些很好的特征,如指示标和逐步缩定性等,同时又要考虑选择语音时允许语义的存在,他们提出了瀑布模型(或瀑布状模型)(Waterfall or Cascade Model)。该模型中的语义阶段和语音阶段具有关涉性,当所有被选择的语义被激活后,它们在进行语音选择时仍然有效,直到所要选择的词被最后选定。在语义阶段,指示标便指向语音成分,在对语义阶段的词做出最终选择前便能进入语音层次。瀑布模型认为,比所需要的词要多得多的信息被激活,同时又要对词加以控制和缩定。这个模型比跳石模型有了很大改善,但只注重了语义对语音精确选择的影响,而未注重语音对于语义缩定的影响,即对语义与语音的相互影响作用没有考虑得很全面。

三、语素通达模型或词缀剥离模型

Taft et al.(1975)最早提出词汇在大脑词库中是分解存储的,他们基于词汇判断任务的心理学实验,提出了词库的语素通达模型(Morpheme Access Model),认为词库中存在的是语素,词是以语素(词根、词缀)的形

式进行存储的,复杂词的形成是由规则完成的,即前缀词在大脑词库中没有独立词条,只能通过词干提取,多词素词是以词素分解的形式存储,并认为在大脑词库中存在着词缀剥离模式(Affix-Stripping Model),人们在认知词的时候,前缀词的识别要经过一个词缀剥离的过程,来检查大脑词库中是否存在着对应的词干。如果存在对应的词干,再检查这个词干加上词缀后是不是一个词。他们还推测,词与非词中都存在语素结构的信息。因此,单词的识别是通过词干的通达表征而实现并提取的。之后 Taft(1979)继续对后缀词进行了实验考察,结论支持他们的语素通达模型,后缀词也是通过它们的词根词素被提取并经过和前缀词一样的"词缀剥离"过程。但是 Taft 提出来的词缀剥离现象,很快就受到了不少研究者的反对。Hankamer(1989)指出,许多语言如土耳其语、匈牙利语等都存在一种黏着词的结构,在该类词的结构中,词干可以加上很多后缀,甚至能形成后缀的循环。如果运用词缀剥离的程序来认知这些词是无法实现的,也是很不可思议的。

后来的研究更加复杂化了 Taft 等人提出的模型。Taft(1994)仍然认为单个的语素是存储和通达的语言单位,语言中的每个语素包括词根和后缀,在词库中都有自己的列表。但是该模型无法解释词缀改变了词干的词是以怎样的方式进行提取的问题。Marslen-Wilson et al.(1978)以及 Marslen-Wilson et al.(1980)提出的群集模型和 Morton(1982)的词汇发生模型都认为这样的词具有独立词条,因而它们也是可以直接提取的。Marslen-Wilson et al.(1994)提出了混合的分解模型,他们认为当接后缀的词和它的词根在语义上如果是透明的话,词更有可能是以分解的方式通达的。Ito et al.(1996)通过对日语的研究也指出,只有规则的前缀是根据规则附着在词上的,其他的情况则不同,因此支持词汇分解的模型。

四、词汇通达模型和完整列出假说

词汇通达模型(Word Access Model)和完整列出假说(Full Listing Hypothesis)都认为词汇存储和通达的单位是整个词。

Rubin et al.(1979)提出词汇通达模型。该模型认为不存在词汇分解存储的现象,词是作为一个整体来存储的,没有"词缀剥离"。词和非词中都没有语素结构的信息。

Butterworth(1983)提出了完整列出假说。他认为在再认过程中,词库里的词是以形态上完整的形式达到的,词汇存储和通达的单位是整个词。他指出,大脑词库中词汇存储的矛盾性,一方面如果词语可以通过一定的规则合成,却又在词库中单独列出,就会增加人脑的记忆负担,但是另外一方面,如果当需要时每次都附加上词缀,将会增加言语生成过程的负担,而由于人们说话时有大量的信息需要处理,所以要尽量减少现场加工的负担。因此,词包括那些在形态上独特的词在大脑词库中都有自己单独的列表,是完整存储的。他的这一假说得到了 Dell et al. (1992)的支持。Dell等提出了语言产生中的词汇通达的两个初步阶段,第一个阶段是词条通达阶段,在这个阶段词是以句法—语义实体被提取的,第二阶段的语音通达阶段是词的形式被充实的阶段。不管两个阶段之间的时间进程如何,词在通达过程中都是以整词为单位直接激活的。

Cole et al. (1997)针对完整列出假说提出了修正意见,通过对法语单语素词的三个实验研究得出结论,语素的频率和词的频率存在竞争,二者的相对关系决定了词的通达,当词频高于语素频率的时候对高频的词具有促进效用,对高频率语素具有干扰作用,但是当词频小于语素频率的时候,对高频语素则起促进作用,对高频的词起干扰作用。因此,他们认为有后缀的词和它们的词根因为词频的不同而存在竞争,词和语素尽管在语义上是有关联的,但是单语素词存在语素和词两种通达表征单位,这两种表征方式都单独存在,而且是相互竞争和干扰的表征。

五、地址化形态模型和扩展的地址化形态模型

Caramazza et al. (1985)通过对意大利语的实验研究提出地址化形态模型(Addressed Morphology Model),主要探讨形态复合词从视觉刺激到语音输出的过程,该模型认为阅读形态复合词包括两个提取程序,即形态解析地址程序和整词地址程序,二者组成了词库地址程序,与正字法输入词库相区分。正字法输入词库中词语是以形态分解,即词根语素和词缀是分别以独立表征的方式存储的。词库地址程序中的整词地址程序直接作用于整词,被激活的整词地址在正字法输入词库中指定一个形态分解的词根语素和词缀表征,形态解析程序则与整词程序平行发生作用,而且比整词程序更为复杂。之后,Caramazza et al. (1988)对地址化形态模型进一步研究,提出了扩展的地址化形态模型(Augmented Addressed Morphology Model),认为大脑词库中熟悉的词以整词作为存储的单位,而不熟悉的词以语素作为存储的单位。但尽管如此,他们的观点还是不同于语素通达模型,认为尽管不熟悉的词是以语素为存储单位的,但是在词的认知过程中并不存在词缀剥离过程,只在非词中才发现语素结构的效应。

六、依赖词的语音和形态为基础的混合模型

依赖词的语音和形态为基础的混合模型(Mixed Model Based on Lexical Phonology and Morphology)是 Vannest et al.(1999)提出来的,这一混合模型是以 Kiparsky(1982)词汇音系学和词汇形态学为基础的。Kiparsky 根据词缀和词根的邻近程度以及词缀和语音加工(包括重音分配)的相互作用,将词缀主要分成两个不同的黏着层次:层次 1 和层次 2(Level1 和 Level2)。具有更多特异性的结构改变推导出的词缀黏着在组成成分的早期水平,这个阶段称为 Level1,而更具能产性在语音上不确定派生的附加后缀则是发生在 Level2 中。Level1 上的词缀不能附着在含有 Level2 词缀的词干上,但是 Level2 上的词缀能附着在含有 Level1 词缀的词干上。两个水平的词缀都可以附着在含有同样水平词缀的词干上,但是只有 Level1 的词缀可以附着在黏着词干上。此外,语音加工只能应用到含 Level1 词缀的词上,而不能应用到含 Level2 词缀的词上。通过对两种不同形态层次词通达的检验,Vannest 认为含后缀的词是以 Level1 形态完整地存储在大脑词库中的,而只有当词开始在 level2 添加后缀时才发生形态的分解。词缀的词汇地位是由词缀本身的特征和它对词根的作用决定的,词的语音和形态在词缀类型之间只作最初的区分。词在 Level1 形态在词库中是保持完整的,但在 Level2 形态有可能在某种程度上就和它的词根分离了。为了达到有效的存储和通达,在词库的模型中需要对有关词缀的不同类型信息进行整合。

第四节 大脑词库提取的基本语言单位问题研究现状

人类对语言的运用包括语言的理解和产出,语言的理解是指人们能够根据已经掌握的知识来理解听觉或视觉的语言信息输入,在语言产出的过程中,如何合理迅速地调动提取存储在大脑词库中的语言单位,并根据一定的规则进行组合或分析,最后通过语音或其他形式表达出来,这些都是研究脑与语言关系的人们最终要解决的问题。我们知道大脑词库中存储的知识非常广泛,语言单位的形式也多种多样,不管是在理解还是在产出语言的过程中,大脑词库中语言单位的提取在语言运用的过程中都显得尤为重要。那么,究竟在提取这些语言单位的过程中大脑最先提取的基本语言单位是什么,然后又在这样的基本单位上进行怎样的整合或是分解的加工,这是我们研究语言理解和产生的基础工作之一。

学界关注语言单位的提取问题是从关注词汇的辨认和检索开始的,研究者提出了检索模型(Forster,1979)、词汇发生模型(Morton,1982)等,对大脑词库中的词汇辨认方式和过程提出了设想和假说。之后,Nickels(2002)提出词汇提取包括两个步骤:句法编码和词法编码。前一个步骤叫句法语义词提取(Lemma Retrieval),lemma是词的意义和句法特征的记忆表征,信息概念的表征被用来提取记忆中词的lemma;后一步骤叫词形编码,这个阶段中词的词素音位特征被从记忆中恢复,并用来生成词的语音计划。

很多有关言语产生的词汇单位提取的模型假设:意义是最初词汇选择的触发点,提取语音信息需要一个独立的过程。因此,有研究者提出了"两阶段"模型,在这一模型中,通达词汇单位的形式与通达词汇单位的意义是分离的,最初的选择发生在意义上。最初的意义阶段从非语言的概念层次或是消息(Message)层面开始,这是由说话者交流信息的意图产生的。有两种关于词汇提取的理论,分别来自Garrett(1988)和Levelt(1989/1992)。在Garrett的模型中,消息引起了包含语义和语法赋值但没有语音形式的抽象词项选择和抽象功能短语结构的构建。Levelt(1989)提出了通过激活和验证词形编码模型,认为从概念到言语的加工过程一般经历语法编码和语音编码两个阶段。后来他又对这一模型做了补充,认为言语产生过程中将词汇所蕴含的意义转换成声音的过程是在词条被转换成其词形中发生的,而且还利用了语素、语音编码的特征,研究将加工过程扩展为六个阶段:概念准备、词汇选择、词形编码、语音编码、音素编码和发音,其中在概念准备之后通过词汇概念直接进入词汇的选择阶段,他认为在这一阶段,一个抽象词或词条与句法特征一起被选定下来,一个词条被选定通常是因为它比另一个词条受到更强烈的激活,进而通过词形编码和语音编码等几个阶段之后才将词表达出来。在Levelt的模型中,消息导致了句法语义词——一个包含语义和句法(如形式类范畴,次范畴和论元结构)信息的词条的激活,但是语音形式没有指定。这些观点得到了话在嘴边现象(Tip-of-the-Tongue State)、口误和失语症病人语言现象的支持,如一些词语表达不能、选词错误和选词不能。这两种模型不同之处在于,Levelt的模型意味着句法结构通过句法语义词中的语法信息来投射,而在Garrett的模型中,尽管抽象词项包含语法信息,但是句子结构使用相对独立的原则来构建。这里需要指出的是,在这两种模型中,消息导致了包含语义和语法信息的抽象词汇单位的提取。

一、对汉语之外其他语言大脑词库提取的基本语言单位研究

总结起来,目前学术界基于印欧语等语言大脑词库提取的语言单位问题的研究,主要形成了分解理论、非分解理论和混合提取理论这几种观点。

1. 分解理论

分解理论提出词是以形态分解的形式来提取的。Morton(1969)持有分解词汇提取的观点。他认为,语义复杂的词(词的意义可以从概念上进一步地分析,从记忆中提取是以很多原始的概念特征作为基础提取的),被称为"信息"概念,"mother"的表征在概念上是分解的。对信息详细规范的人的词汇量是由提取过程中的很多个词作为组成成分构成的。Hankamer (1989)对形态复杂的语言——土耳其语进行了研究,他认为作为黏着语,土耳其语的词汇有着很多屈折形态,这些在形态上很复杂的词是以形态分解的形式来提取的,而不是以完整列出的形式。这些观点得到了 Bierwisch et al. (1992)、Jackendoff(1983/1987/1990)和 Pinker(1989)的支持。

Taft et al. (1975、1976)对于词的分解情况做了较全面的研究,他们提出了语素通达模型,其主要观点就是词是以语素的形式进行提取的,主张词汇分解提取的形式。他认为具有复杂形态的词汇形式在词通达之前,词已经被分解为其组成成分的语素。他们先后对前缀词和后缀词分别进行了研究。词的形式被分解为一些有意义的次成分,这样,暗含在字母串中构成词形式的形态结构就出现了,而且这样的形态结构被用作通达词库的基本单位。Taft et al. (1975)提出,前缀词没有独立的词条,是通过它们的词干被提取的,在再认提取形态上复杂词的过程中,为保证词汇通达成功,词缀成分必须被剥离,也就是说形态复杂的词在词库中是以强制形态分解形式表征的。他们通过词汇判断的实验得出此结论,判断由前缀词分离出的非词(如从 revive 分离出的 vive)比判断从假前缀词分离的非词(如从 relish 分离出的 lish)所花费的时间要长,他们解释导致这样结果的原因在于词干 vive 先在词库中被找到,然后才被词干和前缀合并后的装置所否决,而非词 lish 能被迅速否定是因为词库中没有词干 lish 的表征。但是 Taft 等人的研究无法解释词缀改变了词干时,词是以怎样的方式进行提取的。后来 Marslen-Wilson et al. (1978、1980)提出的群集模型和 Morton (1982)提出的词汇发生模型,都认为这种被词缀改变了词干的词在词库中是具有独立词条的,因而是可以直接提取的。

之后 Taft(1979)继续对后缀词进行了实验考察,得出结论,后缀词也是通过它们的词根词素被提取并同样经过和前缀词一样的"词缀剥离"过

程。为了更清楚表达分解模型,Taft(1991/1994)和 Taft et al. (1995)再次强调,语素是分层级激活系统里的表征单位,而且字母串中如果包含了一致的正字法信息时,语素也被激活。语素单位的激活也传到表征整个多语素词的单位,因此多语素词在词汇通达之前没有主动分解,整个词是通过其语素的激活才被提取的,在这个过程中,词存在着被动获得的强制分解。Marslen-Wilson et al. (1994)和 Rastle et al. (2000)也认为词汇判断任务中复杂词会自动地分解为那个词的语素组成部分,也就是说在提取中是以词分解的形式提取的。

2. 非分解理论

非分解理论认为词以整词的形式提取。Collin et al. (1975)持有这种观点。比如"mother"的抽象表征被用来从记忆中提取"mother",概念特征"女性"在提取过程中不直接参与,但作为背景信息在记忆中保留在信息的外围,信息概念 mother 的表征在概念上是不分解的。信息词汇由包括仅仅一个词的提取成分组成。Butterworth(1983)也持有整词提取的观点。他坚信,复杂形式的形态结构没有独立的表征,在词汇再认过程中不存在词汇的分解,而是以整个词的形式提取的。

3. 混合模型

除了分解理论和非分解理论,词的提取受熟悉度、语义透明度等因素影响,不会呈现出完全统一的形式,学界主要提出了扩充的地址化形态模型、形态竞争模型等,我们将其统称为混合模型。

Caramazza et al. (1988)提出了扩充的地址化形态模型,模型中假定,输入过程同时激活整词表征和组成要素的语素,如果词对被试来说是熟悉的话,整词表征就被激活,也就是直接提取整词。但是,如果是新异的词,语素就被激活,也就是以词的组成语素来提取。Frauenfelder et al. (1992)提出了形态竞争模型,他们假定在词语的通达过程中存在着有竞争的两种路径,一种是整词的直接路径,也就是以整词为单位进行提取;一种是分解路径,也就是将词分解为语素进行提取。根据他们的观点,哪怕是熟悉的词都可能是通过分解为语素的路径来提取的,究竟通过哪一种路径来提取,这取决于词的透明度和熟悉度等因素。根据这一模型的观点,在词语再认过程中,透明的低频词是通过分解的路径来提取的,而不透明的高频词是通过整词直接的路径提取的。他们认为在土耳其语中,很多复杂词都是通过形态分解路径来提取的,但是同时还推测,由于词根加词缀组合的频率不同,词也能够以直接通达的路径来提取。

另外值得一提的是 Gürel(1999)的研究,其研究对象是具有丰富形态的黏着语——土耳其语,他通过词汇判断的实验任务,比较了单语素词(包括无法分解的词和假单语素词)与多语素词(包括具有一个后缀和两个后缀的多语素词)的加工速度和错误率后,研究得出结论,在形态丰富的语言中,并非所有的多语素词都以分解的形式提取,有的是整词提取,如使用频率高的语素就可能导致词是以整词形式提取,而不是以词汇分解的形式提取。但是对于词究竟是以什么样的方式提取,Gürel 的研究假定:如果在词再认过程中存在分解的话,那么可以预期,多语素的词比单语素词反应时应该更长,如果在词再认过程中存在语素和类语素结构的激活,则预期多语素词和假语素词比单语素词需要更长的反应时。但是结果非常有趣,单语素词与多语素词的平均加工时间上具有统计学上的显著性差异,但是一个后缀的多语素词与两个后缀的多语素词之间没有显著性差异,单语素词并非与所有不同类型的一个后缀的多语素词都有显著性差异。因此,文章得出结论,土耳其语中不是所有的多语素词都是以分解的形式提取的,加后缀的词看起来是通过整词通达的程序来提取的。根据后缀频率的不同,词或以分解形式提取,或以整词形式提取,具有高频率后缀的词的加工速度更快。在形态丰富的语言中,形态复杂词的再认时间损耗并不比缺少形态屈折的语言(如英语)要多,至少拥有高频率后缀的词是这样。至于其他的词,在形态丰富语言中,为了节约加工时间,词也可能是直接提取的。而为了在词提取过程中处理复杂词的形态,土耳其语中词的分解必须比英语中词的分解更加有效率。因此,土耳其语因为形态丰富,多语素的词或以整词的方式提取,或以分解的方式提取。

二、汉语大脑词库提取的基本语言单位研究

汉语的文字书写符号是汉字,传统的汉语研究是以汉字为中心展开的,没有语素和词的概念,汉字和汉语的语言单位之间的关系很复杂。因此,在汉语的理解和产出中,汉字、语素、词,究竟哪一级语言单位是提取的基本语言单位呢?关于这个问题,目前研究主要从两个方面进行,一是研究汉语大脑词库中提取词汇时是以哪个单位为基础的,汉语的词在大脑词库的表征中究竟是怎样加工的;另外一方面则是研究汉语大脑词库词提取过程中语音、语义和字形的激活情况。

1. 以整词的形式在汉语大脑词库中表征

支持整词形式表征的观点主要证据来自行为学和神经心理学的研究。很多行为实验研究证明汉语的词在大脑词库的表征中是以整词为单位的,而不是以语素为单位进行加工的。自然言语实验多采用词汇判断任务。

Zhou et al.(1994)发现,当词、语素和音节频率分别发生变化时,只有词的频率变化对词判断的反应时间存在效应,而且是对真实的词,这说明汉语的词在大脑词库中的表征是以整词为单位的,而且词汇通达是通过整词单位达到的。之后,Zhou et al.(1995)使用听觉—听觉启动词汇判断进行了12个系列自然言语的研究,发现他们的实验结果完全一致,词的表征和通达都发生在整词层面,这些结果使作者得出关于汉语词汇表征的一些结论,汉语词汇表征以词为基础,在词汇通达中,言语输出最终投射到词表征的层面。另外,还有实验采用语义启动词汇判断任务,通过汉字字形的研究揭示汉语的词汇提取依赖的是整词形式。Liu et al.(1997)发现,整个词的意义提取发生在语素单个意义组合成词之前。他们的实验任务是先呈现启动词,再呈现目标词,研究作为启动词的汉字是否对目标词的反应时有增快作用。文章的结论是,在视觉词再认中,整个词意义的加工速度比作为词成分的语素的加工要快。Taft et al.(1997)的实验是采用启动命名任务,考察两个字组成的词的表征是通过整词还是通过它们的组成成分语素。研究得出结论,词汇表征是以整词为单位的。

神经心理学的研究也得出了类似的结论。杨亦鸣(2002)以失语症病人为研究对象,通过语言调查对大脑词库存取语言单位做了初步的探讨,认为中文大脑词库中提取的语言单位应当是词,而不是语素,更不是以字为单位。Packard(2001)的分析得到了类似的观点,认为汉语是以词为提取单位的。他假定语素是词汇提取单位,这就意味着在消息阶段之后,通达的语义和语法信息的抽象群是语素,语素中包含的语法信息必须是语素组合(Morpheme Combination)信息,而不是词组合(Word Combination)信息。然而,如果我们假设词是词汇单位,那么这个单位必须包含有关可作为可组合单位的词语顺序(如句法短语槽的最小占据者)的语法信息。这样,现代汉语句子的语法就包含了组合语素的规则。像这样的更大单位(如词、短语)使用语素作为基元通过组合的句法被增大。对于理解和产生的模型来说,以语素为基础的语法系统会庞大得不可思议,在在线语言产生和理解过程中都会比以词为基础的系统效率要更低。因此,Packard同样支持提取过程中更应该以词为单位来提取。

2. 汉语大脑词库中视觉词提取的多水平激活

在汉语的视觉词汇提取过程中,由于汉字表意功能的特殊性,语音、语义和字形之间的关系引起很多研究者的兴趣,他们用不同的实验探讨三者之间的关系。

没有意义有语音的汉字在视觉通道的加工中可以自动通达,有很多实验研究对此都有经典的阐释,如 Chu-chang et al. (1977)、Tzeng et al. (1977)、Treisman et al. (1981)等。另外,没有语音作为特定中介汉字的书写形式的通达也有研究,如 Zhou et al. (1999)等。而且,视觉提取词项的语音和意义在汉语深度阅读障碍的大脑损伤患者中也出现分离现象,这些患者能够提取书写词的意义,尽管他们不能提取它们的语音形式(Yin et al. 1992)。这些证据都表明,尽管词是语音—意义的配对,但是在书写的词汇通达中,语音激活实际上可能是自动的反射,在原则上语音激活是与意义的激活相分离的。

有些研究者强调语音的重要作用(Perfetti et al., 1991;Cheng,1992),有些文章宣称,"汉语阅读需要语音作为中介"(Cheng,1992),或者认为"没有语音就没有语义"(Perfetti et al., 1992)。还有些研究者强调意义的重要作用(Zhou et al., 1996;Zhou et al., 1999),认为大脑词库中直接的视觉通达是通达信息的主要方式,还认为阅读汉语的过程中没有或者几乎没有语音作为中介通达词汇语义。这些研究要么认为语音是中介,要么认为语义是通达的主要方式,但是如果假设有整合的大脑词库存在,那么大脑词库中除了语音和语义信息,还应该包含正字法信息(Zhou et al., 1999)。但是 Packard(2001)认为,尽管大脑词库必须与正字法有联系,然而正如有些研究者提出的,大脑词库不可能包含正字法信息,因为大脑词库从个体发生学和系统发生学上来说,最初就是个自然言语词库。自然言语词库与汉字正字法之间的任何联系都只是个附加功能,这个功能在阅读获得的过程中已经被得到,这个过程揭示了已经存在于学习者大脑词库中的语音与意义的强有力的联系。但是,目前人们关心的焦点问题已经不是双通道模型,而是语音和意义究竟哪个通道在词汇通达过程中占统治地位的问题,讨论次词汇层面上语音和意义的激活相关程度,如词项中表征的语音—意义的完形对的优先通达。作者认为,语义与语音的联系在本质上,如在起源上的联系,就比二者与正字法的联系更为紧密,因为语义与语音联系的存在不能简单地作为有机体的实践功能,并且人类随着时间的过去,已经发展了特定语言能力,也发展了语音与语义联系的表达功能。

但是,Taft et al. (1995/1997)提出来的模型则持不同的观点,他们认为,S(语义)、P(语音)和 O(正字法)形成了三重关系,被称为"词汇三角",O 与 S 和 P 一样在三角关系中或多或少充当了同样的地位,尽管 S-P 联系可能要比 S-O 和 P-O 联系要紧密得多,因为在个人交流中,前者的使用要更早和更频繁,但是 O 仍然具有一定的重要性。

第五节　大脑词库存储的基本语言单位问题研究现状

大脑词库的存储状态属于静态范畴,直接对其进行研究难度很大,因此目前对这一问题的研究多使用推导的方法,也就是从大脑对语言加工的动态情况来推断大脑词库的存储方式。

一、对汉语之外其他语言的大脑词库存储的基本语言单位研究

Treisman(1960)在选择性注意衰减模型中最早提出大脑词库的概念,他认为大脑词库是由许多词条组成的,这是对大脑词库存储问题早期的研究。究竟我们的大脑是怎样存储词语的,当需要的时候我们又是怎么能够在那么快的时间里找到所需要的词语的,这些问题一直都是许多研究者困惑和关心的问题。Aitchison(2003)认为词语不是杂乱无章地堆积在我们大脑之中的,因为人脑中有超过150000个词,它所存储的词的信息要远远大于任何一部词典,而那么多的词在运用时却能够很快找到,只需要200毫秒左右或者更少的时间。这就决定了大脑词库中的词语存储可能会是个复杂的、连锁的巨大系统,这个系统存在着内在的规则。大脑词库的内容不是完全固定的,人们在任何时候都有可能增加新的词语,就像改变原来已经存在的单词的读音和意义一样,人们不是在说话之间偶然增加新的词语,而是经常在言语发展中,不断地创造新的词语或者是为词语赋予新的意义。这说明大脑词库是处于发展中的一个巨大的完美系统。这个系统里究竟存储了些什么,它又是怎样运行的,这是众多的学者都非常好奇和不解的,国内外研究者们构拟了不同的词库模型试图说明词库中词语的存取状态,概括起来,主要有三种观点,一种观点认为词以分解为语素的形式存储,一种观点认为是以整词的形式存储,还有一种观点认为是以混合复杂的形式存储。

1. 以分解为语素的形式存储

Kintsch et al.(1972)提出附有词缀的词,尤其是附有后缀的词,是以词干的形式储存在大脑词库中,这是最早提出的词以分解形式存储的词库模式。Taft et al.(1975、1976)通过对有前缀的词、多语素词和多音节词的存储和提取情况的研究得出结论,词汇在大脑词库中是分解存储的,他认为词库中存在的是语素,复杂词的形成是由规则完成的,并认为在大脑词库中存在着词缀剥离模式,即前缀词在大脑词库中没有独立词条,只能通过词干提取,多语素词是以语素分解的形式存储,在识别前缀词的过程中,

词缀剥离是必经的过程,如果提取单词,也需要通过词干来实现提取。后来 Taft(1979)证实后缀词也是通过词根语素被提取的。在他的词素通达模型中,词是以词素的形式进行储存的,主张词汇分解存取形式。

Taft 等人的想法得到了后来学者的支持。MacKey(1979)认为词是分解为语素存储的。Frauenfelder et al. (1992)、Hankamer(1989)通过实验证明黏着语中形态复杂词语的存储必定为分解方式,而不是以完整列出的方式存储。Ford et al. (2003)通过行为实验研究发现,当单语素的词作为词的成分时,词以形态分解的形式进行存储。

2. **整词存储形式**

Rubin et al. (1979)提出词语通达模型,认为词的认知和存取都是以整词作为单位的,不存在词缀剥离程序,在词和非词中都没有词素结构的信息。之后,Butterworth(1983)提出词语存储的完整列出假说。他认为说话者知道的每一个词(包括形态复杂的词)很明显地被列在词库中(有或没有形态结构的表征),称之为完整列出假说,知晓的词以整词形式列在词库中,并存在"回退程序",包括产生和理解新词语的规则和类推法。Cole et al. (1989)认为前、后缀词在大脑词库中以整词的形式存储,但在加工上有差异。Burani et al. (1987)、Monsell(1985)、Laudanna et al. (1989、1992)、Chialant et al. (1995)认为整词表征的激活早于形态信息的激活,也支持整词存储的观点。

3. **混合存储形式**

Caramazza(1985)提出了地址化形态模型,认为在通达表征中整词和词素同时都存在,是个混合的存储模型。之后 Caramazza et al. (1988)发展了其观点,认为认识的词是作为整体列在词库中的,而新词是以语素为单位列在词库中的。Emmorey et al. (1988)通过对口误和失语症的调查和数据分析后提出观点:大脑词库中的词有的具有独立词条,有的不是这样,通过词干来存储,如果进行再认加工和生成加工,这时就会发生形态的分析,词就通过分解的形式进行存储,分解成词缀和词干的过程就不可能存在了。

发展心理语言学家 Gordon(1986)通过对儿童语言的研究发现,三到五岁的儿童说 mice-eater,但是不说 rats-eater,只说 rat-eater,尽管他们会将 mouse 的复数说错成 mouses,但是他们组合成复合词时却不说 mouses-eater。也就是说,这些孩子认识到组合复数名词和其他词成为一个复合词时必须要遵守的规则,他们很清楚自然地区分了存储在大脑词库中的词根和根据规则创造出来的有词形变化的词。Gordon 的实验证明了语言学家

Kiparsky(1976、1982)的发现,也就是复合词可以用不规则的复数组成,但是不可以由规则的复数组成,如一个充满鼠患的房子我们用 mice-infested,却不说 rats-infested。因此,Gordon 认为,大脑词库中不规则动词以及不规则名词的复数是和词根、词干存储在一起的,而规则名词的复数并不以词干的方式存储在大脑词库中,它们是当有需要时,才根据屈折变化规则将它们加到名词后面形成复合词。Waksler(1999)通过对亚美尼亚语、宿务语等多种语言的研究,证明了大脑词库的表征采用双列出模式,即大脑词库中词语的存储,部分采取整词形式,部分采取语素的形式,也支持混合存储的观点。

Aitchison(2003)通过对失语症和口误的调查发现,屈折性后缀一般是当需要时在说话过程中附加上去的,只有少数经常使用的已经固定化的屈折结构的词除外,派生形式的前缀词和后缀词则是作为整词存于大脑词库中。也就是说,大脑词库中的词主要是以整词的方式被存储的,但同时人们可以根据他们的需要来将词分解为语素,尤其是在他们从正常记忆中提取词遭遇失败的时候,或者他们需要完成一个复杂的任务时,他们将这种把词分解为语素的能力作为备用程序用来构建复合词。大脑词库又存在着将词分解为词素再构成复合新词的回退装置,这个回退装置包含备用存储库和词汇工具包,在主体词库中存储的词能够运用与词库生成装置相连的备用存储程序进行重新分拆,然后再产生新词。Aitchison 的观点与之前学者混合存储的观点不尽相同,但她同时也认为整词形式为词库主要存储方式。

二、汉语大脑词库存储的基本语言单位研究

对于汉语母语者来说,大脑词库存储的语言单位究竟是什么?汉语与英语、德语等形态语言存在着很大的不同,由于缺乏形态变化,汉语呈现出独有的特征,字、语素与词等语言单位的界限不是非常清晰,加之现有部分研究对汉语语言单位的认识缺乏语言学观照,所以研究结果在一定程度上受到了影响。下面简要论述这一问题的研究现状。

1. 词以分解形式存储

学界提出了汉语大脑词库的词以分解形式存储,但具体来说观点也不完全相同,主要对分解为何种形式存储提出了几种观点。

第一种观点认为词分解为"汉字"存储。Zhang et al.(1992)认为汉语的词是以分解的形式存储在词库中,并且这些词通过"汉字"来通达。他们主要对汉语双字词的认知进行了研究,为了检验汉语双字词的词素结构

在词认知中的作用,对联合式双字词和偏正式双字词进行了考察,严格控制了词中两个字的频率及匹配,通过对反应时和错误率的比较,得出结论,字的频率严重影响了词的认知,因而存在词汇分解储存现象。后来 Taft et al. (1994)对 Zhang et al. (1992)的实验结果进行了检验,结果在一定程度上证明了 Zhang 等(1992)的实验结果,但同时发现两个低频字的双字词反应时低且错误少,而这类词为联绵词。张必隐(1993)对偏正式和联合式的双字词分别进行了事件相关电位成分上的差异和反应时差异的对比研究,提出了双字词的存储模式,双字词表征与其所包含的两个表征之间存在联系,但是其联结的强度(在频率相同的情况下)随词的结构不同而不同。因此,双字词是以分解的形式存取的。但是,他们的这项研究受到 Packard(2001)的质疑,他认为他们的实验是基于阅读的视觉再认实验,有别于自然语言的理解,因为视觉与听觉的信息加工是不同的(可以参阅 Taft et al.,1997)。Packard 指出,在自然语言加工中,作者所说的"汉字通达"在功能上可以理解为"语素通达"。其次,结论通过视觉再认实验得出,应称之为正字法词库(Orthographic Lexicon),用视觉正字法词库的通达作为汉语自然言语词库模型的证据是不合理的。

事实上,视觉通道的词汇判断过程也是被试从大脑词库存储中提取的过程,这个过程不同于语言产生,只是其外在的表达形式不同,词汇判断可能不需要语音编码的输出,而自然语言的产生需要这样的过程。因此 Packard 关于这一点的理解也是有失偏颇的。另外,他认为 Zhang et al. (1992)所说的"汉字通达"可以理解为"语素通达"有一定的道理,但也不完全正确,因为汉字的概念和语素的概念是不能等同的,尽管有时候一个汉字就是一个语素,但并不是完全一一对应的。而且他们的研究对双字词的认识不够,双字的组合不一定都是词,它们有的是词,有的可能是短语,这与构成这个结构组成成分的性质和整个结构的性质有关。最后,从汉语双字词中的两个字对该双字词具有效应的结果来证明双字词是以分解的形式存储,可能存在解释不充分的情况。因为如果效应可以作为证据的话,汉字的笔画、字形、字音等都对汉字或词具有效应,这样就能证明它们是存取的单位吗?显然,这种推论有着不合理的地方。张强等(2005)认为,研究者更多关注"效应"研究,其实是尝试静态考察究竟影响汉语字词认知的因素是什么。的确,研究结果证实,笔画数、频率、语音、字形等等都对汉语字词认知存在着复杂的影响。这些效应的存在只能证明这些因素在词认知过程中所起的作用。

第二种观点认为词分解为语素存储。彭聃龄等(1994)的实验结果支持这一观点,也就是支持词分解存储的假设。他们通过重复启动的实验范式,研究了汉语中合成词和单纯词的识别,结果发现,无论是单字启动还是整词启动条件下,单纯词和合成词都存在显著的重复启动效应,而且二者之间没有显著差异,这样就验证了整词和词素都有可能成为独立的存储单元的假说,也就是说中文双字词是以分解形式存储和加工的。但是,其实根据作者的研究结果,只有透明合成词具有词首和词尾效应,因此透明合成词是分解存储和加工的,而不透明合成词是整词存储的。对这一结果,作者认为透明合成词不仅具有词素效应也具有整词效应,整词和词素是处于不同水平上的存储和加工单元。另外,实验中构词数为1的单纯词识别最快,正确率也最高,作者认为也是因为这类词是按整词方式加工存储的。其实,彭聃龄等(1994)的实验结果支持了词分解存储假设,但是不能否认有些词是按整词存储的可能性。王文斌(2001)对汉语并列式合成词的三种类型进行研究,通过判断两个成分能否构成词的任务得出结论,在汉语并列式合成词的通达过程中,第一成分并不总起决定作用,两个成分在词通达过程中并不总是同等重要,而语义透明度对词汇通达起重要作用,因此词素分解在汉语并列式合成词词汇通达过程中的确发生。

此外,还有一种观点认为汉语可能是以字的形式存储在大脑词库中,如 Just et al.(1987)通过实验认为,在一定程度上可以说明,汉语是以字的形式存储在大脑词库中,是以字为单位进行存储的。

2. **整词形式存储**

整词存储观点认为词汇是以整个词的形式储存于大脑词库中的,由多词素构成的词不可能分解为词素并以词素的形式储存于大脑词库中,如崔刚(1994)、杨亦鸣等(2002)就通过失语症研究支持了这个结论。崔刚(1994)通过对8例布罗卡失语症患者的考察得出结论,词汇以整个词的形式储存在大脑词库中。杨亦鸣等(2002)扩大了失语症的类型,通过对5种不同类型的失语症病人进行调查,用神经心理学实验方法进行研究,结果发现,中文大脑词库中存取的语言单位应该是词。Tzeng et al.(1988)通过对失语症患者研究发现,汉语复合词如"剪纸""写字""送花"等是作为一个整体被提取的,而不需要经过在线加工的过程,但文章中的复合词是指复合式合成词还是其他的概念,没有交代清楚,所选择的语料也存在词与短语不分的情况,因此,语料的语言单位性质不是同一的,这也必然影响到文章的结论。

除了采用实验的方法,王立(2003)用社会语言学的方法,从语感的角度研究和考察了汉语公众语言直觉中的词概念,认为词在人们的头脑中是客观存在的,"字"和"词"在人们的语言认知系统中是不同性质的单位,词是自然语言中被语言社团普遍感知和使用的基本单位,是韵律、语义、句法诸因素交互作用的结合体。

3. 多种语言单位的复杂存储形式

持有复杂存储观点的人比较多,Hoosain(1992)认为 Butterworth(1983)完整列出模型不适用于汉语。Hoosain 提出了汉语中词的不固定观点。他指出,对于汉语使用者来说,很难确切地分清词的界限,他认为汉语的多语素词很可能与英语不一样,并没有列在词库当中,而是在语言使用过程中才有意义,汉语词库中包含很多单个语素,存在一个词汇工具箱(Lexical Tool-kit),允许多语素词的产生和理解。也就是说,他认为汉语词库中不列有复杂词。但是,由于使用的频率高,复杂词可能作为词条而存在,完形词与构成词的语素可能是平行激活的,他甚至还提出如果汉语词库不存储所有的多语素词,那么单个的成分所起的作用会比英语中要大得多。Dai(1992)认为很大一部分复杂词①是列在词库中的,而不是由规则生成的。他认为汉语的词是使用多产规则生成的,根据需要词的成分可以是自由的词,也可以是词缀。Sproat et al.(1996)认为在汉语中,与其他很多由多语素构成的复杂词一样,语素也列于词库当中,而从语素中来的用于形成复杂词的规则通常组成了汉语的能产性系统,包括可用于能产词形式的黏着词根。事实上,他们认为的语素仅指名词性词根的复杂词。然而,在其理论表述中没有任何迹象表明,他们将其他的形式类看成与这类词有任何的不同。

Packard(1999、2001)提出了鲜明的观点,所有的汉语语素,无论是自由的还是黏着的都列在大脑词库中,但只有自由语素可以作为直接的词汇通达单位。对说话者来说知道的复杂词也列在其中,他们是以预编码的形式存在,只是除了语法词之外,这些语法词是在在线加工中构成的。此外,能表达词结构知识的构词规则也是汉语使用者词库中的一部分。Packard(1999)对汉语言语理解和产生过程进行了描写,通过行为实验方法证明了词是词汇通达的单位。实验结果表明大脑词库中汉语的复合词是以预编码单位的形式存在的,因而是词而非语素作为汉语自然言语活动理解和生成的单位。Packard(2001)认为,汉语在话语理解过程中的词库存取单位只能是词,含有构词成分如"了、着、过"等的复合词是唯一以"分解"的形式储存在词汇里的复合词。他认为,在汉语词库中,说话者知道的每个

---

① 需要说明的是,Dai(1992)认为的复杂词是指那些由黏着词根构成的词。

复杂词都以编码的形式列于词库中,除了那些包含形态成分 G(语法词缀)的复杂词。在言语产生和理解中,词成了汉语词汇通达的基本单位,语法词缀通过规则单独地分别地被加上去,或者被分解。这个模型有别于 Butterworth(1983)的完整列出模式,以及扩展的地址化形态模型(Caramazza et al.,1988),因为这一假设认为语法词是通过规则产生和再认的,尽管说话者是知道这些词的。

彭聃龄等(1997、1999)以及王春茂等(1999)也都认为汉语词库中存在复杂形式存储,而不是哪一个具体的单位,他们认为多词素词可能是以整词和词素两种形式存取的。彭聃龄等(1997)通过对双字词中第一和第二词素在词加工中的作用得出结论,在汉语的心理词典中,整词表征和词素表征都存在。但是在研究中,他将词素和字的概念进行简单的对应,这种观点显然是不符合语言学常规认识。之后彭聃龄等(1999)以逆序词为材料研究了词汇通达中词素和词的关系,进一步说明在词汇通达中存在词素分解的现象。王春茂等(1999)的实验也得出结论,不能武断地说通达表征的单位是词素还是词,合理的推断应该是词和词素都存在于通达表征之中,二者之间是存在着某种联系的,联系强度受词频的影响,词频越高,联系越强,反之则越弱,透明词的词素促进整词的加工,而不透明词的词素抑制整词的加工。徐彩华等(2004)通过行为实验也发现汉语多音节词加工中存在部分词汇分解和词素被部分激活现象,汉语的心理词典中既有合成词的表征,也有单字词的表征。

另外还有一种观点也支持汉语词库的多层存储,如 Zhou et al.(1994)、Zhou et al.(1995)。他们认为中文大脑词库存在多层存取,提出了多层聚类表征模型,认为在中文心理词典中存在音节、词素和整词三个表征层,三个层次间还存在着相互激活的关系。

第六节　研究方法

20 世纪 60 年代 Norm Chomsky 对词库的心理现实性的论述使很多关心语言自然属性的语言学家和心理学家开始对大脑词库的存储和运算进行研究,之后,更多来自心理学、认知科学、神经科学的学者都投入对大脑词库的研究中来,这使得多学科领域的方法和理论汇集到大脑词库的研究中,研究者使用不同的方法展开研究,从不同的侧面揭示了词库的存储运行状态和神经基础。

一、理论语言学研究方法

理论语言学的研究一般是基于对正常人言语的研究,包括历时与共时、成人与儿童等,在对大脑词库的研究中,他们非常重视正常人群的自然语言生成错误和犹豫不决的现象,研究者认为这是有关语言处理信息的一个丰富的资源,而且一些针对词库存储的模型都是通过对正常人的研究提出来的。如 Aitchison(2003)就主要通过口误和话在嘴边现象对词库进行研究,提出了大脑词库中词的存储情况以及相应的模型。她打了个比喻,如果从时钟装置中拿走盖子,这样就能看清里面嵌齿的运作。当然对正常人的研究包括了不同的年龄层次,许多对儿童用词不当的研究显示,这些错误以规则为基础的方式产生。(如 Gropen et al., 1991)儿童和成人表现出来的在各方面错误的一致性表明,这样的错误可能正揭示着语言基础建构的某些方面。

二、心理语言学方法

心理语言学方法主要通过行为实验获得实验数据,包括经典的反应时和准确率方法,也包括通过应用一定技术手段获得数据。

传统的心理学方法之一——反应时方法,它是一种测量被试在任务中产生反应需要的时间的一种精确的方法。反应时方法经常被用来作为任务困难的非直接的方法,尤其是应用在需要更多处理过程和将花很长时间来完成的任务。不同类型语言单位在词汇判断或命名等任务中可能会有不同的反应时(如语素和词的不同反应),而时间的长短和准确率的高低经常被作为判断的标准。这是应用最普遍的方法之一。反应时方法比较直接和敏感,敏感性表现在,处理不同语言刺激中反应时的不同可能被引为证据,这些不同的证据暗示着不同的刺激类型必须以不同的方式被表征或被处理。根据这种方法,反应时具有在有关刺激正确的基础上反馈信息的优越性。

行为实验的研究中,启动实验是经典范式之一,也是研究大脑词库存储单位的最常用的范式。启动是指相关词对后一词判断的促进现象(早期的心理学行为研究已经证明了这一点,如 Meyer et al., 1974)。启动效应的原理就是来自大脑词库中各个节点之间的自动扩散激活。很重要的一点就是大脑词库各节点之间的关系不仅仅是语义知识的联结,也包括在语音或者正字法形态上的同一性或联想信息(Kutas et al., 1989)。联结的低阻关系存在于大脑词库的节点之间,在词库中分享共同或者是有联系的资源,如语义关联或相似的语音形态。当网络中的某一个词被加工,大脑词库中相应的节点也随之被激活。但是,这种激活不仅仅限于被加工的词语有关的节点,它可以随着链条扩散到其他有联系的节点,因此,所有有关的节点都留在静止的状态,并且和再认开始变得很近。因而,当需要对随后的词进行加工时,大脑只要耗费很小的努力和时间就可以激活有联系的"不稳定"的节点,这些节点促进了相关词语的语义激活,而不相关词节点的激活水平不会随启动效应而发生变化(Brown et al., 1993)。利用启动实验的原理考察反应时和正确率,这是研究大脑词库存储和提取的最为常见的方法。

此外,通过行为心理学实验对正常人的语言行为进行研究,其常用的技术手段还包括双耳分听技术、分视野速视技术和眼动技术等。由于行为心理学方法对脑与语言的关系的考察较为间接,在当前的神经语言学研究中使用较少。但是 20 世纪 70 年代以来,计算机科学的发展推动了眼动技术的改进,眼动技术成为神经语言学阅读研究的重要技术手段。尤其是眼动的移动视窗技术可以通过自定步速的阅读任务考察句子加工的动态过程,在当前研究中得到了广泛的应用,使其与 ERP 技术一起成为考察句子加工过程的有效手段。加之眼动记录设备相对于脑电记录设备和脑成像设备价格较为低廉,为许多实验室配备使用。神经语言学研究中有关歧义结构的加工和关系从句加工优势的早期探讨都是通过眼动技术完成的。眼动技术的缺点就是以阅读时间来代替人脑加工速度,与 ERP、fMRI 技术相比,较为间接。

三、神经语言学方法

神经语言学研究人脑中语言的运作过程及其神经基础,探讨脑与语言的关系,其关注的核心问题是语言的神经机制,也即它专门研究人脑中语言的产生和理解、存储和提取、习得和发展的过程和规律及其生理机制和心理机制。由于神经语言学的研究对象是人脑的语言功能,因而运用何种方法和技术手段来窥视人脑这个"黑匣子"中的语言活动及其机制就显得十分重要,技术方法的发展往往代表着神经语言学的不同发展和繁荣阶段。概括地讲,神经语言学的方法应当包括理论思辨法、观察法和实验法。

理论思辨主要是指理论语言学对语言的神经机制的研究,这方面生成语法学派是杰出的代表,Chomsky 最早从脑与语言的关系角度思考语言能力问题,并始终关注为语言系统以及语言系统的使用提供物质基础的生理机制,对人脑中的语法运作过程进行了构拟,得到了学界的普遍接受,对当前认知科学、神经科学、心理学等学科影响巨大。其后 Lamb 的神经认知语言学（Neurocognitive Linguistics）以及 Lakoff 和 Feldman 的语言神经理论（Neural Theory of Language）也围绕语言的神经机制进行了深入的思考和模式构建。

观察法是指在自然（非实验控制）条件下对人类的语言行为进行观察，是神经语言学研究早期常用的方法。例如人们最早对脑与语言关系的探讨是通过对失语症病人语言特征的观察和其死后的尸检实现的，Broca 和 Wernicke 等就由此发现了人脑左半球额下回后部和颞上回后部与人类的语言产生和理解分别相关。另外，神经语言学研究中口误材料的获得一般也只能通过自然观察进行。

神经语言学使用最多的方法当数实验法，研究者可以通过实验中变量的控制、被试的选择、实验技术手段的运用灵活地考察神经语言学各个层面的问题。事实上，一般所说的神经语言学方法是指实验中利用各种神经生理学和神经影像学等技术手段展开对脑与语言关系的研究。下面我们对神经语言学研究中的常用技术方法等进行简要介绍。在神经语言学发展的不同阶段，研究者关注的神经语言学问题不同，所采用的技术方法也不同。在神经语言学研究早期，研究者主要关注语言障碍与大脑的损伤部位之间的联系。由于缺乏脑成像技术，往往要靠患者死后的脑部解剖确定障碍脑区。20 世纪 40 年代，研究者还曾通过一侧动脉注射异戊巴比妥钠造成该动脉供血的脑区的暂时性麻痹（Wade 测验）来研究语言的脑偏侧化（优势半球）问题。另外，裂脑技术（胼胝体切断术）也在一侧半球的专门化机能研究中起到了重要作用。这些方法满足了神经语言学早期阶段对基本问题的探讨，随着神经语言学的发展，它们很快为失语症的实验研究和脑科学无创技术研究所取代。

神经心理学方法，通过神经心理学的测查手段对语言障碍患者的语言特征进行研究，进而讨论语言障碍与损伤脑区的关系，并分析障碍形成的机理。其研究对象为失语症患者（包括痴呆症患者、帕金森症患者等）、阅读障碍患者以及自闭症儿童等。由于其独特的障碍视角是其他实验研究所无法复制的，所以这一方法迄今为止仍然作为一个重要的方法为神经语言学所使用，其中尤以失语症研究应用最为广泛。譬如，早期人们根据失语症患者的语言特点和障碍脑区的联系探讨语言过程或语言单位的特异性脑区，著名的名动双重分离现象即失语症研究中长期讨论的经典问题；随着复杂实验设计的引入，人们运用失语症研究对复杂的句法现象和语法理论等问题进行探讨也获得了较好的效果，如研究者对句法移位和句法加工等问题进行了深入探讨和神经建模。失语症方法也存在着难以克服的缺点,一是典型的失语症病例难以获得,近年来研究者通过大样本量的失语症语言调查在一定程度上对这一不足进行弥补;二是其实验结果指标一般为反应时和正确率,无法对语言加工的动态过程进行探讨。不过学界目前对这一方法应用较多,主要通过对失语症病人的词语寻找等不同语言现象进行研究,在词的提取方面很多的研究都采用这种方法,如具体词和抽象词的分离研究等。另外也有利用眼动仪器来对阅读过程中的词汇提取进行研究,也会被用来测量一些新变化(包括被试集中精力于一个词的可能性,集中持续时间,逆行眼动的数量和种类,以及检查一个词所需的总时间等)。

神经电生理学方法,通过记录语言加工中大脑皮层的电位或电磁变化对语言加工的动态过程进行研究。事件相关电位(ERPs)技术是当前神经语言学研究中十分常用的技术手段,正是因为 ERP、fMRI 等无创技术的开发利用,神经语言学研究得到了空前的繁荣。ERP 有着毫秒级的时间分辨率,即时反映人脑的活动过程,所以十分适合对句子加工过程以及加工过程中句法、语义等信息加工的时间进程进行实时监测。ERP 技术的缺点是空间分辨率较低,且其记录的是头皮上的电变化,无法反映皮层下变化。通过记录电极数的增加和偶极子溯源技术的开发可以在一定程度上弥补这方面的不足,但其定位功能仍无法与 fMRI 等脑成像技术相媲美。对 ERP 采集的脑电信息,除了常见的时域和空间上的特征分析外,近年来研究者还对 ERP 成分进行频域特征上的分析,认为不同频率和频带的脑电活动可能代表着信息加工的不同层次,为脑电信号的分析提出了新的思路。目前关于语言的 ERP 成分的频谱分析研究也在日益增多。ERP 设备相对于磁共振设备等要便宜得多,我国已经有不少高校和研究机构的实验室配备使用。脑磁图(MEG)与 ERP 一样,在头皮记录脑神经活动,与 ERP 不同的是,它记录的是人脑活动中神经元放电所产生的事件相关磁场。由于它直接测量神经活动的磁信号,MEG 的时间分辨率可以与 ERP 相媲美,同时它有着毫米级的空间分辨率(低于 2 毫米),使其在语言这一人脑复杂功能的研究中具有广阔的应用前景,也是神经语言学研究较为常用的方法之一。但是,MEG 的设备价格大大超过 ERP,与 fMRI 设备相近,国内高校和研究机构很难配置。还有一种神经电生理学方法是经颅磁刺激(TMS),尽管已经有实验报道,给予左侧优势半球额中回和额下回以电刺激可以形成特异性语言阻断,但这一方法目前还不够成熟,在神经语言学研究中运用不多。

神经影像学方法,通过语言加工过程中人脑代谢产物的量的变化了解神经元的活动,从而获得脑的功能结构信息,达到功能成像的目的。神经语言学研究中目前常见的神经影像学方法有功能性磁共振成像(fMRI)、正电子发射断层扫描(PET)、单光子发射断层扫描(SPECT)和近红外光学成像技术(NIRS)。除了 NIRS 近些年运用在神经语言学研究不多以外,前三种技术已经在神经语言学的脑区功能和语言活动的神经基础的研究方面得到了较多的运用,而尤以 fMRI 技术运用最为广泛。由于 PET 和 SPECT 需要在人体血液中注射放射性示踪剂,因而在正常人群的语言研究中运用相对较少,而更多地运用于失语症病人的研究中。fMRI 技术有着毫米级的空间分辨率,在语言活动的脑区定位上有着独特的优势,目前在神经语言学中的使用甚至超过了 ERP 技术。但其时间分辨率相对较低,不能较好地观察语言加工的动态过程。因为其价格昂贵,目前在国内高校和研究机构配置较少。值得一提的是,随着可用于人脑研究的超高场强(7T、12T)的磁共振技术的实现,神经影像学将由功能、形态影像学向分子影像学发展,那时我们将可以通过磁共振技术观察细胞和基因层次的活动和结构,这也将是神经语言学方法的一次重大变革。

分子生物学方法,即在细胞水平和基因水平上对脑和语言的关系进行探讨,而前文所提到的各种技术手段均是在系统水平上进行的研究。分子水平上的神经语言学研究尚处于初级阶段。英国科学家 Lai 等人对 KE 家族遗传性语言障碍的研究发现,位于第 7 对染色体上的 FOXP2 基因发生突变会影响语言能力。该成果 2001 年发表在 *Nature* 杂志上。FOXP2 是目前发现的第一个与语言有关的基因。它的发现也是神经语言学迈向分子水平研究的关键一步,更多有关语言的脑神经机制的分子生物学研究亟待进一步开展。

众多先进的技术手段为神经语言学的研究打开了广阔的视野,它们同时也将神经语言学带进了它的繁荣发展时期,正是因为这些技术手段的使用,大脑这个我们难以窥见的"黑匣子"如今已经成为"灰匣子",显示出其依稀的轮廓来。随着科学技术的进步,神经语言学技术手段也将进一步改进和发展,同时技术手段的结合运用也成为新的发展趋势,这些都将使我们可以更加清楚地探讨人脑的语言机制,推动神经语言学研究快速发展。

第三章　事件相关电位技术以及与实验相关的说明

事件相关电位（ERPs）是 Sutton 在 1965 年开创的。ERPs 是一种特殊的脑诱发电位，指当外加一种特定的刺激，作用于感觉系统或脑的某一部位，在刺激给予或刺激撤销时，在脑区引起的电位变化，这里的刺激被看成一种事件，因此叫作事件相关电位（魏景汉等，2002）。事件相关电位技术是一项无创伤性的神经电生理技术，被称为"观察脑功能的窗口"，突出优点就是具有高时间分辨率和无创伤性，可以精确地观察发生在脑内的认知加工活动。早期这一技术主要应用于对一般感觉和简单注意的观察，直到 20 世纪 70 年代到 80 年代期间，这项技术的应用领域开始得到拓宽，也被引入到语言研究中来。在随后的 20 年里，ERPs 技术应用于语言认知的研究取得了一定的进展，电生理学家开始与神经科学、心理学许多其他不同领域，尤其是神经语言学研究人员广泛应用事件相关电位技术，一起开阔和发展语言的神经认知研究。利用这一技术来研究人类的语言活动已经越来越受到学术界重视（魏景汉等，2002）。据不完全统计，近十年（2012—2022）来运用 ERPs 技术研究语言的论文呈现出日益增长的态势，用"ERP"和"语言"作为主题词在 Elsevier 全文期刊库搜索到 8298 篇，知网期刊库搜索到 2204 篇，可见 ERPs 技术在语言研究领域已广泛应用。

第一节　ERPs 的基本原理和数据离线分析

人脑会不停产生自发电位（Electroencephalogram，简称 EEG），这些电位可以从头皮表面电极记录到，但一次刺激所诱发的 ERPs 波幅比 EEG 要小得多，ERPs 被淹没在 EEG 当中，但 ERPs 具有波形恒定和潜伏期恒定的特征，这两个特征使通过叠加以后的 ERPs 可以从 EEG 当中提取出来，通过许多事件平均的 EEG 缩减了非事件相关的 EEG 的影响，也就是说，它是在其他正在进行的活动之外进行的平均，因此保留的波形更可能反映出由刺激事件引起的特定的信息的影响。这就是 ERPs 叠加提取的基本原理。（见图 1）（引自魏景汉等，2002）

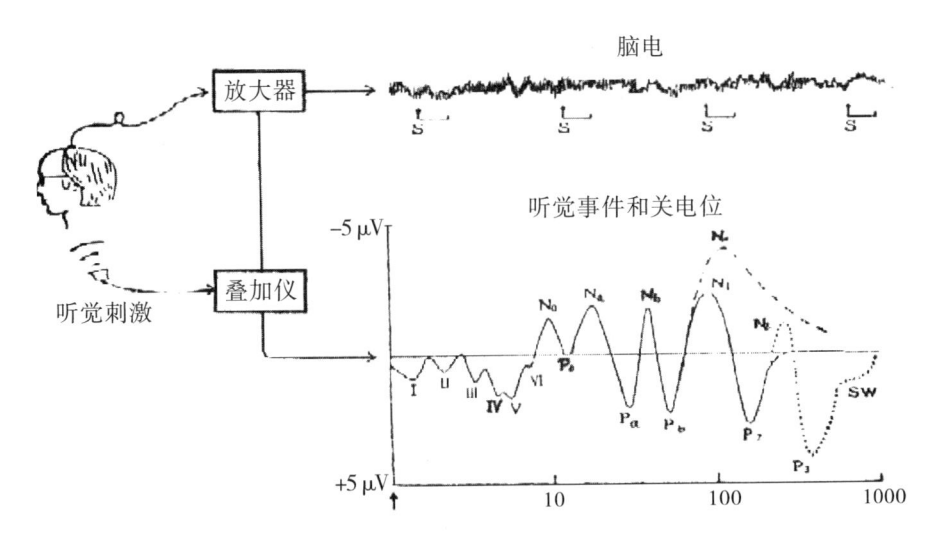

图 1　ERPs 提取原理图(引自魏景汉等,2002)

为获得有效可靠的 ERPs 数据,数据的采集和分析很重要。EEG 信号是通过电极和头皮的有效接触记录到的,电极的安放就显得很重要。目前,电极导联定位标准主要有国际脑电图学会标定的 10-20 系统和美国脑电图学会改进的 10-10 系统。本研究中采用的电极安放标准为国际 10-20 系统的定位标准。

我们对记录到的 EEG 数据一般采用离线分析的方法,所谓离线分析也就是对记录到的原始生理信号进行再分析处理的过程。一般来说,数据离线分析主要包括几个步骤:合并行为数据和脑电预览、去除眼电、心电和肌电伪迹、数字滤波、脑电分段、基线校正、线形校正、去除伪迹、叠加平均/总平均和统计分析。在具体处理和分析数据过程中,这些步骤中的参数都要根据具体的实验设计和要求来设置,以满足不同的研究目的。通过数据处理和分析,我们得到事件诱发的 ERPs 总平均图。ERPs 的波幅、潜伏期和峰值等是主要考察指标。Kutas(1993)认为两种或更多不同情况下诱发 ERPs 成分的波形和皮层分布的差异可能是由明显不同的神经元群体导致的,这些神经元数量在质上促进了不同的加工。潜伏期和振幅上的差异可以看作是由相同的或相似的神经元的调节导致的,这些神经元反映了在量上存在不同的加工。一般来说,ERPs 波幅反映大脑兴奋性高低,潜伏期反映神经活动与加工过程的速度和评价时间。

第二节 与语言相关的 ERPs 成分

借助 ERPs 技术作为语言研究的手段能够体现出其先进性和优势,现有很多研究所观察到的 ERPs 成分与语言理解或生成有着很强的联系,尤其是一些成分在实验中非常稳定,也得到了重复实验的验证,这些成分被看成是能够信赖的指标,但是我们仍需继续考察与其相同或不同的语言加工过程。学界研究也发现 ERPs 成分与认知加工并不具备完全的对应关系,实验任务或实验材料一些小的环节的变化都可能诱导 ERPs 成分的脑区分布或振幅出现变化,更不用说在不同的实验设计中了。但随着研究的深入,我们可以更全面更科学地认识语言认知的脑加工过程及其与 ERPs 成分的密切关系。很多研究表明,有些 ERPs 成分(如 N400 和 P600 成分)对语言加工非常敏感,很多条件下的语言加工都会诱发这些成分,但是反过来说,虽然这些成分对语言加工敏感,但却不是只有语言加工才会诱发这些成分。因此,我们在对 ERPs 成分进行讨论时,只可以说它对语言是敏感的,却不能绝对地说成是特异性成分。运用 ERPs 技术研究语言,我们首先要了解各种 ERPs 成分与语言的关系。

一、早期成分和外源性成分[①]

Donchin et al.(1978)将与物理因素相关的成分称为外源性成分,而将与心理因素相关的成分称为内源性成分,仅由心理因素引起的成分称为纯心理成分。Kutas et al.(1994)将早期诱发的电位称为外源的、感知觉的、和刺激相捆绑的成分,该成分对物理刺激参数敏感。内源成分是具有对任务需要、注意、判断决定、期待和行为策略敏感属性的成分,内源成分不仅严格由刺激表征诱发,而且与由事件心理需求限制的加工范围有关。Knight(1990)认为内源成分的发生与特定的认知事件有关,事实上内源成分就是事件诱发脑电位。如 P300 成分反映注意和记忆过程,N400 成分表示语义分析,N270 成分与阅读中形态加工有关。

在 ERPs 的早期成分中,P1、N1 等成分都是在 200ms 之前,当刺激材料为视觉呈现时,早期成分发生在被试对刺激的感知觉阶段。Mouchentant

---

[①] ERPs 成分的定义方法有两种,一种方法是将负成分和正成分分别用 N 和 P 后面加上数字来标识,不反映潜伏期,例如 P1、N1、P2、N2、P3 等,还有一种方法则是用 N 和 P 加上反映从刺激开始在毫秒内的计时表示,例如 N280,P600 等。因此,一种成分可能有两种标记方法,例如 P3 和 P300、N2 和 N400。

et al. (2000)的实验表明,自动快速而粗糙的分类在前注意阶段已经产生,也就是在刺激出现后45ms到85ms,他认为这种分类是由于被试对不同材料的有意识的期待。早期成分的差异表明在前注意阶段,被试已经产生了无意识的分类,视觉初级皮层的加工过程可能不一样。Van Petten and Kutas(1991)通过实验观察到一个在125ms左右达到顶峰的负波,认为这个早期负波可能与句法分析中的封闭类词有关,也就是说,与用来表示语法范畴的虚词的整合有关,并将这个成分命名为N125。

很多研究者都很关心语言加工的早期成分。Connolly et al. (1992)的研究发现在潜伏期200ms左右时出现最大波峰的负成分,将其命名为N200成分。后来,Connolly et al. (1994)认为,这个N200成分与语音加工有关,反映了一个词的语音是否与上下文语境匹配。如果呈现单词起始的几个音素与预期单词不匹配,就会诱发出N200成分。Hauk et al. (2004)提出词汇通达发生在N1成分,既在刺激出现后150ms词汇就可以通达,研究认为,最早的词频效应提供了词汇通达潜伏期的上限,他们通过实验研究发现,高频词诱发的ERP波幅比低频词要小,词汇通达发生在刺激出现后150ms。实验发现,词频效应最早出现在N1的潜伏期(150—190ms)。Serno et al. (1998)也报告了相似的效应出现在132ms左右,Assadollahi et al. (2001)研究则发现潜伏期在120—160ms之间。这些研究为词频的大脑早期电生理反应调节提供了清晰的证据。这些结果表明,书写词刺激的词汇通达,是跟随在刺激出现后不超过200ms的早期加工,而之后的频率效应发生在320—360ms之间,它可能不反映词汇通达,但可能反映了与词汇相关的信息再加工或者是后词汇加工。

这些早期成分,不管是N1、N2、P1或者P180,或者有待发现的其他更多ERPs成分,它们都不可避免地与语言早期加工有关联。

二、P2成分

P2成分是指出现在刺激后的第二个成分,很多研究发现P2成分与语言加工有很大的关系,但是研究者根据ERP成分的头皮位置以及潜伏期的不同,命名了不同名称的ERP成分,有学者称之P2成分,也有学者称为识别波(Recognition Potential,简称RP成分),也有学者称为P200成分。Rudell(1990)首先报告了在枕区记录到的200—250ms的正电位,称之为识别波。实验发现,当被试看到可以识别的单词或图像时就会诱发出这一成分,实验中控制了英语母语被试的汉语学习经历(未学过),当被试看到英语单词时,可以观察到这个成分,但是当他们看汉语单词时却没有诱发这一成分。研究者又找了另一批从未学过英语的汉语母语者被试,当他们看到汉语的时候又诱发出这一成分,反之没有。因此,两种语言文字系统上的差别不是导致识别波能否出现的主要原因,而刺激材料能否被识别与识别波直接有关,后续研究相继发现,不仅仅是文字,其他的刺激如面孔等也会诱发这个成分。后来的研究者,如 Martin-Loeches et al.(1999)为了考察识别波是否对语义敏感,他们又进行了实验,实验中选用的刺激材料为字母残片刺激串、字母串、真词和符合正字法的假词等,结果发现真词诱发了最大的波幅,其他文字材料的波幅随语言分析水平的提高而逐步提高,因此得出结论,识别波是对不同心理语言水平渐进的反映。而进一步的研究发现,同一语义范畴诱发的识别波波幅比不同语义范畴的大,说明识别波不仅对语义敏感,而且能够区分不同的语义范畴。在对汉语的研究中,吕勇等(2005)通过启动实验研究了汉语的双字词,结果观察到了 P240 成分,这个成分在语义强相关时波幅最大,而在语义无关时波幅最小,脑区分布不同于 RP,有右侧优势效应,因而认为 P240 是个与汉语语义加工有关的 ERPs 成分。

事实上,P2 成分是既与记忆相关又与语言加工相关的成分。Chapman et al.(1978)将观察到的 P240 成分直接定义为短时记忆的"存储"成分。更多以记忆为任务的研究显示,P200 成分的确与特征察觉加工以及项目编码的早期感知阶段有关(Luck et al.,1994),尤其是 Dunn et al.(1998)的研究则更清晰地指出了不同分布的 P200 成分的性质,他们通过对好的和差的回忆者在对不同记忆任务下 ERPs 特征的研究,区分了 P200 成分前后脑区的意义差异。研究认为,前后脑区的 P200 成分分别代表了词特征检验和词编码的不同方面,在简单特征检验过程中好的回忆者会更有效率,因此他们额叶分布的 P200 成分的波幅比差的回忆者小,但是因为投入了更多复杂加工到编码过程中,所以其脑后部的 P200 成分波幅就比差的回忆者要大。另一项关于注意缺损多动障碍(Attention Deficit Hyperactivity Disorder,简称为 ADHD)儿童和正常儿童记忆能力的比较研究也得出了与此一致的结论(Garrett-Peters et al.,1994),研究结果显示,与 ADHD 儿童相比,正常儿童更有效的编码过程诱发出更大的 P200 波幅。但这些与记忆相关的研究也多以语言为实验材料,事实上,这一成分势必与语言加工也相关。

三、N400 成分

N400 成分是与语言加工关系密切的一个成分,是指在刺激出现后

300—500ms之间出现的一个负成分,尽管对于N400成分的含义目前争论很多,但随着研究的深入,人们对于N400的诱发因素有了更多的了解。

Kutas et al.(1980a)首先描述了N400成分,句尾词和句子语境发生冲突时诱发了这个成分。为了使用ERP来测量句子语境制约的功能,在随后的词语再认中,他们进行了三个实验,分别进行三种不同程度语义违反的不正常句子的完成:中等、强烈和自然。实验结果显示,句尾词中度和强烈违反都诱发出N400成分,脑区分布在中央顶,强烈语义反常的句尾词诱发了比中度反常的句尾词更大波幅的N400成分。因此根据这样的实验结果,作者认为N400成分不是进行物理属性分析的表征,而是进行语言认知加工的特定属性。

后来学者的研究进一步证实了这一观点,还拓宽思路,研究了非语言环境下的不一致情况与N400成分的关系。Besson et al.(1987)进行了不同条件下的视觉实验,具体为呈现的句子在语义上一致和不一致、语言情态使用上合适和不合适、几何图形的增大(一致)和缩小尺寸(不一致)以及音乐音阶上音符的提升音阶(一致)或降低音阶(不一致)。这与Kutas et al.(1980a)对N400成分的研究结果非常一致,四分之一的刺激序列是以违反来结束的,结果只在语义反常的句尾词中获得了N400成分,其他三种不一致情况却诱发了P300正成分。Holcomb et al.(1990)、Rugg et al.(1987)以及Smith et al.(1987)的研究也都得到了相似的结论,阅读正字法违反的非词并没有诱发出N400成分。很多不同语言的研究都为以句子为基础的语义N400效应提供了证据。句子结尾词在语义上违反的研究在法语(如Bessen et al.,1987)、西班牙语(如Kutas,1985)、芬兰语(如Helenius et al.,1999)以及美国手势语(如Kutas et al.,1987)等语言中已经展开,都得到了一致的结论,即语义反常的句尾词都诱发了N400成分。另外,输入通道对N400成分的诱发也没有影响,Kutas et al.(1988)通过对视觉和听觉两个通道进行语言研究,结果发现语义违反的词在两个通道都稳定诱发了N400成分。

学界将N400成分看成词汇加工普遍存在的特征。但对于哪种类型的语言加工诱发了N400成分这一问题,学术界还没有共识,不过已有的一致意见是,与语义正确的相比,违反的N400成分波幅更大,高度语义控制的线索会减小N400成分的波幅(Van Petten et al.,1991)。而且,不少研究都认为N400成分反映了目标词整合到语境中去(如句子)的难易程度,这种整合通常是指将目标词引入句子或话语的高度规则的(整齐条理)意义表征中的过程(Brown et al.,1993)。这可以解释为匹配具有表征的激活词汇项的语义赋值过程与先前语境的语义赋值有关,这两个域限之间匹配得越好,目标词进入整个语境就越容易,N400 成分的波幅就越小。

尽管 N400 成分的具体意义仍存在争议,学界还是达成了一些共识,N400 成分是在语义解释中出现的一个稳定的特异性 ERP 成分,而且对语义加工很敏感。

四、LPC 成分

LPC(Late Positive Complex)指晚正复合波,通常是指在晚期出现的复合的正走向的波,包括 P300、P600 等成分,语言研究中,最为常见的就是 P600 成分,通常认为这一成分与句法加工和整合有关,其头皮分布主要集中于中央顶区。

Osterhout(1999)总结了诱发 P600 成分的一些情况,如违反的句法结构、违反的动词次范畴、违反的句法要素移动、违反的动词时态、主语和动词数的不一致,以及反身代词和前面指代的数不一致等等很多与句法或语法加工有关的因素。这些对语言敏感的 ERPs 成分是否具有稳定的语言特异性呢？Donchin(1981)和 Johnson(1993)认为,P600 成分是 P300 家族中具有长潜伏期的现象。P300 成分是由任务相关不可期待的事件诱发的,P300 的波幅可以衡量目标刺激与前面刺激的特征之间的不正常程度。Dunn et al.(1998)认为,LPC 成分发生在刺激出现后 500—900ms,且它的振幅与再认和回忆正相关。有些研究者认为,LPC 是延迟的 P300 成分 (Karis et al.,1984;Fabiani et al.,1986),潜伏期范围是 500ms 到 900ms,但是也有研究者认为 LPC 成分不仅仅是 P300 成分的延迟。近年来,就有研究者提出,LPC 成分可能表示几种不同的加工。例如,Smith(1993)认为在额叶出现的早期 LPC 成分,部分分布在前额,代表了特征编码的建构。而后部分布的 LPC 成分是再现重建(Reconstructive)和回忆加工的指标。根据其平均潜伏期和头皮分布的不同,由任务诱发的 LPC 成分被认为与简单词汇编码和语义编码都有关系,或者反映了以存储在长时记忆上的信息为基础的更精细的加工,这些再现重建和回忆可以加固项目的记忆痕迹(Besson et al.,1992)。

第三节 ERPs成分的效应研究

一、新旧效应

经典的外显学习—再认实验范式分为学习和再认两个阶段,传统意义上,学习阶段被试"学习"之后,到再认阶段的任务就是辨别呈现的刺激是否曾经出现过,出现过的称为"旧项目",没有出现过的称为"新项目",研究发现,比较在学习阶段学习过的(旧项目)和没有学习过的(新项目),旧项目会产生一个比新项目更加正向的晚期ERPs成分,这种效应被称为再认的新旧效应(Old/New Effect)(Smith et al.,1989)。这一变化潜伏期范围多在300—800ms之间。早期对再认的新旧效应研究多是与间接再认中出现的重复效应进行比较,近些年来,不少研究者专门对新旧效应的潜伏期和不同头皮分布进行研究,区分出了两类新旧效应,并对这两类新旧效应的含义进行了深入研究。

新旧效应不仅表现为顶区新旧效应(Parietal Old/New Effect),还包括FN400效应(Frontal N400 Old/New Effect)。前者被称为P600效应,最早由Rugg et al.(1992)观察到并命名为ERP的新旧效应,是指在400—800ms之间出现的新旧差异,在顶区达到最大差异,称之为顶区新旧效应[Olidchney et al.(2000)称为LPC新旧效应]。很多研究者(Paller et al.,1992;Paller et al.,1995;Rugg,1995;Wilding et al.,1996等)通过实验分析论证,认为这一成分与回忆关系密切。Wilding(1996/2000)的研究发现,能正确回忆带有特异信息的旧项诱发的顶区新旧效应要显著大于那些没有特异信息的旧项,因此他们认为顶区新旧效应与提取所学项目的特异性信息的能力有很大关系,认为顶区的P600效应是对特定信息的提取,也就是对这一特定信息的回忆。P600效应对所提取信息的质量和数量很敏感,提取的信息更多依赖于对细节的编码,编码之后的信息提取更为有效。后者被称为FN400效应是因为它是在前部脑区诱发的300—500ms之间的新旧效应,它的波形和与语义关系密切的N400成分很相似,但头皮分布在前部脑区,不同于一般分布在中央顶区的N400成分,所以才被称为FN400效应。研究者认为它与顶区P600新旧效应不同,因为在实验中他们发现学习过的旧项目和与之类似的项目在这个脑区诱发的ERPs成分很接近,反映了目标词与记忆中的信息进行整体熟悉性比较并判断的过程。Curran(1999、2000)、Curran et al.(2002)、Friedman et al.(2000)等研究都认为,FN400是与熟悉性关系密切的一个ERPs成分。对于顶区新旧效应和FN400新旧效应的功能意义是否相同,很多研究者对此进行了深入的探讨。Curran(1999)通过对词与假词的新旧效应比较发现,词新旧效应的P600成分明显比假词的大,而且这一发现与内省研究的结果非常一致,Gardiner et al.(1990)和Curran et al.(1997)通过研究得出结论,词的再认更有可能是依赖于详细的回忆,然而假词的再认则是更多地依赖于模糊的感觉。Hintzman et al.(1992)以及Hintzman et al.(1994、1995)通过实验区分出回忆和熟悉性的不同,实验中让被试来记忆学习过的词的复数,然后在再认测验中,呈现的是相同的复数形式以及与学习项目中类似的复数形式,这样被试再认前者是依赖回忆的,而再认后者是通过熟悉性再认的。Hintzman et al.(1994)发现,熟悉性效应出现比回忆效应要早,这也为FN400新旧效应和P600新旧效应的差异提供了证据。Rugg et al.(1998)研究发现,加工难度的增加对顶区新旧效应有明显的增强作用,也就是说学习任务的加深会导致随后再认的新旧效应增大。Curran et al.(2004)通过对不同时间间隔的再认进行实验研究发现,间隔一天之后的再认仍然有FN400效应,但是没有观察到P600效应,因此FN400可能暗示了大脑长时记忆加工的能力,而P600效应很可能与遗忘有关。

二、相继记忆效应

Sanquist et al.(1980)提出相继记忆效应(Subsequent Memory Effect),Paller et al.(1988)称之为Differences Based on Later Memory Performance,简称DM效应。相继记忆效应是记忆编码研究中出现的一种效应,在学习—再认实验中,学习阶段记录下来的ERPs按照随后见过和没见过的正确和不正确判断结果分类叠加,记忆正确的ERPs比记忆不正确的ERPs有更正向的晚成分,称为相继记忆效应,也就是DM效应,它反映了记忆编码过程的脑机制。Sanquist et al.(1980)和Van Petten et al.(1996)的研究得到了较一致的结果,且分布位置也相似,在中央线达到最大。

DM效应的研究最早是为了探讨学习阶段大脑活动与记忆编码之间的关系,Sanquist(1980)最早观察到,随后正确记忆的ERPs比随后没有正确记忆的ERPs有更大的晚正成分。后来有不少学者,如Kari et al.(1984)、Neville et al.(1986)以及Fabiani et al.(1986、1990)都观察到了同样的结果。在Paller et al.(1988)之后,学界展开了更为全面的研究,考察了不同加工条件下、不同编码任务等多种情况下的DM效应(Paller et al.,1992;Van Petten et al.,1996;Friedman et al.,2000)。

DM 效应的意义究竟是什么？很多研究者对 DM 效应出现的条件和 DM 的意义进行了广泛探讨。Donchin et al. (1991)认为非技巧记忆策略诱发了由 P300 成分调节的相继记忆效应,P300 相继记忆效应的不同反映了学习项目间区别的变化;Neville et al. (1986)把相继记忆效应解释为反映了词在被编码送入记忆时所经历的技巧或是巩固方法不同。Kutas(1988)进一步分析,相继记忆效应所反映的过程与某种其他类型认知操作不同。Paller et al. (1987)和 Paller et al. (1988)认为 DM 效应可能提供了被记住事件编码的测量。Van Petten et al. (1996)认为 DM 效应的出现可能取决于预先存储知识的通达,或者是把当前刺激的知觉与解释同其他知识进行整合的过程。Friedman et al. (2000)对不同加工水平条件下的 DM 效应进行研究发现,深加工条件下的 DM 效应大于浅加工条件下的 DM 效应。郭春彦等(2003)分析深浅不同加工条件下的 DM 效应时也指出,DM 效应反映了加工的变化,深浅加工在程度和类型上的差异使编码项目的记忆痕迹呈现强弱特点,从而影响学习项目的记忆。

归纳起来,DM 效应的出现依赖记忆中的编码加工(Sanquist et al.,1980)、语义加工(Paller et al.,1987)和预先存在知识的联结(Van Petten et al.,1996)、通达预先存在语义知识的精细加工(Wagner et al.,1999)、预存的语义知识的成功使用(Satoh et al.,2002)等等几种不同的条件,且 DM 效应所反映的过程与一些其他类型的认知操作应当是不同的(Kutas,1988)。DM 效应本身就被看作是记忆编码过程的反映,还可能提供了被记住事件编码的测量(Paller et al.,1987),而很多对非词、假词以及无意义字母组合的研究并没有观察到 DM 效应。总的来说,DM 效应的出现与大脑中事先预存的语义知识有重大关系。

第四节　ERPs 的优点和限制

研究语言和脑功能使用 ERPs 技术有很多的好处。首先,ERPs 对锁定时间的刺激反应可以精确到毫秒,可以准确提供脑活动的认知时间进程,能够观察到语言加工时清楚详细的脑活动。其次,ERPs 通过头皮记录脑电信号,具有无创伤的优点,对人体不会造成任何伤害,使用方便,花费也很小。利用 ERPs,我们还能够对不同认知处理计时,它不仅可以记录正常人的脑电活动,同时还可以对行为输出时的在线大脑活动进行测量,如可以用于失语症病人和婴儿的言语和语言分析研究。但是其他的脑成像技术(例如 PET 和 fMRI)更适合于大脑的局部活动,ERPs 技术就刺激表征来说更具适应性，在时间范围内更加具有分解性。此外，ERPs 也可以进行空间定位，研究者可以通过空间定位来判断 ERPs 成分的心理来源。

ERPs 也有内在的局限，它对锁定时间的刺激表征可以精确到毫秒，但大脑状态是处于关系之中的，这样就并不需要从被试那里获得反应，而是让被试做一些相关的认知任务，例如辨别不同情况下声音中有感情的声调音素的顺序。通过检验正在进行的 ERPs 随实验条件的功能转变而变更的模式，例如，倾听音素和情绪，以此判断得出哪个头皮电位看起来对这种区别敏感的结论(因此推测包括哪个大脑区域)。另外，采集 ERPs 数据的实践中需要抑制被试的可能掩盖认知的 ERPs 的动机活动，如眼动的影响，但现在已经采用不同的技术来限制这些影响(Picton et al.，1995)，最常见的一种方法就是使被试抑制眨眼直到刺激呈现后再反应。但并不是所有被试都可以做到，例如，有神经疾病的被试会产生不可控制的移动，有时候孩子也存在这种问题。这些 ERPs 技术的限制通过控制也可以克服，但是这些影响因素始终或多或少会对实验的结果有一些干扰。

第五节　与实验相关的说明

一、本研究的实验假设

实验假设一：提取加工的实验主要包括两种类型，一是内隐提取，二是基于再认的外显提取。这两类实验的假设为，由于大脑词库中的基本语言单位应该是直接存储在词库中的，因此在提取时只需要将其直接从词库中提取出来，不需要拆分和组合等更多的额外加工，加工过程应该表现出相应的特点，反映在行为数据[①]和 ERPs 成分[②]等指标上，都应该体现出其加工比较容易，如反应时较快，ERPs 成分的波幅更小等。

实验假设二：存储加工的实验假设为，人类对于词库的知识是存储于

---

①　行为数据是心理学中用来测定反应变量的指标，主要包括反应时间和准确率，反映了心理加工过程的复杂性程度，一般来说，反应时间越长，准确率越低，说明心理加工越复杂，反之则越简单。

②　ERPs 是人们对大脑(或其他感觉系统)给予或撤销一定的刺激，在脑区(或其他感觉系统)会引起一定的电位变化，再通过分析 ERPs 波形特征来揭示大脑(或其他感觉系统)对刺激的加工强度和过程。波幅和潜伏期就是分析 ERPs 成分的两个重要测量指标，它们可以在一定程度上反映刺激的加工强度，波幅代表脑电位的强度，潜伏期反映刺激加工的时间进程。

长时记忆中的①,但人的记忆过程包含了编码和存储的加工心理过程②。也就是说,在学习阶段,大脑对接收到的视觉刺激首先激活预先存储在长时记忆中的相关知识,然后对这一刺激再进行编码,编码的方式决定了再认的结果,为了将信息成功保存,对信息进行再编码,也就是组块化的过程,这是经常使用的方法,是对信息进行调整和重新组织,使其可以与长时记忆中的组块或信息相对应。而且,大脑对不同刺激的不同编码可能导致记忆活动产生不同的记忆痕迹,记忆痕迹不明显也会导致随后不能正确再认。因此,研究不仅考察记忆阶段对于接收到的不同性质的单位大脑是如何激活长时记忆中的相关知识的,还要考察语言单位在记忆编码加工过程中显示出的特点。所以说,对于记忆结果来说,再认成绩好的语言单位更有可能是词库中的基本语言单位。

二、实验设计及实验范式

围绕人脑中的基本语言单位问题,我们的实验目的具体包括两方面:一方面考察汉语大脑词库语言单位的提取问题,另外一方面是汉语大脑词库语言单位的存储问题。为有效实现研究目的,在设计实验之前我们首先要搞清楚这两个问题的实质以及它们之间的关系。大脑词库是人脑中关于词汇信息的内存,它既是研究者主观虚拟出来的,又是客观地存在于人脑中的一个系统(杨亦鸣等,2000;杨亦鸣等,2001)。人的大脑只有一个词库,语言产生和语言理解是共用一个词库的,词库是单个的表征系统,它既为理解语言服务,也为产生语言服务(Packard,2001)。

语言的产生和理解都涉及同一个词库,这就决定了提取和存储之间有着必然的联系,大脑的存储状态始终是无法真正观察的,研究者只能通过外在的语言现象来研究大脑词库中的存储,借助先进技术手段了解人的大脑是怎样处理这些语言的,从而推测大脑词库中语言的存储。Aitchison(2003)认为提供了最大存储容量的系统可能与高效率的词语提取并不完全一致,而且存储需求和迅速提取之间可能存在差异。大脑词库中语言的存储提供了语言使用所必需的原材料,语言的使用也必须依赖语言的存储,但是如何存储和如何提取本身就是不同的问题,尽管这是两个休戚相

---

① 心理学研究中,一般认为记忆包括长时记忆、短时记忆和感觉记忆。长时记忆中储存着我们关于世界的一切知识,它一般指信息存储时间在一分钟以上,最长可以保持终生的记忆。(参看杨治良等,1999)

② 记忆认知心理学的研究对记忆具有编码、存储和提取的过程有着一般的共识。(可参看 Crowder,1976;Klatzky,1980)

关又相互联系的问题。所以,我们结合汉语语言的实际情况,针对汉语大脑词库语言单位和汉语词库系统问题设计了七个实验。实验一、实验二、实验三和实验四是针对中文大脑词库语言单位的提取问题设计的,而实验五和实验六是针对中文大脑词库语言单位的存储问题设计的。实验都采用视觉呈现的方式,为控制刺激材料物理属性的影响,我们将语料分为单音节和双音节两个部分,实验一、实验二和实验五是对单音节语言单位的研究,实验三、实验四和实验六是对双音节语言单位的研究。实验七通过离合词与词和短语加工比较,研究词法与句法的加工机制。

针对汉语大脑词库语言单位的提取问题,我们考虑从语言单位的内隐提取和外显提取两个方面进行考察。语言的运用包括语言的理解和产生两个方面,在语言运用的过程中,人们必须要从大脑词库中提取不同的语言单位进行整合或是分解,然后组织使用。实验一和实验三是基于语言理解过程中内隐提取的加工来设计的,实验任务为语义判断,在语义判断过程中存在从大脑词库内隐提取的过程,因此可以直接考察语言单位的提取问题。为了更深入研究这一问题,我们又设计了语言单位外显提取的实验,也就是实验二和实验四,这两个实验采用学习—再认模式,通过再认过程的外显提取来考察学习过的语言单位的提取情况,外显提取的认知过程与内隐提取的认知过程是不同的,前者是基于短时记忆的提取,而后者是基于长时记忆的提取,二者相互联系又相互区别,我们的目的就是研究不同条件下大脑词库语言单位的提取,这样可以全面考察中文大脑词库语言单位的提取情况。

客观存在于我们大脑中的词库里面究竟包括了哪些内容,这些内容又是以什么样的状态存储的,这是人类迄今都不能回答的问题。尽管很多研究者都讶异于人类是怎样设法存储这么多的词,也使用了不同的方法试图研究清楚大脑词库的存储结构和存储状态,但是至今对这一问题人们还没有找到直接有效的方法来研究,因为大脑中的存储是看不见摸不着的,我们只能通过外在的语言产生过程或是语言的损伤等方面的研究来对大脑词库中的存储情况进行推测。本文的实验(实验五和实验六)直接考察不同语言单位编码和存储的大脑加工过程,采用学习—再认的实验范式,从短时记忆的角度切入来研究这一问题。我们知道,大脑词库中的语言单位是存储在长时记忆中的,短时记忆和长时记忆既有联系又有区别,一方面通过编码进入短时记忆的内容可以保存到长时记忆中,另一方面短时记忆的编码和存储方式要依赖长时记忆,短时记忆的编码和存储方式在一定程度上反映了编码内容与长时记忆存储知识的关系,因此,我们通过对短时记忆编码的加工可以很好地研究大脑词库中语言单位的存储情况。

三、实验语料选择和编排

由于 ERPs 实验对视觉刺激呈现物理属性的要求,我们设计了单音节语言单位提取和存储的实验(实验一、实验二和实验五),单音节的语言单位包含了词、非自由语素和无意义的字共三类语言单位。这三类单位的区分标准,我们主要依据《现代汉语频率词典》(1986)对汉字构词能力的统计和分析来选择,具备单音词性质的字都是词,而构词能力超过一种以上但又不具备单音词性质的字就是非自由语素,而无意义的汉字一般只具备一种构词能力。这样选择主要基于下面的考虑:由于单音节的自由语素兼有词与语素两类语言单位的性质,因此实验语料选择词和非自由语素,这样就可以将词和语素区分开;另外,我们将无意义的汉字考虑进来,它不是语素,更不是词,这样就可以区分字、语素和词。单音节实验中的语料就全面包括了单音节所有的语言单位。根据选择标准,我们每类语言单位都选择超过 150 个,再将这些语料进行熟悉度调查。最后,我们对选择出的语料进行笔画数、熟悉度的统计检验,保证三类语言单位之间均无显著性差异。

双音节语言单位的实验(实验三、实验四和实验六)包括单纯词、合成词和短语这几个层级的语言单位,单双音节的所有实验就全面地考察了汉语不同层级的语言单位如字、语素、词和短语的提取存储情况。根据本文对这几类语言单位的界定标准,同时参照《现代汉语词典》,我们从词典中标注了词类的双音节条目中选择单纯词和合成词。实验七中离合词的选择也主要根据词典中的标注,如果可以插入其他成分的词,或者是同一个词有的义项可以插入其他成分,有的义项不可以插入其他成分,这一类词就判定为离合词。短语则是《现代汉语词典》中收录的不注词类的条目或者不在其中收录的。根据标准,我们选择出四个双音节实验中所需的四类语言单位(单纯词、合成词、短语和离合词),每类选择超过 150 个,再将这些语料进行熟悉度调查。我们将最终选择出的语料进行笔画数、熟悉度的统计检验,保证语言单位之间均无显著性差异。

七个实验所选择的语料具体情况在每个实验中会再详细介绍。

四、关于预实验

正式实验要依据预实验情况是因为,一方面可以考察被试的行为数据,一般来说,根据信号检测理论,P(A)值[指(击中数+正确否定数)/刺激总数]大于0.5,被试的反应才是可信的;另外一方面通过被试的行为数据也可以反映实验设计是否合理,包括实验的刺激间隔、呈现时间等参数设置是否符合要求。本书包括了7个不同的实验,每个实验之前都做了6—10人的预实验。实验结果表明,每个实验的P(A)值都大于0.5,被试数据可信度很高,而且实验设置的刺激间隔、刺激呈现时间以及刺激编排是符合实验要求的。

第四章　汉语单音节语言单位提取的神经加工机制研究

　　人类语言的重要特点之一是"分节性",人们可以将一连串的话语拆分成若干语言单位,并根据一定的规则重新组合,从而形成无数形式丰富的语言表达。这种拆分出来的语言单位的存在是人类语言能产性的根源,由此导致的人类语言的复杂程度是动物"语言"所远不能及的。我们对于话语的拆分究竟应当细致到何种程度,也即我们应当选择什么样的单位作为语言结构的基本单位,它既能符合语言能产性的要求,又要达到语言经济性要求,就成了语言研究的核心议题之一。

　　对于印欧系语言来说,书写上的间隔、丰富的形态都可以成为词和词之间的边界标志,词很容易被看成是"天然"的语言单位。但是汉语的情况则不同,汉语的每个音节都是独立的,每个音节一般都由一个汉字来表示,书面上没有明显的间隔。长期以来,汉语究竟有哪些语言单位一直都存在争议,至今也没有统一的结论。传统的汉语语言学以"字"为基本单位展开研究,随着西方语法的渗入和汉语研究的发展,词和语素的概念进入汉语的语言研究中(陈望道,1940;吕叔湘,1947/1982)。但字、语素和词的界限问题一直争论不休。汉语的基本单位究竟是什么,学术界也有着不同的认识,包括"字本位""语素本位""词本位""词组本位""句本位"等(参看邵敬敏,2003;潘文国,2002b:51-52)。与一般语言学家的内省式研究不同的是,神经语言学的大脑词库研究运用实证的方法研究语言的基本单位问题。自 Chomsky(1965)确立语言的生物属性以来,人脑中客观存在的、具有心理现实性的语言及语言的基本单位是什么,无疑是人们迫切希望了解的问题。从大脑生物机制出发研究语言的基本单位,进而构建语言系统,无疑可以使我们获得科学的、更加接近语言生物本质的结论。目前中文大脑词库研究多集中在词的音形义关系(如陈宝国,2001;张清芳等,2004)和效应(如周晓林等,2002;彭聃龄等,1997)研究上,很少将几级语言单位放在同一实验、同一背景下进行考察,因而也很难获得关于语言基本单位问题的直接结论。

汉语的语言单位一般认为有字、语素、词、短语(词组)、句子①。以句子作为基本单位不符合人脑的经济原则,同时也会妨碍语言的能产性。出于实验中刺激物理属性同一性的需要,我们将相同音节数目的单位放在一起考察,所以本章只选择单音节单位进行研究,对双音节以及更多音节的单位的考察我们将在另外的实验中进行。短语因为其音节数不能为1,也被排除在本研究之外。这样本章研究的只是字、单音节的语素、单音节的词三级单位。汉语的单音节符号可以分为三种:一种是它有意义而且可以独立运用,这时它是一个字、一个语素,同时也是一个词;一种是它有意义却不能独立运用,这时它是一个字、一个语素,却不是一个词;一种是它没有意义,也不能独立运用,这时它是一个字,但却不是语素和词。所以,为了在实验中切实地将字、语素、词三者区别开来,我们需要把研究进一步缩小在没有意义的字(无意义的字)、单音节不能独立运用的语素(非自由语素)和单音节词上。实验采用ERPs技术,通过语义判断任务对无意义的字、非自由语素和词的加工情况进行对比。

考虑到汉语的特点,研究主要从单音节和双音节两个方面来考察汉语语言单位在中文大脑词库中的存储和提取情况。单音节语言单位包括无意义的字、语素和词三个层级,双音节语言单位包括单纯词、合成词和短语三类。这样,我们拟通过实验来考察从语言学意义上区分出来的不同语言单位提取时的特征,从而探讨汉语大脑词库的存储和提取情况,并进而探究汉语词库的特征。

第一节 实验一:汉语单音节语言单位的内隐提取②

单音节语言单位的提取研究主要设计了内隐和外显提取两个实验来考察,以期可以较为全面地观察汉语大脑词库单音节语言单位的提取情况及其神经机制。实验一是内隐的提取研究,实验任务是语义判断;实验二是基于再认的外显提取研究,选择学习—再认的实验范式。

---

① 语素、词、短语和句子的说法根据黄伯荣等(1991)。汉语的字作为书写单位,本不应属于语言系统,但近些年对字本位的讨论和汉语大脑词库研究中的字词不分现象,使我们觉得有必要将字和这些单位放在同一背景下进行考察。

② 本节内容发表于《语言科学》(2006年第3期,3—13页),收入本书时略有改动。

一、被试和实验语料

选取 15 名(8 男,7 女)在校理工科大学生志愿者参加本实验。年龄在 19—24 岁之间,平均年龄为 20.86 岁,均为右利手,没有脑外伤和神经系统疾病史。视力和矫正视力均在 1.0 以上。实验后付少量报酬。

依据《现代汉语频率词典》(北京语言学院语言教学研究所编,北京:北京语言学院出版社 1986 年版)对汉字构词能力的统计和分析选择出无意义的字、非自由语素和词共三类语料,其中排除常见姓氏和地名。无意义的字是不能够单独使用且没有意义的单音节汉字,如鹆、噜、匋等,非自由语素指不能独立运用的语素,如监、赃、澈等,单音节的词,如顷、猿、疤等。对初选出来的三类语料各 100 个进行 35 人的熟悉度问卷调查,熟悉度层次分为熟悉和不熟悉。其中 5 份问卷作为无效问卷被排除,对 30 份有效问卷进行统计。选择熟悉度高于 90% 的语料各 50 个再进行类型的单因素方差分析(one-way ANOVA)①。无意义的字、非自由语素和词三类语料,选择熟悉的平均人数分别为 28.14±0.73 人、27.96±0.76 人、28.18±0.90 人,既没有类型的因素效应②也没有类型之间的两两差异(p 值均大于 0.05),说明三类语料不存在熟悉度上的差异。所选择的语料笔画均在 6—20 画之间,无意义的字、非自由语素和词的平均笔画分别为 11.9±2.47 画、10.78±2.28 画和 10.48±2.44 画,单因素方差分析统计结果显示,没有类型的因素效应,也没有类型之间的两两差异(p 值均大于 0.05),说明三类语料不存在笔画数上的差异。另外选择 150 个单音节动词作为填充词。

二、实验设计和程序

实验为单因素(语言单位的类型:词、非自由语素和无意义的字)设计,采用内隐语义判断任务,即要求被试尽量快和准确地判断屏幕上呈现

---

① 方差分析,即 Analysis of Variance,又称为变异分析,为纪念该方法的创始人 R. A. Fisher,也被称为 F 检验。方差分析可分为单因素方差分析和多因素方差分析(包括两因素方差分析)。用统计软件包计算后可以得到的方差分析的 F 检验值和 p 值(概率),一般公认的判断标准是,当 $p>0.05$ 时则差别无显著性,当 $0.01<p<0.05$ 时差别有显著性,当 $p<0.01$ 时差别有高度的显著性。本文对刺激材料的笔画数和实验的行为数据的统计因只涉及一个因素,即语言单位的类型,因此采用单因素方差分析法,而对 ERPs 成分的波幅和潜伏期测量涉及语言单位的类型和电极点共两个因素,因此采用多因素方差分析。

② 因素效应,即组间效应,是单因素方差分析中的重要指标,指由单因素影响的各因素水平的均值之间的差异是否有统计意义,如果有则表明有因素效应,反之则没有。

的汉字是否为表示动作的词,并以左、右手分别做出"是"或"不是"的按键反应。

实验在隔音电磁屏蔽室进行。要求被试保持头部不动注视屏幕中央,屏幕距离被试眼睛 70cm 左右。刺激材料为 72 号宋体,呈现在计算机屏幕中央,屏幕的底色为黑色,字体颜色为白色。刺激分为 2 个刺激序列随机排列,每个刺激呈现时间(duration)为 200ms,刺激间隔(SOA)①为 1800ms。两个序列之间有短暂休息。在正式实验之前,要求被试完成同样任务的练习,熟悉按键和任务要求。按键左右手和刺激序列的呈现顺序在被试中进行交叉平衡。

三、脑电记录与获得

采用美国 Neuroscan 公司生产 ESI-256 脑电记录系统和 64 导 Ag/AgCl 电极帽记录脑电。电极位置采用 10-20 国际电极系统。参考电极置于双侧乳突连线,接地点在 Fpz 和 Fz 的中点,同时记录水平眼电和垂直眼电。滤波带通为 0.05—100Hz,采样频率为 1000Hz,电极与头皮接触电阻小于 5KΩ。

四、数据处理和分析

使用 Scan4.3 对采集的脑电数据进行离线分析处理,排除眼动和肌肉活动对 EEG 数据的影响,分析时程为 1200ms,其中刺激前基线 200ms,自动矫正眨眼等伪迹,波幅大于 ±100μV 者被视为伪迹被自动剔除。实验共涉及 15 名被试,其中有 1 名被试的脑电数据因达不到要求,在离线分析中被剔除掉,实验最后对 14 名被试(7 男,7 女)的数据进行叠加处理。分类叠加 14 名被试的脑电数据,得到了无意义的字、非自由语素、词三种单音节语言单位的 ERPs 曲线。

对记录到的行为数据用 SPSS11.0 统计软件包进行单因素方差分析,对三种单音节语言单位的反应时和正确率的均数进行显著性检验。

观察 ERPs 总平均图波形特征,确定 N1、P1、P2、N400 以及 LPC 等几

---

① 刺激间隔,Stimulus Onset Asynchrony,简称 SOA,是从前一个刺激出现到后一个刺激出现之前的时间间隔。

种主要 ERPs 成分①的主要测量分析时段和测量方法②：N1 成分主要分布在额区、额中央区和中央区，P1 成分主要分布在中央顶区和顶区，由于三种类型在这两个成分的潜伏期上都没有差异，因此采用平均波幅测量法，分析时段均为 50—90ms；P2 成分采用峰值和峰潜伏期测量法，分析时段为 110—240ms 之间；N400 成分在前部脑区（额区、额中央区和中央区）和后部脑区（中央顶区和顶区）的潜伏期不同，因此我们将前部脑区 N400 成分平均波幅的分析时段确定为 260—340ms，后部脑区分析时段确定为 280—370ms，对 N400 成分还进行了峰值和峰潜伏期测量，峰值测量范围在 260—400ms 之间；LPC 成分采用平均波幅测量法，分析时段为 450—650ms。对于测量结果，采用 SPSS11.0 软件包对其进行两因素（类型×电极）重复测量的方差分析，类型包括 3 水平（词、非自由语素、无意义的字），电极位置为 2、3 或 4 水平，其中电极位置的主要脑区划分为：额区（F3、F4、FZ）、额中央区（FC3、FC4、FCZ）、中央区（C3、C4、CZ）、中央顶区（CP3、CP4、CPZ）、顶区（P3、P4、PZ）、颞区（T7、T8）。同时还对统计结果进行了 Greenhouse-Geiss 校正③。

五、实验结果

1. 行为数据结果

实验主要考察被试对三种类型单音节语言单位语义判断的提取速度，行为数据包括被试对目标刺激判断的正确反应时和正确率。实验中，15

---

① 文中的 N1、P1 和 P2 成分是根据 ERPs 波形的极性和出现时间顺序来命名的，如 N1 是刺激出现后的第一个负成分。N400 成分是根据波形的极性和峰值潜伏期命名的，最早由 Kutas 等（1980）报道，通过对句尾歧义词出现时诱发的在 250—600ms 内产生的一个潜伏期约为 400ms 的负波，后来很多研究者实验验证，N400 是与语义加工密切相关的一个 ERPs 成分。N400 成分的发现不仅使 ERPs 增加了一个具有特定意义的成分，更重要的是将 ERPs 方法成功地运用到语言研究中（魏景汉，2002：168）。LPC 成分即后正复合体，是刺激出现后的第三个正波，是个包含很多子成分的家族。LPC 成分也是与语言加工密切相关的成分，尤其是句法加工。

② 波幅和潜伏期是 ERPs 的两个重要测量指标。一般情况下，波幅代表脑电位的强度，波幅大小与参与同步放电的神经元数目的多少以及神经元的排列方向密切相关。如果参与同步放电的神经元数量很多且排列方向一致，还与记录电极的距离较近，则波幅增高，反之则降低。波幅测量一般有平均波幅测量和峰值测量两种方法，由于 ERPs 成分的峰值并不是都很好确定，因此前一种方法测得的波幅更有价值和更为稳定。ERPs 成分的潜伏期早晚可以反映刺激的加工难度，一般来说，潜伏期延长则难度增加，缩短则难度减小。我们在实验中根据成分的具体情况来确定测量方法。

③ 一般使用的重复测量的方差分析总是假定所有重复测量的成对水平是存在着球状的或是相等的协方差，而心理生理学的很多数据并不符合这一假定。为弥补这一情况，需要对统计结果进行 Greenhouse-Geisser 校正。

名被试的 P(A)①值均大于 0.76,因此被试的反应是可靠的。为排除极端数据对 15 名被试的反应时和正确率的影响,我们剔除反应时长于 1800ms 和短于 200ms 的数据,对反应时和正确率进行单因素方差分析,统计结果详见表 1。

表 1 三类单音节语言单位行为数据统计表

类型	反应时(ms) 均值	标准差	正确率(%) 均值	标准差
词	599.52	72.44	84.53	11.82
非自由语素	632.22	89.26	71.73	12.04
无意义的字	613.41	85.92	82.99	10.47

单因素方差统计分析结果显示,词、非自由语素、无意义的字的反应时没有因素效应,$F(2,42)=0.211,p>0.05$,没有达到显著差异。三类单位判断的正确率达到边缘显著,$F(2,42)=3.18,p>0.05$,三种类型两两相比的结果是,词与非自由语素之间 $p<0.01$,非自由语素与无意义的字之间 $p=0.01$,达到统计学意义上的显著差异,而词与无意义的字相比 $p>0.05$,没有统计学意义的差异。

2. ERPs 数据结果

对 N1、P1、P2、N400 以及 LPC 等几个主要的 ERPs 成分的测量结果进行两因素(类型和电极)重复测量方差分析,结果显示三类 ERPs 曲线的 N1、P1、P2 成分均没有发现类型主效应和类型×电极交互作用。类型效应和类型的两两差异主要出现在 N400 成分和 LPC 成分上。

N400 成分前部脑区(包括额叶、额中央区、中央区)260—340ms 时段的平均波幅统计结果显示,没有类型主效应,$F(2,26)=0.747,p>0.05$,也没有类型×电极交互作用,$F(16,208)=0.154,p>0.05$,类型之间的两两相比 p 值均大于 0.05。

---

① 根据信号检测理论,P(A)值为(击中数+正确否定数)/刺激总数,P(A)值大于 0.5,被试的反应才是可信的。

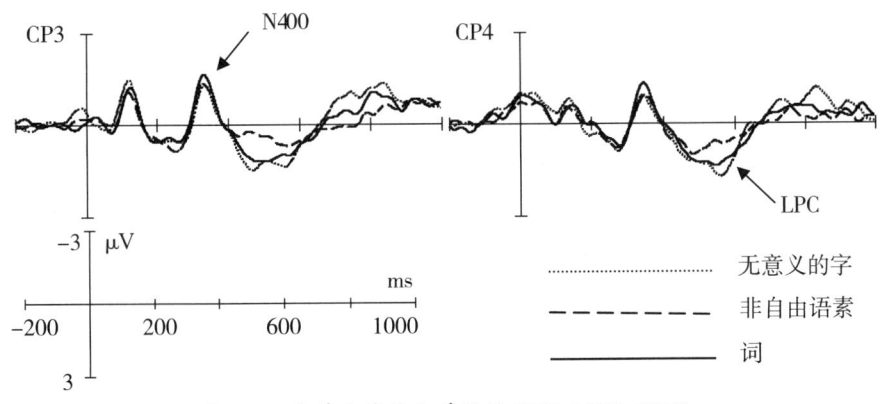

图2 三类单音节语言单位的ERPs(CP3、CP4)

潜伏期在280—370ms之间的N400成分分布于中央顶区和顶区,统计结果表明,顶区N400成分存在类型主效应,$F(2,26)=5.651,p<0.05$,没有类型×电极交互作用,$F(4,52)=2.553,p>0.05$。进一步简单效应分析显示,词与无意义的字之间存在显著差异,$p<0.05$;非自由语素与无意义的字之间也存在显著性差异,$p<0.01$。中央顶区N400成分也存在类型主效应,$F(2,26)=4.576,p<0.05$,但没有类型×电极交互作用,$F(4,52)=0.449,p>0.05$。进一步简单效应分析显示,词与无意义的字之间存在显著差异($p<0.05$);非自由语素与无意义的字之间也存在显著性差异,$p<0.05$(见图2)。因此,N400的类型主效应分布在中央顶区和顶区,无意义的字分别与词和非自由语素之间都存在着差异,而词与非自由语素之间在N400这一成分上并没有显著差异。从图3的地形图也可以看出,三类单位的N400成分主要分布在后部脑区,词与非自由语素在顶区的N400成分比无意义的字更负。

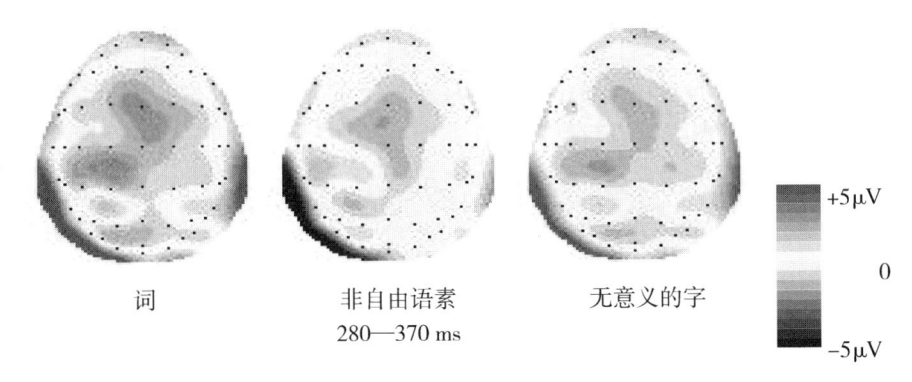

图3 三类单音节语言单位280—370ms时段平均波幅的地形图

LPC 的分析时段为 450—650ms,在额中央区、中央区、中央顶区均有类型主效应,没有类型×电极的交互作用。三类单位前额类型主效应边缘显著,$F(2,26)= 3.365, p = 0.051$,没有类型×电极的交互作用,$F(2,26) = 0.274, p>0.05$,进一步简单效应分析表明,词与无意义的字之间 $p<0.05$,非自由语素与无意义的字两类之间 $p<0.05$,存在显著差异(见图 4);额区(F3、F4)也没有类型主效应,$F(2,26)= 2.269, p>0.05$,没有类型×电极的交互作用,$F(2,26)= 0.879, p>0.05$;在额中央区有显著主效应,$F(2,26)= 5.682, p<0.01$,没有类型×电极的交互作用,$F(4,52)= 0.285, p>0.05$,进一步简单效应分析表明,非自由语素与无意义的字两类之间存在显著差异($p<0.01$);类型在中央区主效应也显著,$F(2,26)= 5.742, p<0.01$,但是没有类型×电极的交互作用,$F(4,52)= 0.649, p>0.05$,类型两两相比,非自由语素与无意义的字之间有显著差异($p<0.01$),而词与非自由语素之间边缘显著($p = 0.059$);中央顶区主效应显著,$F(2,26)= 7.291, p<0.01$,没有类型×电极的交互作用,$F(4,52)= 0.253, p>0.05$,词与非自由语素之间差异显著($p<0.05$),非自由语素与无意义的字之间差异非常显著($p<0.01$);而在颞区(T7、T8、TP7、TP8)类型主效应边缘显著,$F(2,26)= 3.634, p = 0.055$,没有类型×电极的交互作用,$F(6,78)= 1.201, p>0.05$,进一步简单效应表明,非自由语素与无意义的字之间差异达到非常显著($p<0.01$)。(参看图 4、图 5)结合图 5 地形图可以看出,无意义的字的 LPC 成分脑区分布最为广泛,词次之,非自由语素脑区分布范围最小。总体来看,LPC 成分的类型主效应脑区分布较广,包括额中央区、中央区和中央顶区,前额和颞区也边缘显著。类型之间的两两相比,非自由语素和无意义的字之间的差异脑区分布很广,包括前额、额区、额中央区、中央区、颞区和中央顶区,在这些脑区无意义的字的平均波幅明显大于非自由语素,词与非自由语素只在中央顶区存在差异,词的波幅大于非自由语素,词与无意义的字的差异分布在前额,无意义的字的波幅更大。

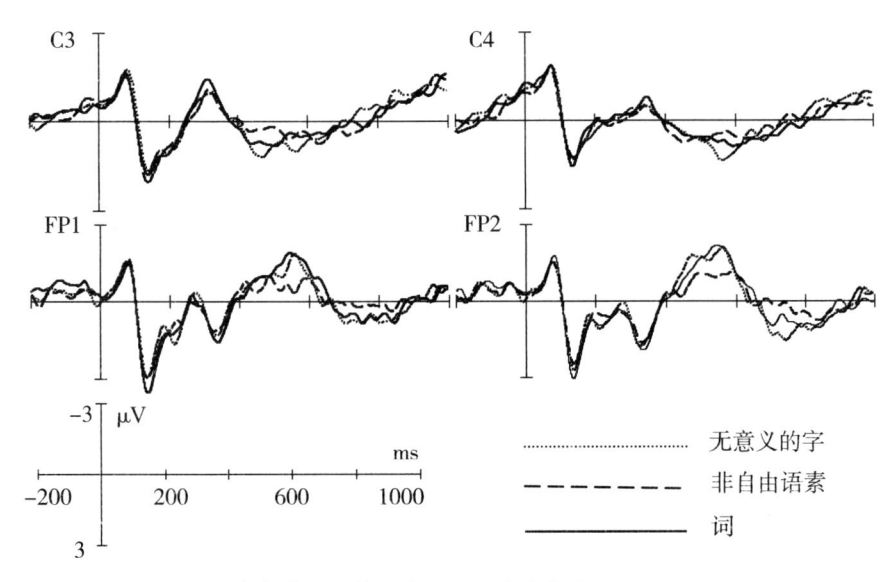

图 4　三类单音节语言单位的 ERPs 总平均图(C3、C4、FP1、FP2)

.... 无意义的字
------ 非自由语素
———— 词

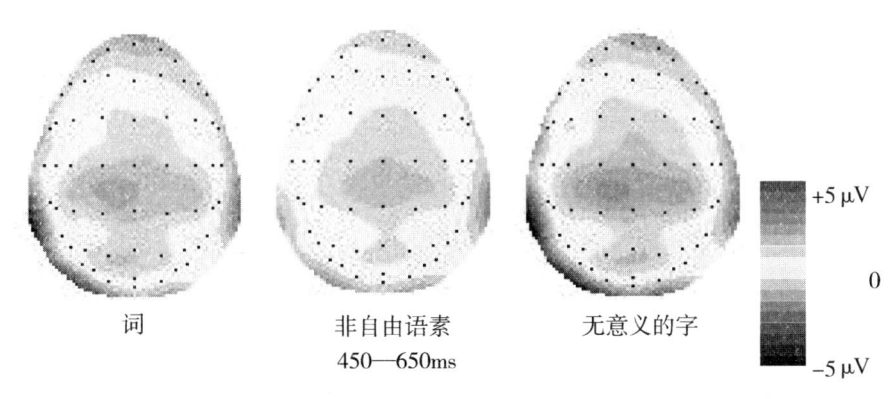

图 5　三类单音节语言单位 450—650ms 时段平均波幅的地形图

六、分析和讨论

总的来看,反应时行为数据上没有显示类型的显著差异,但是正确率的简单效应分析显示,非自由语素与无意义的字之间有差异,三种类型诱发的 ERPs 晚期成分差异很显著,N400 和 LPC 成分都提示有类型主效应的存在,类型的两两相比结果也有差异。从 ERPs 总平均图可以看到,词、非自由语素和无意义的字这三种类型的 N400 成分脑区分布趋势基本一致,词和非自由语素的波幅显著大于无意义的字的波幅,无意义的字分别与词、非自由语素的差异在后部中央顶区和顶区比较明显,在顶区达到最大差异。而词与非自由语素的差异达不到统计学显著意义。因此 N400 成分上反映出词与无意义的字、无意义的字与非自由语素之间的分离,这种分离是由他们自身语言单位性质的差异导致的。从语音形式来看,三种单音节语言单位都是单音节汉字,但是词和非自由语素是有音有义的语素,而无意义的字是只有语音形式而没有具体意义的汉字。

1. **行为数据分析**

从行为数据来看,反应时从快到慢分别是词、无意义的字、非自由语素,但不具有统计学上的显著差异,而判断的正确率最低的是非自由语素,明显低于无意义的字和词。被试在看到刺激的时候,根据任务的要求需要对刺激进行判断,这时被试需要激活大脑词库中预先存储的关于词汇的知识和相应的词条,然后提取有关刺激的信息,并做出输出反应。根据 Taft et al. (1975) 以及 Taft (1988、1994) 的观点,对于刺激的反应,可以很快地被拒绝可能是因为在大脑词库中根本就没有它的符号(Sign),因此大脑对它的搜索速度很快;被拒绝得慢可能是因为大脑词库确实存在一个这样的词条或者与其相关的词条,尽管它可能很少使用。在我们的实验中,对没有语义只有语音形式的无意义的字,被试在判断时反应时和正确率都显示出它被判断为"不是"的速度比自由语素快,也就是被拒绝得比自由语素快。另一方面,非自由语素与词和无意义的字在正确率上的差异达到了显著。这可能是因为语素在大脑词库中可能有它相对应的相关词条,在做出判断之前它需要和词库中已经存在的词条对应并加工的过程,在提取时受到存储在词库中词条的影响,因而显示出在加工难度上比无意义的字大,提取的正确率也会低于无意义的字。而词在大脑词库中很可能存在相应的词条,搜索与提取时不需要额外的加工,其正确率就会比非自由语素要高。

2. **ERPs 数据分析**

(1) N400 成分与语义的关系及潜伏期

从 Kutas et al. (1980) 首次报告 N400 成分到现在,尽管对 N400 成分的含义学术界没有统一的认识,但是存在的普遍共识是,N400 是对语义加工很敏感的一个 ERP 成分。一般研究中,N400 成分大多由句子中的语义违反和启动词与目标词的语义不一致诱发(Kutas et al., 1980;Kutas et al., 1984 等)。本实验通过语义判断任务反映了 N400 成分对语义加工的敏感性。实验中无意义的字与词和非自由语素所诱发的 N400 在波幅上都有差异,而词与非自由语素之间却没有显著性差异。所以出现这样的结果,主要原因是这里的无意义的字没有意义,而其他二者都有意义,因此导致这种差异应该是由语义因素导致的。语义的缺乏使被试在对无意义的字进行语义判断时,很容易就可以做出拒绝的判断。行为数据的结果也反映了这一点,无意义的字在语义判断任务中不需要复杂的加工,耗费的心理资源最少,加工难度也最小,因而波幅也小。而语素与词的差别在于能否独立运用,没有意义上有无的差异,它们在 N400 成分的波幅上没有表现出显著的差异。这也从反面论证了 N400 成分对语义的敏感性。

我们在实验中观察到的 N400 成分与前人报道的 N400 成分脑区分布基本一致,都是在脑后部,而且双侧均有,不同的是我们实验中诱发的 N400 成分潜伏期稍早。很多研究都发现 N400 成分在 400ms 左右峰值达到最大,本实验中的 N400 成分在 320ms 左右就达到最大峰值。这可能跟实验任务有关系,以往对 N400 成分的研究多是通过句子或是在词语搭配背景下得到的,而我们的实验是在等概率范式条件下的词汇语义判断任务,因此被试判断时难度相对低些,潜伏期出现得要早些。

(2)LPC 波幅与语言单位的加工难度

一般认为,LPC 成分的波幅和心理资源的投入量正相关(魏景汉等,2002),即 LPC 波幅越大,加工难度也越大。但 Kutas et al.(1977)、Palmer et al.(1994)、Hagen et al.(2006)等多项研究表明,LPC 成分的波幅和任务难度成反比,如词汇判断任务中,任务难度越大、加工强度越大,LPC 成分的波幅越小;任务难度小、加工强度小,LPC 成分的波幅反而增大。

实验结果支持 LPC 成分的波幅和任务难度成反比。从行为数据来看,无意义的字的判断正确率高于非自由语素,它的 N400 成分波幅最小,表现出加工难度小于非自由语素。而且我们的实验任务为语义判断,作为没有语义的汉字应该是最容易被拒绝。而在实验中我们观察到,无意义的字的 LPC 成分波幅最大,分布的脑区也最广泛。但事实上,无意义的字的加工难度应该是最小的,因此支持 LPC 成分的波幅与加工难度成反比。也就是说,加工难度越大,波幅越小,加工难度越小,波幅反而越大。实验中的非自由语素诱发的 LPC 成分波幅在三类单位中最小,非自由语素与无意义的字之间的差异达到显著,而非自由语素与词在中央顶区存在差异,可能由于它不能独立运用,很少单独呈现,因而在语义加工上的难度会比词和无意义的字都大。

(3)从时间加工进程分析语言单位的加工难度

从语言单位加工的整个时间进程来看,不管是 N400 还是 LPC 都提供了无意义的字在进行加工时所消耗心理资源最少的神经电生理证据,也就是说无意义的字加工的难度最低。但是实验中我们并没有发现词与非自由语素在 N400 成分上的差异,在 LPC 成分上显示出加工难度最大的是非自由语素。我们认为,这说明词在 N400 成分的时段上就进行了充分的加工,因此到 LPC 时段它没有损耗更多资源,表现出加工很容易。但是非自由语素情况不同,它的加工进程较长,在 LPC 成分时段仍然在加工。出现这种情况可能是因为词具有完整的语义,可以独立使用,非自由语素有语义但是不能单独使用,它必须与其他语素结合在一起才能运用到短语和句子中去,因此在语义的选择上就具有模糊的特征,语义不确定性使得对其判断时难度增大。尽管 N400 成分代表的是词汇前加工还是词汇后加工目前仍然存在争议,但是在这个实验中,通过行为数据可以看出,被试对语言单位的反应时都在 600ms 左右就已经结束,所以 LPC 成分很可能反映的是被试判断后的输出反应时的加工,而不是从大脑词库中提取语言单位的时间过程,因而 N400 成分更能够说明语言单位内隐提取加工的情况。无意义的字以最快的速度被拒绝,是因为它在大脑词库中直接存储可能性最小,甚至可能是不被单独存储的,因此无意义的字由于没有经过内隐的提取词汇的过程,表现为 N400 成分的加工强度最小,在输出反应的判断中也是最容易的。但是词和非自由语素的 N400 成分波幅都比无意义的字的波幅更负,且差异最大值出现在中央顶区。Picton(1988)认为中央顶 N400 的波幅与从记忆搜索中耗费的资源成正比,也就是波幅越大,耗费的资源就越多。我们实验的结果是非自由语素的波幅比词更负,虽然尚未达到统计学意义上的差异,但也可以反映出非自由语素耗费了更多的心理资源。非自由语素和词这两类语言单位在 N400 加工脑区上没有显示出差异,说明在内隐的提取过程中可能存在某种相似性,这种相似性提供了它们在大脑词库中可能都有相应的词条或者是有比较接近的词条的证据,情况究竟是怎样的,还有待进一步证明。行为数据为非自由语素加工难度大提供了证据,被试对非自由语素判断的正确率最低,也就是说在进行判断时大脑对非自由语素语义选择最为困难,这与 N400 成分和 LPC 成分所显示出的难度情况也是一致的。另一方面,在输出反应过程中,非自由语素的难度最大,即最不容易判断。这可能从另一方面说明大脑词库中非自由语素状态的不稳定性,因为如果是非常稳定的话,它不会显示出与词判断时的难度差异。因此,单音节的非自由语素和词虽然都是语素,但是二者的加工机制存在差异,这也可以为语言单位下位类的划分提供直接证据。

总之,通过对内隐提取加工时间进程分析,我们认为,词、非自由语素的加工与无意义的字的加工过程不同。无意义的字缺乏语义的特征导致其做出拒绝的判断时耗费的心理资源最少,加工的难度最小,说明无意义的字内隐的词汇提取过程可能根本就不存在,可能不直接在大脑词库中存储。而非自由语素比词的内隐提取难度更大,输出反应时也有区别,说明非自由语素加工难度更大,可能与其不能单独使用的语法性质有关。非自由语素与词的 ERPs 成分上的差异为汉语大脑词库中语言单位的下位分类提供了神经电生理学上的依据。

(4)单音节语言单位的内隐提取加工提示词更有可能是大脑词库中的基本语言单位

实验考察了字、语素和词这几级语言单位的加工情况,究竟哪一级语言单位更应当是大脑词库中的基本语言单位,下面结合语言理论和实验结果进行分析。

先来看字。我们认为字不应当作为语言的基本单位。一个语言单位基本的特征首先应当是一个音义结合体(索绪尔,1996:147-148),汉语中有一部分字是没有意义的,因而字不符合作为语言基本单位的资格。而且学界一般认为,字是汉语的书写符号单位,不属于语言符号系统。那么我们应该如何看待实验中 N400 和 LPC 成分体现出来的无意义的字的加工难度最小呢?其实,这在一定程度上是由实验的语义判断任务决定的,无意义的字由于缺乏语义,在实验中很容易被拒绝,因此显示出加工难度最小。当然,进一步的实验还需要对这一问题进行更为细致的考察。徐通锵(1994、1997、1998)、潘文国(2002)等提出的"字本位"中的字已经脱离了我们通常意义上的字,认为作为汉语的基本结构单位和最小的结构单位的字,具有"形、音、义三位一体"的特点,甚至"由几个音节构成的一个结构单位也可以叫作一个字"。这种概念上的有意义的字其实相当于我们通常所说的语素(李宇明,1997)。

再来看语素。上文我们已经说明字不应当作为语言的基本单位。下面我们再分析语素作为语言基本单位的可能。如果语素是语言基本单位,它与上一级的语言单位——词相比,加工应当更加便捷,根据上文的分析,词诱发的 N400 成分波幅应当更大,LPC 成分波幅应当更小。但是,实验中非自由语素的行为数据的判断正确率比词低,N400 成分波幅比词大,LPC 成分波幅比词小,这些都说明非自由语素在加工上难度更大。分析原因在于非自由语素不是语言基本单位,可能不是直接从大脑词库中提取的,所以在判断中需要耗费更多的资源。实验显然不支持语素作为大脑词库中的基本语言单位。

据此,在字、语素、词这三级单位中,词更有可能作为语言的基本单位,实验行为数据以及 ERPs 成分上,词与另外两级单位的对比已经说明了这一点。当然,还有一种可能就是,短语是大脑中的语言基本单位,这是在进一步的实验中我们需要考察的问题。

(5)语言单位和大脑词库中的后备程序(Back-up Procedure)

根据实验结果,单音节语言单位词与非自由语素在大脑中的加工是不同的。词的加工明显要比非自由语素容易,这可能是因为可以独立使用的词具有完整的语义,在词库中以完整独立的形式存在,因此提取和判断的难度小于非自由语素,而非自由语素由于不能单独使用,必须与其他语素结合在一起才能运用到短语和句子中去,因此我们认为它在词库中存储的形式可能具有模糊和多重选择的特点,在提取和判断过程中显示出难度的增大。

非自由语素的加工难度大于词还可以用 Aitchison(2003)关于大脑具有后备程序的观点来解释。她认为词构成了大脑词库的主要部分,但是当需要时,说话者能够通过使用附在产生新词程序的词汇工具包上的后备存储(Back-up Store)将词分解为语素,他们将这种能力作为后备程序来使用,当从正常记忆中提取词失败,或者需要完成一个复杂的任务时,往往能够构建一个复杂词,在遇到一个长的复杂的词并且不确信词具体意义的时候,人们也可能将词分解开。她认为在这种后备程序中,额外的后备信息以次要或第二的存储形式保存或是附在严格而言的那个固定词库上,这样人脑在言语加工中才能不断分析和组配各种成分,因此在说话过程中,人脑能够使用备用信息自动重建这些旧连接并创造新的连接,大脑词库对语言的加工就可能包括了三重加工:一是搜索整词,二是后备程序中词被分解成它们的组成成分——语素,三是用词汇工具包来创造新词。Anshen et al.(1988)也曾有类似观点。人们可能潜意识地将词作为一个整体来处理,但是随着加工的进行又将它分解开。如果这对大脑词库的解释也同样适用于汉语大脑词库,那么可以这样来理解,大脑词库中固有存储的基本语言单位是词,但是有一个可以产生词也可以分解词的后备程序,这个程序可能附着在或是直接连接到大脑词库上,而且其中包含了很多后备信息可以经常被大脑词库使用。在对不同的语言单位进行提取加工时,存储在大脑词库中的语言单位(词)就直接可以提取,而需要使用后备程序的语言单位(语素)的加工可能是经过分解或是整合的复杂加工过程。如果这种论证合理的话,那么就较易解释为什么词的加工比非自由语素的加工要更为容易,因为词可能就是直接从大脑词库中提取的,是直接存储在大脑词库中的,而且存在的状态也比非自由语素稳定,不容易受到其他单位的干扰,而非自由语素不是从中文大脑词库中直接提取的,需要使用后备程序,它可能以不稳定状态的后备信息概念存储或附着在大脑词库中。

(6)语言单位划分为词和语素具有心理现实性

从上文的分析我们知道,词与非自由语素有共同点也有不同点。共性体现在 N400 成分上,二者的加工没有显示出差异,这种共性的存在是由二者具有语素的性质决定的。词与非自由语素的不同体现在 LPC 成分上,虽然从语言学的定义上来说二者都属于语素的层次,但是二者在加工过程中也表现出差异的存在,这种差别的出现是由于非自由语素在语言运用中不可以单独使用导致的,而正是这"能否单独使用"的特点将词与语素区分开,也将语素划分为自由语素和非自由语素。LPC 成分上二者的分离说明非自由语素与词的加工机制是存在差异的,这也从另外一方面提供了大脑对语素下位类划分的证据。因此,词与语素的区分,语素的自由与非自由的区分都是具有神经电生理证据支持的,具有一定的心理现实性。

七、小结

经过对单音节语言单位内隐提取实验结果的综合分析,我们得到如下一些主要结论:

(1)实验结果支持 N400 成分是语义加工的敏感指标,N400 成分的潜伏期稍早和实验任务有关系,LPC 成分的波幅与加工难度负相关;

(2)相对于字和语素,词更应该是大脑词库中的基本语言单位;

(3)词在大脑中存在状态比较稳定,非自由语素可能以不稳定的后备信息的概念存储或附着在大脑词库中;

(4)词与语素的划分以及语素的下位分类都是具有心理现实性的。

第二节 实验二:基于再认的汉语单音节语言单位的外显提取

实验二采用经典的外显学习—再认实验范式,实验分为学习和再认两个阶段,主要考察在学习阶段学习过的(旧项目)和没有学习过的(新项目)ERPs 成分所诱发的再认新旧效应,尝试分析三种不同单音节语言单位外显提取加工的情况。

一、被试和实验语料

选取 30 名(15 男,15 女)在校理工科大学生志愿者参加实验,年龄在 21—23 岁,平均年龄为 21.83 岁,均为右利手,没有脑外伤和神经系统疾病史。视力和矫正视力均在 1.0 以上。实验后付少量报酬。

实验材料选用与实验一相同的词、非自由语素和无意义的字共三种类型的单音节语言单位。每种类型选择 300 个以上进行 60 人的熟悉度问卷调查,熟悉度分为熟悉、比较熟悉和不熟悉,剔除 2 份无效问卷,剔除熟悉度低于 90% 的语料,最后每类语料选择出 220 个,共 660 个。然后,将选择出的每类语料分成学习阶段和再认阶段,学习阶段每种类型分别选择 110 个,共 330 个,再认阶段再分别选择在学习阶段没有见过的每种类型 110 个,共 330 个,加上学习阶段的 330 个,共 660 个。整个实验分为三个学习组和三个再认组,等概率选择三种语言单位的类型随机排列。将学习阶段和再认阶段的语料进行类型的单因素方差分析统计,学习阶段三类语料词、非自由语素和无意义的字选择熟悉的平均人数分别为 53.74±1.23 人、53.29±1.45 人、53.38±1.17 人,再认阶段三类语料选择熟悉平均人数分别为 53.15±1.45 人、53.26±1.30 人、53.22±1.30 人。单因素方差统计结果显示,没有因素效应 $F(5,654)= 0.872$,$p>0.05$,事后检验表明,两两之间比较均没有显著性差异(p 值均大于 0.05)。所选择语料笔画均在 7—20 画之间,三类语料词、非自由语素和无意义的字的学习阶段平均笔画分别为 11.90±3.03 画、11.60±2.71 画、11.47±3.09 画,再认阶段的平均笔画分别是 11.67±2.74 画、11.71±2.61 画、11.54±3.24 画。单因素方差分析显示,没有类型的因素效应 $F(5,654)= 0.294$,$p>0.05$,统计说明所选的三类语料(学习阶段和再认阶段)不存在笔画数上的差异。

二、实验设计和程序

实验在隔音亮度适中的电磁屏蔽室进行。被试坐在舒适的椅子上,双手拿按键盒,眼睛水平注视计算机屏幕,实验过程中保持头部不动注视屏幕中央,视距 70cm 左右。刺激语料呈现在计算机屏幕中央,汉字为 72 号宋体,屏幕的底色为黑色,字体颜色为白色。实验采用外显的"学习—再认"范式进行。学习阶段,被试被要求认真并尽量多地记住呈现在屏幕上的每个单音节汉字,无须按键。刺激呈现时间为 100ms,刺激间隔为 1500ms。在再认阶段,被试被要求尽可能快地判断看到的刺激是否在学习阶段曾经见过。无论见过或没见过都需要做按键反应。每组学习阶段与再认阶段之间都间隔 2 分钟,为了防止被试对刚学过的刺激进行复习,要求被试完成图片辨别分心作业。按键左右手和刺激序列的呈现顺序在被试间进行交叉平衡。

三、脑电记录与获得

记录脑电的仪器为美国 Neuroscan 公司生产的 EEG/ERP 脑电系统，被试佩戴和 32 导电极帽记录脑电。电极位置采用 10-20 国际电极系统。参考电极置于双侧乳突连线，接地点在 Fpz 和 Fz 的中点，记录水平眼电和垂直眼电。滤波带通为 0.05—100Hz，采样频率为 1000Hz，电极与头皮接触电阻小于 5KΩ。

四、数据处理和分析

离线处理分析数据，根据记录的眼电矫正眨眼等伪迹，排除眼动和肌肉活动对 EEG 数据的影响，分析时程为 1200ms，以 -200ms—0ms 为基线，波幅大于 ±100μV 者被视为伪迹被自动剔除。分类叠加判断正确的旧项和新项诱发的 ERPs 曲线，分别是再认阶段判断为"见过"的词、非自由语素和无意义的字三类旧项，以及再认阶段被判断为"没见过"的词、非自由语素和无意义的字三类新项。

对被试的行为数据用 SPSS11.0 统计软件包对三类单音节语言单位的反应时和正确率进行单因素方差分析检验，主要检验再认阶段正确再认的三类单音节语言单位的反应时和正确率，以及每种类型学习过和没有学习过的反应时和正确率。

结合总平均图，用 SPSS11.0 统计软件包对 ERPs 主要成分的平均波幅进行重复测量方差分析。ERPs 波形比较分析分为三类，首先是对再认阶段正确判断为"见过"的三类单音节语言单位旧项的比较，其次是三类单音节语言单位自身新项和旧项的波形比较，最后是三类单音节语言单位新旧效应差异波的比较。

(1) 再认阶段正确判断为"见过"的词、非自由语素和无意义的字三种单音节语言单位旧项的 ERPs 曲线的基本特征比较相似，主要诱发 N400 和 LPC 成分。结合总平均图以及地形图，确定 N400 成分由于前后脑区的潜伏期差异较大，因此前部脑区的分析时段为 280—380ms，而后部脑区的分析时段为 310—410ms，均采用平均波幅测量法。LPC 成分的分析时段分为 450—650ms 和 650—850ms 两段进行平均波幅的测量(450—650ms 本文中称为 LPC1，650—850ms 本文中称为 LPC2)。

(2) 三类单音节语言单位自身新项和旧项的波形比较主要根据各自波形特征来确定分析方法和时段。词的新项和旧项诱发的 ERPs 曲线特征基本一致，新旧项的差异在刺激出现后 300ms 左右出现，并一直延续到

1000ms,因此根据词新旧项比较的波形特征,确定主要分析时段包括前部脑区 300—600ms,顶区 430—600ms,在 600ms 之后分为 600—700ms 和 700—1000ms 两个时间范围。与词相似,非自由语素新旧项的差异在刺激出现后 300ms 左右出现,也延续到 1000ms 以后,非自由语素新旧项差异的主要分析时段确定为 300—600ms、600—700ms 和 700—1000ms 共三个分析时间范围。无意义的字新旧项主要分析时段包括 140—260ms、300—600ms(前部脑区)、430—600ms(顶区)、600—700ms 和 700—1000ms 共五个时间范围。测量方法均采用平均波幅测量法。

(3)三类单音节语言单位新旧效应差异波是将三类单音节语言单位旧项目诱发的 ERPs 减去各自新项目诱发的 ERPs 得到的。根据总平均图来看,确定对 410—530ms 时段的平均波幅进行测量,比较三类单音节语言单位的新旧差异波。

对所测量到的平均波幅均进行两因素重复测量方差分析,并对统计结果进行 Greenhouse-Geiss 校正。

五、实验结果

1. 行为数据结果

实验学习阶段没有按键任务,行为数据为再认阶段的判断反应时和正确率,30 名被试的 P(A)值均大于 0.65,因此被试的反应是可靠的。为排除极端数据对被试的反应时和正确率的影响,剔除反应时长于 1800ms 和短于 200ms 的数据,对三类单音节语言单位的新项和旧项的反应时和正确率进行单因素方差分析。

表2 再认阶段三类单音节语言单位新旧项目行为数据统计表

类型		反应时(ms)		正确率(%)	
		均值	标准差	均值	标准差
词	新项目	682.79	71.77	70.36	12.46
	旧项目	628.40	134.20	64.47	10.98
非自由语素	新项目	667.57	68.98	73.13	12.54
	旧项目	648.46	76.67	59.37	12.22
无意义的字	新项目	697.52	77.87	62.26	14.16
	旧项目	659.93	80.91	66.79	12.47

再认阶段三类单音节语言单位词、非自由语素、无意义的字新项目的

反应时没有因素效应，$F(2,87)=1.222, p>0.05$；三类语言单位新项的正确率有因素效应，$F(2,87)=1.222, p<0.01$；从类型之间的两两比较发现，词和无意义的字之间 $p<0.05$，达到统计显著性；非自由语素和无意义的字之间 $p<0.01$，有非常显著差异。

再认阶段三类语言单位词、非自由语素、无意义的字旧项的正确反应时没有因素效应，$F(2,87)=0.753, p>0.05$；三类语言单位旧项目的正确率没有因素效应，$F(2,87)=3.046, p=0.053$，边缘显著；类型之间的两两比较发现，非自由语素和无意义的字之间 $p<0.05$，达到统计显著性，无意义的字正确率显著高于非自由语素。

之后，对再认阶段三类单音节语言单位的新旧项的正确反应时与正确率进行了统计检验。统计结果显示，词的新旧项的平均正确反应时有因素效应，$F(1,56)=4.563, p<0.05$，旧项的反应时明显比新项缩短，新旧项正确率没有因素效应，$F(1,56)=3.185, p>0.05$；非自由语素的新旧项平均正确反应时没有因素效应，$F(1,56)=1.318, p>0.05$；正确率有非常显著因素效应，$F(1,56)=17.615, p<0.01$；无意义的字新旧项反应时有因素效应，$F(1,56)=4.110, p<0.05$，新项反应时比旧项长，新旧项的正确率没有因素效应，$F(1,56)=1.718, p>0.05$。

总体来说，三类单音节语言单位旧项反应时都比新项短，但是只有词和无意义的字的差异达到统计学显著意义，而正确率只有非自由语素旧项显著低于新项。

2. ERPs 结果

(1) 三类单音节语言单位再认旧项的 ERPs 比较

再认阶段三类单音节语言单位旧项的外显提取在早期成分上没有明显的差异，因此着重分析晚期成分 N400 和 LPC 成分。N400 成分在 280—380ms 时间窗统计结果显示，在中央区差异最大，其他脑区都没有显著差异。类型(3水平)×电极记录点(C3、C4)两因素重复测量方差分析结果表明，存在类型主效应(见图6)，$F(2,58)=4.355, p<0.05$，没有类型×电极的交互作用，$F(2,58)=2.458, p>0.05$。类型之间的两两比较，词与无意义的字($p<0.05$)、非自由语素与无意义的字之间($p<0.01$)都有显著差异。N400 成分 310—410ms 时间窗(中央顶和顶区)统计结果表明，存在类型主效应，$F(2,50)=3.402, p<0.05$，没有类型×电极的交互作用，$F(10,250)=1.615, p>0.05$。类型两两比较，无意义的字与非自由语素的差异显著($p<0.05$)，而词与无意义的字的差异边缘显著($p=0.056$)，词和非自由语素之间没有差异。无意义的字 N400 成分波幅最小，非自由语素的波幅最大。

图 6 三类单音节语言单位再认阶段的 ERPs

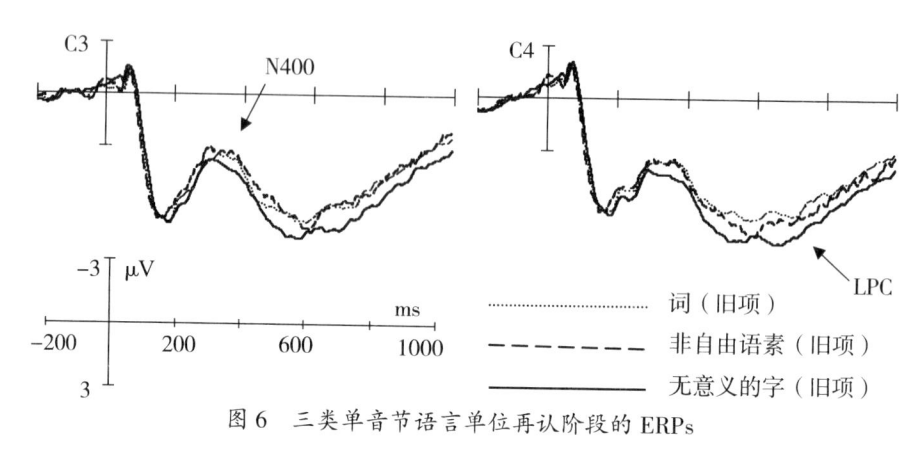

LPC1 成分分析时段为 450—650ms,类型的差异脑区分布很广泛,选择记录点为 FZ、F3、F4、CZ、C3、C4、CPZ、CP3、CP4、PZ、P3、P4。统计结果显示,存在类型主效应,$F(2,58) = 8.896, p<0.01$,没有类型×电极的交互作用,$F(22,638) = 1.127, p>0.05$。进一步简单效应分析显示,词与无意义的字之间有非常显著的差异($p<0.01$),而无意义的字与非自由语素之间的差异显著($p=0.012$)。无意义的字的 LPC 成分波幅最大,词与非自由语素之间没有显著差异。(见图 6)

LPC2 成分分析时段为 650—850ms,脑区分布与 LPC1 成分基本一致,选择相同的 12 个电极点。统计结果显示,存在类型主效应,$F(2,58) = 4.314, p<0.05$,没有类型×电极的交互作用,$F(22,638) = 1.879, p>0.05$。进一步简单效应分析显示,词与无意义的字之间有显著差异($p<0.05$),无意义的字与非自由语素之间也有显著差异($p<0.05$)。无意义的字的 LPC2 成分波幅最大,词与非自由语素之间没有显著差异。(见图 6)

(2)三类单音节语言单位的新旧效应

再认阶段新项和旧项诱发的 ERPs 曲线特征基本一致,新旧项的差异出现在刺激后 300ms 左右,并延续到 1000ms,根据词新旧项波形特征的比较,确定主要分析时段包括前部脑区 300—600ms,顶区 430—600ms、600—700ms 和 700—1000ms 共四个时间窗。

①词的新旧效应

观察词的新旧项的 ERPs 波形,P2 成分(左右额颞)统计结果显示没有显著差异,$F(1,29) = 0.817, p>0.05$。词的新旧项之间的差异真正出现在 300ms 左右,前部脑区出现相对早些,300ms 之前就出现了分离,在 300—600ms 之间最为显著,差异达到最大,分布脑区主要在前额、额叶、中央区和中央顶区(见图 7)。

第四章 汉语单音节语言单位提取的神经加工机制研究

图7 词的新旧效应(FP1、FP2)

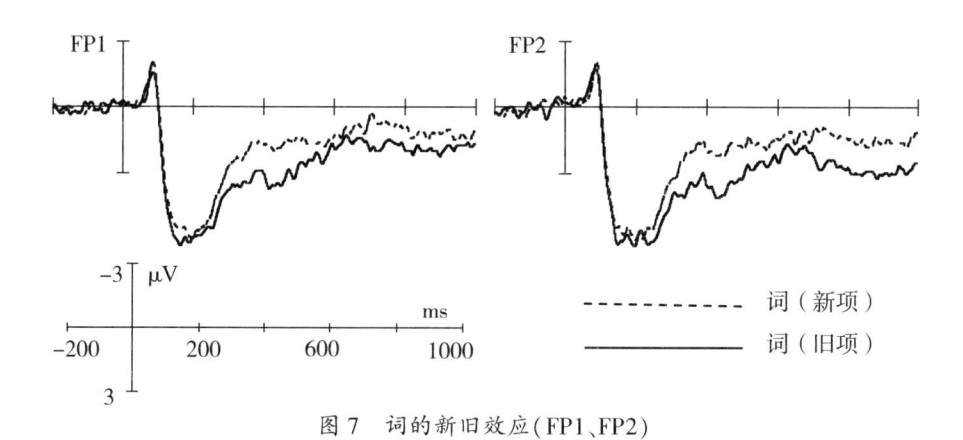

类型(2水平:新、旧)×电极(11水平:FP1、FP2、FZ、F3、F4、CZ、C3、C4、CPZ、CP3、CP4)两因素重复测量方差分析结果表明,有非常显著的类型主效应,$F(1,29) = 23.235, p<0.01$,没有类型×电极的交互作用,$F(10, 290) = 1.841, p>0.05$。

顶区的新旧差异在430—600ms之间达到最大,类型(2水平:新、旧)×电极(3水平:PZ、P3、P4)两因素重复测量方差分析结果表明,有非常显著的类型主效应,$F(1,15) = 5.768, p<0.05$,但是没有类型×电极的交互作用,$F(2,30) = 2.571, p>0.05$。600—700ms时间窗内,额区、中央区、顶区等脑区都没有类型的主效应($p>0.05$),也就是说这个时间窗里词没有新旧效应。700ms之后,又开始出现新旧效应,记录点为FP1、FP2、FZ、F3、F4,统计结果显示,存在类型的主效应,$F(1,15) = 7.011, p<0.05$,没有类型×电极的交互作用,$F(4,60) = 0.981, p>0.05$。中央区和中央顶区(CZ、C3、C4、CPZ、CP3、CP4)没有发现类型主效应,$p>0.05$;顶区(PZ、P3、P4)也没有类型的主效应($p>0.05$)(见图8)。

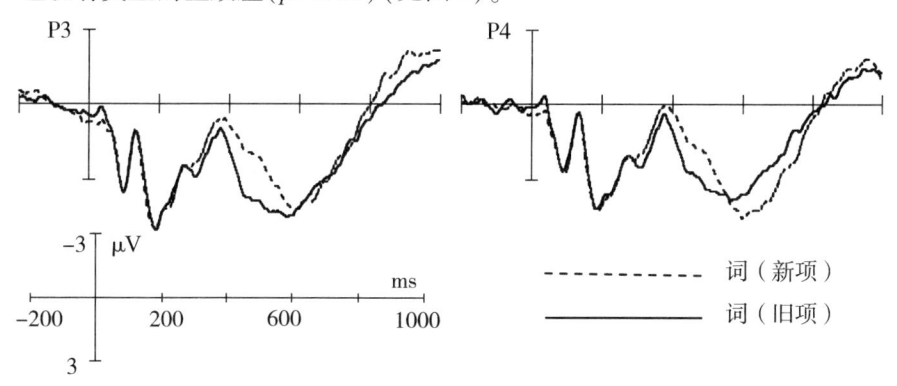

图8 词的新旧效应(P3、P4)

从分析结果来看,词的新旧效应从 300ms 左右开始,差异主要分布在前额、额叶、中央区和中央顶区,600—700ms 中断了 100ms,然后只在前额和额叶一直延续到 1000ms 之后,其他脑区在这个时间窗里没有出现新旧差异。

②非自由语素的新旧效应

非自由语素的新旧项在再认阶段诱发的 ERPs 曲线特征也基本一致,观察发现,非自由语素新旧项的差异在刺激出现后 300ms 左右出现,并一直延续到 1000ms,根据非自由语素新旧项的波形特征,将主要分析时段确定为 300—600ms、600—700ms 和 700—1000ms 共三个分析时间窗。

类型(2 水平:新、旧)×电极(8 水平:FP1、FP2、FZ、F3、F4、CZ、C3、C4)方差分析统计结果显示,有显著的类型主效应,$F(1,29)=19.843, p<0.01$,没有类型×电极的交互作用,$F(7,203)=1.358, p>0.05$。顶区(PZ、P3、P4)新旧差异的分析窗为 430—600ms,结果显示有非常显著的类型主效应,$F(1,15)=24.558, p<0.01$,但是没有类型×电极的交互作用,$F(2,30)=1.002, p>0.05$。

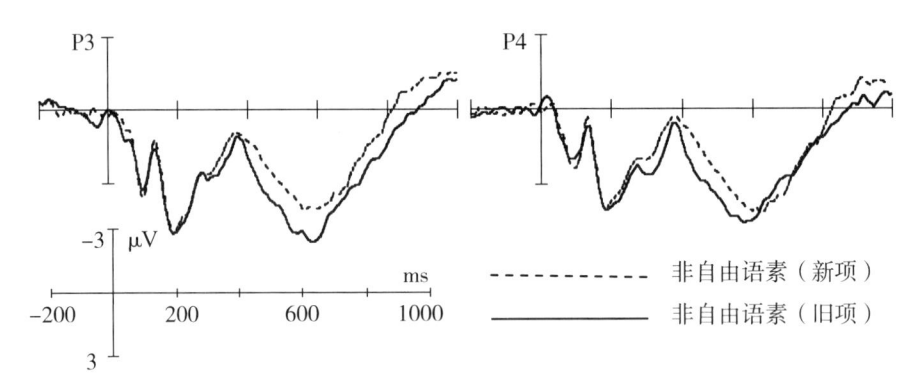

图 9 非自由语素的新旧效应(P3、P4)

与词的新旧差异不同,非自由语素在顶区(PZ、P3、P4)600—700ms 的时间窗中观察到了新旧差异(见图 9)。结果显示有类型主效应,$F(1,15)=6.483, p<0.05$,还存在类型×电极的交互作用,$F(2,30)=5.982, p<0.01$。在前额(FP1、FP2)新旧差异达不到显著,$F(1,15)=3.585, p>0.05$;中央顶(CPZ、CP3、CP4)新旧差异也没有,$F(1,15)=0.379, p>0.05$,这一时间段的差异只存在于顶区,其他脑区都没有。

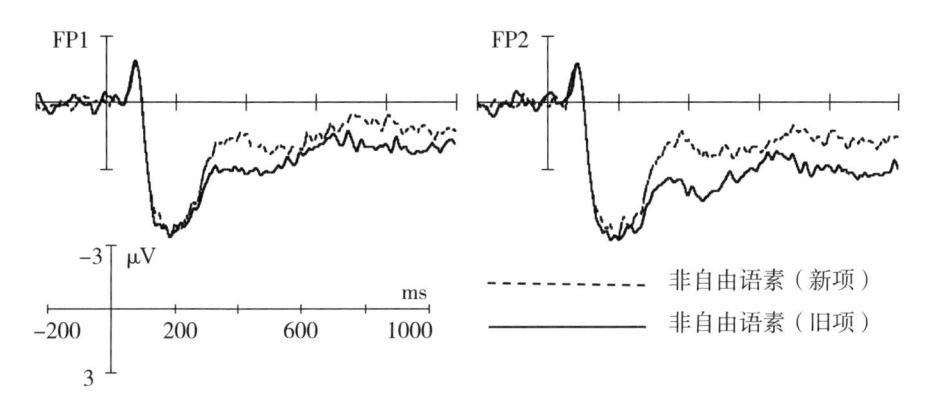

图 10 非自由语素的新旧效应(FP1、FP2)

700—1000ms 时间窗,非自由语素新旧差异在前额(FP1、FP2)统计结果显示,$F(1,15)=5.140,p<0.05$,而在顶区[$F(1,15)=2.778,p>0.05$]、中央顶区[$F(1,15)=1.526,p>0.05$]都没有显著差异(见图10)。

非自由语素的新旧效应从 300ms 左右开始,300—600ms 时段的差异分布在额叶、中央区和顶区等很多脑区,但差异只在顶区延续到 700ms,700—1000ms 只在前额有差异,其他脑区则没有。

③无意义的字的新旧效应

观察无意义的字新旧项诱发的 ERPs 曲线,差异在刺激出现后 140ms 左右开始出现,一直延续到 1000ms,根据无意义的字新旧项的波形特征,确定主要分析窗为 140—260ms、300—600ms(前部脑区)和 430—600ms(顶区),600ms 之后又分为 600—700ms、700—1000ms 共五个时间窗。

140—260ms 分析窗统计结果显示有类型显著差异,$F(1,29)=4.403$,$p<0.05$,没有类型电极的交互作用,$F(3,87)=0.597,p>0.05$。300—600ms,类型(2 水平:新、旧)×电极(12 水平:FP1、FP2、FZ、F3、F4、CZ、C3、C4、FT7、FT8、T7、T8)两因素重复测量方差分析结果显示,有非常显著的类型主效应,$F(1,29)=19.824,p<0.01$,没有类型×电极的交互作用,$F(11,319)=2.384,p>0.05$。顶区(PZ、P3、P4)430—600ms 时间窗新旧差异统计结果显示,有非常显著的类型主效应(见图11),$F(1,15)=11.855$,$p<0.01$,没有类型×电极的交互作用,$F(2,30)=0.284,p>0.05$。

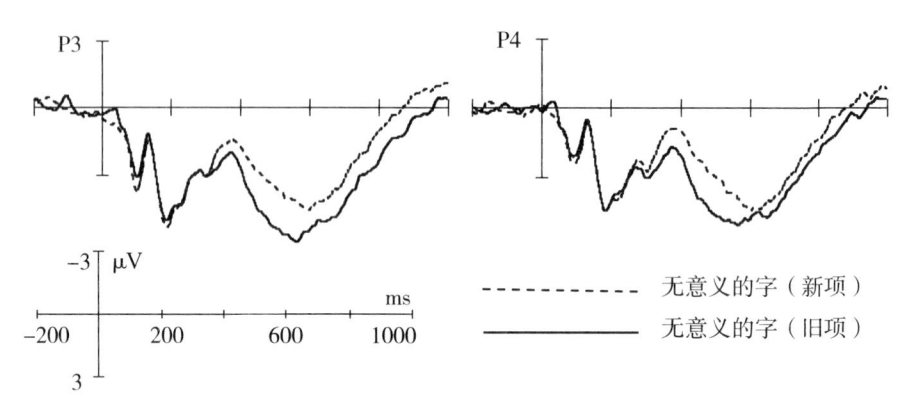

图 11　无意义的字的新旧效应(P3、P4)

与词、非自由语素的新旧效应不同,无意义的字只在前额(FP1、FP2 两个电极点)600—700ms 分析窗,统计结果显示有类型主效应,$F(1,15)=7.792,p<0.05$,没有类型×电极的交互作用,$F(1,15)=2.749,p>0.05$。在额叶(FZ、F3、F4)新旧差异达不到显著,$F(1,15)=1.172,p>0.05$;中央顶(CPZ、CP3、CP4)新旧差异也没有,$F(1,15)=1.067,p>0.05$;顶区(PZ、P3、P4)也没有新旧差异,$F(1,15)=0.946,p>0.05$。整个脑区在 600—700ms 这一时段只在前额观察到新旧差异。

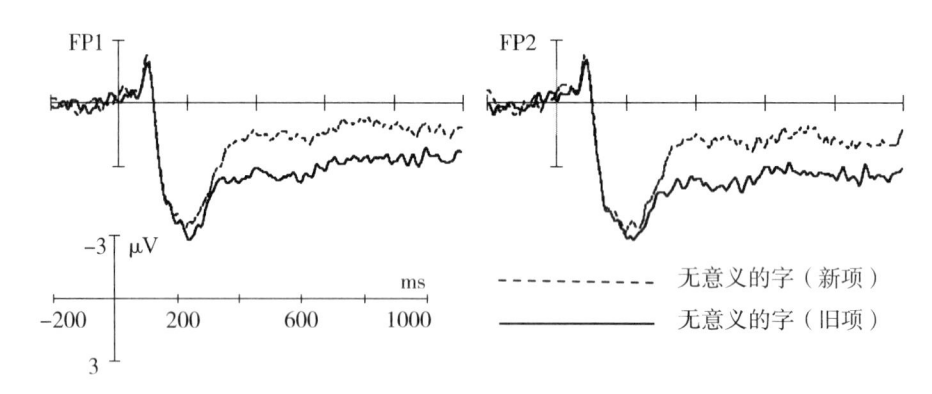

图 12　无意义的字的新旧效应(FP1、FP2)

700—1000ms 时间窗,无意义的字新旧差异在前额、额叶和中央区(FP1、FP2、FZ、F3、F4、CZ、C3、C4)都有(参看图 12),统计结果显示有类型主效应,$F(1,15)=5.366,p<0.05$,没有类型×电极的交互作用,$F(7,105)=0.787,p>0.05$。而在顶区、中央顶区(CPZ、CP3、CP4、PZ、P3、P4)没发现类型的主效应,$F(1,15)=0.543,p>0.05$,没有类型×电极的交互作用,$F(5,75)=0.912,p>0.05$。

所以,无意义的字的新旧效应从前额和额颞140ms左右开始,在300—600ms之间达到最大,几乎遍布整个脑区,但到了700ms无意义的字新旧效应只在前额。700ms之后又开始扩散到额区、中央区,比词和非自由语素在这一时间里分布都要广。总体来说,无意义的字的新旧差异开始得最早,持续时间也最长,分布的脑区也相对要广。

(3)三类单音节语言单位旧项减去新项的差异波

实验中将三类单音节语言单位旧项目诱发的ERPs减去新项目诱发的ERPs,得到了三类语言单位的新旧效应。

从总平均图来看(参看图13),三类语言单位的差异波主要成分是220—610ms左右一段较长的正波(Positive Difference,简称PD)。

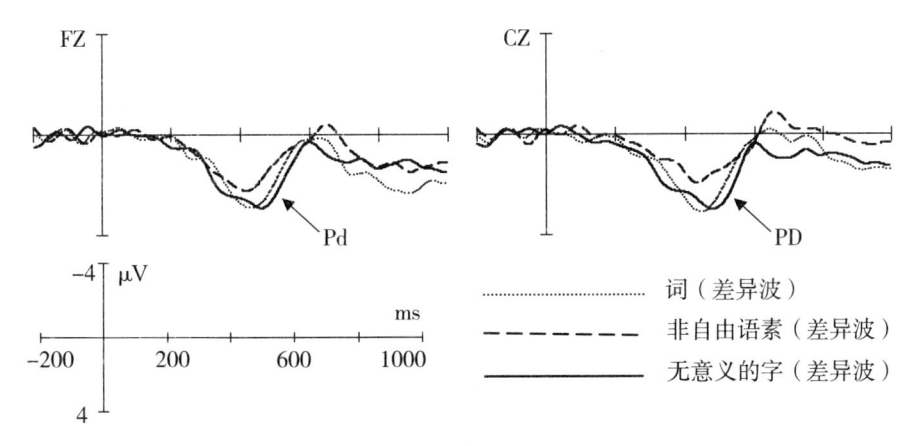

图13 三类单音节语言单位旧项减新项的差异波

比较三类单音节语言单位的新旧差异波,对410—530ms之间的平均波幅的测量结果进行类型(3水平:词、非自由语素、无意义的字)×电极(3水平:FZ、F3、F4)两因素重复测量方差分析,统计结果显示,没有类型主效应,$F(2,30)=1.795,p>0.05$,也没有类型×电极的交互作用,$F(4,60)=0.585,p>0.05$。中央额区记录点为FCZ、FC3、FC3,统计结果显示有类型主效应,$F(2,30)=3.838,p<0.05$,也没有类型×电极的交互作用,$F(4,60)=1.774,p>0.05$,进一步简单效应分析显示,无意义的字的波幅大于非自由语素。中央区记录点为CZ、C3、C4,统计结果显示没有类型主效应,$F(2,30)=1.176,p>0.05$,也没有类型×电极的交互作用,$F(4,60)=0.477,p>0.05$。三类单音节语言单位的新旧差异波的区别只在中央额区,无意义的字的波幅大于非自由语素,而其他的两两比较都没有显著差异。

具体来说,从图 14 三类语言单位新旧效应的差异波地形图可以看出,词的新旧效应在额区、中央区和顶区都有,但在 500ms 之后,右额中央区以及左顶区达到最大峰,到 600—700ms 之间则没有新旧效应,700ms 之后在前额和额叶有新旧效应。非自由语素的新旧效应在 500ms 之前分布在额叶、中央区和顶区等很多脑区,700ms 之前的新旧效应只在顶区有,700ms 之后在前额出现新旧效应。无意义的字的新旧效应在 400—500ms 之间峰最大,分布脑区最为广泛,额区、中央区和顶区都有;600—700ms 无意义的字的新旧效应分布最明显的脑区在前额,右顶区也有,700ms 之后开始扩散到额区、中央区,比词和非自由语素在这一时间里分布要更广。

400—500ms　　500—600ms　　600—700ms　　700—800ms
词—差异波地形图（旧项—新项）

400—500ms　　500—600ms　　600—700ms　　700—800ms
非自由语素—差异波地形图（旧项—新项）

400—500ms　　500—600ms　　600—700ms　　700—800ms
无意义的字—差异波地形图（旧项—新项）

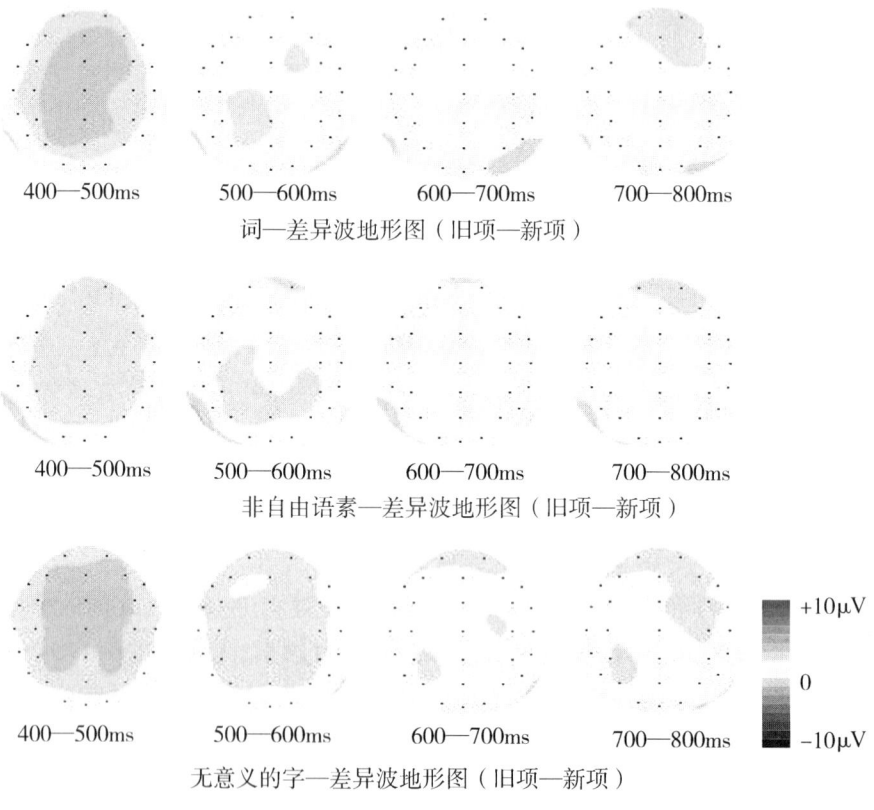

图 14　三类单音节语言单位旧项减新项的差异波地形图

六、分析与讨论

1. 外显提取加工提示无意义的字不是大脑词库中的基本语言单位

ERPs 结果观察到分布广泛的 N400 成分和 LPC 成分。结果显示,

N400 成分的时间窗里,无意义的字的波幅最小,加工难度最小,而非自由语素波幅最大,加工难度也最大;LPC 时段,无意义的字的波幅最大,加工难度还是最小,与词和非自由语素的差异都达到显著,非自由语素难度最大。再认阶段对旧项的提取反映了从记忆中进行搜索并直接提取的过程,而这种提取的要求主要基于短时记忆。而此时,短时记忆中的存储和长时记忆中的存储必然形成提取冲突,原本就在长时记忆中存储的语言单位提取会比长时记忆中没有存储的要慢,而且由于在提取时无法分清是刚刚学习过的,还是长时记忆中的,这样就导致要耗费更多的心理资源,表现为大脑加工的强度和难度增加。作为预先没有存储的语言单位,在学习阶段里作为新异刺激出现,记忆痕迹就会很明显,也比较容易记住,再认阶段里的提取也会更准确。而作为存储在长时记忆里的语言单位,"学习"的过程是首先激活大脑词库里存储的相应词条,然后再进行记忆。由于实验任务阻止了复述的可能性,所以保存在短时记忆中的信息又很难进入长时记忆的存储。所以,在再认提取的过程中,长时记忆中存储的语言单位会与短时记忆中存储的语言单位有竞争和冲突,会表现出提取的难度加大。

行为实验结果提示,三类语言单位再认的反应时没有差异,但是无意义的字的正确率最高,与非自由语素之间的差异达到显著。这表明,无意义的字被记住的最多。ERPs 数据显示,在提取过程中,N400 成分提示词和非自由语素的加工难度显著大于无意义的字,而 LPC 晚成分同样提示词和非自由语素的加工难度显著大于无意义的字。ERPs 结果与行为数据结果完全一致,都说明无意义的字的加工难度最低,最容易提取,且提取速度显著快于其他两类,而词与非自由语素之间则没有显著性差异。基于上文的讨论,在外显的记忆任务中,长时记忆中存储的基本单位更可能是词或非自由语素,而不是无意义的字。

2. 新旧效应差异提示三类语言单位不同的编码方式

实验结果二主要得到了三类单音节语言单位的新旧效应。近些年,新旧效应的潜伏期和不同头皮分布的研究显示,新旧效应表现为顶区新旧效应和 FN400 效应。顶区新旧效应被称为 P600 效应,Rugg et al. (1992) 首先观察到,400—800ms 之间在顶区达到最大差异,因其潜伏期与 LPC 成分接近,Olidchney et al. (2000) 称之为 LPC 新旧效应。后来很多研究者(Paller et al., 1992; Paller et al., 1995; Rugg et al., 1995; Wilding et al., 1996) 认为这一成分与回忆关系密切。Wilding(1996、2000)认为这一效应是对特定信息的提取,也与回忆有关。而 P600 效应对所提取信息的质量和数量很敏感,依赖对细节的编码提取信息,在这样的编码之后的信息提取更为有效。FN400 效应与 N400 成分很相似,学界一般认为它与顶区 P600 新旧效应不同,Curran(1999、2000)、Curran et al.(2002)认为,FN400 是与熟悉性关系密切的一个 ERPs 成分,反映了目标词与记忆中的信息进行整体熟悉性比较和判断的过程。Curran(1999)、Gardiner et al.(1990)、Curran et al.(1997)等人认为,词的再认更有可能是依赖详细的回忆,假词再认则是更多地依赖模糊的感觉。Rugg et al.(1998)认为,增加加工的难度对顶区新旧效应有明显的增强作用,也就是说学习任务的加深会导致随后再认的新旧效应增大。Curran et al.(2004)提出 FN400 可能暗示了大脑对长时记忆加工的能力,而 P600 效应与遗忘有关,提示 FN400 与 P600 不同的线索暗示。

我们在实验中观察到了三类单音节语言单位不同的新旧效应。每类语言单位都有 FN400 新旧效应,也有顶区 P600 新旧效应,前者的潜伏期一般为 300—600ms,分布在额区、中央区,后者潜伏期一般在 400—600ms 之间,最大峰位于中央顶区和顶区。这一结果与前人的研究(Rugg et al., 1992;Rugg et al., 1995;Curran, 1999;Curran et al., 2003)基本是一致的。需要指出一点的是,实验中我们观察到无意义的字的新旧项的 ERPs 波形,在 P2 成分上就出现了分离,主要分布在前额和左右额颞,这是之前研究中并没有观察到的新旧效应。下面我们具体分析三类语言单位的新旧效应,并依此探讨语言单位的提取问题。

三类单音节语言单位的新旧效应不同首先表现在 P2 成分(140—260ms)上。词和非自由语素的新旧项在这个成分上都没有差异,但无意义的字的新项在这个成分上比旧项诱发了更正的 ERPs 成分,说明新项在刺激出现后 140ms 的加工强度就明显要大于对旧项的加工,主要加工脑区在前额和左右额颞,没有左右脑的优势效应。根据 Assadollahi et al.(2001)和 Hauk et al.(2004)的观点,书写词刺激的词汇通达发生在刺激出现以后 150ms 左右。词和非自由语素在这个时间段上没有表现出差异,新项和旧项的词汇通达的加工难度和潜伏期都没有区别。我们知道第一次出现的新项的通达应该是直接通达大脑词库中的相应词项,而经过记忆的旧项不仅在大脑词库中有长时记忆的存储,也可能通过编码存储在短时记忆中,但词和非自由语素的新项和旧项的通达时间和加工难度都没有差异,说明它们在大脑词库中可能是以相同的方式存储,也可能都是通过映射直接通达大脑词库中存储的词项的,目前还没有证据证明二者是以通达还是映射的方式进行提取,这有待进一步研究。但是,无意义的字新旧项在这个时间段里表现出来新项与旧项通达的差异,主要是加工难度不同,新项的通达明显难于旧项。新项第一次出现,它在短时记忆中没有任何形式的保存,因此它的通达过程是直接通达大脑词库中相应的词项,如果旧项也是保存在大脑词库中,那么它们的加工难度应该是一样的,但出现了差异。究其原因应该是无意义的字的旧项在学习过程中经过短时记忆的编码,可能是以某种组块编码的形式保存在短时记忆中,或者至少在短时记忆中留存相关的信息,这样在提取无意义的字旧项时,通达过程就需要更少的激活,或者直接通达短时记忆中保存的项目就可以了。而新项在短时记忆中并没有存储,它的激活是通过通达大脑词库中的相应词条,其难度大于旧项的通达。从另外一方面来说,如果新项是直接存储在大脑词库中的话,它的通达可能就比较快,但是如果这个新项在大脑词库中以其他方式存在,那么它的通达则需要耗费更多的资源。不过这一假设还有待进一步论证。

三类语言单位的新旧差异波的区别只在中央额区,无意义的字的波幅最大,明显大于非自由语素,而其他两两比较都没有显著差异。这一结果表明,无意义的字的旧项在信息的提取时要比新项激活的神经元多,提取信息的速度也最快。前人的研究提示,额区与短时记忆功能障碍密切相关(Baddeley,1986),而词、非自由语素和无意义的字的脑区差异就在中央额区。无意义的字显示出更大的 P600 效应,尤其在 600ms 时间窗之后,在提取阶段,无意义的字的新旧效应是分布在前额的,也就是说这个时候前额是动用资源最多的脑区,这些都说明无意义的字更多依赖短时记忆的回忆功能来区分新项和旧项,而很少涉及长时记忆的提取。而且,从行为数据来看,无意义的字的新项提取的正确率比旧项显著降低,但是词和非自由语素则是新项显著高于旧项。这也说明,无意义的字旧项不是直接从大脑词库中提取信息的。词和非自由语素的情况则与无意义的字不同,如果它们的提取和存储情况和无意义的字是一致的话,这种差异就不会显示出来,因此可能是存储的方式不同导致了差异的出现。根据对无意义的字的讨论,我们得出结论,无意义的字的提取更多依赖于短时记忆,而不是直接从长时记忆中提取,也不是直接从大脑词库中提取的。词和非自由语素的旧项也要基于学习阶段的短时记忆来提取,而新项提取首先要激活长时记忆中存储的词项,然后直接做出判断,较少受到短时记忆的干扰,因此,词和非自由语素的旧项在提取时受到长时记忆的干扰,表现出正确率都显著低于新项。

Finnigan et al.(2002)的研究发现,不同记忆强度的词在随后再认阶段诱发的新旧效应不同,这种不同表现在 P600 的新旧效应上,也就是说

P600新旧效应的波幅与记忆强度有相关性,记忆强度越大,记忆痕迹越明显,则P600越正,波幅越大。我们的实验结果提示,无意义的字的P600效应最明显,根据Finnigan等人的实验结果,无意义的字的记忆痕迹也是最明显的,但是作为熟悉度和物理属性都相同的三类单音节语言单位来说,为什么无意义的字的记忆痕迹最深呢?唯一的解释就是无意义的字在正常语言的提取中是不会单独使用的,总是与别的语言单位结合在一起使用,尤其是人们从来不会去考虑单个无意义的字的意义,因为它根本就没有意义。尽管人们在对它的熟悉度的判断上没有呈现出差异,这是因为它和别的语言单位结合在一起使用时,也是人们熟悉的,但正是这种缺乏语义的特性决定了对它进行编码存储时的新异性,它的新异性远远大于词和非自由语素,因此存储到短时记忆中就有较深的记忆痕迹,在随后的再认提取中充分表现出这一特点,也就是具有明显的新旧效应。这也就解释了我们在P2成分上只有无意义的字表现出新旧效应,而其他两类没有此情况。无意义的字可能直接存储在大脑词库中,也可能以其他的方式存储在大脑词库中,因此新项只能通达大脑词库中相应的词项,旧项则是通达短时记忆中的存储,无法直接通达大脑词库中的存储的相应词条。词和非自由语素可能是直接存储在大脑词库中的,至少他们在词汇通达的时候没有表现出什么差异,但是这一想法还有待论证。

综上通过对词、非自由语素和无意义的字的新旧效应分析后,我们得出结论,无意义的字的新旧效应分布最广,波幅最大,无意义的字旧项通达的是短时记忆中的信息,新项通达大脑词库长时记忆中存储的相应词项,对无意义的字的加工更多依赖短时记忆的回忆功能来区分新项和旧项,由于无意义的字的旧项可能不是直接从大脑词库中提取信息的,因此旧项的提取可能很少涉及长时记忆的提取。另外,缺乏语义的特性决定了大脑对无意义的字在进行编码存储时具有一定的新异性,其新异性远远大于词和非自由语素,因此存储到短时记忆中就有较深的记忆痕迹,新旧效应也明显。词和非自由语素的新项正确率显著高于旧项,可能因为二者旧项提取依赖短时记忆,但同时受到长时记忆中信息的干扰,新项可能直接激活长时记忆中存储的相应词项,然后做出判断。词与非自由语素的外显提取的方式并没有发现差异,但是二者的新旧效应都较无意义的字相对要小。

七、小结

通过对外显提取的几类实验结果进行讨论,我们得出了两个主要结论:

（1）外显提取加工中，长时记忆中存储的语言单位会与短时记忆中存储的语言单位有竞争和冲突，会表现出提取的难度加大，而 N400 成分和 LPC 成分说明无意义的字加工难度最小，提示长时记忆中存储的基本单位可能不是无意义的字。

（2）新旧效应差异提示三类语言单位不同的编码方式：无意义的字的新旧效应明显，提示大脑对无意义的字的加工更多依赖短时记忆的回忆功能来区分新项和旧项，缺乏语义的特性决定了大脑对无意义的字在进行编码存储时具有一定的新异性；词与非自由语素的外显提取的方式并没有发现差异，二者的旧项提取依赖短时记忆，但同时受到长时记忆中信息的干扰，新项可能直接激活长时记忆中存储的相应词项。

第三节 综合分析与讨论

内隐和外显提取的加工过程依赖不同的神经机制，两种加工又都与大脑词库的存储状况有着密切的关系。结合两种不同的提取方式的加工过程进行分析，可以帮助我们认识汉语语言单位的提取加工机制，也可以让我们进一步窥见大脑词库的运行机制。下面我们结合两个实验的结论对大脑词库提取的基本语言单位问题进行分析和讨论。

一、无意义的字的提取机制

结合两个实验的结论来看，无论是内隐的提取，还是外显的提取，无意义的字都表现出与其他两类的不同。在内隐提取的过程中，无意义的字的加工与词和非自由语素不同，无意义的字缺乏语义的特征导致其做出拒绝的判断时耗费的心理资源最少，加工的难度最小，说明无意义的字可能不直接在大脑词库中存储，内隐的词汇提取过程可能根本就不存在。在外显提取的加工中，我们认为无意义的字旧项可能不是直接从大脑词库中提取信息的，缺乏语义的特性决定了大脑对无意义的字进行编码存储时呈现新异性，因此存储到短时记忆中就有较深的记忆痕迹，新旧效应也很明显。这一特点与词和非自由语素不同。下面我们结合两个实验的结论进一步分析无意义的字提取和存储的脑机制。

根据 Rugg 等人（1992）的实验，低频词所诱发的 P600 的新旧效应是大于高频词的，作者得出结论说这是依赖于词频不同的熟悉性得出的 ERPs 差异，因此认为 P600 的新旧效应是与熟悉性相关的。但我们在实验中发现，三类单音节语言单位都诱发了 P600 的新旧效应，根据熟悉度的行为实验,这三类单音节语言单位的熟悉度并没有差异,因此 P600 的新旧效应应该与熟悉性没有直接的关联,实验结果并不支持 Rugg 等人(1992)的"熟悉性"说法,而很可能是其他原因导致的结果。实验中我们对语料的熟悉度和物理属性都做了严格控制,但是从语言学意义上来说,它们是存在区别的,这种区别来自语言单位的性质和有无语义两个方面。词、语素和无意义的字这三类语言单位的区别在于它们分属不同层级的语言单位,从语素层级来说,无意义的字不是语素,而词和非自由语素都是语素,这使得无意义的字区别于另外两类。另外,无意义的字缺乏语义,不是音义的结合体。无意义的字的内隐提取的加工与非自由语素不同,它的新旧效应明显要大于词和非自由语素,这足以说明语义也是导致 P600 新旧效应出现的原因之一。从另一个层面来说,P600 新旧效应的证据为中文大脑词库对语言单位的区分提供了神经基础和证据支持。根据上文的分析,无意义的字更多依赖短时记忆的功能,因此在再认提取中不是直接从大脑词库中提取的,因为大脑词库关于词汇的信息是存储在长时记忆中的。实验二在旧项的再认提取过程中,长时记忆中存储的语言单位会与短时记忆中存储的语言单位有竞争和冲突,表现出提取的难度增大,而新项如果是直接从长时记忆中提取的话,则不会出现这样的情况。行为数据的结果也显示,词和非自由语素新项的正确率都远远高于无意义的字,且达到显著差异,非自由语素与无意义的字之间的差异也达到非常显著,而词与非自由语素之间则没有差异,如果无意义的字新项的提取路径与词和非自由语素是一样的话,这种差别可能就不会出现了,因此这一点足以证明词和非自由语素的新项是从大脑词库中直接提取的。

但是,无意义的字的情况则是不同的。基于上文分析,学习过的无意义的字旧项可能就是直接从短时记忆中提取的,但是没有学习过的新项在大脑词库中可能没有直接存储,因为如果有直接存储的话,它的再认提取不会和其他两类存在区别。既然不是独立存储的,那么我们推测,无意义的字的存储可能以另外方式存在,或是和其他的单位结合在一起以词的形式存储,或是根本就不存储。如果是根本不存在,那么大脑在识别的时候会和其他的语言单位表现出很大的差异,尤其是在识别波[简称 RP,指在 200—250ms 之间出现的正走向的波,可参见 Rudell(1991,1992)和 Martin-Loeches et al. (1999)]上会有很大的差异。但是根据实验一的结果,三类单音节语言单位没有表现出任何的差异,因此大脑是可以识别这一单位的,只是加工的过程和神经机制与其他两类存在不同。这样,我们就可以推测,无意义的字在大脑词库中很可能是和其他的单位结合在一起存储的,而在提取的时候,大脑可能直接从词库中将整个词提取出来,然后再根据需要经过一个分解提取的过程。这一看法支持了 Aitchison(2003)关于大脑词库的观点。

二、词和非自由语素的提取机制及其存储关系

在内隐提取的过程中,词、非自由语素的加工与无意义的字不同,而非自由语素比词的提取难度更大,输出反应时也显示非自由语素加工难度更大,这可能与其不能单独使用的语法性质有关。在外显提取过程中,词和非自由语素旧项的提取依赖短时记忆,但同时受到长时记忆中信息的干扰,新项则可能直接激活长时记忆中存储的相应词项,这两类单音节语言单位的新旧效应都较无意义的字要小,词和非自由语素的新旧效应没有统计学意义上的差异,说明大脑可能对它们加工的机制有一定的相似性。

Aitchison(2003)认为词构成了大脑词库的主要部分,但是当需要时,说话者能够通过使用附在产生新词程序的词汇工具包上的后备存储来分解词。她解释口误中零星的纯后缀错误的原因之一是因为大脑对回退程序(Fall-back Procedure)的使用。Anshen et al. (1988)也有类似的观点,他们认为说话者(至少)通过两种不同的方法来获得词项,或者是通过直接在大脑词库中寻找它们,或者根据存在的词基来建造新的条目,他们甚至可以同时进行这两个过程。Aitchison(2003)认为在这种后备程序中,这个额外的后备信息存储形式有一种存储的可能性,就是以次要(或是第二)存储形式保存或是附在严格而言的那个固定词库上。能够被分解的词和其他有相似构成的词连接在一起,这可能包含一个补充的网络,这个网络可能连接了固定大脑词库和产生新词程序的词汇工具包。但是在补充网络里的这些连接有些很坚固,有些很脆弱,有些连接可能不到出现特别需要分解的词的时候就不会出现。人脑在言语加工中能不断分析和组配这些成分,因此在说话过程中,人脑能够自动重建这些旧连接并创造新的连接,这都要使用备用信息来做到这些。当和存在单词的连接被再认的时候,在前面没有被分析的词可能移入后备存储中。例如,我们很可能发现成人不知道词 Plymouth 的意思是"在 Plym 河的河口",尽管他们能够正确分解 Dartmouth 和 Exmouth 为 Dart 和 Ex 镇的入口处。这些后备连接被不断修正。在后面一个阶段,后备存储库的信息可能被合并成一个有关怎样形成新词的固定规则(Rule)。因此,大脑词库涉及三重加工,一是搜索整词,二是后备存储中词被分解成它们的成分语素,三是用词汇工具包来创造新词[Anshen et al. (1988)的提法也与此类似]。

如果中文大脑词库也符合这一解释,那么可以这样来理解,固有的大脑词库中存储的基本语言单位是词,但是有一个可以产生新词也可以分解词的后备程序,这个程序附着在或是连接到大脑词库上,而且其中包含了很多后备信息可以经常被大脑词库使用。在对不同的语言单位进行提取时,存储在大脑词库中的语言单位就可以直接提取,而需要使用后备程序的语言单位就需要经过一个分解或者是重新整合的过程。在实验一的结果中,从行为数据来看,非自由语素的正确率最低,ERPs 的 LPC 成分也反映非自由语素的加工难度最大。这一点非自由语素不仅和无意义的字有差异,和词也有差异,也就是说非自由语素在单独提取时难度最大,而非自由语素和词虽然从语言学的定义上来说是都是属于语素的层次,但是二者的差别在于非自由语素在语言运用中不可以单独使用。ERPs 的证据说明非自由语素和词的加工机制是存在差异的,这也从另外一方面提供了大脑对语言单位下位类的区分。但是同时也证明了 Aitchison(2003)对大脑词库后备程序存在的假设,正因为非自由语素不是直接从中文大脑词库中直接提取的,而是作为备用信息存储的,因此在提取时可能是经过了一个重新加工的过程,这个过程可能是个分解的过程,然后再达到提取和输出的目的,这样在输出的过程中就体现出加工的难度增加。如果这种论证合理的话,那么词的提取和输出就没有这么复杂,加工的强度也变小,可能就是直接从大脑词库中提取,也证明了它在大脑词库中存储的状态。

第四节 本章结论

经过对实验一和实验二结论的综合分析,我们进一步得出单音节语言单位提取的结论:

(1)实验结果支持 N400 是语义加工的敏感指标,N400 的潜伏期稍早和实验任务有关系,LPC 成分的波幅和加工难度负相关。

(2)无意义的字的顶区 P600 新旧效应不同于词和非自由语素,这也反映了语义是调节顶区 P600 新旧效应的因素之一。

(3)三类单音节语言单位词、非自由语素和无意义的字内隐提取的加工机制是不同的,无意义的字缺乏语义的特征导致其做出拒绝的判断时耗费的心理资源最少,加工的难度最小,内隐的词汇提取过程可能根本就不存在,而非自由语素和词可能存在内隐的词汇提取过程,非自由语素加工难度比词更大,这可能和其不能单独使用的语法性质有关。

(4)无意义的字的外显提取加工机制不同于词,也不同于非自由语素;无意义的字旧项可能不是直接从大脑词库中提取信息的,它更多依赖短时记忆中的记忆痕迹;词和非自由语素旧项的提取依赖短时记忆,但同时受到长时记忆中存储信息的干扰,二者的外显提取具有相似性。

(5)单音节词(词)的内隐提取比单音节非自由语素的内隐提取要容易,这为Aitchison(2003)所提出的后备程序提供了证据支持。

(6)非自由语素和词内隐提取所存在的ERPs差异为单音节语言单位下位类的划分提供了神经电生理的证据支持,也就是说,词和语素的划分以及语素的下位分类都具有心理现实性。

(7)单音节词(词)可能直接从中文大脑词库中提取,非自由语素在提取时可能先提取由它和其他单位组合而成的语言单位,然后再经过一个分解加工的过程,而无意义的字可能就没有内隐的词汇提取过程,外显的提取更多依赖短时记忆中的记忆痕迹,而不是直接从大脑词库中提取,因此,相对于字和语素来说,词更应该是大脑词库中的基本语言单位。

(8)我们对汉语大脑词库语言单位的存储状态提供了推测:单音节词(词)在大脑词库中存储状态可能是独立的;非自由语素可能以后备信息的概念形式存储在和大脑词库有密切关联的后备程序中;无意义的字在大脑词库中没有单独的存储,很有可能是和其他的单位结合在一起存储的。

第五章 汉语双音节语言单位提取的
神经加工机制研究

语言的能产性和经济性必然要求语言能够被切分成不同的语言单位,以便对语言进行全面细致的分析和描写,因此无论是传统的语言学理论,还是现代的语言学理论,都想方设法确立语言分析中的语言单位,并以基本语言单位为基础来建立语法的分析模型。① 同时,随着认知神经科学和语言学等多种学科的交融,人们在对大脑词库的研究中也发现,人脑中存储的词的数量超过了 150000 个,而人在运用语言时却只需要 200 毫秒左右或者更少的时间就能够在大脑词库中找到合适的词。(Aitchison, 2003)事实上,不管是语言分析的需要,还是人脑对语言实际加工的需要,庞大的大脑词库的运作都不可能是混乱无序的,而应该是井井有条的,因此,人们在运用语言时必然会以某一级语言单位为基本单位,按照一定的模式进行加工。

汉语研究的情况也不例外。我们一般将汉语的语言单位划分为语素、词、短语(词组)和句子,究竟以哪一级语言单位为汉语研究的基本出发点,更能适应汉语研究的需要,对于这一问题,语言理论的研究一直都存在争议。研究拟从语言生物基础的视角来研究这一问题,为语言理论的研究提供建立在现代科技手段基础上的神经电生理学方面的证据。第四章运用事件相关电位技术,考察了汉语单音节语言单位(字、语素和词)内隐提取和外显提取时的加工差异。我们的实验预期是,由于大脑词库中的基本语言单位应该是直接存储在词库中的,在提取时只需要直接从词库中提取出来,不需要更多的额外加工,比如拆分和组合等,因此它的行为数据和 ERPs 成分等指标都应该体现出其加工比较容易。实验结果显示,汉语中非自由语素的判断准确率明显低于词和无意义的字,无意义的字诱发的 N400 成分的波幅明显小于词和非自由语素,非自由语素诱发的 LPC 成分

---

① 传统西方语法理论以词为基础建立了 WP(Word and Paradigm)模式,结构主义语言学为了达到对语法的全面描写,打破了传统语法理论的 WP 模式,对于音义结合的单位一直分析到语素为止,但他们仍在一定程度上肯定了 WP 模式,承认语素、词、短语等单位是语法分析中不可或缺的重要语言单位。

的波幅显著小于词和无意义的字,词诱发的 LPC 波幅也明显小于无意义的字。该结果说明,无意义的字、非自由语素和词具有不同的加工机制,由于缺乏意义,在语义判断任务中,无意义的字很容易被拒绝,因此无意义的字在实验中加工的难度最小,非自由语素的加工难度明显大于词。实验结果支持在单音节语言单位中,词的加工难度明显小于非自由语素,因此词更应该是大脑词库中的基本语言单位,词在大脑中的存储状态比较稳定,非自由语素可能以不稳定的后备信息的概念存储或附着在大脑词库中。(张珊珊等,2006)

但是,上述研究局限于单音节的词、非自由语素和字的研究。众所周知,现代汉语有明显的双音化倾向,双音节语音段落的性质比较复杂,尽管音节的数量相同,但有的是词,有的是短语,[1]就是在词的内部,其构成成分也不完全相同,有的词是由单语素构成的,有的词是由双语素构成的。单语素和多语素的双音节语言单位在提取加工上是否存在差异?多语素语言单位(词和短语)在加工过程中,是分解为语素进行加工还是以整体为单位进行加工的?这些问题从 20 世纪 70 年代提出以来一直都存在争议。学界对印欧语等语言的研究目前有多种观点,有的研究认为多语素的语言单位在加工过程中可能是以词为单位,(Rubin 等,1979;Collins 等,1975)有的研究认为可能是以语素为单位,(Taft 等,1975;Taft 等,1995)还有的研究认为可能是以两类单位混合的形式进行复杂加工。(Caramazza 等,1988;Gurel,1999)汉语和印欧语的情况有所不同,汉语的这些不同性质的语言单位其音节数一般情况下都是由两个汉字组成,它们是否会因为音节数量相同而呈现出类似的加工?汉语多语素的语言单位的加工过程是分解加工还是整体加工?[2] 这些亟待解决的问题就需要我们将这些音节数量相同但性质不同的语言单位放在同一个实验中来进行研究。因此,本章利用 ERPs 技术,主要就双音节词(单纯词和合成词)和双音节短语[3]

---

[1] 汉语中,双音节语言单位除了词和短语,还有一类介于词和短语之间的单位,在结构上具有可合可离的特点,但在意义上具有单一性,如"鞠躬""洗澡",有人称之为"离合词"。本实验没考虑这类单位,在选择语料时将其排除在外。我们将在另外的实验中单独考察这一类语言单位。

[2] 学界对于汉语双字词也有一些研究(彭聃龄等,1994),但由于在材料的选择上没能够严格分清一些概念,如字和词、词和短语等,实验结果也因此在一定程度上受到了影响。

[3] 对于词和短语的概念的界定,本文采用一般教书书的看法,如根据黄伯荣等(1991)的观点,词是比语素高一级的语言单位,是最小的能够独立运用的语言单位。词分成单纯词和合成词,单纯词是指由一个语素构成的词,合成词是指由两个或两个以上的语素构成的词。短语是词和词的语法组合,表示一定的意义,也是造句成分,可以单说或单用,但它不是最小的能够独立运用的单位。

从内隐和外显两个方面展开研究,同时结合单音节语言单位的实验结果,讨论词和短语两类语言单位加工机制的特点,探究人脑中运转的基本语言单位究竟应该是哪一层级的单位。

第一节 实验三:汉语双音节语言单位的内隐提取[①]

一、被试和实验语料

选取 16 名(8 男,8 女)在校理工科大学生志愿者参加实验。被试年龄在 20—24 岁,平均年龄为 21.42 岁,均为右利手。视力和矫正视力均在 1.0 以上。实验后付少量报酬。

依据《现代汉语词典》(第 5 版,中国社会科学院语言研究所词典编辑室编,北京:商务印书馆,2005 年)选择出单纯词、合成词和短语这三种类型的双音节语言单位,单纯词如琵琶、犹豫等,合成词如富饶、资料等,短语如很迟、锯树等[②]。每种类型分别选择 100 个,对这 300 个材料进行 35 人的熟悉度调查,熟悉度层次分为熟悉和不熟悉。其中有 8 份问卷为无效问卷被排除。最后再选择 27 人均认为熟悉的三类材料各 50 个作为最终的实验材料。三类实验材料(单纯词、合成词和短语)的平均笔画分别为 20.40±4.41 画、19.92±3.89 画和 18.90±4.72 画,单因素(因素为语言单位的类型)方差分析显示,三类材料的平均笔画数没有语言单位类型(3 水平:单纯词、合成词和短语)的因素效应,$F(2,147)=1.548, p>0.05$,语言单位类型之间两两比较也达不到统计上的显著性差异水平(单纯词与合成词、单纯词与短语以及合成词与短语之间比较的 p 值均大于 0.05)。因此,三类语言材料之间既没有熟悉度上的差异,也没有笔画数上的差异。实验材料中排除了同音词和同形词。另外选择 150 个表示动物名称的双音节词作为填充词。

二、实验设计和程序

实验在隔音电磁屏蔽室进行。要求被试保持头部不动注视屏幕中央,

[①] 本节内容发表于《中国语言学报》(2008 年第 13 期,1—18 页,商务印书馆出版),收入本书时略有改动。

[②] 考虑到要尽量排除干扰因素,在语料的选择上,我们尽量兼顾了每类语言单位的下位类,单纯词中包括联绵词、叠音词和音译的外来词,合成词中包括复合式、附加式和重叠式三种不同构词方式的合成词,短语中包括并列式、偏正式、动宾式、主谓式等几种不同结构类型的短语。

视角约为 1.5°×2.1°。刺激材料为 72 号宋体。实验中,刺激材料分为三个刺激序列,每个序列包括 100 个刺激,三类材料等概率随机呈现,填充词和目标词的数量也为等概率,每个刺激呈现时间为 100ms,刺激间隔为 1800ms。三个序列之间有短暂休息。实验任务是要求被试判断呈现屏幕上的每一个刺激材料是否为动物的名称,并以左右手做出"是"或"不是"的按键反应,要求被试尽量快和准确地按键。在正式实验之前,要求被试完成相同任务的练习,熟悉按键和任务要求。反应手和刺激序列的呈现顺序在被试中进行交叉平衡。

三、脑电记录与获得

实验中,被试佩戴 Quick-cap32 导 Ag/AgCl 电极帽,采用美国 Neuroscan Synamps2 记录脑电。电极位置采用 10-20 国际电极系统。参考电极置于双侧乳突连线,接地点在 Fpz 和 Fz 的中点,同时记录水平眼电和垂直眼电。滤波带通为 0.05—100Hz,采样频率为 1000Hz,电极与头皮接触电阻小于 5KΩ。

四、数据处理和分析

使用 Scan4.3 软件对采集的脑电数据进行离线分析处理,排除眼动和肌肉活动对 EEG 数据的影响,数据进行无相移数字滤波,滤波的带宽为 0—20Hz,滤波衰减强度为 24dB/oct,分析时程为 1200ms,其中刺激前基线 200ms,自动矫正眨眼等伪迹,波幅大于±100μV 者被视为伪迹自动剔除。离线分析剔除 2 人无效数据后,对 14 名被试(7 男,7 女)的脑电数据进行叠加处理。分类叠加这 14 名被试的脑电数据后得到单纯词、合成词、短语这三类双音节语言单位的 ERPs 曲线。

对记录到的行为数据用 SPSS10.0 统计软件包进行单因素方差分析,对三类语言单位的反应时和准确率的均数差别进行显著性检验。填充词不在统计之列。

观察 ERPs 总平均图的波形特征,主要诱发了 P2、N400 和 LPC 几个 ERPs 成分,对这些成分分别进行平均波幅、峰值和峰潜伏期的测量和分析,P2 成分平均振幅的测量分析时段为 110—240ms,在 260—400ms 时间段里对 N400 成分进行了峰值和峰潜伏期测量,测量了 LPC 成分 450—650ms 时间段的平均振幅。对测量到的数据用 SPSS10.0 统计软件包进行两因素(语言单位的类型和电极点)重复测量方差分析。统计结果进行 Greenhouse-Geisser 校正。

五、实验结果

1. 行为数据结果

实验的行为数据包括被试的反应时和正确率。在实验中,每个被试的 P(A)值均大于 0.70,因此被试的反应是可靠的。对 14 名被试的反应时和正确率(为排除极端数据的影响,剔除了超过 3 倍标准差的数据)进行单因素方差分析,三类双音节语言单位的反应时和正确率结果详见表 3。

表 3　三类双音节语言单位的反应时和正确率

类型	反应时(ms) 均值	标准差	正确率(%) 均值	标准差
单纯词	563.84	85.57	92.71	4.05
合成词	538.06	76.42	96.86	3.90
短语	512.66	83.02	96.43	3.86

单因素(类型)方差统计的结果显示,单纯词、合成词和短语的反应时没有类型的因素效应,$F(2,39)=1.371, p>0.05$,就反应时的类型之间两两比较,单纯词与合成词、单纯词与短语以及合成词与短语之间均没有显著性差异(p 值均大于 0.05);单纯词、合成词和短语的正确率有语言单位类型的因素效应,$F(2,39)=6.236, p<0.05$,将语言单位类型的正确率两两进行比较后发现,单纯词与合成词之间有显著性差异($p<0.01$),单纯词与短语之间有显著性差异($p<0.05$),合成词与短语之间没有显著性差异($p>0.05$)。

2. ERPs 数据结果

对单纯词、合成词和短语这三种语言单位 ERPs 曲线的 P2、N400 和 LPC 几种成分测量统计结果显示,语言单位类型之间的波形差异主要分布在 P2 成分和 N400 成分。对 P2 成分进行语言单位类型(3 水平:单纯词、合成词和短语)×电极(12 水平:FP1、FP2、FZ、F3、F4、FCZ、FC3、FC4、FT7、FT8、T7、T8)的两因素重复测量方差统计,结果有语言单位类型的主效应,$F(2,26)=5.462, p<0.05, \varepsilon=0.810$,没有语言单位类型×电极的交互作用,$F(22,286)=0.875, p>0.05, \varepsilon=0.245$。比较语言单位的类型,单纯词与合成词之间没有显著性差异,$p>0.05$,短语与单纯词、短语与合成词之间的差异都达到了显著水平,p 值均小于 0.05。从 ERPs 的总平均图来看,单纯词的 P2 波幅最大,合成词次之,短语最小(见图 15)。从图 16 的地形图也可以看出,短语与词(单纯词和合成词)的 P2 成分差异主要分布在前额和额区等脑区。

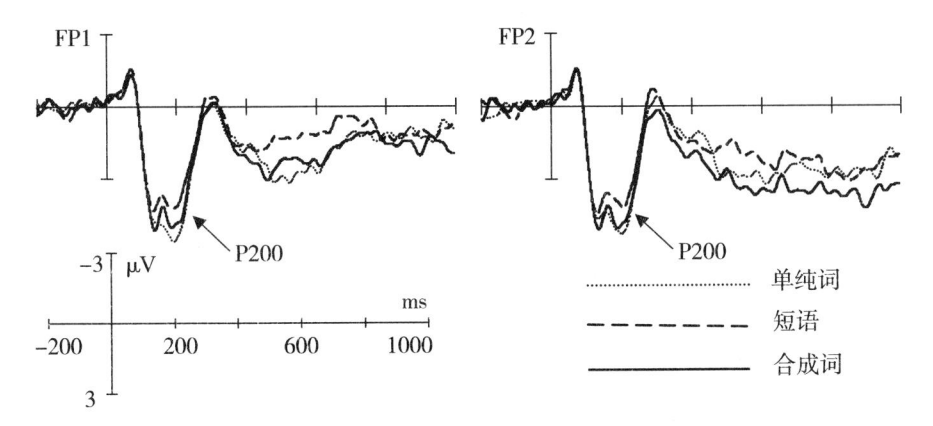

图 15　三类双音节语言单位的 ERPs(FP1、FP2)

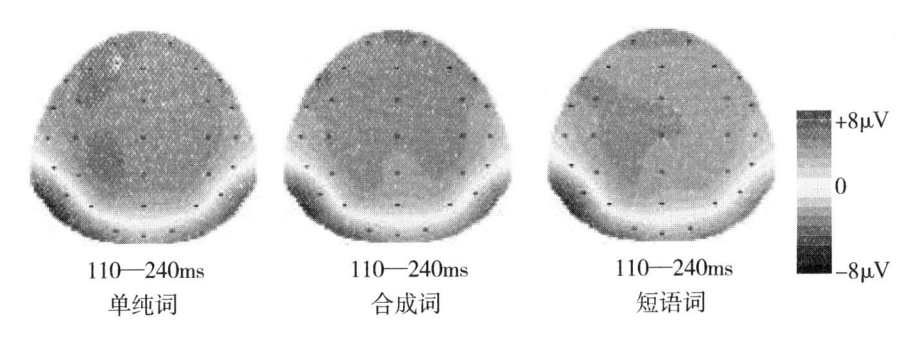

图 16　三类双音节语言单位 110—240ms 时段平均波幅的地形图

对 N400 成分的峰潜伏期的测量结果进行语言单位类型(3 水平:单纯词、合成词和短语)×电极(11 水平:FZ、F3、F4、FCZ、FC3、FC4、T7、T8、CZ、C3、C4)两因素重复测量方差统计后,我们发现,没有语言单位类型主效应,$F(2,26)=0.294, p>0.05, \varepsilon=0.713$,也没有语言单位类型×电极的交互作用,$F(20,260)=1.603, p>0.05, \varepsilon=0.236$。语言单位的类型之间进行两两比较,单纯词与合成词、单纯词与短语以及合成词与短语之间都没有显著性差异(p 值均大于 0.05)。

对 N400 成分的峰值测量结果进行语言单位类型(3 水平:单纯词、合成词和短语)×电极(6 水平:FZ、F3、F4、FCZ、FC3、FC4)两因素重复测量方差统计,结果显示,有语言单位类型主效应,$F(2,26)=4.726, p<0.05, \varepsilon=$

0.822,没有类型×电极的交互作用,$F(10,130)=1.449, p>0.05, \varepsilon=0.380$。语言单位类型之间两两比较,单纯词与合成词之间没有统计学意义上的显著性差异($p>0.05$),单纯词与短语之间有显著性差异($p<0.05$),合成词与短语的差异显著($p<0.05$)。从 ERPs 波形来看,N400 成分波幅最大的是短语,其次是单纯词与合成词,见图17。从地形图(图18)可以看出,短语与词(单纯词和合成词)的 N400 差异主要分布在额区和额中央区。

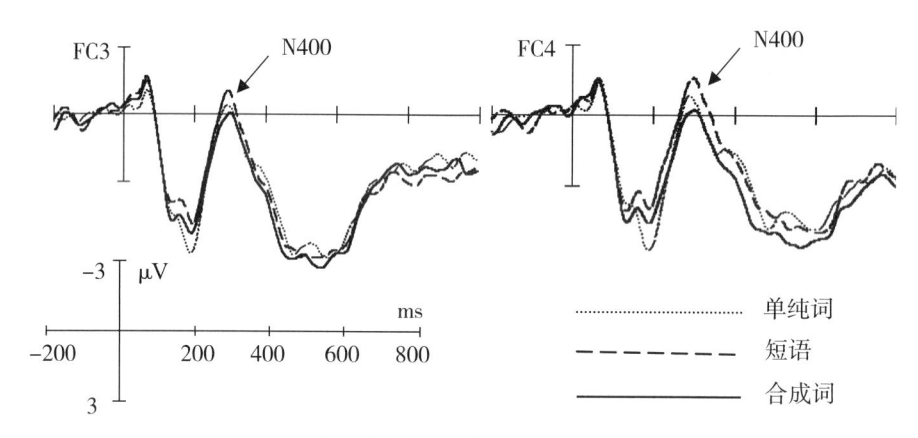

图17 三类双音节语言单位的 ERPs(FC3、FC4)

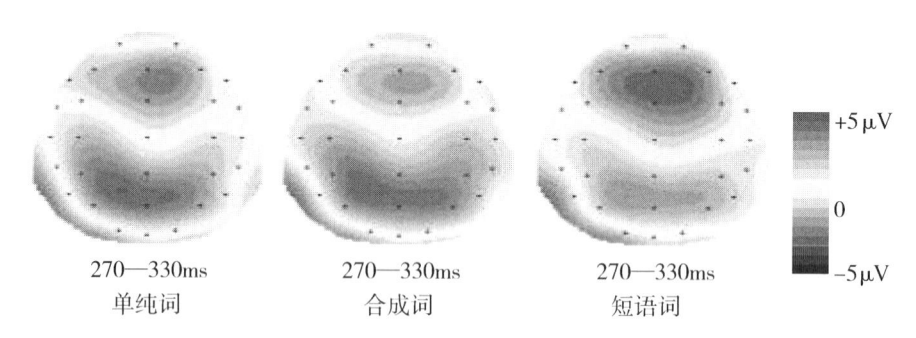

图18 三类双音节语言单位 270—320ms 时段平均波幅的地形图

LPC 成分的语言单位类型(3 水平:单纯词、合成词和短语)×电极(11 水平:FZ、F3、F4、T7、T8、CZ、C3、C4、PZ、P3、P4)两因素重复测量方差统计的结果表明,没有语言单位类型的主效应,$F(2,260)=1.784, p>0.05, \varepsilon=0.835$,没有语言单位类型×电极的交互作用,$F(20,260)=2.046, p>0.05, \varepsilon=0.302$。语言单位类型之间两两比较发现,单纯词与合成词、单纯词与短语以及合成词与短语之间都没有显著差异(p 值均大于0.05)。

六、分析和讨论

1. 行为数据结果分析

从行为数据的统计结果来看,单纯词、合成词和短语的反应时之间没有显著性差异,但比较三类双音节语言单位的正确率后发现,单纯词的正确率明显低于合成词和短语。这一结果是与实验任务相关的。Bentinb et al.(1990)认为词意义的加工就是对词感知机制的默认行为,词在表征其不同方面时,它被刺激的程度依赖于完成任务所需要的信息量。这就是为什么词和假词在语义判断任务中会有明显差异,但在韵律任务中却没有差异的原因。我们的实验任务同样也是语义判断,被试完成任务的准确性要完全依赖于任务需要的信息量。在实验中,短语和合成词由两个语素组成,每个组成成分都具有意义的信息,而单纯词是由单语素构成的,且构成单纯词的两个音节在分开时只具有形和音的特征,并不具有意义的特征。因此,单纯词所提供的意义的信息总量就没有合成词和短语的多,被试在完成同样的实验任务时,从短语和合成词那里获得的语义信息量要比单纯词多,他们在对短语和合成词做出否定的判断时就要比单纯词更为准确。但是,由于三类语言单位的反应时没有显著性差异,我们还必须结合ERPs数据做进一步分析。

2. 脑电数据结果分析

(1) P2 成分与语言加工的关系

对于P2成分的性质及其在语言加工中所起的作用,学界有着不同的观点。Rudell(1990、1991、1992)的研究发现,被试能识别的单词或图像会诱发更大的潜伏期在200—250ms之间的ERPs正成分,因此将其命名为识别波,他认为该成分可以帮助我们研究大脑对语言现象识别的心理加工,它对语言加工很敏感,RP的最大位置在枕叶区域,其神经发生源位于舌回和梭状回的中间部分。但RP究竟是与正字法相关还是与语义分析有关呢?Martin-Loeches et al.(1999、2002)发现不同的材料(字母残片刺激串、符合正字法的假词以及真词)所诱发的识别波有差异,真词的识别波波幅最大,因此他认为这个成分不仅与刺激的类型有关,与语义也有关联。RP成分在PO7电极的位置达到最大值,而且RP成分对词汇加工的所有方面都非常敏感,所有类型的刺激的脑区分布也很接近,都在舌回附近。在对汉语的研究中,吕勇等(2005)通过启动实验研究了汉语的双字词,结果观察到了P240成分,这个成分在语义强相关时波幅最大,而在语义无关时波幅最小,脑区分布不同于RP,有右侧优势效应,因而认为P240是个与汉语语义加工有关的 ERPs 成分。

我们在实验中观察到的 P2 成分,潜伏期在 200ms 左右时峰值达到最大,分布在前额、额叶、颞叶等前部脑区,没有发现半球的优势效应。从潜伏期来看,我们观察到的 P2 成分类似于 RP、P190 以及 P240 等成分,但它们分布的脑区不完全相同,这提示我们,这些成分可能并不是完全相同的成分。但从另外一个方面来看,无论是 RP、P190 还是 P240,这些成分都在刺激更容易识别或是语义加工更容易时,波幅更大,也就是说 P2 成分的波幅很可能是与其加工的难度成反比的。在这个成分中,单纯词和合成词的加工没有体现出差异(它们的 P2 成分平均幅值分别为 4.014μV 和 3.899μV),这说明词这一级语言单位在这一阶段的加工是类似的,并没有受到构成语素多少的影响。而短语 P2 成分的波幅(其平均幅值为 2.869μV)明显小于词(单纯词和合成词),体现出短语的加工比词难,它与词的加工过程是分离的。

行为学(Marslen-Wilson,1987;Rayner,1998;Sereno et al.,2003)和神经电生理学[①]的多项研究证明,词汇语义信息的提取发生在能够再认的书写词和口语词出现以后的 200ms 以内。根据这一观点,书写词的词汇提取应该是发生在刺激出现后的 200ms[②] 以内,在这个时段之前,词就可以提取了。如果这一研究适用于汉语的话,那么词的提取是在 200ms 之前,也就是我们观察到的 P2 成分很可能反映的就是词提取的过程。这样就可以解释为什么在这个过程中,单纯词和合成词没有差异,而二者却都和短语的加工不同。词和短语两类语言单位都要在 P2 成分的时间段里实现提取,而在这个过程中,短语是由两个词构成的,它的提取势必要比单个词耗费更多的资源,它们的加工强度和提取过程都是不同的,因此,词和短语在这个成分的加工上就出现了分离。

因此,我们认为,P2 成分很可能是和词的提取密切相关的一个成分,这一成分也将词和短语这两级语言单位区分开,证明了二者加工的神经基础是不同的。

---

① 词的早期词汇语义的提取的神经生理学证据来自对 N100、N200 和 MMN 等潜伏期较早的 ERPs 成分的研究。(Hinojosa et al,2001;Pulvermüller et al.,1995、2001;Shtyrov et al.,2004;Hauk et al.,2004;Hauk et al.,2006)

② Hauk et al.(2004)认为,最早的词频效应能够提供词汇提取的潜伏期的上限,而他们通过研究表明,在 150—190ms 的时间段,高频词诱发的 ERPs 波幅要比低频词小,因此书写词的词汇提取就应该发生在这一时段。另外,Sereno et al.(1998)报告了词汇提取可能是在刺激出现后大约在 132ms,Assadollahi et al.(2001a)的研究也发现相似的效应发生在刺激出现后 120—160ms。

(2) N400 成分与大脑对语言信息整合加工的关系

本实验中,短语的 N400 成分的波幅最大(单纯词、合成词与短语 N400 成分的平均峰值分别为 $-2.328\mu V$、$-2.413\mu V$、$-3.883\mu V$),其峰值与单纯词、合成词都有显著差异,这些差异主要分布在额区和中央区。很多研究(Kutas et al.,1980;Kutas et al.,1984)都认为,N400 成分是在语义解释中出现的一个稳定的特异性 ERPs 成分,是对语义加工很敏感的成分,其波幅与语义加工的难度正相关。所以,实验中 N400 成分反映出语义加工难度最大的是短语,明显大于词(单纯词和合成词)。这一结果不仅与我们对 P2 成分的分析是一致的,而且也完全吻合语言学理论对二者的区分。短语与词的差别就在于词是最小的能够独立运用的音义结合体,短语则是词和词的组合,大于词,因此短语的语义加工的难度显然要比词大。

不过,尽管学界普遍承认 N400 成分的波幅与语义加工的难度正相关,但是关于 N400 成分与脑内语言信息加工的具体关系,目前学术界还存在一些争议①。下面我们从语言单位提取的时间进程的角度进一步分析 N400 成分与语言信息加工之间的关系。

通过对 P2 成分的分析可知,P2 成分反映出词和短语在提取过程中的分离。根据统计结果,三类语言单位在 LPC 成分上没有显著性差异,结合行为数据来看,三类单位的反应时都在 510—570ms 之间,与 LPC 成分的潜伏期基本重合,所以 LPC 成分体现出被试进行判断并做出反应的过程。由于实验任务的要求,被试必须对这三类语言单位都做出否定的判断,显然它们在 LPC 成分上的加工是类似的,体现为三类语言单位的 LPC 成分的平均波幅没有显著性差异。这一点同时也说明三类语言单位的提取加工是在 LPC 成分之前就已经完成了。如果说 N400 反映了词汇水平的某些加工特点,那么在从大脑词库中搜索出词之后,作为词与词组合的短语,必然还要对两个词进行进一步的整合加工,这样短语在晚成分上就应该体现出与词(单纯词和合成词)的加工之间存在差异,而实验结果表明,词和短语的 LPC 成分并没有差异。因此,我们的实验结果并不支持 N400 成分反映词汇水平的加工特点,相反,在一定程度上说明 N400 成分可能反映了后词汇的再加工,是对两个词信息的整合加工。作为词,单纯词和合成词

---

① 学界对于 N400 和脑内语言信息加工的争议主要有两种观点。一种观点认为,N400 可能反映词汇水平的某些加工特点。(Betin et al.,1985 等)另外一种观点则认为 N400 反映后词汇加工的整合过程的困难程度,如 Polich et al.(1988)、Rugg(1990)、Assadollahi et al.(2001b)。

的语义等信息是赋予整个词的,在提取过程中,并不需要对组成词的语素进行单独加工,然后再进行整合,所以单纯词和合成词在加工难度上就没有什么差异。但短语则不同,它的语义是由其组成成分的语义组合而成的,需要进一步的整合加工,体现在短语的 N400 成分波幅的增大。因此,N400 成分可能反映的是后词汇的信息整合加工。

(3)双音节语言单位的内隐提取加工提示词可能是人脑中的基本语言单位

本实验考察了双音节的单纯词、合成词和短语的加工情况,其中包括语素(自由语素)、词和短语共三级语言单位,其中哪一级语言单位更有可能是大脑中的基本语言单位,下面根据实验的行为数据和 ERPs 结果,并结合语言理论进行讨论分析。

首先,来看语素是否可能是人脑中的基本语言单位。单音节语言单位的实验结果并不支持语素是人脑中的基本语言单位(张珊珊等,2006)。再看本文的双音节语言单位的实验结果,实验中单纯词与合成词的神经加工机制很类似,无论是波幅,还是潜伏期,它们 ERPs 的任何一个成分(包括 P2、N400 和 LPC 成分)都没有显著性差异。单纯词是由单语素构成的,而合成词是由双语素构成的,这说明在加工过程中,词的构成成分——单个语素和两个语素加工的强度并没有什么不同,也就是说,语素数量的多少对词提取加工过程没有造成直接影响;但是,另外一方面,合成词和短语都是两个语素构成的,它们的加工机制却有很大不同。如果语素是大脑中的基本语言单位,那么这二者在加工过程中,都需要先从大脑词库中将语素提取出来,然后再进行整合加工,它们的加工强度应该是比较接近的,但事实上,短语与合成词在 P2 和 N400 成分上都有显著性差异,相同数量的语素构成的语言单位,它们的加工却是截然不同的。这样的结果说明,语素数量的多少并不必然对语言单位的提取加工过程有直接影响,语素的提取并非是语言单位提取过程中的必经阶段,显然,语言单位的提取并不都是以语素为基本单位的,语素似乎不应该是人脑中的基本语言单位。

再来看短语。从 P2 和 N400 成分可以看出,短语的加工难度要明显大于单纯词和合成词,如果短语是大脑中的基本语言单位,那么短语应该可以直接提取出来,它的加工也应该比较容易的,但实验结果却是相反的情况,因此这足以说明短语不可能是人脑中的基本语言单位。

那么,词会是人脑中的基本语言单位吗?对于单纯词和合成词,我们得到的实验结果是,二者的加工机制非常相似。众所周知,单纯词和合成词的语言单位的性质是相同的,都是词,它们 ERPs 成分(P2、N400 和 LPC

成分)的波幅和潜伏期都没有显著性差异,这说明相同性质的语言单位的加工机制是相似的,也就是说,根据构成词的语素多寡给词所作的下位分类——单纯词和合成词在提取加工的过程中并没有什么差异;而另外一方面,它们与短语的加工相比却有明显的分离,这种差异不仅体现在 P2 成分,还体现在 N400 成分,短语的加工难度明显大于词,其原因就在于短语是由两个词组成的,而单纯词和合成词却只是单个的词,单个词和两个词的加工具有不同的机制,词数量的多少直接影响了它们加工过程中的难度。

以上分析说明,词是人脑中的基本语言单位,单纯词和合成词都能直接从大脑词库中提取出来,但短语却需要更复杂的加工,它要首先从词库中提取出其组成成分——词,之后再对这些词进行整合加工。因此在实验中,词(单纯词和合成词)提取的完成明显早于短语,可能在 P2 成分就已经完成,它们在 N400 成分的时间段里并不需要太多的加工,而短语整个的加工则是在 N400 成分之后才充分完成的。所以说,词的加工比短语容易证明词很可能就是人脑中的基本语言单位。我们再结合单音节语言单位的研究来看(张珊珊等,2006),在单音节语言单位中,词的加工也比非自由语素要容易,也支持词可能是大脑中的基本语言单位。两个实验的结果都支持词是人脑中的基本语言单位这一结论。我们可以这样设想,在运用语言时,人们可能首先提取出词库中最基本的语言单位——词,然后再根据一定的规则,通过分解或是整合的方式进行再加工,以满足各种语言运用的需要,同时也满足语言经济性和能产性的要求。

(4)语素在语言单位加工过程中的作用以及多语素语言单位的提取方式

语素在词(尤其是多语素词)的加工和识别中是否有作用,这是学术界一直在讨论的话题。有人认为,在词通达过程中,语素是必经的阶段(Taft et al. ,1975 等),有人认为语素在词的加工过程中并不起作用,词是直接存储的(Butterworth,1983;Dell et al. ,1992 等),还有人认为在词加工过程中,语素有时起作用,有时也并不需要它(Caramazza et al. ,1985 等)。我们在实验中发现,汉语的单纯词和合成词,即单语素词和双语素词在加工上并没有出现分离,如果说词必须通过语素才可以识别,即语素是词加工过程中必经阶段的话,那么语素数量少的词的加工显然和语素数量多的词的加工是不同的,可实验的结果却不能支持这一假设。这就证明词的加工并不完全依赖其构成语素,语素在词的加工中并不一定起作用。假设这一推论成立,那我们又要面对新的问题,那就是,汉语的多语素语言单位是以怎样的方式来提取加工的呢？是依赖词库的存储还是依赖规则的运算？

印欧语的研究非常关注形态复杂的词在加工过程中是分解加工的，还是以整词的形式加工的。为了寻求语言的普遍性，还从跨语言的角度展开了对这一问题的研究(Correa et al.,2004;Waksler,1999)，但至今没有定论。如果多语素词是分解加工的，那显然加工过程中要更多依赖于运算，而如果不需要分解，则是直接从词库中提取这些多语素词，那么更多的则是依赖大脑中的存储来实现词的提取。通过研究规则和不规则的形态变化，研究者(Pinker,1991;Ullman,2001)发现，依赖存储和依赖运算的加工的神经机制是完全不同的，规则变化是根据规则进行的运算，而不规则的变化是直接存储在大脑词库中的，二者的产生机制完全不同。Ullman et al.(2005)甚至发现从记忆中提取存储的单词主要和左颞和颞顶等脑区有关，而规则形态的运算主要是和左额有关。

在我们的实验中，实验任务是语义判断，对语言单位的提取过程是内隐的，实验结果显示，同为多语素的语言单位合成词和短语在提取时的加工机制是不同的。由于由一个语素构成的单纯词和由两个语素构成的合成词的提取机制是类似的，我们推测这二者可能都是直接从词库中提取的，不需要经过语素的整合和运算的加工过程，因此它们在中文大脑词库中有可能是直接存储的。双语素构成的短语则不同，在提取过程中，它的加工难度超过了同为双语素构成的合成词。从图16和图18的地形图也可以看出，短语的加工脑区与合成词相比存在很大不同，短语在N400成分时间段里，额中央区和中央区的加工强度和广度明显大于合成词。通过之前的分析，我们知道词和短语的加工存在分离，这在一定程度上反映出词和短语不同的加工机制。根据Ullman et al.(2005)的研究结果，左额是与规则形态的运算相关的。我们从本实验结果中也观察到，短语在这一脑区的加工强度明显要大于合成词，可见左额在短语的加工过程中比合成词耗费了更多资源，短语的加工可能更多地依赖于运算。短语在提取过程中可能是先从词库中提取词，再经过整合和运算，而不是直接提取的，这同时也能间接说明短语可能不是以整体的形式存储在大脑词库中。因此，中文大脑词库中的多语素词可能是直接存储的，在提取时依赖的是存储，而多语素短语的提取情况则不同，既依赖存储，也可能需要运算。不过这一结果还需要进一步的实验来验证。

七、小结

经过分析和讨论,我们得到了下面一些结论:

(1)实验中观察到的 P2 成分可能并不是 RP,而很可能是和汉语词的提取密切相关的一个成分。

(2)N400 成分不仅是语义加工敏感的指标,还可能反映的是后词汇的语言信息整合加工的难度,而不仅仅是词汇水平的某些加工特点。

(3)实验结果支持人脑中的基本语言单位很有可能就是词,而不是语素或其他的语言单位。

(4)语素的提取并不是词或其他语言单位提取加工过程中的必经阶段,汉语大脑词库中的多语素词可能是直接存储的,而多语素短语则不同,它在提取时可能是既要依赖存储,也需要运算。

第二节　实验四:基于再认的汉语双音节语言单位的外显提取

实验四采用学习—再认实验范式,考察三类双音节语言单位外显提取加工机制。

一、被试和实验语料

选取 17 名(9 男,8 女)在校理工科大学生志愿者参加实验。参加实验的被试年龄在 21—24 岁,平均年龄为 22.06 岁,均为右利手,没有脑外伤和神经系统疾病史。视力和矫正视力均在 1.0 以上。实验后付少量报酬。

实验材料分为三种类型的双音节语言单位,分别为单纯词、合成词、短语。每种类型选择 200 个以上进行 30 人的熟悉度问卷调查,剔除 3 份无效问卷,对 27 份问卷进行统计。剔除熟悉度低于 90%的语料,最后每类语料选择出 166 个,共 498 个。然后,将选择出的每类语料分成学习阶段和再认阶段,学习阶段每种类型分别选择 83 个,共 249 个,再认阶段选择在学习阶段没有见过的语料,每种类型 83 个,共 249 个。整个实验共有三个学习组和三个再认组,每个学习组 83 个刺激语料,等概率选择三种类型随机排列,再认组每组 166 个刺激语料,包括为学习组学过的 83 个,另外 83 个为没有见过的新刺激材料,等概率选择三种类型随机排列。将学习和再认阶段的三类双音节语言单位共 498 个刺激进行类型的单因素方差分析统计,学习阶段三类语料单纯词、合成词和短语选择熟悉和较熟悉的平均人数分别为 26.83±0.38 人、26.86±0.35 人、26.88±0.33 人,再认阶段三类语料选择熟悉和较熟悉的平均人数分别为 26.86±0.35 人、26.89±0.31 人、26.84±0.37 人。单因素方差统计结果显示,六类语料没有因素效应,$F(5,130)=0.758$,$p>0.05$,六类语料互相之间两两比较也没有差异(p 值均大于 0.05)。构成这些语料的两个汉字的笔画总和均在 10 至 34 画之间。对三类双音节语言单位学习阶段的语料笔画进行统计,学习阶段单纯词、合成词和短语的平均笔画分别为 19.89±3.80 画、19.45±4.55 画、18.89±3.56 画,再认阶段单纯词、合成词和短语的平均笔画分别为 20.00±5.67 画、19.41±3.78 画、18.82±4.17 画,统计结果显示两两比较均没有显著性差异,p 值均大于 0.05。

二、实验设计和程序

实验在隔音电磁屏蔽室进行。要求被试保持头部不动注视屏幕中央,屏幕距离被试眼睛 70cm 左右。刺激材料为 72 号宋体,呈现在计算机屏幕中央,屏幕的底色为黑色,字体颜色为白色。实验采用学习—再认实验范式。学习阶段,要求被试认真记住呈现在屏幕上的每个双音节的语言单位,无须按键。每个刺激呈现时间为 100ms,刺激间隔(SOA)为 1500ms。再认阶段,要求被试以左右手分别按两个反应键,尽量快并准确地判断所呈现的刺激是否在学习阶段见过。每个刺激呈现时间为 100ms,刺激间隔(SOA)为 1500ms。在学习阶段之后,再认阶段之前,为了阻止被试对刚学过的刺激进行复习,要求被试完成 2 分钟心算分心作业。按键左右手和刺激序列的呈现顺序在被试中进行交叉平衡。

三、脑电记录与获得

采用美国 Neuroscan 公司生产 ESI-256 脑电记录系统和 32 导 Ag/AgCl 电极帽记录脑电。电极位置采用 10-20 国际电极系统。参考电极置于双侧乳突连线,接地点在 Fpz 和 Fz 的中点,同时记录水平眼电和垂直眼电。滤波带通为 0.05—100Hz,采样频率为 1000Hz,电极与头皮接触电阻小于 5KΩ。

四、数据处理和分析

离线处理数据,排除眼动和肌肉活动对 EEG 数据的影响,分析时程为 1200ms,其中刺激前基线 200ms,自动矫正眨眼等伪迹,波幅大于 ±100μV 者被视为伪迹被自动剔除。离线处理后得到 14 个人有效脑电数据,分类叠加后得到再认阶段判断正确的三种双音节语言单位的学习和未学习的六个ERPs曲线。

对被试的行为数据用SPSS11.0统计软件包进行单因素方差分析,对三类双音节语言单位的反应时和正确率进行显著性检验,其中包括再认阶段正确再认的反应时和正确率,还包括每种类型学习和未学习的反应时和正确率的比较。

结合总平均图,用SPSS11.0统计软件包对ERPs主要成分的平均波幅进行重复测量的方差分析。实验中ERPs波形比较分析主要得出三个结果,一是对再认阶段正确判断为"见过"的三类双音节语言单位旧项目的比较,二是三类双音节语言单位自身新项和旧项的波形比较,三是三类双音节语言单位新旧效应差异波的比较。

再认阶段正确判断"见过"的单纯词、合成词、短语三类双音节语言单位旧项目诱发的ERPs曲线的基本特征比较相似,主要诱发N1、P2、N400以及LPC几个成分,结合总平均图以及地形图,发现早期阶段的N1、P2成分类型之间基本没有差异,因而确定主要分析成分为晚期成分,N400成分的分析时段为280—380ms,采用平均波幅测量法。LPC的分析时段为480—660ms,方法为平均波幅的测量法。

三类双音节语言单位自身新项和旧项的波形比较主要根据各自的波形特征来确定分析方法和时段,单纯词、合成词和短语的新项和旧项诱发的ERPs曲线特征基本一致,包括N1、P2、N400以及LPC几种成分,对N1和P2成分采用平均波幅测量法来分析这两个成分,N1成分的分析时段为100—150ms,P2成分的分析时段为180—240ms。N400成分和LPC成分主要分析时段包括320—620ms、620—820ms,测量方法均采用平均波幅测量法。

三类双音节语言单位新旧效应差异波是将三类双音节语言单位旧项目诱发的ERPs减去各自新项目诱发的ERPs得到的,从总平均图来看,三类双音节语言单位的差异波的分析时间窗为380—600ms时段,测量方法为平均波幅测量法。

我们对所测量到的平均波幅用SPSS11.0统计软件包进行两因素重复测量方差分析,并对统计结果进行Greenhouse-Geiss校正。

五、实验结果

1.行为数据结果

学习阶段的任务为学习,没有按键任务,因此行为数据为再认阶段的结果,17名被试的P(A)值均大于0.70,剔除掉极端数据(大于1800ms和小于100ms的数据)后对行为数据的正确反应时和正确率进行单因素方差分析统计。

表4 再认阶段三类双音节语言单位旧项目数据统计表

类型	反应时(ms)(N=17)		正确率(%)(N=17)	
	均值	标准差	均值	标准差
单纯词	602.15	93.31	57.43	21.35
合成词	643.70	113.42	43.01	17.46
短语	623.33	85.14	47.79	19.32

统计结果显示,再认阶段三类语言单位单纯词、合成词和短语正确的旧项目的反应时没有因素效应,$F(2,32)=0.690,p>0.05$。三类双音节语言单位旧项目的正确率没有因素效应,$F(2,32)=1.122,p>0.05$。

表5 再认阶段三类双音节语言单位新旧项目行为数据统计表

类型		反应时(ms)		正确率(%)	
		均值	标准差	均值	标准差
单纯词	新项目	663.09	112.91	73.89	16.90
	旧项目	602.15	93.31	57.43	21.35
合成词	新项目	652.13	110.88	75.66	16.02
	旧项目	643.70	113.42	43.01	17.46
短语	新项目	655.58	129.85	74.30	20.37
	旧项目	623.33	85.14	47.79	19.32

之后,对再认阶段三类双音节语言单位的新旧项的反应时与正确率进行了统计。统计结果显示,单纯词的新旧项没有因素效应,$F(1,16)=2.597,p>0.05$,反应时没有明显缩短,正确率有因素效应,$F(1,16)=5.484,p<0.05$;合成词新旧项的反应时没有因素效应,$F(1,16)=0.042,p>0.05$,正确率有因素效应,$F(1,16)=28.487,p<0.01$;短语的新旧项反应时没有因素效应,$F(1,16)=0.647,p>0.05$,正确率有显著因素效应,$F(1,16)=13.370,p<0.01$。

总体来说,三类双音节语言单位的旧项反应时都比新项有缩短,但是差异没有达到统计学显著意义,而三类新项的正确率都显著高于旧项,具有统计学显著意义。

2. ERPs 数据结果

(1) 三类双音节语言单位再认旧项目 ERPs 的比较

再认阶段对三类双音节语言单位的旧项的提取在早期成分就开始有明显的差异,因此着重分析早期成分 N1、P2、N400 和 LPC 成分。

N1 成分的类型记录点为 O1、O2、OZ、P7、P8,测量平均幅值,统计结果没有类型的主效应,$F(2,26)=1.054, p>0.05$,没有类型×电极的交互作用,$F(8,104)=0.818, p>0.05$。P2 成分平均幅值测量,记录点为 FP1、FP2、FZ、F7、F8、FT7、FT8,统计结果没有类型的主效应,$F(2,26)=0.992$,$p>0.05$,没有类型×电极的交互作用,$F(8,104)=0.640, p>0.05$。N400 成分的平均幅值统计结果显示,没有类型和电极的主效应以及交互效应(p 值均大于 0.05)。

LPC 成分的平均波幅统计结果显示,额区(FZ、F3、F4)结果表明有类型主效应,$F(2,26)=3.895, p<0.05$,没有类型×电极的交互作用,$F(4,52)=1.803, p>0.05$,类型之间两两比较,合成词与短语有显著差异($p<0.05$)。对中央区和中央顶区(CZ、C3、C4、CPZ、CP3、CP4)的统计显示有类型的主效应,$F(2,26)=3.539, p<0.05$,没有类型×电极的交互作用,$F(10,130)=0.992, p>0.05$,类型之间两两比较,合成词与短语有显著差异($p<0.05$)。(见图 19)

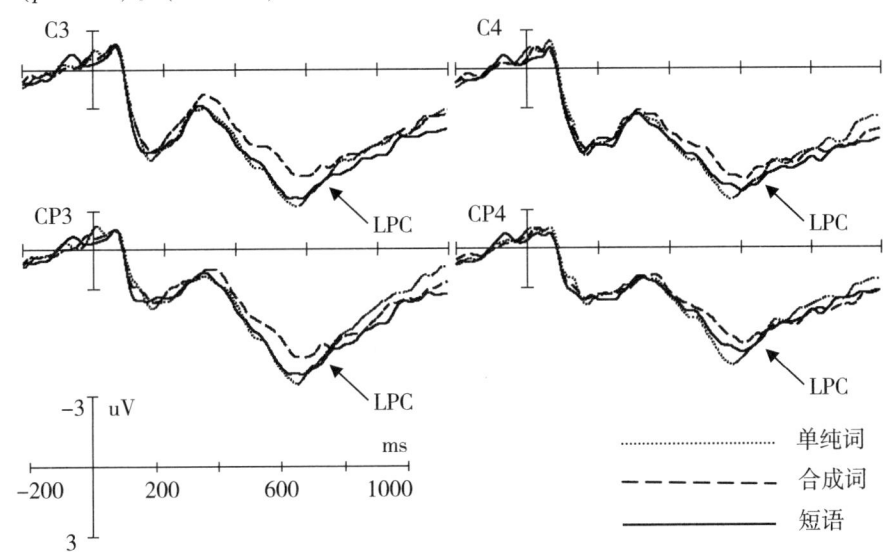

图 19 三类双音节语言单位再认阶段的 ERPs

在对旧项提取中,三类双音节语言单位的差异主要体现在晚成分。根据上文的分析和讨论,再认阶段对旧项的提取反映了从记忆中进行搜索并直接提取的过程,这种提取是要求在短时记忆基础上的提取。而这个时候,对短时记忆中的存储和长时记忆中的存储必然在提取时形成竞争和冲突,如果这样的话,原本在长时记忆中存储的语言单位的提取会比在长时记忆中没有存储的语言单位提取要慢,这种行为表现为大脑的加工强度增加。作为预先没有存储的语言单位,在学习阶段时对于大脑词库来说是作为新异刺激出现的,因而记忆痕迹就会很明显,也比较容易记住,再认阶段的提取也会更准确。在单纯词、合成词和短语的再认提取过程中,差异在晚成分中表现出来,总体来说短语的波幅明显大于合成词,说明短语在外显提取中难度小,而合成词的提取难度则更大,短语短时记忆好于合成词,在额区和中央区表现出这种差别。外显的提取结果提示短语可能不是以完整的短语形式存储在大脑词库中的,所以短时记忆的记忆痕迹要强于合成词,合成词则有可能是以整体的形式存储的。从结果一分析得出的初步结论还需要下面实验结果的进一步论证。

(2)三类双音节语言单位新旧效应的比较

①单纯词的新旧效应

再认阶段单纯词新项和旧项诱发的 ERPs 曲线特征基本一致,主要包括 N1、P2、N400 以及 LPC 几种成分。根据单纯词的新项和旧项诱发的 ERPs,选择分离最为明显的电极进行统计。N1 的记录点为 O1、O2、OZ,统计结果显示,没有类型主效应,$F(1,13)=0.104$,$p>0.05$,没有类型×电极的交互作用,$F(2,26)=1.777$,$p>0.05$。P2 的记录点为 F8、FT8,统计结果显示,没有类型主效应,$F(1,13)=0.230$,$p>0.05$,没有类型×电极的交互作用,$F(1,13)=2.854$,$p>0.05$。

从刺激出现后 320ms 左右新旧项的差异开始比较明显,并一直延续到 800ms 之后,旧项诱发了比新项更正的 ERPs。对 320—620ms 和 620—820ms 的分析时段的统计结果表明,在 320—620ms 的时段,额区、中央区新旧差异记录点为 FZ、F3、F4、CZ、C3、C4 的方差分析结果显示,在这个时段有类型的主效应,$F(1,13)=5.254$,$p<0.05$,没有类型×电极的交互作用,$F(5,65)=0.660$,$p>0.05$。记录点为 PZ、P3、P4(顶区)的方差分析结果显示有明显的类型主效应,$F(1,13)=15.690$,$p<0.01$,没有类型×电极的交互作用,$F(2,26)=0.222$,$p>0.05$。(见图20)

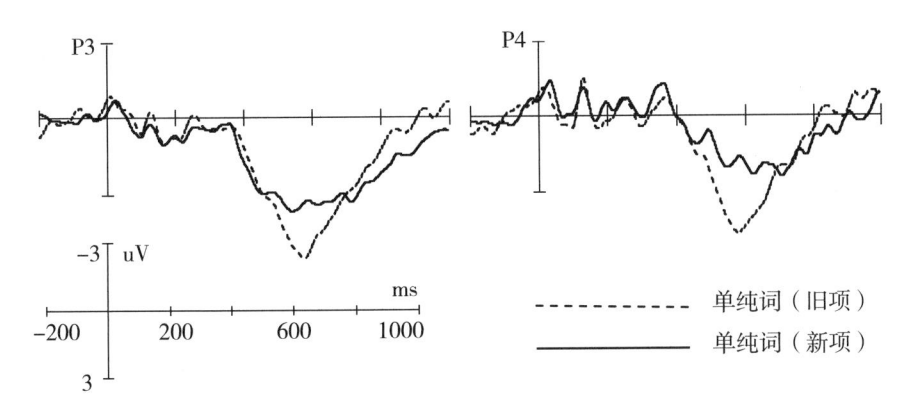

图 20　单纯词的新旧效应(P3、P4)

620—820ms 时间段的统计结果显示,额区、中央区新旧差异记录点为 FZ、F3、F4、CZ、C3、C4 的方差分析结果显示,既没有类型主效应,$F(1,13)=0.089,p>0.05$,也没有类型×电极的交互作用,$F(5,65)=0.267,p>0.05$,顶区记录点为 PZ、P3、P4 的方差分析统计结果显示,没有类型主效应,$F(1,13)=0.439,p>0.05$,没有类型×电极的交互作用,$F(2,26)=0.721,p>0.05$。

②合成词的新旧效应

合成词新项和旧项诱发 N1、P2、N400 以及 LPC 几种成分。

根据合成词的新项和旧项诱发的 ERPs,选择分离明显的电极进行统计。N1 的记录点为 O1、O2、OZ,统计结果显示,没有类型主效应,$F(1,13)=0.737,p>0.05$,没有类型×电极的交互作用,$F(2,26)=0.714,p>0.05$。P2 的记录点为 F8、FT8,统计结果显示,没有类型主效应,$F(1,13)=0.146,p>0.05$,没有类型×电极的交互作用,$F(1,13)=0.410,p>0.05$。

合成词的新旧项差异从刺激出现后 320ms 开始很明显,延续到 820ms 之后,根据合成词新旧项的波形特征,对 320—620ms 和 620—820ms 两个时段的平均波幅进行两因素重复测量方差分析统计。320—620ms 时间段的统计表明,中央顶区也有类型主效应,$F(1,13)=4.648,p=0.05$,没有类型×电极的交互作用[$F(2,26)=0.424,p>0.05$]。但是,新旧效应最为明显的是顶区(见图21),有明显的类型主效应,$F(1,13)=6.974,p<0.05$,没有类型×电极的交互作用[$F(2,26)=1.198,p>0.05$]。

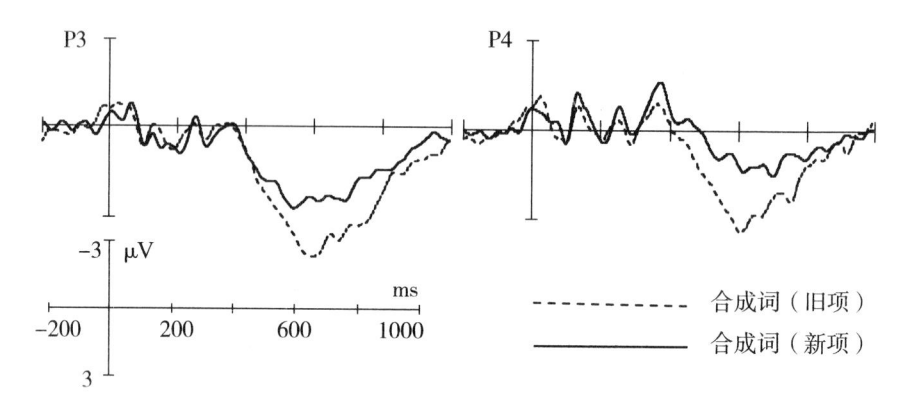

图 21　合成词的新旧效应(P3、P4)

620—820ms 的新旧差异在右顶区发现,左侧脑区没有发现有新旧效应,统计表明,CP4、P4 两个记录点有明显的类型主效应,$F(1,13)=5.924$,$p<0.05$,没有类型×电极的交互作用,$F(1,13)=0.038$,$p>0.05$。其他电极和脑区均未发现有新旧差异。

③短语的新旧效应

根据短语的新项和旧项诱发的 ERPs,选择分离明显的电极作统计。N1 的记录点为 O1、O2、OZ,统计结果显示,没有类型主效应,$F(1,13)=0.654$,$p>0.05$,没有类型×电极的交互作用,$F(2,26)=0.100$,$p>0.05$。P2 的记录点为 F3、F4、F7、F8、FT7、FT8、T7、T8,统计结果显示,没有类型主效应,$F(1,13)=1.027$,$p>0.05$,没有类型×电极的交互作用,$F(7,91)=0.596$,$p>0.05$。

短语新旧项 ERPs 的差异在 320—620ms 时段分布很广泛,包括额区、中央区以及顶区等(见下图 22 和图 23),统计记录点包括 FZ、F3、F4、CZ、C3、C4、FCZ、FC3、FC4,结果表明有明显的类型主效应,$F(1,13)=13.496$,$p<0.01$,没有类型×电极的交互作用,$F(8,104)=1.118$,$p>0.05$。顶区(P3、P4、PZ)的方差分析结果是有明显的类型主效应,$F(1,13)=20.874$,$p<0.01$,没有类型×电极的交互作用,$F(2,26)=1.631$,$p>0.05$。

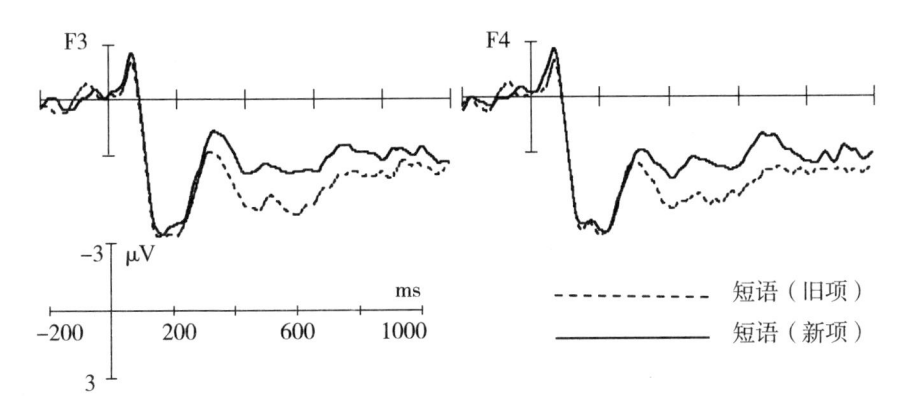

图 22　短语的新旧效应(F3、F4)

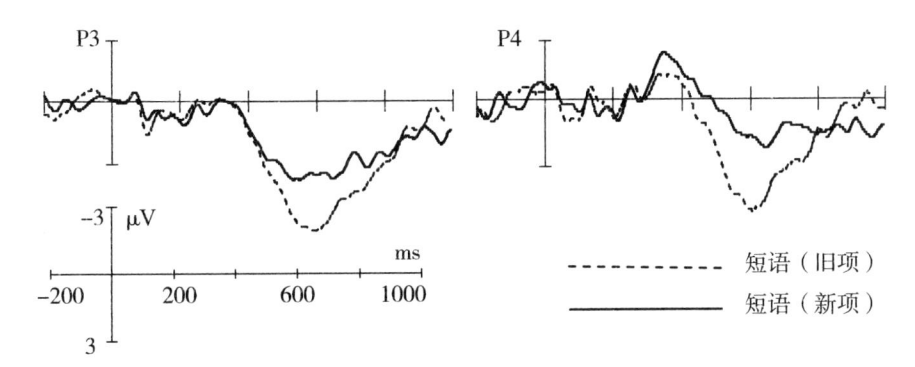

图 23　短语的新旧效应(P3、P4)

而在 620—820ms 时间段,中央区有明显的类型主效应,$F(1,13)=6.070,p<0.05$,没有类型×电极的交互作用,$F(2,26)=0.028,p>0.05$。而在顶区也有类型主效应,$F(1,13)=4.776,p<0.05$,也没有类型×电极的交互作用,$F(2,26)=0.532,p>0.05$。(参见图 24)

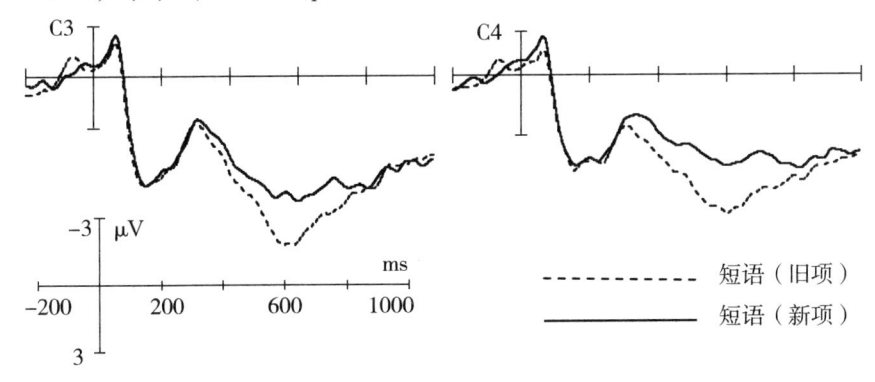

图 24　短语的新旧效应(C3、C4)

(3) 三类双音节语言单位旧项减新项的差异波

实验中将三类双音节语言单位旧项目诱发的 ERPs 减去新项目诱发的 ERPs 就得到了三类双音节语言单位的新旧差异波,如图 25、26 所示。从总平均图来看,三类双音节语言单位的差异波主要成分就是 300—650ms 左右一段较长的正波(文中称 Pd600),单纯词和短语的这一成分更为明显,而且脑区分布也要广泛些,中央线周围更为明显,尤其是中央区和顶区的波幅更大些。

对这三类双音节语言单位的差异波进行 380—600ms 时间段的平均振幅测量,对差异明显的记录点 FZ、F3、F4、CZ、C3、C4、FCZ、CPZ、PZ 进行方差分析,结果显示有类型的主效应,$F(2,26) = 3.976, p<0.05$,没有类型×电极的交互作用,$F(16,208) = 0.547, p>0.05$。随后的两两比较发现,合成词和短语之间有显著差异。(参看图 25)

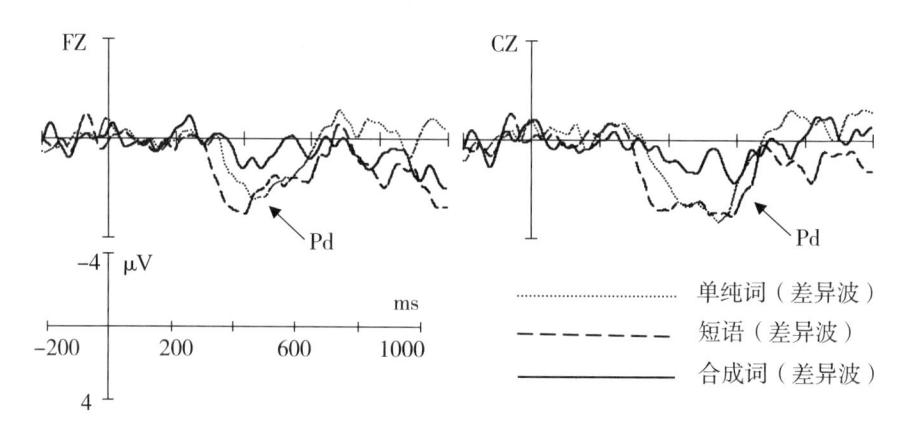

图 25　三类双音节语言单位旧项减新项的差异波(FZ、CZ)

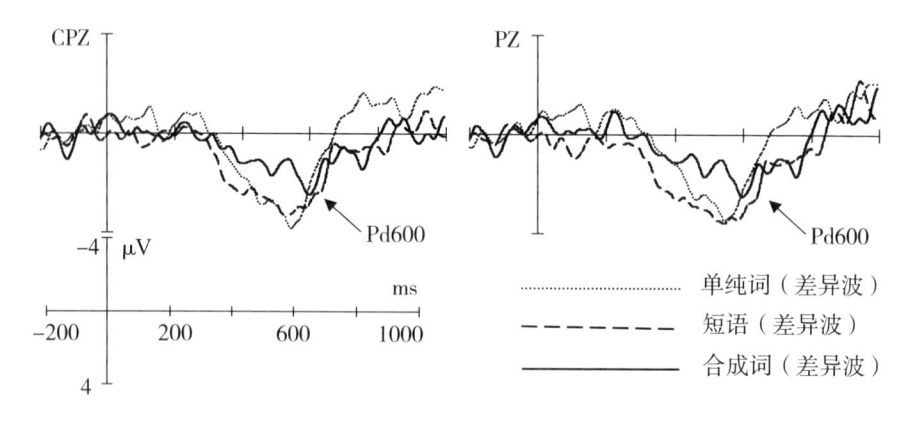

图 26　三类双音节语言单位旧项减新项的差异波(CPZ、PZ)

从三类双音节语言单位 ERPs 旧项目减去新项目的差异波地形图(见图27)可以看出,三类语言单位新旧效应的总体分布和效应大小,单纯词和短语的新旧效应较大。三类语言单位新旧效应分布脑区也不一致,单纯词的新旧效应主要分布在额中央区、中央区、中央顶区和顶区,其中顶区最为显著,合成词的新旧效应主要在中央顶区和顶区,短语的新旧效应主要分布在额中央区、中央区、中央顶区和顶区。

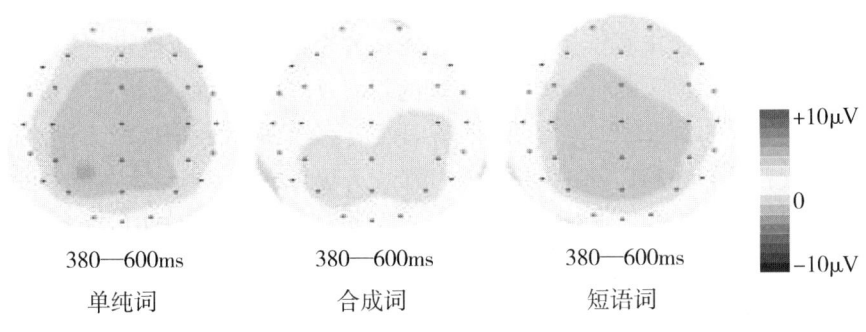

图27 三类双音节语言单位 380—600ms 时段旧项减新项的差异波地形图

六、分析和讨论

根据上文的分析我们知道,新旧效应包括 FN400 效应和 P600 效应。FN400 效应被观察到是在前部脑区诱发的在 300—500ms 之间的新旧效应(Curran,1999/2000;Curran et al.,2002;Friedman et al.,2000),研究认为它是和熟悉性关系密切的一个 ERPs 成分,反映了目标词和记忆中的信息进行是否熟悉的比较并判断的过程,P600 效应和特异信息的提取有关,P600 效应因为在顶区达到最大差异又称为顶区新旧效应。Paller et al.(1992)、Paller(1995)、Rugg et al.(1995)以及 Wilding et al.(1996)等文献通过不同条件下的实验研究,分析认为这一成分与回忆关系密切,发生在后部脑区的 P600 新旧效应时间要更晚些,在 400—800ms 之间。

总体来说,三类双音节语言单位在 N1 和 P2 成分上都没有新旧项的 ERPs 差异,也就是说没有早期成分的新旧效应。从 ERPs 波形和差异波地形图来看,新旧效应主要发生在晚成分,但三类不同的语言单位的新旧效应也不完全相同,单纯词、合成词和短语都有新旧效应,但效应大小和脑区分布不完全一致。具体来说,单纯词的新旧差异主要是在 320—620ms 时段,所以,单纯词的新旧效应既有顶区效应,也有 FN400 效应;合成词的新旧效应在 320—620ms 时段,主要分布在中央顶区和顶区,620—820ms

时段只在右中央顶和右顶区有新旧差异；短语新旧项 ERPs 的差异在 320—620ms 和 620—800ms 两个时间段里都有，320—620ms 时段既有额区、中央额区、中央区的 FN400，也有顶区效应，620—800ms 差异则主要分布在后部脑区、中央区和顶区，为顶区新旧效应。比较来看，短语新旧效应不仅延续的时间长，而且脑区分布更广泛，单纯词、合成词和短语三类语言单位的新旧效应，在 620ms 之前既有 FN400 效应，也有顶区效应，但是在 620ms 之后只有顶区新旧效应。

我们在实验中观察到单纯词、合成词和短语的新旧效应也可以分为 FN400 效应和顶区效应两类。单纯词的新旧效应在前后脑区均有分布，因此既有 FN400 新旧效应，又有顶区新旧效应；合成词的新旧效应无论潜伏期早晚都分布在脑后部中央顶区和顶区，为顶区新旧效应；短语在 320—620ms 之间的新旧效应在前后脑区均有分布，既有 FN400 新旧效应，又有顶区新旧效应，但在 620—820ms 时间段的新旧效应只分布在顶区和中央顶区，只有顶区新旧效应。Curran et al. (2003) 的研究发现，在再认学习项和与学习项相似的项时，如果被试可以正确判断，将诱发这两项之间 P600 成分上的差异，但是没有 FN400 差异。但是无论被试是否能够正确判断与学习项类似的项，正确判断类似项与错误判断类似项在 FN400 和 P600 成分上都有差异，错误判断的新项和错误判断的类似项在 P600 成分上有差异，但是却没有 FN400 上的差异。于是我们推断，学习项和与学习项相似的项之所以没有 FN400 的差异，就是因为被试在判断这两项刺激时根据熟悉性来判断，被试运用了相似的加工机制才使得 FN400 成分没有体现出差异，所以 FN400 应该是与熟悉性关系密切的一个 ERPs 成分。另外，错误判断的新项和错误判断的类似项只在 P600 上有差异，而没有 FN400 的差异，说明没有根据正确的回忆来判断，因此顶区 P600 新旧效应与回忆关系密切。Wilding et al. (1996) 研究发现，能正确回忆带有特异信息的旧项诱发的顶区新旧效应要显著大于那些没有特异信息的旧项，因此他们认为顶区新旧效应与提取所学项目的特异性信息的能力有很大关系。随后，Rugg et al. (1998) 研究发现，增加加工的难度对顶区新旧效应有明显的增强作用，也就是说学习任务的加深会导致随后再认的新旧效应增大。

在我们的实验中，合成词没有 FN400 效应。根据 Curran et al. (2003) 的观点，在判断是否为曾经见过时，将学习项与记忆中所有信息根据熟悉性进行了比较，实验结果提示我们，学习过的旧项和新项之间在 FN400 上没有差异，这说明新旧项之间具有类似的熟悉性。如同 Curran et al.

(2003)的研究,被试对学习项与类似项的判断是相似的,大脑是根据熟悉性来正确判断所呈现的刺激是否为见过。但是为什么合成词的新旧项具有相似的特点呢? 可能主要有两个原因:一是因为合成词是由两个语素构成的,而这些语素都具有较强的构词能力,其中的任一语素都可以与另外的语素再结合,构成新的词或者是组合成短语使用。语素的这种组合能力使合成词在再认的判断中,即使是刚出现的新词对于大脑来说都是不陌生的,与曾经学习过的旧项之间没有表现出熟悉性上的差别。二是大脑词库存储的基本语言单位的原因。根据我们对单音节语言单位存储和提取的研究,中文大脑词库存储的基本语言单位可能是词,也可能是语素。如果存储的基本语言单位是语素,而合成词的构成成分——语素都有较强的构词能力,因而当我们学习一个合成词时,对学习的项目需要从词库中提取语素进行编码整合加工,而在再认阶段,无论是提取旧项,还是新项,都要先从大脑词库中将语素先提取出来,再进行整合和输出,这样学习阶段和再认阶段都有语素的加工过程,无疑大脑在加工具有较强构词能力的语素时容易混淆,对新项和旧项的构成语素都依据熟悉性来判断,这时就会有类似的FN400成分。如果大脑词库中存储的基本语言单位是词,那么在当我们学习完一个合成词后,会将学习的项目保存在短时记忆中,到再认提取时,大脑试图从短时记忆中将学习过的旧项提取出来,但是同时这些词也可能都是存储在大脑词库中的,也就是说是存储在长时记忆中的,而新项也是存储在长时记忆中的,短时记忆必然与长时记忆形成竞争和冲突,这样的话,学习过的旧项和新项也较容易混淆,体现在熟悉性上则是没有明显的差别。所以,合成词没有FN400效应。

但另外两类语言单位单纯词和短语在FN400成分上则表现出明显的差异,新项诱发出比旧项更负的成分,显示新项的加工难度远远大于旧项。因此对于刚出现的新项,大脑要判断是否见过,首先要对呈现的刺激进行形音义的加工,然后再根据熟悉性来做出判断,单纯词和短语的旧项显示出比新项更强的熟悉性,因此FN400成分的差别很大。但单纯词旧项的熟悉性又是如何与新项不产生混淆和模糊痕迹的呢? 我们分析认为,原因在于单纯词是由单个语素构成的[①],语素是最小的音义结合体,人们在使用时也无法将其拆开使用,因此单纯词在大脑词库中的状态比较稳定。构成单纯词的汉字很少有机会单独使用,通常与别的成分结合在一起使用,所

---

① 我们实验中选取的单纯词是双音节的,该双音节语素是由两个汉字组合而成,单个汉字都不表意。

以,学习过的旧项会产生明显的记忆痕迹,而旧项与旧项之间不容易产生相似性,同样不容易与新项之间产生混淆,这就体现在再认提取中有明显的新旧 FN400 效应。

短语新旧效应的 FN400 成分差异是怎样形成的呢？实验中短语是由两个词组合而成,根据前文的分析结论,如果大脑词库中存储的是词,那么短语在运用时必须从词库中先提取作为其组成成分的词,然后再按照规则组合成短语才可以运用。根据规则组合的短语在词库中并不是以完整的短语形式存储的,因此在学习阶段编码加工时,首先根据规则将其组成部分整合后进行编码,然后将编码的组块信息存储在短时记忆中。心理学实验研究证明,编码组块信息是短时记忆存储的最好方式,到再认提取时再从短时记忆中提取出来,只要组成短语的词不重复出现就不会引起混淆,本实验中的短语语料避免了同一个词出现两次或多次,因此学习过的短语直接从短时记忆中提取,但短语的新项提取和旧项提取显示有加工差异,作为新项,在再认阶段的提取要先从大脑词库中将构成短语的词先提取出来,再进行整合和输出,这样刚出现的短语即使缺乏熟悉感,也不容易与学习过的旧项相混淆。所以,学习过的短语与新出现的短语在提取加工机制方面是完全不同的,因此短语新旧项会呈现出比较大的 FN400 成分差异,也出现了顶区新旧效应,这一点将在下面分析论证。

再来看顶区新旧效应。实验结果显示,合成词和短语都有顶区的新旧效应。Hintzman et al.(1994)发现,熟悉性效应比回忆效应要出现得早,这是 FN400 新旧效应和 P600 新旧效应的差异。这两类不同的新旧效应在潜伏期上的差异表明在再认的加工中,对新旧项的判断可能先是依赖熟悉性判断,但到晚期加工时却依赖回忆进行判断。我们的实验中合成词和短语有顶区新旧效应,其中合成词没有 FN400 效应,表明在合成词的再认提取中无法依赖熟悉性来判断是否为见过,只能依赖记忆结果进行判断。因为合成词的旧项和新项都具有较强的熟悉性,所以依赖熟悉性是无法进行判断的。在学习过程中,合成词可能以某种编码的方式存储并保存到短时记忆中,再认阶段,旧项比新项诱发了更大的正成分,也就是说新项的提取比旧项的提取加工难度更大,旧项是直接提取判断并接受的过程,新项是提取判断并拒绝的过程,新项是第一次出现,在提取过程中表现为更多的信息加工参与,导致了加工更难。

根据对单纯词、合成词和短语三类双音节语言单位的新旧效应的分析,没有任何两类语言单位之间的新旧效应是完全一致的,而通过对新项减旧项的差异波也可以看出,单纯词和短语的新旧效应较大。

七、小结

通过对双音节语言单位的外显提取加工实验的分析,我们得出如下主要结论:

(1)再认过程的旧项提取在 LPC 成分上反映出差异,反映出短语的外显提取难度比合成词小。

(2)三类双音节语言单位都有新旧效应:单纯词表现为 FN400 效应和顶区效应,合成词为顶区效应,短语为 FN400 效应和顶区效应。

(3)合成词没有 FN400 新旧效应提示其新旧项之间没有熟悉性上的差异。

(4)合成词与短语新旧效应的差异说明合成词依赖记忆结果进行判断,而短语可以依赖熟悉性判断。

第三节 综合分析和讨论

实验三是内隐的提取加工,而实验四是外显的提取,这是两种不同的提取方式,但是这两种不同提取加工之间又存在共性,因此,我们结合两个实验来分析汉语不同语言单位的提取情况。

一、单纯词和合成词的提取加工

从实验三中我们得出结论,在内隐的提取中,单纯词和合成词的神经加工机制类似,语素的数量多少对提取没有影响。一个语素构成的单纯词和两个语素构成的合成词可能都是直接提取的,不需要经过语素的整合加工,它们在中文大脑词库中也有可能是直接存储的。

实验四的外显提取结果说明了单纯词和合成词基于记忆的提取情况,但更重要的是这样的提取结果可以从一定程度上证明这两类语言单位的存储方式。单纯词和合成词都有 P600 效应,单纯词有明显 FN400 新旧效应,但是合成词没有。共同的 P600 效应说明这两类语言单位在再认提取中,都要依赖于记忆来提取,两类语言单位的旧项都显示出比新项更容易的加工。旧项可能以某种编码的方式存储并保存到短时记忆中,旧项是直接提取判断并接受,新项是第一次出现,在提取过程中会有更多的信息参与加工,因而导致了加工更难。但 FN400 效应上的差异表明,单纯词在大脑词库中的状态比较稳定,构成单纯词的汉字很少有机会单独使用,通常与别的成分结合在一起使用,因而在再认提取的时候也是直接提取的。合成词没有 FN400 效应,在再认提取中无法依赖熟悉性来判断,说明合成词在大脑词库中的状态并不稳定,其组成部分语素是比较活跃的,经常有机会和其他语素搭配和使用。这个结果说明在记忆的再认提取中,单纯词与合成词是有区别的,语素的多少可以直接影响到词的加工机制。

内隐提取和外显提取是不同的加工过程,但在这个过程中也反映出单纯词和合成词在不同提取条件下的提取方式是不同的,内隐的提取加工以词为基本单位,而外显的提取以语素为基本单位。两个实验的结果对单纯词和合成词在大脑词库中的存储状态的推论上存在不一致,实验三的结果支持二者都有可能是直接存储的,但实验四的结果却支持合成词的不稳定存储状态,合成词的组成成分(语素)可能是分解存储的,可以与其他语素再重新组合。但是,需要说明一点,实验语料选择中存在一个问题,我们对构成合成词的语素没有严格控制,语素类型包括了自由语素、半自由语素以及不自由语素,这可能是导致实验结果矛盾的原因。这个问题的解决依赖进一步的实验。

二、词与短语的差异

实验三的结果支持词与短语的加工机制不同。不管是 P2 成分,还是 N400 成分都为词与短语的分离提供了证据,短语在提取加工时的难度超过单纯词和合成词,这一差异体现了词与短语的分离。从语言理论的区分上来说,短语是由两个词组合而成的,词与短语的分离也说明了词数量的多少对提取加工是起作用的,短语的提取是经过整合加工过程的,而不是直接提取的。

实验四的结果也说明词与短语的区分。学习过的单纯词、合成词和短语在再认提取过程中,差异在晚成分中表现出来,短语的波幅明显大于合成词,结果提示短语可能不是以完整的短语形式存储在大脑词库中的,所以短时记忆的记忆痕迹要强于合成词,而合成词则有可能是以整体的形式存储的。实验四的实验结果中,短语的新旧效应最为明显,分布的脑区也较其他两类广泛,分析认为,短语是由词组合而成的,在学习阶段编码加工时,首先根据规则将其组成部分整合后进行编码,然后将编码的组块信息存储在短时记忆中,到再认提取的时候再从短时记忆中提取出来,只要组成短语的词不重复出现就不会引起混淆,因此学习过的短语直接从短时记忆中提取。而短语的新项提取不同于旧项的加工,作为新项再认阶段的提取,要先从大脑词库中将构成短语的词提取出来,再进行整合和输出,这样刚出现的短语即使缺乏熟悉感,也不容易与学习过的旧项相混淆。所以,学习过的短语和新出现的短语在提取的时候加工机制是完全不同的,因此短语新旧项会呈现出比较大的 FN400 效应和顶区新旧效应差异。短语的新旧效应不同于合成词。

因此,两个实验都为短语不同于词提供了证据,同时也说明,同样多数量的汉字组成的不同性质的语言单位,其加工机制是完全不同的。

第四节 本章结论

根据实验结果,结合语言学理论的分析,我们可以初步得出几个结论:

(1)实验中观察到的 P2 成分可能并不是 RP,而很可能是与汉语词的提取密切相关的一个成分;N400 成分不仅是语义加工敏感的指标,还可能反映的是后词汇的语言信息整合加工的难度,而不仅仅是词汇水平的某些加工特点。

(2)单纯词和合成词的神经加工机制没有提示差异,语素数量的多少对提取加工过程没有影响,由一个语素构成的单纯词和由两个语素构成的合成词可能都是直接提取的,不需要经过语素的整合加工,它们在中文大脑词库中有可能是直接存储的。

(3)语素的提取并不是词或其他语言单位提取加工过程中的必经阶段,汉语大脑词库中的多语素词可能是直接存储的,而多语素短语则不同,它在提取时可能是既要依赖存储,也需要运算。

(4)词与短语的加工机制不同,短语在提取加工时的难度超过单纯词和合成词,这一差异体现了词与短语的分离,也说明词数量的多少对提取加工是起作用的,短语是经过整合提取的。

(5)语素数量相同而结构方式不同的语言单位提取方式不同。

(6)P600 效应提示单纯词和合成词的提取都依赖于记忆来提取,合成词没有 FN400 效应提示单纯词比合成词在大脑词库中的状态更稳定,合成词无法依赖熟悉性来判断。

(7)内隐提取和外显提取是不同的加工过程,但也反映出单纯词和合成词在不同提取条件下的提取方式是不同的,内隐的提取加工以词为基本单位,而外显的提取以语素为基本单位。

(8)短语可能不是以完整的短语形式存储在大脑词库中的,所以短时记忆的记忆痕迹要强于合成词,而合成词则有可能是以整体的形式存储的。

第六章　汉语单双音节语言单位存储的神经加工机制研究

　　人类运用有限的词可以创造出纷繁复杂的语言表达,这不仅仅在于句法规则的作用,大脑词库的力量也不可小觑。大脑词库为句法加工提供了什么语言材料,决定于词库中存储着怎样的原材料。大脑词库中的语言单位的存储状态究竟是怎样的,这是人类迄今都不能回答的问题。很多研究者都很关心大脑中语言的存储结构和存储状态,Aitchison 在她的书 *Words in the Mind:An Introduction to the Mental Lexicon* 前言中一开始就提出问题:人类是怎样设法存储这么多词的? 他们又是怎样找到他们所需要的词的? 语言学家和心理语言学家都对大脑词库感到很困惑,他们提出各种各样的模型来构拟词库的结构和状态,试图能够根据一些语言现象,例如口误和失语症患者的语言,推测大脑词库的运行状态,但是问题的核心最后还是归结到探讨大脑存储加工词语的神经机制上。因此,语言单位究竟是以何种形式存储于人脑中,哪一种语言单位才是人脑中的基本语言单位,上述问题成为学界一直关心和争论的焦点。

　　20世纪60年代以来,国外研究者就开始尝试探索词库的存储单位问题,归纳起来主要有三种观点。一种观点认为大脑词库是以词为单位的存储,Rubin et al.(1979)最早提出这一观点,他们认为词的认知和存取都是以整词为单位的,不存在词缀剥离程序,提出词语通达模型。之后,Butterworth(1983)提出了词语存储的完整列出模型,后人研究(Laudanna et al.,1992;Chialant et al.,1995)也支持这一观点。第二种观点认为词加工过程中存在着分解的词根或词缀,词以分解为语素的形式存储,Kintsch et al.(1972)提出附有词缀的词,是以词干的形式储存在大脑词库中的。这是最早提出的词以分解形式存储的词库模式。Taft et al.(1975、1976)通过对有前缀的词、多语素词和多音节词的研究得出结论,词汇在大脑词库中是分解存储的,词库中存在的是语素,并认为在大脑词库中存在着词缀剥离模式。这一观点也得到了后续研究的支持(Rastle et al.,2000;Ford et al.,2010 等)。还有一种观点认为是以整词或语素等形式混合存储的,Caramazza et al.(1985)最早提出了地址化形态模型,认为通达表征中整词和词素同时存在,是个混合的存储模型。Waksler(1999)通过对亚美尼亚语、宿务语、汉语、英语和德语等不同语言的跨语言研究,证明了大脑词库的表征采用双列出模式,即大脑词库中词语的存储,部分采取整词形式,部分采取语素的形式。对失语症和口误的调查研究以及行为学研究也支持了这一观点(Aitchison,2003;Correa et al.,2004等)。

以形态丰富的印欧系语言为对象的研究对大脑词库中的存储单位得出了不同的结论。汉语缺乏丰富的形态变化,情况又不同。对汉语大脑词库存储单位的研究主要有两种观点,一种观点认为汉语大脑词库中存在词和语素两种语言单位,以 Packard(1999)等对失语症患者的研究为代表。他认为无论是自由语素还是黏着语素都列在大脑词库中,但只有自由语素可以作为直接的词汇通达单位。另外一种观点强调以整词为单位进行存储。Tzeng et al.(1988)通过对失语症患者的研究最早提出这一观点,研究认为汉语复合词如"剪纸""写字""送花"等是作为一个整体被提取的,不需要经过在线加工的过程,但文章中所选择的语料存在词和短语不分的情况,因此可能在一定程度上影响了文章的结论。崔刚(1994)、杨亦鸣(2002)更好地控制了语料的性质,通过对失语症患者的研究,也得出了词汇以整词形式存储在大脑词库中的结论。张珊珊等(2006)、杨亦鸣等(2008)运用神经电生理学方法,以语义判断为实验任务,考察了语素、词和短语的内隐提取加工,实验结果支持人脑中的基本语言单位很可能是词,语素的提取不是词或其他语言单位提取加工过程的必经阶段。但是这些结论的获得是来自语义任务下对语言单位的提取加工,研究能够在一定程度上反映语言单位在大脑词库中的存储情况,但并非直接考察语言单位的存储加工情况。

这里还需要说明一点,最初心理语言学研究将视角放在"效应"研究上,通过效应的有无来推断大脑词库的存储状态。在词汇判断的研究中,启动效应是指相关词(关联词/意义相关的词)的出现对后一个词的判断具有促进的现象。启动效应的原理就是来自大脑词库中各个节点之间的自动扩散激活,大脑词库各节点之间的关系不仅仅是语义知识的联结,也包括语音或者正字法形态上的同一性或联想信息。但事实上启动效应的研究建立在一定的假说基础之上,对于静态的大脑词库的存储状态和结构,不管是形态语言的研究还是汉语的研究都还没有真正直接考察到,因此考察哪些因素会影响词的认知和提取成为重要的方法之一。汉语这方面的研究也有很多,Zhang et al.(1992)为了检验中文双字词的词素结构在词认知中的作用,对联合式双字词和偏正式双字词进行了考察,严格控制了词中两个字的频率及匹配,通过对反应时和错误率的比较发现,字的频率严重影响了词的认知,汉语中存在词汇分解储存现象。后来张必隐等(1993、1999)对偏正式和联合式的双字词进行了对比研究,提出了双字词的存储模式,因为双字词表征与其所包含的两个表征之间存在联系,但是其联结的强度(在频率相同的情况下)随词的结构不同而不同。因此双字词是以分解的形式存储的。但是,这些启动效应的研究发现,笔画数、部件数、频率、语音(包括声母、韵母),甚至字形的直立与倾斜等等都对汉语字词认知存在着复杂的影响。(彭聃龄等,1997;张武田等,1993 等)这些研究偏重对字词认知的研究,对于大脑词库中语言单位的存储形式和存储状态也只能是一种推测。事实上,大脑词库中的语言单位存储在长时记忆中,是一种静态的存储状态,因此至今仍没有有效而完善的方法对此进行研究,主要借助功能研究、动态的使用研究或是其他方法来推测大脑词库的存储状态。目前有研究发现,大脑中颞叶(尤其是左颞叶)与长时记忆关系密切,但这只提供了长时记忆的功能脑区,而对记忆的内容究竟是存储在什么脑区也没有研究证实。我们考虑从短时记忆角度切入,来研究长时记忆中语言单位的存储问题,因为一方面短时记忆的内容可以进入长时记忆,另一方面短时记忆的编码和存储方式可以在一定程度上反映编码内容和长时记忆的关系,这样结合提取的研究可以推测大脑词库静态的存储情况。

因此,本章节将从记忆编码的角度[①]出发,对单音节语言单位(字、语素、词)和双音节语言单位(单纯词、合成词、短语)存储加工情况进行考察,并进一步探讨汉语在大脑词库中可能的存储单位。实验五的语料控制在单音节层面,以无意义的字、单音节不能独立运用的语素(非自由语素)和单音节词三种类型的单音节语言单位为研究对象,实验六以单纯词、合成词和短语三类双音节语言单位为研究对象。

---

① 大脑对接收到的刺激会首先激活存储在长时记忆中的相关知识,再进行编码加工,为将信息保存,大脑会对信息进行再编码(组块化)加工,使其可以与长时记忆中的信息相对应,对不同刺激的不同编码加工还可能导致在大脑中产生不同的记忆痕迹,不明显的记忆痕迹也会导致不能正确再认。本章研究都是基于这一实验假设。

第一节 实验五:汉语单音节语言单位的记忆编码存储[①]

一、被试和实验语料

选取30名(15男,15女)母语为汉语的在校理工科大学生参加本实验,年龄范围为19—23岁(平均年龄为20.97岁),均为右利手,身体健康,没有脑外伤和神经系统疾病史。视力和矫正视力均在1.0以上。被试均自愿参与实验,实验后获得少量报酬。

实验语料主要包括3种:词、非自由语素和无意义的字。学习阶段,3类语料每类选择110个,共330个。再认阶段除了包括学习阶段的330个语料外,还选择了3种类型语料330个,共660个。整个实验分为3个学习组和3个再认组,每个学习组有110个刺激,等概率选择3种类型进行伪随机排列,每个再认组包括220个刺激,其中110个为学习组出现过的,另外110个为新语料,将220个语料进行伪随机排列。实验中严格控制了语料的笔画数和熟悉度。所选语料笔画均在7—20画之间,学习阶段3类语料(词、非自由语素和无意义的字)的平均笔画分别为11.90±3.03画、11.60±2.71画、11.47±3.09画,再认阶段3类语料的平均笔画为11.67±2.74画、11.71±2.61画、11.54±3.24画。单因素方差分析统计结果显示,没有类型的因素效应,$F(5,654)=0.294$,$p>0.05$,事后检验表明,两两之间比较均没有显著性差异(p值均大于0.05)。对所选语料60人的熟悉度调查结果显示,学习阶段3类语料(词、非自由语素和无意义的字)选择熟悉(熟悉度分为熟悉、较熟悉和不熟悉)的人数分别为53.74±1.23人、53.29±1.45人、53.38±1.17人,再认阶段3类语料选择熟悉的平均人数分别为53.15±1.45人、53.26±1.30人、53.22±1.30人,单因素方差分析统计结果显示,没有因素效应,$F(5,654)=0.872$,$p>0.05$,事后检验表明,两两之间比较均没有显著性差异(p值均大于0.05)。统计结果说明所选语料不存在笔画数和熟悉度上的差异。

二、实验设计和程序

实验在隔音、亮度适中的电磁屏蔽室进行。被试坐在舒适的椅子上,

[①] 本节内容发表于《外语与外语教学》(2012年第2期,1—6页),本书增补了部分实验结果,讨论部分也有增加和修改。

双手拿按键盒,眼睛水平注视计算机屏幕,实验过程中要求被试尽量保持头部不动,视距70cm左右。刺激语料均呈现在屏幕中央,汉字为72号宋体,字体颜色为白色,屏幕底色为黑色。实验采用"学习—再认"范式进行。学习阶段,被试被要求要认真并尽量多地记住呈现在屏幕上的每个单音节汉字,无须按键。刺激语料的呈现时间为100ms,刺激间隔为1500ms。再认阶段,被试被要求尽可能快地判断看到的刺激是否在学习阶段曾经见过,无论见过或没见过都需要做按键反应,刺激语料的呈现时间为100ms,刺激间隔为1500ms。每组学习阶段与再认阶段之间都间隔2分钟。被试被要求完成心算作业。按键的手和呈现刺激序列的顺序在被试间进行交叉平衡。

三、脑电记录与获得

记录脑电的仪器为美国 Neuroscan 公司生产的 EEG/ERP 系统,被试佩戴 Quik-cap32 电极帽。接地点在 Fpz 和 Fz 的中点,参考电极为双侧乳突连线,在眼眶周围记录水平眼电和垂直眼电。采样率为1000Hz,滤波带通为0.05—100Hz,头皮电阻均小于 5KΩ。

四、数据处理和分析

离线处理分析数据,根据记录的垂直眼电矫正眨眼伪迹,波幅大于 $\pm100\mu V$ 者被作为伪迹剔除,脑电数据分析总时程为1200ms,以-200ms—0ms 的脑电为基线。我们将随后能够正确再认的语言单位,叠加其在学习阶段诱发的 ERPs,分别得到词、非自由语素和无意义字三类单位的 ERPs 曲线。记录到的行为数据用 SPSS11.5 统计软件包进行单因素方差统计分析。实验考察不同单音节语言单位的编码和存储机制,实验结果分为两个方面:一是学习阶段正确记忆的三类语言单位的比较,考察三类单音节语言单位在大脑词库中的短时记忆中正确存储过程中的差异,二是三类单音节语言单位的记忆编码的相继记忆效应(简称 DM 效应,参看 Sanquist et al.,1980;Paller et al.,1988 等)的比较,也就是将在学习阶段记录下来的 ERPs 按照随后正确和不正确判断以及见过和没见过的结果分类叠加,得到每一类语言单位随后记忆正确的和不正确的两种 ERPs,DM 效应反映了记忆编码过程的脑机制。

实验结果一将学习阶段记住的三类单音节语言单位所诱发的 ERPs 进行了比较,我们发现主要诱发了 P1、N1、P2、N400 以及 LPC 等几个 ERPs 成分。根据对总平均图的观察选择参加统计的电极及各 ERPs 成分的时间窗口。P1、N1 成分(电极:P7、P8、O1、O2、OZ)分别测量 50—80ms、100—145ms 时段的平均波幅;P2 成分(电极:CZ、C3、C4、CPZ、CP3、CP4)测量 140—260ms 时段的平均波幅;N400 成分采用峰值和峰潜伏期测量法(电极:CZ、C3、C4、CPZ、CP3、CP4)和 310—440ms 时程的平均波幅测量法(电极:C3、C4、CP3、CP4、P3、P4、T7、T8、TP7、TP8);LPC 成分(电极:CZ、C3、C4、CPZ、CP3、CP4、T7、T8、PZ、P3、P4)测量 450—650ms 和 650—850ms 两个时段的平均波幅。实验结果二分析了三类单音节语言单位等 DM 效应。用 SPSS11.5 统计软件包对 ERPs 主要成分的平均波幅、峰值等进行两因素(类型×电极)重复测量方差分析,统计结果进行 Greenhouse-Geiss 校正。

五、实验结果

1. 行为数据结果

实验的学习阶段任务没有按键任务,因此只记录分析了再认阶段的行为数据,对三类单音节单位的反应时和正确率(见表6)进行了单因素重复测量方差统计分析。统计结果显示,反应时有因素主效应,$F(2,87)=3.828, p<0.05$,事后检验的结果显示,词与无意义的字之间有显著差异($p<0.05$),词与非自由语素之间以及非自由语素与无意义的字之间没有显著差异($p>0.05$)。正确率也有因素的主效应,$F(2,58)=20.016, p<0.01$,事后检验的结果显示,词与非自由语素之间、非自由语素和无意义的字之间有显著性差异($p<0.01$),词与无意义的字之间没有显著差异($p>0.05$)。

表6 再认阶段三类单音节语言单位的反应时和正确率

类型	反应时(ms) 均值	标准差	正确率(%) 均值	标准差
词	647.07	81.35	64.47	10.98
非自由语素	648.46	76.67	59.37	12.22
无意义的字	659.93	80.91	66.79	12.47

2. ERPs 数据结果

(1)实验结果一:学习阶段正确记忆的三类单音节语言单位的 ERPs

成分比较

根据随后记忆的结果,我们将学习阶段记住的三类单音节语言单位根据平均图中所诱发的 ERPs 中 N1、P1、P2、N400 以及 LPC 几个成分进行类型(3 水平)×电极(3 水平或更多)两因素重复测量方差分析。

①P1 成分、N1 成分和 P2 成分

三类单位 P1 成分平均波幅的统计结果表明,没有类型主效应,$F(2,58)=2.140, p>0.05$,没有电极主效应,$F(1,29)=0.288, p>0.05$,也没有类型×电极的交互作用,$F(2,58)=0.500, p>0.05$。N1 成分平均波幅的统计结果显示,没有类型主效应,$F(2,58)=2.518, p>0.05$,有电极主效应,$F(4,116)=4.889, p<0.05$,没有类型×电极的交互作用,$F(8,232)=1.103, p>0.05$。三类单位诱发的 P1、N1 成分波幅没有显著性差异。(见图 28)

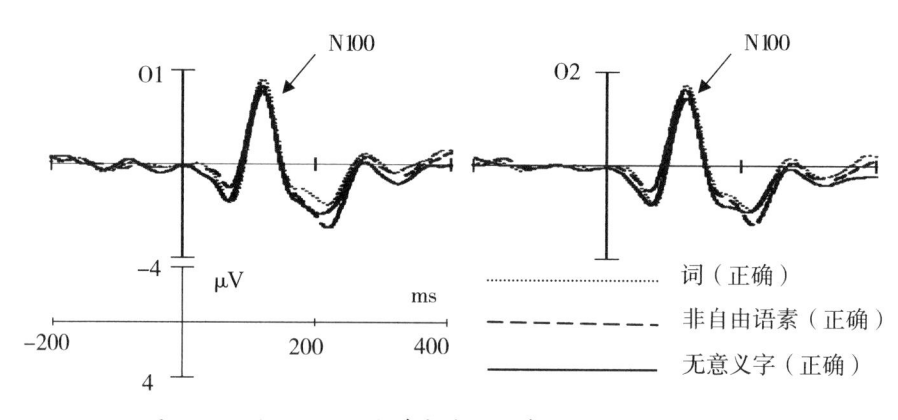

图 28　正确记忆的三类单音节语言单位的 ERPs(O1、O2)

三类单位的 P2 成分平均波幅的统计结果显示,有非常显著的类型主效应,$F(2,58)=4.408, p<0.05$,有电极的主效应,$F(5,145)=3.683, p<0.05$,没有类型×电极的交互作用,$F(10,290)=1.326, p>0.05$。事后检验结果显示,词与非自由语素之间有显著性差异($p<0.05$),词的 P2 成分波幅更大。非自由语素和无意义的字、词和无意义的字之间没有显著差异,$p>0.05$。(见图 29)

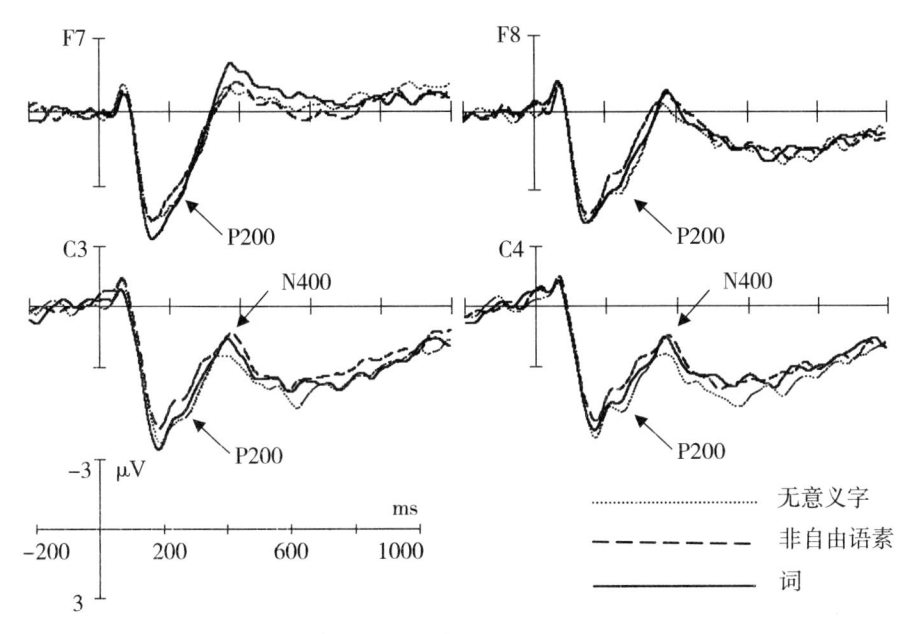

图29 三类单音节语言单位的ERPs(F7、F8、C3、C4)

②N400成分

三类单位诱发的N400成分峰值的统计结果显示,没有类型的主效应,$F(2,54)=0.561,p>0.05$,有电极的主效应,$F(5,135)=9.229,p<0.01$,也没有类型×电极的交互作用,$F(10,270)=0.816,p>0.05$。N400成分潜伏期的统计结果显示,有类型主效应,$F(2,54)=3.895,p>0.05$,没有电极的主效应,$F(5,135)=2.937,p>0.05$,没有类型×电极的交互作用,$F(10,270)=0.885,p>0.05$。进一步简单效应的分析显示,在中央区,非自由语素与无意义的字之间存在显著性差异($p<0.05$),非自由语素的潜伏期更晚。三类单位的N400成分平均波幅的统计结果显示,没有类型的主效应,$F(2,58)=2.410,p>0.05$,有电极的主效应,$F(9,261)=8.373,p<0.01$,有类型×电极的交互作用,$F(18,522)=3.699,p<0.05$。进一步简单效应的分析显示,在C3、P3两个电极点,词与非自由语素之间存在显著性差异($p<0.05$),非自由语素的N400成分波幅更大。(见图30)

③LPC成分

LPC成分450—650ms平均波幅的统计结果表明,有非常显著的类型主效应,$F(2,58)=7.175,p<0.05$,有电极的主效应,$F(10,290)=25.594,p<0.01$,没有类型×电极的交互作用,$F(20,580)=10.169,p>0.05$。进一步的简单效应分析显示,在CZ、C3、C4、CPZ、CP3、CP4、PZ、P3、P4电极点,

非自由语素与无意义的字之间存在显著差异($p<0.05$),在 CP3 点,词与非自由语素之间存在显著差异($p<0.05$),非自由语素的波幅更大。LPC 成分 650—850ms 平均波幅的统计显示,有类型的主效应,$F(2,58)=5.052$,$p<0.05$,有电极的主效应,$F(10,290)=24.448$,$p<0.01$,没有类型×电极的交互作用,$F(20,580)=1.038$,$p>0.05$。进一步的简单效应分析显示,在 CZ、C3、C4、CPZ、CP3、CP4 电极点,非自由语素与无意义字之间有显著性差异($p<0.05$),非自由语素的 LPC 成分波幅更大。(见图 30)

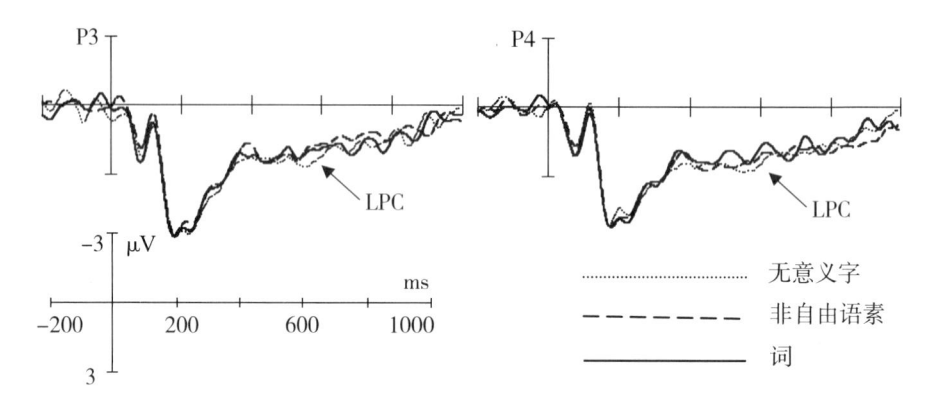

图 30　三类单音节语言单位的 ERPs(P3、P4)

(2)实验结果二:三类单音节语言单位的 DM 效应

根据随后记住和未记住的结果,我们分别得到了在学习阶段每种类型正确记忆和没有正确记忆的两类 ERPs,比较它们的差异就得到了这三类单音节语言单位记忆加工的 DM 效应。

①词的 DM 效应

结合词记住和未记住的两个 ERPs 的波形图以及地形图,对两类 ERPs 曲线分离的时间段进行平均波幅分析测量,得到词的 DM 效应主要存在于 310—440ms、440—670ms、670—900ms 这三个时间段。

N400 成分:310—440ms 时段随后未记住比记住的 ERPs 波形更负,类型(记住和未记住 2 水平)和电极记录点(FZ、F3、F4、CZ、C3、C4、T7、T8、FT7、FT8 共 10 水平)两因素重复测量方差分析显示,存在类型主效应,$F(1,28)=6.992$,$p<0.05$,没有类型×电极的交互作用,$F(9,252)=2.820$,$p>0.05$(见图 31)。从地形图也可以清楚看到(参看图 32),词在 N400 成分的 DM 效应中央区最大,颞区、额区也有。

LPC 成分:440ms 之后为晚正成分,我们将其分成两段进行分析(见图 31)。440—670ms 在 CZ、CPZ、PZ、C3、C4、CP3、CP4 共 7 个电极点显示有非常显著的类型主效应,$F(1,28)=7.615$,$p<0.01$,没有类型×电极的交互作用,$F(6,168)=2.294$,$p>0.05$。在 FZ、FCZ 两个记录点有类型主效应,$F(1,28)=4.551$,$p<0.05$,没有类型×电极的交互作用,$F(1,28)=1.903$,$p>0.05$。T7、T8 记录点没有类型主效应,$F(1,28)=2.076$,$p>0.05$。其他电极点也均未发现类型主效应。670—900ms 时段只在 CZ、CPZ、CP3、CP4 记录点有类型主效应,$F(1,29)=4.594$,$p<0.05$,没有类型×电极的交互作用,$F(3,87)=0.280$,$p>0.05$(见图31)。其他电极点都没有记录到。从地形图可以看出(见图32),440—670ms 时段的 DM 效应在中央区和中央顶区的中央线达到最大,670—900ms 这一时间段中央顶的 DM 效应最大,延续的时间范围也大。

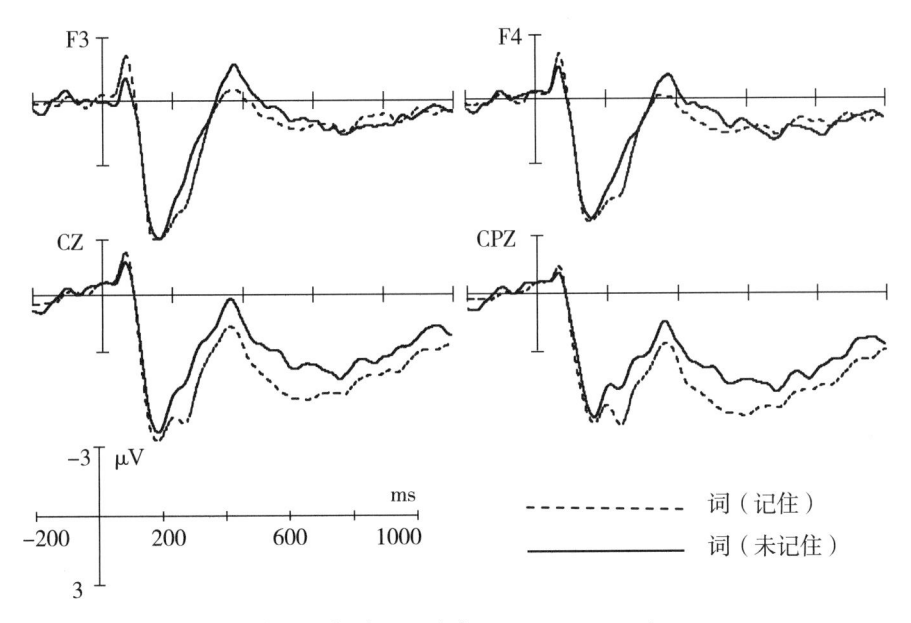

图 31 词的 DM 效应(F3、F4、CZ、CPZ)

总的来说,词的 DM 效应主要分布在 N400 和 LPC 两个成分上,N400 成分中央区 DM 效应最大,颞区、额区也有,LPC 成分中央顶区的中央线的 DM 效应最大,还分布在中央区等脑区。

310—440 ms　　　　440—670 ms　　　　670—900 ms

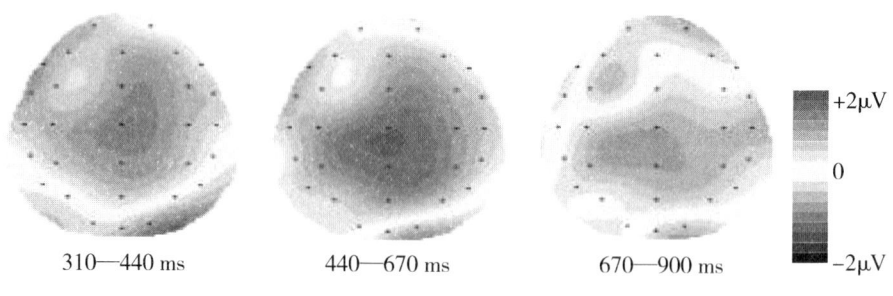

图32　词(记住减未记住差异波地形图)

②非自由语素的 DM 效应

结合非自由语素记住和未记住的两个 ERPs 波形图以及地形图,对两类 ERPs 曲线分离的时间段进行平均波幅分析测量,分析时段主要包括310—440ms 和 550—650ms。(见图33)

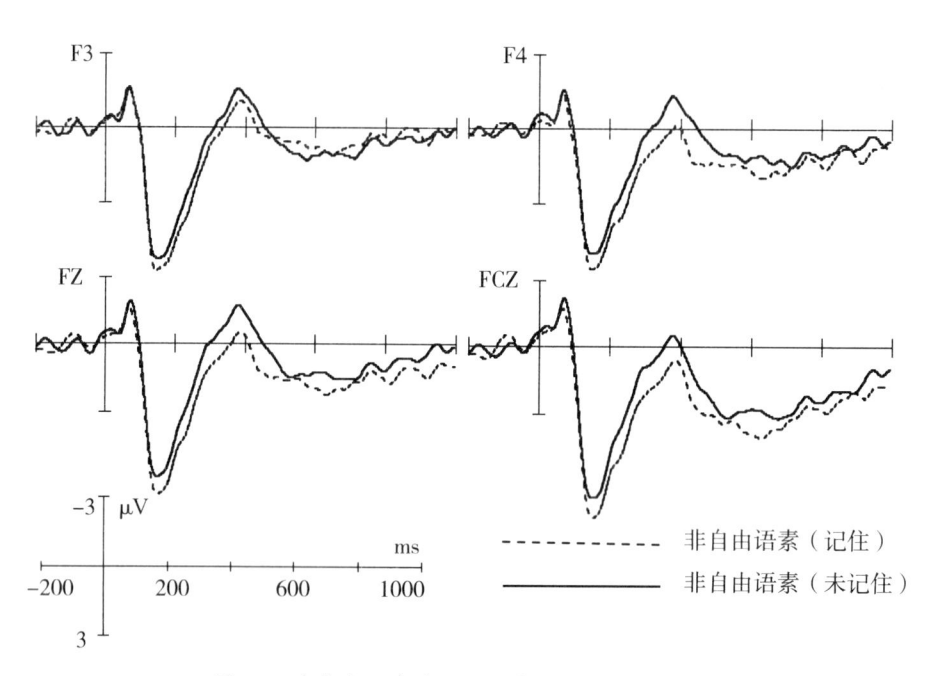

图33　非自由语素的 DM 效应(F3、F4、FZ、FCZ)

N400 成分:分析时段为 310—440ms,统计结果显示,类型(记住和未记住 2 水平)和电极记录点(FZ、F3、F4、FP1、FP2、FCZ、FC3、FC4 共 8 水平)两因素重复测量方差分析显示,存在类型主效应,$F(1,28) = 7.330$,$p<0.05$,没有类型×电极的交互作用,$F(7,196) = 1.886$,$p>0.05$,随后未记住比记住的波幅更负。而其他脑区没有观察到 N400 成分的 DM 效应。

LPC 成分:分析时段为 550—650ms,统计结果显示,只在 FZ、FCZ 两个记录点类型主效应接近明显,$F(1,24)=3.989,p=0.057$,没有类型×电极的交互作用,$F(1,24)=1.348,p>0.05$。而其他电极点 CZ、CPZ、PZ 有类型主效应,$F(1,24)=1.795,p<0.05$。

非自由语素的晚成分 DM 效应很不明显,而且脑区分布范围也小。非自由语素只有 N400 成分的 DM 效应,从地形图(参看图 34)可以看出 DM 效应最大的脑区在额区,而 LPC 成分上的 DM 效应没有达到统计学显著差异。

310—440ms　　　　　550—650ms

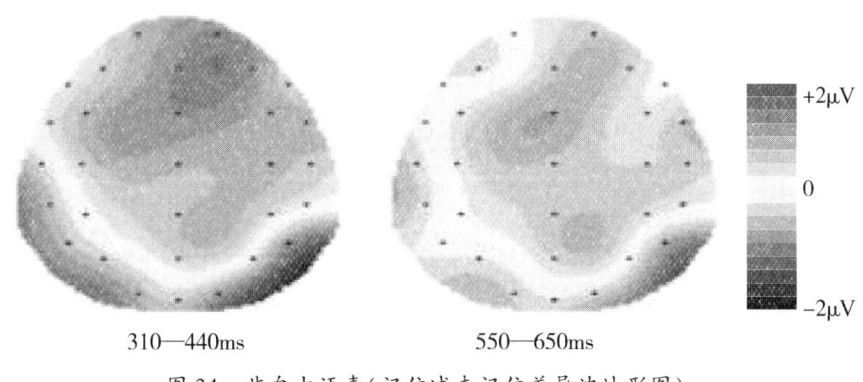

图 34　非自由语素(记住减未记住差异波地形图)

③无意义的字的 DM 效应

结合无意义的字记住和未记住的两类 ERPs 波形图以及地形图,对两类 ERPs 曲线分离的时间段进行平均波幅分析测量,分析时段包括 300—400ms、400—440ms、440—670ms 和 670—900ms。

N400 成分:统计结果显示,在 300—400ms 和 400—440ms 两个时间段电极点均没有类型的主效应。

LPC 成分:440—670ms 时间段,统计结果显示,在记录点 CPZ、PZ、C3、C4、CP3、CP4、P3、P4、T7、T8 存在类型主效应,$F(1,28)=5.667,p<0.05$,没有类型×电极的交互作用,$F(9,252)=0.890,p>0.05$。670—900ms 时段在记录点 CPZ、PZ、C3、C4、CP3、CP4、P3、P4、T7、T8 存在类型主效应,$F(1,28)=4.987,p<0.05$,没有类型×电极的交互作用,$F(9,252)=0.692,p>0.05$。(见图 35)

从地形图(图 36)可以看出,无意义的字的 DM 效应出现在晚成分,440—670ms 时段的最大 DM 效应是在右顶区,670—900ms 时段 DM 效应在左右颞区和顶区比较明显。无意义的字没有 N400 的 DM 效应,这一点和词和非自由语素有很大差异,但是 LPC 的 DM 效应比较明显,脑区分布比较广泛,一直延续到 900ms 之后。

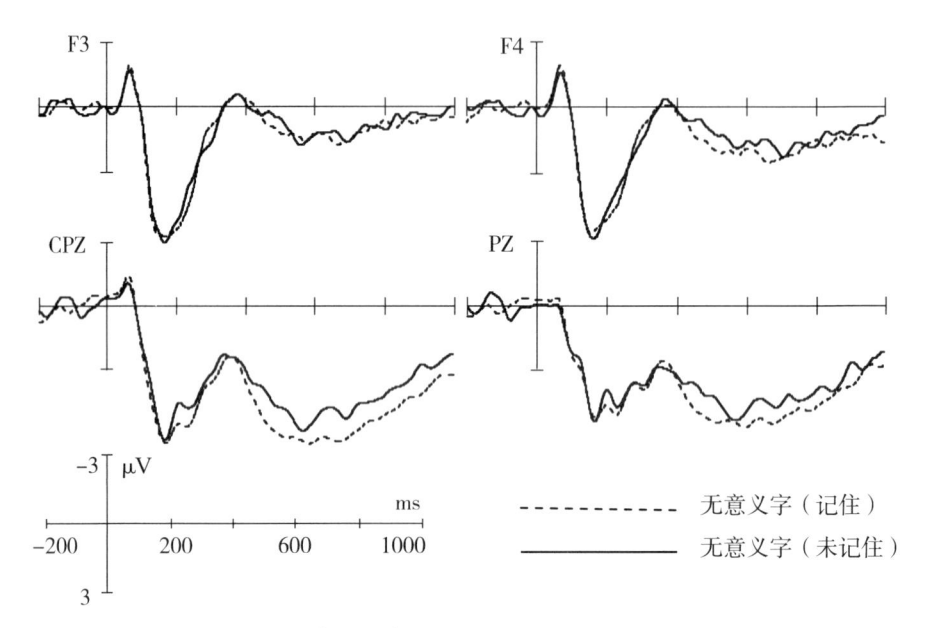

图 35　无意义的字的 DM 效应(P3、P4、CPZ、PZ)

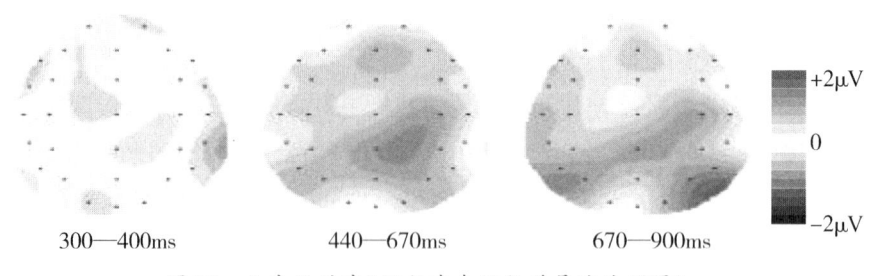

图 36　无意义的字(记住减未记住差异波地形图)

六、分析和讨论

1. 结果一的分析和讨论

实验涉及记忆加工的认知心理过程,因此我们的分析基于下面对这一心理过程的认识。Atkinson et al. (1968)提出了经典的关于记忆的多重存储模型,强调记忆作为不同的结构而存在,每个结构都有不同的记忆结构,一般包括感觉存储、短时存储和长时存储,这种记忆结构也被称为记忆系统。但是很快 Craik et al. (1972)就从方法论上批驳这一模型,并提出记忆是同知觉加工的水平联系在一起的,提出用加工层次的理论来研究记忆的新观点,认为刺激物首先是在中枢加工器得到一定的意义分析,然后再按照定向任务的要求分别在一个层次或多个层次上得到加工。后来的研究者认为研究记忆的最好途径就是将这两种理论结合起来进行研究。因此,我们认为,不应将记忆过程看成是某一种因素的单独作用,而是包含了编码存储和加工的心理过程。也就是说,在学习阶段,大脑对接收到的视觉刺激首先激活预先存储在记忆中的相关知识和经验,然后对这一刺激再进行编码,编码的方式决定了再认的结果,为了将信息成功保存,对信息进行再编码,也就是组块化的过程,是经常使用的方法,这是对信息进行调整和重新组织,使其可以和长时记忆中的组块或是信息相对应。而在随后的再认任务中不能正确再认的刺激往往是由于对信息未编码造成的,因此信息就不能存储在记忆中。另外一方面,大脑对不同刺激的不同编码可能导致记忆活动产生的记忆痕迹不同,记忆痕迹不明显会导致随后的不能正确再认。下面我们结合 ERP 成分进行具体分析和讨论。

(1) P200 成分反映出词具有更好的词汇通达或更有效的记忆编码

我们观察到的 P200 成分潜伏期主要在 150—260ms 之间,在中央区和中央顶区,非自由语素的 P200 成分波幅比词小。不少研究者(如 Hackley et al.,1990;McDonough et al.,1992;Garrett-Peters et al.,1994)提出了视觉 P200 成分,也有人称其为类似 P200 成分,它是个潜伏期范围在 150—275ms 之间的正成分。很多研究记忆的实验都报告这一成分的存在,而且不少研究者提出了自己的看法。Chapman et al. (1978)将他们观察到的 P240 成分直接定义为短时记忆的"存储"成分。McDonough et al. (1992) 在记忆任务的实验中也观察到 P200 成分,他们认为这个成分不仅仅是个外源性成分,也是个内源性成分,它和认知加工的变量是有关系的。Hackley et al. (1990)认为 P200 可能代表了选择注意机制,Luck et al. (1994)认为 P200 还与特征察觉加工以及项目编码的早期感知阶段有关。为了分析 P200 的成分来源,研究者(Chapman et al.,1978;Taylor et al.,1990)还使用主要成分分析法来研究 P200,都认为这个成分与短时记忆的经验正相关。Garrett-Peters et al. (1994)以及 Raney(1993)、Smith(1993)等通过和短时记忆任务的对比研究发现,P200 的波幅甚至与从长时记忆转入工作记忆的语义信息的部分(局部)提取有关,因为它似乎和随后的再认和回忆有关。Dunn et al. (1998)认为,词特征检验和词编码的不同方面表现出前后脑区不同分布的 P200 成分,在简单特征检验过程中好的回忆者诱发的额叶 P200 波幅更小,表明效率更高,同时其往往在编码过程中投入了更多复杂的加工,脑后部的P200波幅要更大。据此,Dunn等人推测,前部脑区的P200可能是和早期项目编码关系更密切,而后部脑区尤其是中央区的P200可能是和从长时记忆中部分或完全的词汇提取有关。我们分析认为,这一成分的加工过程可能存在两种情况。

一种情况是,无论被试的任务是什么,他对于呈现的刺激首先要进行词汇加工,前人研究普遍认为,在刺激呈现后200ms左右出现的这一正波与词汇加工有关[①],也就是说词汇通达的时间很可能是在200ms左右,这一结论得到了行为学、眼动和神经电生理学等研究的支持(Sereno et al.,2003;Hauk et al.,2006等)。而且,能够完成词汇通达的刺激波幅往往更大。Dambacher et al.(2006)的研究显示,高频词的P200成分波幅大于低频词,潜伏期也早于低频词,这说明高频词的通达明显早于低频词,在刺激呈现后140—200ms,高频词通达已经完成,词汇加工已经完成,而低频词则没有完成加工。如果认为在200ms左右是个词汇加工过程的话,实验结果提示,词的P200波幅要明显大于非自由语素,说明在这一阶段,词的词汇通达已经完成,也即大脑对于接收到的刺激已经激活了预先存储于长时记忆中的词或者是相关知识,很容易就形成了表征,完成了词汇通达,并可能根据任务要求进入记忆编码阶段,而非自由语素则没能够完成词汇通达过程。造成这一区别的根本原因就是,大脑中存储的信息不能支持二者具有类似的词汇通达表现,也就是说,这一结果并不支持词和非自由语素以相同的方式存储于大脑词库中。

第二种情况是,P200成分是个与记忆相关的成分,这个成分体现的是记忆编码的加工过程。事实上,有研究者(Chapman et al.,1978)直接将观察到的P200成分直接定义为短时记忆的"存储"成分。更多以记忆为任务的研究显示,P200成分的确与特征察觉加工以及项目编码的早期感知阶段有关(Luck et al.,1994),尤其是Dunn et al.(1998)通过对好、差回忆者对不同记忆任务诱发的ERPs特征的研究,区分了P200成分的前后脑区的意义差异的,明确指出了不同分布的P200的性质,他们的研究认为,前后脑区的P200分别代表了词特征检验和词编码的不同方面,简单特征检验过程中好的回忆者会更有效率,因此他们在额叶的P200波幅比差的回忆者小,但是投入了更多复杂加工到编码过程,所以其脑后部的P200波幅就比差的回忆者要大,据此他们得出结论,前部脑区的P200可能与早期

---

① 根据这一正成分出现的时间,有研究者将其命名为P200,但由于其潜伏期以及脑区分布与我们实验中得到的P2成分基本类似,因此我们将其看成同一成分。

项目编码关系更密切,而后部脑区尤其是中央区的 P200 可能是与从长时记忆中部分或完全的词汇提取有关,更有效的编码过程会诱发了更大 P200。① 而我们观察到的 P200 主要分布在中央区,如果说 P200 是个反映记忆编码的成分,实验结果显示,加工词时诱发的波幅更大,这一点说明,与非自由语素相比,词的编码加工开始得更早,而编码也更有效。

因此,无论是从词汇通达的角度,还是从记忆编码的角度来看,与非自由语素相比,词具有更好的词汇通达或者是更有效的记忆编码。究其原因,应该是词可能更容易激活人脑长时记忆中预先存储的单位,而非自由语素的存储状态显然与词不同,它可能并不是作为独立的单位形式进行存储。

(2) N400 成分体现出非自由语素语义编码加工的多样性与复杂性

再来看体现在 N400 成分的编码加工特点。实验结果显示,在 C3、P3 电极点,非自由语素诱发的 N400 成分波幅比词大,且在中央区和中央顶区非自由语素的潜伏期比无意义的字要晚 19.69ms。Craik & Tulving(1975)等的研究显示,N400 和 LPC 成分可能反映了编码好坏的程度,是直接与记忆相关的成分,而再认成绩差诱发的 N400 成分更大。近些年来的研究则更关注记忆编码过程中语义的精细加工与 N400 成分之间的关系。Stelmack et al.(1990)发现前部 N400 和短时记忆中词语再认有关,而后部 N400 可能代表了长时记忆中精细的语义加工。Dunn et al.(1998)也认为,如果短时记忆和长时记忆的区分是可行的,那么,差的回忆者在顺序记忆的任务中诱发的左额 N400 成分表明,他们投入了比好的回忆者更多的短时语义特征来选择资源。与此形成对照,他们更小的 N400 波幅出现在顶区等后部位置,这一点表明他们比好的回忆者利用了更少的长时记忆资源来编码。

记忆的编码是个连续的大脑认知加工过程。在 P200 成分的时程内,非自由语素显示出其词汇通达与编码加工的效果均不如词好,其 N400 成分波幅比词大。根据 Craik & Tulving(1975)、Stelmack et al.(1990)的研究,说明非自由语素在这一时程里也显示出其编码加工不如词的加工有效。与词相比,非自由语素在后部脑区显示出的更大的 N400 波幅,说明人脑对非自由语素的加工利用了较多长时记忆中的语义资源进行编码。记

---

① 另一项关于对注意缺损多动障碍(Attention Deficit Hyperactivity Disorder,简称为 ADHD)儿童和正常儿童的记忆能力的比较研究也得出了与此一致的结论(Garrett-Peters et al.,1994)。研究显示,和 ADHD 儿童相比,正常儿童更有效的编码过程诱发出更大的 P200 波幅。

忆编码过程中,为了有效进行短时记忆的编码,很多时候大脑是以组块编码的形式来记忆,这是最有效的方法之一。实验中刺激材料都是单音节汉字,从视觉刺激的呈现来说,缺乏一定语境,且只有词具有独立使用的性质,其他两类都不可以。所以在编码时,具有完整意义的词通常具备语义自足的特征,自然不再需要从长时记忆中提取更多的语义资源,而非自由语素在进行组块编码时则遇到了更多的麻烦,语素具有一定的构词能力,因此在长时记忆中存储着非常多与其相关的词项或信息。究竟从长时记忆中搜索出哪一个词项,又如何利用这些词项信息进行编码,选择过程就变得更为复杂,难度也随之增加。无意义的字则不同,它没有语义,从不单独使用,一般都是和别的汉字组合在一起构成语素或词,搭配相对固定,因此这种固定搭配使得神经元之间的连接也更为固定。大脑在加工单个的无意义的字时,会迅速联想到其固定搭配的另一个无意义的字,并将其编码成一个组块进行记忆,因此,大脑对无意义字的编码加工显示出具有比非自由语素更早的潜伏期。

所以说,N400成分与记忆过程中的语义编码加工有着非常直接的关联,分析显示,与词和无意义的字相比,非自由语素语义编码加工的多样性与复杂性是导致其N400成分波幅增大和潜伏期更晚的主要原因。

(3) LPC成分揭示了非自由语素更大的记忆负荷

最后来看晚期成分,结果显示,在中央区、中央顶区以及顶区,非自由语素的LPC成分的波幅都比无意义字的波幅小,而在CP3电极点,非自由语素LPC成分的波幅比词小。Bessons et al. (1992)和Paller et al. (1992)认为LPC成分与简单词汇编码和语义编码都有关系,或者说它反映了以存储在长时记忆上的信息为基础的更精细的加工。这些再现重建和回忆可以加固项目的记忆痕迹,而且是正相关关系,即根据长时记忆的基础来判断或是加工现有刺激可以加固长时记忆中项目的记忆痕迹。Golob et al. (2004)的研究更是直接指出,晚正成分(他们将其命名为Late Positive Wave,简称LPW,这一成分也主要分布在顶区等后部脑区)与记忆痕迹的增强有关,且与记忆负荷的大小相关,波幅的减小代表了记忆负荷的增加。因此,我们实验中观察到非自由语素更小的LPC成分,提示了其记忆负荷比词和无意义的字都要大。其实,结合上文的分析,我们发现,非自由语素在LPC成分上体现出的特点,与P200成分以及N400成分上显示出的特征非常一致,它的编码加工与词、无意义的字不同。词能够独立使用,具备了完整的语义,P200成分显示出其更容易激活长时记忆中存储的知识,而在编码阶段也不需要更多精细的语义编码加工,体现在N400波幅的减小。

无意义的字的编码内容选择性小,编码策略显然并不复杂,而非自由语素则不同,它的编码选择的复杂性导致了其记忆负荷的增加,其编码策略显然不同于词和无意义的字。

(4)语言单位的编码加工进程

我们从编码加工进程分析三类单音节语言单位的特点。P200成分显示,词在编码过程中投入了更多复杂加工,而非自由语素和无意义的字的投入却相对要小,尤其是非自由语素表现出更少的加工。词编码加工的潜伏期要早,而且加工的强度也大,这也说明词有更好的词汇通达或更有效的编码加工。N400成分差异集中在中央区和中央顶区,三类语言单位在利用长时记忆的语义资源时则出现了分离。其中,非自由语素比其他两类利用了更多长时记忆中的语义资源来进行编码,具有完整意义的词和构词能力唯一的无意义的字则利用长时记忆的编码要容易些。这可能与非自由语素加工的复杂性和难度有关,也可能和非自由语素在P200成分加工的不充分有关联。LPC成分显示出无意义的字的加工调用了更多的神经元,显示出编码难度最小也最为有效。这与无意义的字编码内容选择的唯一性和编码策略的单一性特征有关。这一特征也体现在N400成分上,无意义的字不仅在额区、颞区、中央区等脑区比非自由语素要容易,在顶区编码的难度也显著低于词。非自由语素与无意义的字的编码的差别最大,原因就在于无意义的字的唯一性和非自由语素多项选择的差异。非自由语素与词在LPC成分的早期阶段有差异体现,到了晚期阶段则没有什么差异。非自由语素在N400成分上加工的难度延伸到了LPC成分,词相对难度要小,词在编码结束后很快就体现出了神经元的释放,加工难度降低,而非自由语素还在选择编码中不断加工。因此,非自由语素在N400成分和LPC成分上都体现出比词和无意义的字更大的加工难度,词只在LPC成分晚期顶区的头皮分布显示出比无意义的字更难的加工,其他潜伏期和头皮分布上都没有差异。这也可能与词在P200成分上的充分加工有关。因此,在连续的记忆编码加工过程中,三类单音节语言单位在这个过程中存在差异,既体现在加工的时间进程上,也体现在编码加工要调用的其他信息不同上,更体现在编码内容和编码方式的不同上。这些差别的出现为我们研究三类单音节语言单位的编码和存储问题提供了依据。

词在编码早期阶段(P200成分)投入了较多复杂加工,而非自由语素在晚期阶段(N400成分和LPC成分)体现出编码加工的困难。究其原因,三类单音节语言单位特征差异在于非自由语素具有编码内容和编码方式的多重选择,因为它在大脑词库中拥有多种存在方式,或是独立存储,当需要的时候再和其他语言单位组合使用,或是以不同的词条形式存储,然后在需要的时候分解或重新组合,它可以与不同的语言单位结合在一起使用,在选择组块编码的时候,显然非自由语素的选择范围比较大,编码加工就体现出难度的增加。这样的推测与实验二的结果分析是吻合的。无意义的字编码选择的单一性使它在编码时比词容易,因为词的存在方式也不是唯一的,它可以与其他语言单位结合在一起作为整体存储,也可以在需要的时候再根据规则和其他语言单位进行组合。词与非自由语素的差异说明,词具有自己独立的存储方式,而非自由语素则没有,否则二者就不会表现出任何的差异。另外一方面,词和非自由语素表现出共同点,如晚期编码加工过程中,二者在顶区的加工上则没有表现出加工强度的不同,这与二者语素的特征有关,因为尽管词可以单独使用,但它也可以是构成其他词的语素,在这一点上它与非自由语素没有本质差异。

(5)汉语词库中可能存储的基本语言单位

我们可以进一步分析各种语言单位作为汉语词库中存储的基本语言单位的可能性。

①汉字无法作为独立单元进行存储

根据实验结果,我们来分析单音节的汉字能否作为独立单元的形式在大脑词库中存储。事实上,我们刻意区分出的这三种单位——词、非自由语素和无意义的字,都同属于单音节汉字这一层面,如果汉字可以作为独立单元存储的话,在控制了熟悉度与笔画数等条件下,它们的加工过程就不应该表现出区别,而实验得到的结果却并非如此。

首先,词与非自由语素在记忆编码过程中体现出的差异否认了这一点。因为如果字可以作为独立的形式存储于大脑词库中,那么显然在记忆的早期加工阶段,同是单个的汉字,大脑对于接收到的同样刺激(词和非自由语素)的激活就不会显示出差异,在随后的语义编码过程中也不应该显示出不同的特点。其次,非自由语素与无意义的字之间的区别也否认字独立存储的可能性。非自由语素与无意义的字在P200、N400和LPC等成分上都显示出不同的记忆过程。另外,被试记忆后的再认成绩,非自由语素的准确率显著低于无意义的字。这也从另外一个层面证明了虽然同样作为单音节汉字,但它们不可能以同等地位存储于词库中,语言单位并不是以一个一个汉字作为独立单元进行存储的。

②非自由语素记忆编码加工的难度提示语素独立存储的可能性很小

既然在人脑中汉字不可能作为独立单元进行存储,那么作为音义结合的最小单位——语素能否成为人脑中存储的基本语言单位呢?语素可以分为自由语素和非自由语素,自由语素,也就是词,能够独立使用,兼有语素和词两种性质;而非自由语素不同,它只有语素的性质,因此通过比较词与非自由语素,我们就可以考察词与语素的记忆过程是否相同。实验结果提示我们二者有显著区别。首先来看 ERPs 成分上体现出的区别。根据上文的分析,与词和无意义的字相比,非自由语素在 P200、N400 以及 LPC 等成分上都表现出其记忆编码加工过程的复杂性和记忆负荷的增大,它在记忆过程中表现出的难度提示我们,同为语素,非自由语素与词截然不同,这种不同说明语素独立存储的可能性很小。因为如果在大脑中,语素是存储的基本单位,那么单音节的自由语素(词)与非自由语素就应该具有相同或类似的记忆编码加工过程,但事实是,ERPs 数据提供了反面的证据;其次来看行为数据,被试对非自由语素的再认准确率最低,明显低于词,这与 ERPs 成分上表现出的记忆编码特点完全一致,被试对非自由语素的记忆编码效果明显差于词。非自由语素在选择组块编码的时候,其选择可能性比较多,编码加工体现出难度的增加,这是因为非自由语素在大脑词库中可能拥有多种存在方式,或独立存储,当需要的时候与其他语言单位组合使用,或以不同的词条形式存储,在需要的时候分解或重新组合,可以和不同的语言单位组合使用。因此,非自由语素记忆编码加工的难度提示语素不太可能是大脑词库中存储的形式。

③词在词库中独立存储的可能性使其更有可能成为人脑中的基本语言单位

通过上文的分析,我们认为字和语素都不太可能作为独立的形式存储于大脑词库中,那么词是否是大脑词库中的基本语言单位呢?首先来看行为数据,被试对词的再认反应时明显快于无意义的字,词的准确率也高于非自由语素,也就是说,对于记忆结果来说,词的再认成绩最好。这当然依赖于记忆的编码过程,因为好的编码效果以及记忆痕迹的增强才能使被试在再认中取得好的成绩,因此,再认结果能够间接反映词比非自由语素和无意义的字具有更好的记忆编码过程,记忆痕迹的消退速度更慢。其次,我们通过被试对词记忆过程中表现出的特点来分析词是否是大脑词库中的基本语言单位。如果 P200 成分是个词汇通达的过程,说明在这一阶段词的词汇通达已经完成,而非自由语素则没能完成这个过程,二者的区别并不支持词和非自由语素以相同的方式存储于大脑词库中,词汇通达的完成显然离不开大脑中预存单位的激活,因为如果在大脑中不存在这样的预存单位,那么这种激活和词汇的通达不可能在 200ms 左右这么短的时间里完成;如果 P2 成分是记忆编码的过程,词的波幅大也说明其编码加工更早更有效。这与随后再认的行为数据结果也是一致的。N400 成分与 LPC 成分更是体现出词的编码加工与非自由语素不同,更小的 N400 波幅说明人脑对词的精细语义编码加工利用了较少的长时记忆中的语义资源,显示出其编码加工更为有效,更大的 LPC 波幅说明大脑对词的记忆负荷比非自由语素更小。

总之,从整个加工进程来看,词编码加工的特点提示词可能具备独立的存储方式,因此词更有可能成为词库中的基本语言单位。这部分研究考察汉语不同性质的单音节语言单位编码加工时的特点,推断出词更有可能成为词库中的基本语言单位。这一研究与提取加工的研究结果基本一致。但这一结论仍然是初步的,需要更多语言动态加工研究的证据,如语言单位是如何进入到语言运用中的,是以何种单位、何种方式组合起来的,这些问题的解决还需要对语言的产生展开进一步研究才能得出更为科学的结论。

2. 结果二的分析和讨论

研究者通过不同条件下产生的 DM 效应来研究其出现的条件和 DM 的意义。Kutas(1988)认为相继记忆效应所反映的过程与其他种类的认知操作是不同的。Paller et al. (1987)等研究认为 DM 效应可能提供了被记住事件编码的测量。Donchin et al. (1991)认为 P300 成分相继记忆效应的不同反映了学习项目间区别的变化;Van Petten et al. (1996)认为 DM 效应的出现可能取决于预先存储知识的通达;Friedman et al. (2000)发现,深加工条件下的 DM 效应大于浅加工条件下的 DM 效应。多项研究揭示了 DM 效应的出现条件:依赖记忆中的编码加工(Sanquist et al. ,1980)、语义加工(Paller et al. ,1987)、与预先存在知识的联结(Van Petten et al. ,1996)、通达预先存在语义知识的精细加工(Wagner et al. ,1999)以及预存的语义知识的成功使用(Satoh et al. ,2002)等。而很多实验表明在非词、假词、无意义的字组合中并没有观察到 DM 效应,DM 效应的出现与大脑中事先预存的语义知识关系非常大。

(1)无意义的字的 N400 成分的相继记忆效应缺失反映其无法依赖语义编码

从实验结果来看,三种类型单音节语言单位都有 DM 效应,但是它们的 DM 效应有差别。最突出的特点是,无意义的字没有 N400 成分的 DM 效应,但是词和非自由语素都有,这是无意义的字区别于其他二者最为明显的地方。先来分析这个突出的特点,词和非自由语素的共同点就是它们都具有语素的性质,也就是二者都是音义结合的最小单位,没有语义是无意义的字与非自由语素和词的最大不同。尽管学术界对于 N400 成分具体的生理学、心理学含义目前没有统一说法,但是 N400 成分是在语义解释中出现的一个稳定的特异的 ERPs 成分,是对语义加工很敏感的一个 ERPs 成分,对于这些认识,学术界是存在普遍共识的。因此,实验中出现的这个突出的特点——无意义的字没有 N400 成分的 DM 效应,也是与编码过程中的语义加工分不开的。在 N400 成分的时段里,记住与未记住的无意义的字在编码阶段的加工基本上是没有差别的,也就是说对无意义的字的语义加工程度是相同的,并没有显示出语义编码的差异。Satoh et al. (2002) 对词与非词 DM 效应的研究就发现,只观察到词的 DM 效应,非词则没有,Satoh 等认为这是因为非词根本没有预存的语义知识,所以对预存的语义知识能否成功使用是这一差异出现的原因。根据 Satoh 等人的研究,语义的加工对 DM 效应是很敏感的,而且与语言加工其他条件下产生的 N400 成分的含义是一致的。所以说,从无意义的字的 DM 效应可以看出,记住和未记住的无意义的字在 LPC 成分之前的编码加工是没有什么区别的,也就是说,无意义的字的编码在 LPC 成分之前都没有更多依赖语义来进行编码。

(2) 词和非自由语素的相继记忆效应

N400 成分相继记忆效应的有无说明了词和非自由语素与无意义的字的编码过程的不同,词和非自由语素充分利用了语义知识编码,这两者的共同点就是它们都有语义,且都是语素,因此它们与无意义的字在 N400 成分上表现出的 DM 效应的不同,是语素区别于非语素的特征,同时也提示了是否利用语义信息进行编码所表现出的不同。另一方面,词与非自由语素相比,非自由语素的 DM 效应只集中在额区,词的 DM 效应脑区分布更广,包括了颞叶、额区和中央区等脑区,从地形图来看,词在 N400 成分上的 DM 效应更明显些,也就是记住的词比未记住的词利用了更多的神经元,耗费了更多的资源,激活的脑区也更广泛。但这种差异在非自由语素上没有那么明显。词与非自由语素之间的这一差别说明,词利用大脑中预先存在的语义知识要比非自由语素更多,加工也更为充分。

LPC 成分的相继记忆效应只在词和无意义的字中出现,非自由语素晚成分没有 DM 效应。三类单音节语言单位在 LPC 成分上,词在中央区、中央顶区等脑区都观察到了 DM 效应,无意义的字在顶区、颞区也都观察到了 DM 效应,唯独非自由语素没有。非自由语素的 DM 效应只出现在 310—440ms 的 N400 成分上,非自由语素语义编码在 N400 成分上开始加工,随后记住的和未记住的项,其编码方式显然是不同的,这种不同可以是与预存的语义知识的联结形式不同,也可以是使用预存的语义知识成功与否的不同。但在 LPC 成分上,记住和未记住的非自由语素没有 DM 效应,说明在这个时段里,无论后来能否正确再认,大脑在把对非自由语素刺激的感知和加工与大脑中预存的知识进行整合的编码过程没有什么差异,这也就意味着非自由语素的编码加工在 LPC 成分时段里耗费的心理资源没有区别,记住的和未记住的在编码时可能使用同一种编码方式。

(3)相继记忆效应说明三类语言单位的编码加工的差异

总体来说,词、非自由语素和无意义的字的 DM 效应是不同的,因此这三类单音节语言单位的记忆编码过程是不同的,这从另外一个方面证明了实验五的实验结果一。

词具有较强的 DM 效应,不仅潜伏期长,而且脑区分布也很广泛,显著区别于非自由语素和无意义的字。词与无意义的字在 DM 效应上的差异体现在 N400 成分,无意义的字则没有这一成分上的 DM 效应。词在 LPC 成分上的 DM 效应区别于非自由语素,从语言单位性质分类来说,二者的差别在于词(自由语素)与非自由语素的差别。词是可以独立运用的,而非自由语素是不能独立运用的,这是两类语言单位在语法功能上的不同,在编码阶段的这种差异体现在 DM 效应的 LPC 成分时段,可见 LPC 成分上的 DM 效应能够反映不同语言单位的编码加工差异。非自由语素的 DM 效应不同于词和无意义的字。前面分析中,DM 效应的 N400 成分体现了语义编码的不同,与无意义的字相比,非自由语素有这一成分上的 DM 效应,但是无意义的字没有,反映出二者在是否利用语义编码上的差异。但非自由语素与词在 N400 成分上的 DM 效应差异较小,它们都可以利用语义进行编码,只不过在脑区分布上存在差异,词的脑区分布更广,除额区和额中央区之外,在中央区和颞区也有,这说明在 N400 成分的时间范围内二者的加工强度是类似的,只是词的激活脑区更广泛些。其与词、无意义的字在 DM 效应上的差异主要体现在 LPC 成分上,非自由语素没有晚成分上的 DM 效应。这样的结果显示,三类单音节语言单位的记忆编码加工是不同的,也即存储的脑机制是不同的,可以独立运用的词编码开始比较早,大脑自动存储加工开始得早,根据记住的三种类型的 ERPs 成分比较来看,结果也提示词的加工开始早,在记忆编码阶段,词的 P2 成分波幅比非自由语素的大,强度也最大,所以词的编码加工明显不同于非自由语素和无意义的字。

因此,词、非自由语素和无意义的字不同的记忆编码方式反映出在大脑词库中不同的存储状态。词与非自由语素的差异说明词具有自己独立的存储方式,词与非自由语素表现出的共同点,说明词可以作为构成其他词的语素,在这一点上它与非自由语素没有本质差异;非自由语素具有编码内容和编码方式的多重选择,说明它在大脑词库中拥有多种存在方式;无意义的字编码选择的单一性说明它在大脑词库中存在方式的唯一性。

七、小结

综合实验五的结果一和结果二,我们可以得出下面的结论:

(1) N400 成分体现出非自由语素语义编码加工的多样性与复杂性; LPC 成分揭示出编码选择的复杂性导致了其记忆负荷的增加,无意义字的编码内容选择性小。

(2) 词、非自由语素和无意义的字这三类单音节语言单位正确记忆在编码过程中有很大差别,既体现在加工的时间进程上,也体现在编码加工要调用的其他信息不同上,更体现在编码内容和编码方式的不同上。这种差异为三类语言单位的划分提供了证据支持。

(3) 无论是从词汇通达的角度,还是从记忆编码的角度来看,与非自由语素相比,P2 成分都反映出词具有更好的词汇通达或更有效的记忆编码,词可能更容易激活人脑长时记忆中预先存储的单位,而非自由语素可能并不是作为独立的单位形式进行存储,而之后的 N400 成分和 LPC 成分上的加工差异也提供了非自由语素最难编码的证据。

(4) 在记忆编码过程中,无意义的字编码选择的单一性使它在编码时最为容易,比词还容易,因为单音节词具有词和语素的双重性质,这种性质使它既可以单独使用,也可以和其他语言单位结合在一起作为整体存储。

(5) 词与无意义的字的差异说明尽管二者的编码加工都比非自由语素要容易,都依赖长时记忆中词库存储的内容来编码,但加工通路和编码方式可能是不一样的。

(6) 从整个编码加工的时间进程来看,汉字无法作为独立单元进行存储,非自由语素记忆编码加工的难度提示语素独立存储的可能性很小,而词编码加工的特点提示词可能具备独立的存储方式,因此词更有可能成为词库中的基本语言单位。

(7) 词、非自由语素和无意义的字不同的 DM 效应,说明三类单音节单位的记忆编码方式不同,证明了语言单位的划分是有神经机制基础的。同结论(1)相辅相成。词和非自由语素 DM 效应的差异体现在 N400 成分和 LPC 成分上,无意义的字没有 N400 的 DM 效应,体现出无意义的字与语素的差异。

(8)词、非自由语素和无意义的字不同的记忆编码方式反映出在大脑词库中不同的存储状态。词与非自由语素的差异说明词具有自己独立的存储方式,词与非自由语素表现出的共同点,说明词可以作为构成其他词的语素,在这一点上它与非自由语素没有本质差异;非自由语素具有编码内容和编码方式的多重选择,说明它在大脑词库中拥有多种存在方式;无意义的字编码选择的单一性说明它在大脑词库中存在方式的唯一性。

第二节 实验六:汉语双音节语言单位的记忆编码存储[①]

本节实验考察双音节语言单位,主要包括词和短语两个层级,其中词包括单纯词和合成词,不仅考察记忆阶段对于接收到的不同性质的单位大脑是如何激活长时记忆中的相关知识的,而且考察词和短语在记忆编码加工过程中显示出的特点。

一、被试和实验语料

选取16名(8男,8女)没参加过实验五的在校理工科大学生志愿者参加本实验,年龄在21—24岁,平均年龄为22.06岁,均为右利手,没有脑外伤和神经系统疾病史。视力和矫正视力均在1.0以上。实验后付少量报酬。

实验语料分为三种类型的双音节语言单位,分别为单纯词、合成词和短语。在学习阶段每种类型分别选择83个,共249个。再认阶段的刺激材料为和学习阶段同等数量的双音节填充词249个,再加上学习阶段的249个,共计498个。实验分为3个学习组和3个再认组,等概率选择三种类型语言单位随机排列,再认组的刺激语料,其中一半是学习组学过的,另外一半为没有见过的新刺激材料,等概率选择三种类型刺激语料随机排列,剔除熟悉度低于90%的语料。再认阶段语料为随机选择的双音节的填充词。对学习阶段所选语料进行了熟悉度的统计和笔画统计分析,单纯词、合成词和短语的选择人数和笔画都没有显著性差异,字的笔画均在10至34画之间。

[①] 本节内容发表于《语言研究》(2010年第4期,81—84页),本书增补了部分实验结果,讨论部分也有增加和修改。

二、实验设计和程序

实验在隔音电磁屏蔽室进行。要求被试保持头部不动注视屏幕中央,屏幕距离被试眼睛70cm左右。刺激材料为72号宋体,呈现在计算机屏幕中央,屏幕的底色为黑色,字体颜色为白色。实验采用经典"学习—再认"范式。学习阶段,要求被试认真记住呈现在屏幕上的每个双音节的语言单位,无须按键。每个刺激呈现时间为100ms,刺激间隔为1500ms。再认阶段,要求被试以左右手分别按两个反应键,尽快尽准确地判断所呈现的刺激是否在学习阶段见过。每个刺激呈现时间为100ms,刺激间隔为1500ms。在学习阶段之后,再认阶段之前,为了阻止被试对刚学过的刺激进行复习,要求被试完成2分钟心算分心作业。按键左右手和刺激序列的呈现顺序在被试中进行交叉平衡。

三、脑电记录与获得

采用美国Neuroscan公司生产ESI-256脑电记录系统和32导Ag/AgCl电极帽记录脑电。电极位置采用10—20国际电极系统。参考电极置于双侧乳突连线,接地点在Fpz和Fz的中点,同时记录水平眼电和垂直眼电。滤波带通为0.05—100Hz,采样频率为1000Hz,电极与头皮接触电阻小于5KΩ。

四、数据处理和分析

离线处理数据,排除眼动和肌肉活动对EEG数据的影响,分析时程为1200ms,其中刺激前基线200ms,自动矫正眨眼等伪迹,波幅大于±100μV者被视为伪迹被自动剔除。2名被试的脑电数据不符合要求被剔除。分类叠加后得到学习阶段单纯词、合成词和短语的ERPs曲线,以及再认阶段判断正确的三类语言单位的学习过和未学习过的6个ERPs曲线。

对记录到的行为数据用SPSS11.0统计软件包进行单因素方差分析,对三类双音节语言单位再认阶段的反应时和正确率进行显著性检验。

根据随后记忆的结果,我们将学习阶段记住的三类双音节语言单位所诱发的ERPs进行了比较,发现在ERPs特征上三者具有相似性,主要有P2、N400以及LPC几个成分,结合总平均图以及地形图确定这几个成分的分析方法和分析时段。P2成分分析130—260ms时段(电极点为FZ、F3、F4、FCZ、FC3、FC4、CZ、C3、C4、CPZ、CP3、CP4、PZ、P3、P4)的平均波幅,N400成分分析270—340ms时段(电极点为FZ、F3、F4、FCZ、FC3、FC4)的平均波幅,LPC成分的分析时段为480—660ms(电极点为CZ、C3、C4、CPZ、CP3、CP4、PZ、P3、P4)。统计分析软件为SPSS11.0,对反应时和正确率等行为数据采用单因素重复测量方差分析,平均波幅采用两因素(类型×电极)重复测量方差分析,并对统计结果进行Greenhouse-Geiss校正。单纯词、合成词和短语的DM效应的分析成分主要为P2、N400和LPC,都进行平均波幅的测量,其中LPC分为两个时段:450—650ms,650—850ms。

用SPSS11.0统计软件包对ERPs主要成分的平均波幅进行两因素重复测量方差分析并对统计结果进行Greenhouse-Geiss校正。

五、实验结果

1. 行为数据结果

学习阶段没有行为数据。再认阶段的行为数据记录有正确反应的三种类型的平均反应时和平均正确率。统计结果表明,有显著类型因素效应,$F(2,30)=9.925, p<0.05$,事后检验分析显示,单纯词与合成词、单纯词与短语之间差异显著($p<0.05$)。单纯词、合成词和短语的平均正确率分别为55.96%±17.78%、42.42%±15.66%、46.83%±16.35%。统计结果表明,有显著的因素效应,$F(2,30)=29.062, p<0.01$,事后检验分析显示,单纯词与合成词、单纯词与短语之间差异显著($p<0.01$),合成词与短语之间的差异不显著($p>0.05$),见表7。

表7 再认阶段三类双音节语言单位的反应时和正确率

类型	反应时(ms) 均值	标准差	正确率(%) 均值	标准差
单纯词	584.69	74.56	55.96	17.78
合成词	627.49	106.78	42.42	15.66
短语	616.32	85.67	46.83	16.35

2. ERPs数据结果

(1)实验结果一:学习阶段正确记忆的三类双音节语言单位的ERPs成分比较

根据随后记忆的结果,我们将学习阶段记住的三类双音节语言单位所诱发的ERPs中P2、N400、LPC成分进行类型和电极两因素重复测量方差分析。

P2 成分统计结果显示,有类型主效应,$F(2,26)=4.508$,$p<0.05$,没有电极主效应,$F(14,182)=1.971$,$p>0.05$,没有类型×电极的交互作用,$F(28,364)=1.370$,$p>0.05$。进一步简单效应的分析显示,在 FC4、FCZ、C4、CPZ、CP4、PZ 电极点,合成词与短语之间有显著性差异($p<0.05$),合成词诱发的波幅($4.518\mu V$)小于短语的波幅($6.284\mu V$)(参看图 37、38)。P2 成分,合成词与短语的分布脑区非常广,包括额区、额中央区、中央区、中央顶区和顶区。合成词的波幅更小。

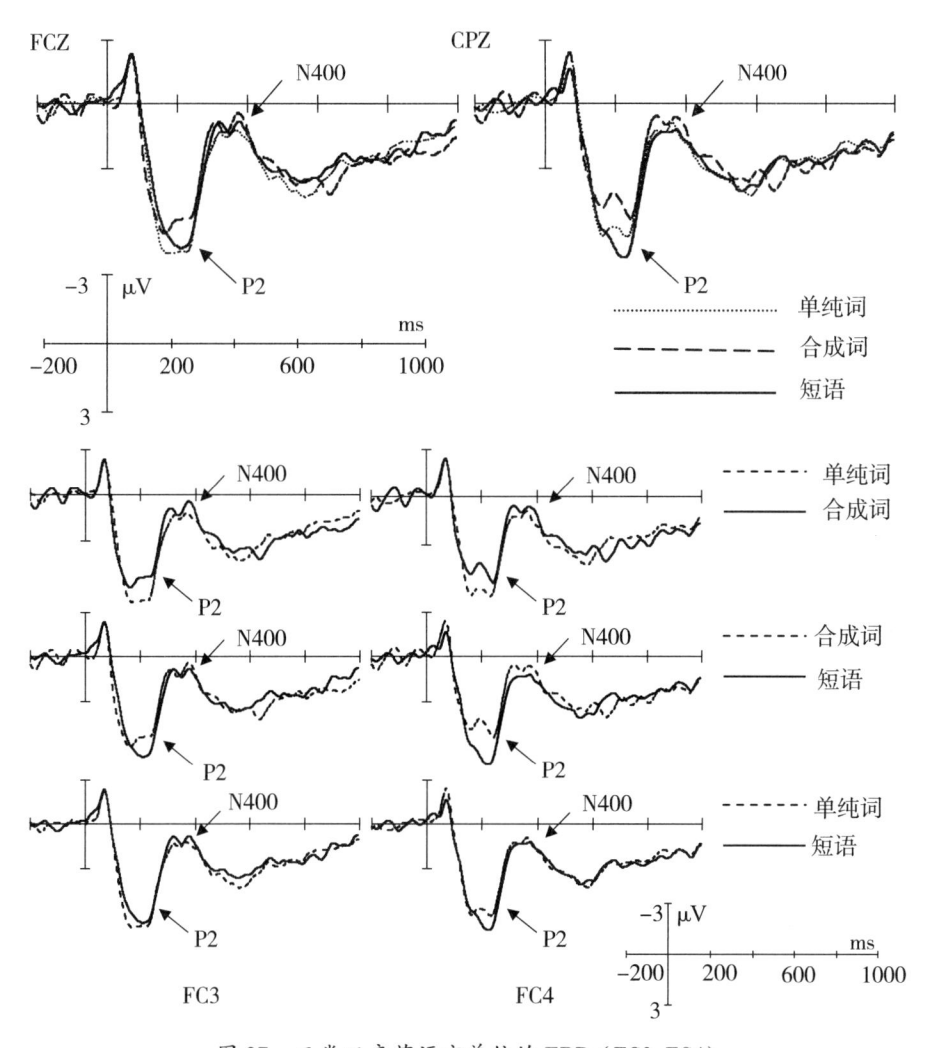

图 37 三类双音节语言单位的 ERPs(FC3、FC4)

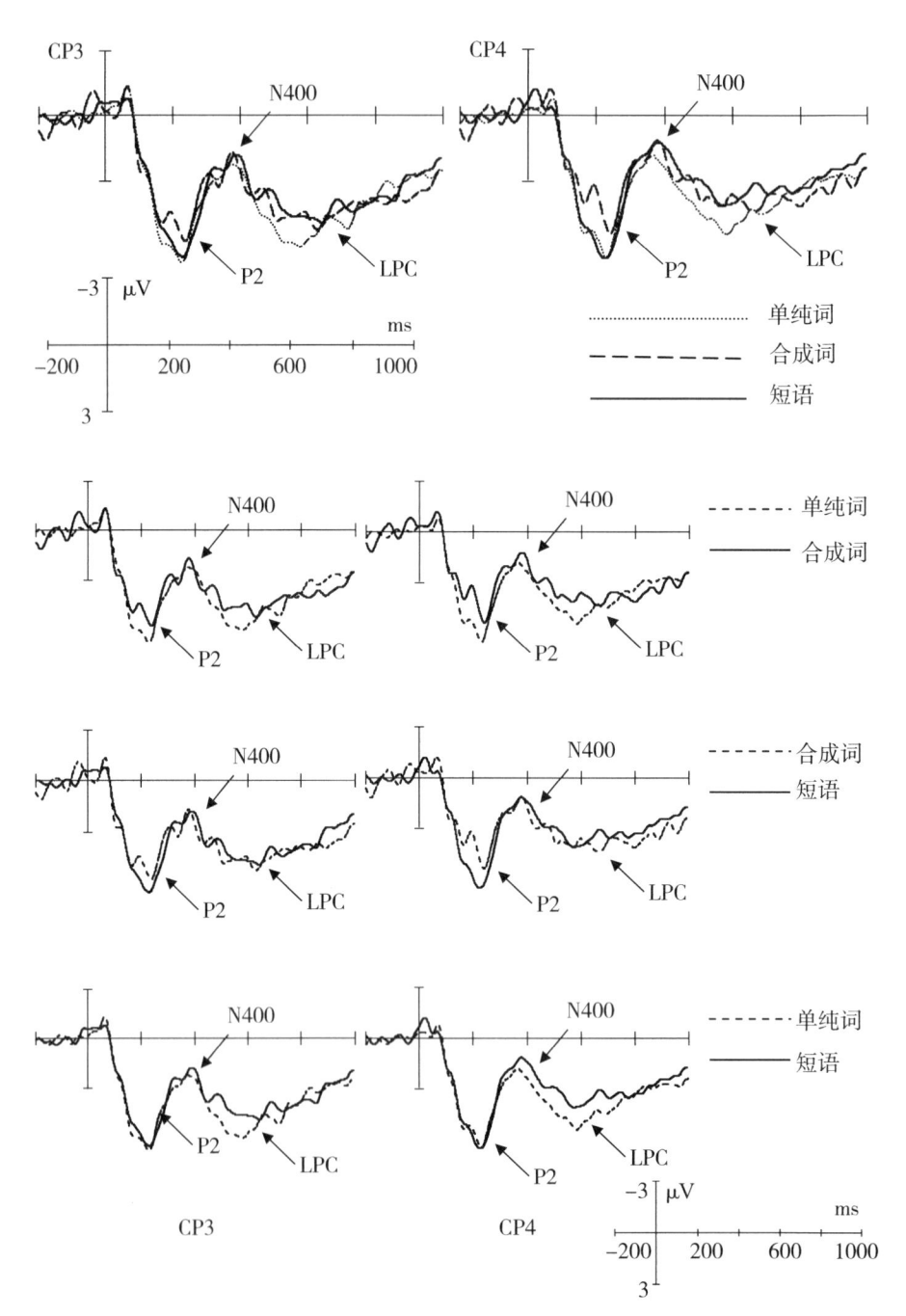

图 38　三类双音节语言单位的 ERPs(CP3、CP4)

N400 成分统计结果显示,没有类型主效应,$F(2,26)=1.264,p>0.05$,没有电极主效应,$F(5,65)=3.030,p>0.05$,没有类型×电极的交互作用,$F(10,130)=1.199,p>0.05$),单纯词、合成词以及短语之间两两比较都没有显著性差异($p>0.05$)。

LPC 成分统计结果显示,没有类型的主效应,$F(2,26)=1.372,p>0.05$,有电极的主效应,$F(8,104)=9.380,p<0.01$,没有类型×电极的交互作用,$F(16,208)=1.115,p>0.05$),单纯词、合成词以及短语之间两两比较都没有显著差异($p>0.05$)。

(2)实验结果二:三类双音节语言单位记住与未记住的比较

根据随后记住和未记住的结果,我们得到了在学习阶段的每种类型的两类 ERPs,比较它们的差异就得到了三类双音节语言单位的 DM 效应。双音节语言单位只在单纯词和短语中发现了 DM 效应,合成词没有 DM 效应(见图 39、40)。

单纯词的 DM 效应在 310—400ms 的 N400 成分中被观察到,分布在前额区、额中央和中央区,统计结果表明在这些脑区有类型主效应[$F(1,13)=6.417,p<0.05$],没有类型×电极的交互作用[$F(12,15)=2.081,p>0.05$]。LPC 成分中没有 DM 效应。

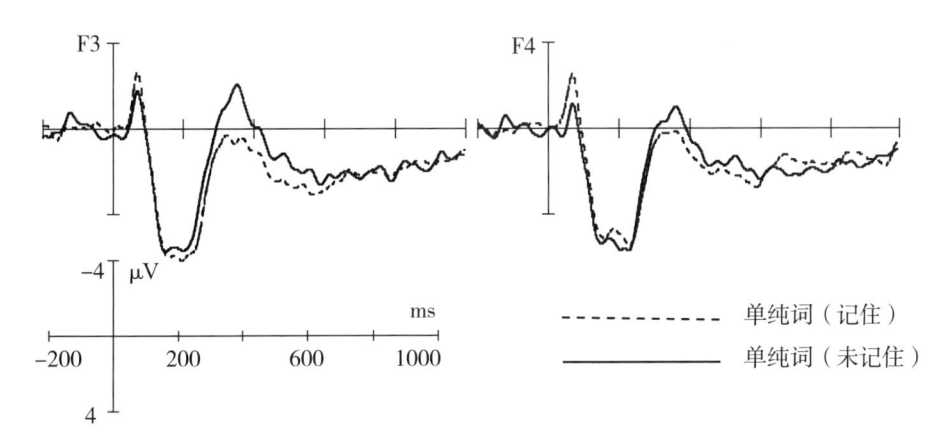

图 39 单纯词的 DM 效应(F3、F4)

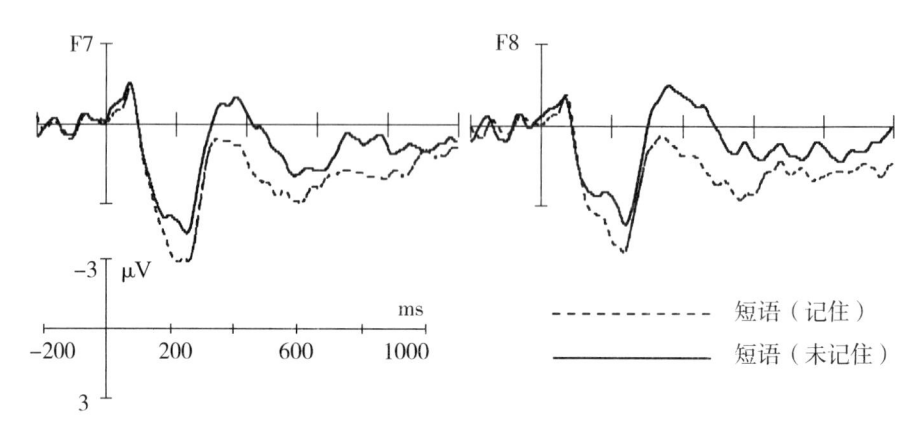

图 40 短语的 DM 效应(F7、F8)

短语的 DM 效应分布最为广泛,从地形图(图 42)也可以看出。P2 成分(160—250ms)在前额区、中央区、颞区都有 DM 效应,统计结果为有类型的主效应[$F(1,13)=8.126, p<0.05$],没有类型×电极的交互作用[$F(13,169)=1.096, p>0.05$]。N400 成分的 DM 效应脑区分布同 P2 成分差不多,差异主要出现在额区、中央区、颞区等脑区,统计显示有非常明显的类型主效应[$F(1,13)=12.591, p<0.01$],没有类型×电极的交互作用[$F(14,182)=1.004, p>0.05$]。450—650ms 时间段的 LPC 成分在前额区、中央区、颞区也有类型主效应[$F(1,13)=6.422, p<0.05$],没有类型×电极的交互作用[$F(10,130)=0.905, p>0.05$]。(见图 41)

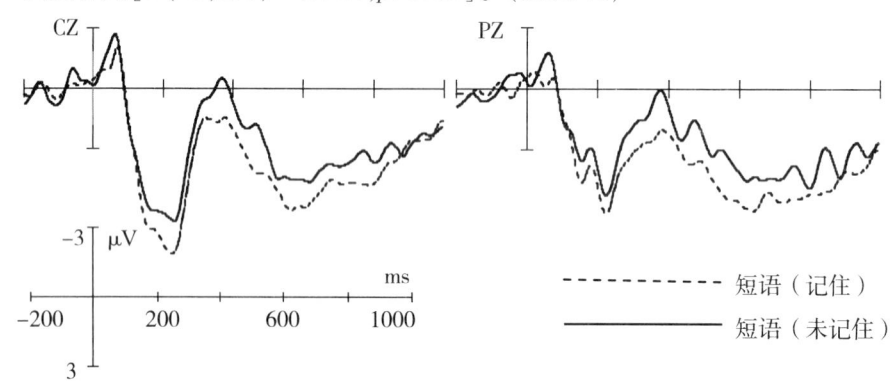

图 41 短语的 DM 效应(CZ、PZ)

但是,合成词没有发现 DM 效应的存在。下面是单纯词、合成词和短语三类语言单位记住减去未记住的 ERPs 差异波地形图。

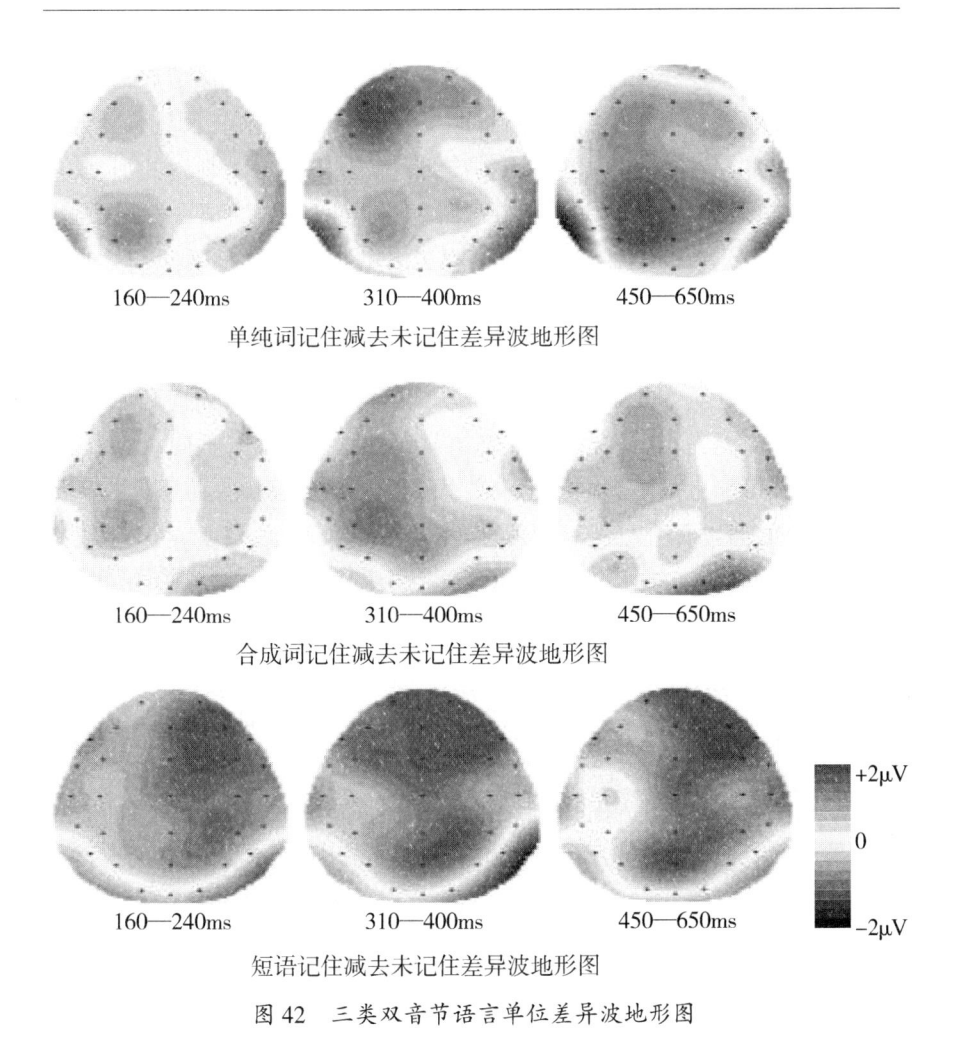

160—240ms　　　310—400ms　　　450—650ms

单纯词记住减去未记住差异波地形图

160—240ms　　　310—400ms　　　450—650ms

合成词记住减去未记住差异波地形图

160—240ms　　　310—400ms　　　450—650ms

短语记住减去未记住差异波地形图

图42　三类双音节语言单位差异波地形图

六、分析和讨论

1. 结果一的分析和讨论

实验中得到的行为数据和脑电数据从不同侧面反映了大脑加工不同语言单位的特点,下面来具体分析。

先来看ERPs数据结果。大脑对不同语言单位的加工区别主要反映在P2成分上,短语比合成词诱发了更正的P2成分,说明大脑对词和短语的记忆编码加工机制不同。学习记忆过程包含了编码存储加工复杂的心理过程。在记忆编码过程中,大脑对接收到的视觉刺激首先需要激活预先存储在记忆中的相关知识,然后对刺激再进行编码。为了将信息成功保存,需要对信息进行再编码,也就是对信息进行调整和重新组织,而在随后的再认任务中不能正确再认的刺激往往是由于对信息未编码造成的,因此信息就不能存储在记忆中。我们根据随后正确再认的结果,反过来观察学习过程的脑加工,这样就可以直接观察到大脑对正确编码刺激的加工,从而排除了未能成功编码的刺激。在这样的条件下,词和短语在 P2 成分上仍旧体现出区别,但这种分离只能说明二者的加工机制是不同的。Dunn et. al(1998)通过研究发现,前部脑区的 P2 成分可能是与早期项目编码关系密切,而后部脑区尤其是中央区的 P2 可能与从长时记忆中部分或完全的词汇提取有关。实验中,合成词与短语的区别从额中央区直至顶区,脑区分布非常广泛,所以二者可能不仅在词汇提取方面加工不同,在编码加工的机制上可能也是不同的。但需要强调的是,Dunn 等人的研究仅仅是在词汇层面,而本实验包括了更大的语言单位——短语,众所周知,双音节短语由两个词构成,显然会比词提供更多的语义或语法信息①。因此,当被试看到呈现的刺激后,首先需要激活大脑中预存的相关知识,抑或是直接激活,进行词汇加工,单纯词或合成词的加工仅仅涉及单个词的词汇通达,而短语的加工涉及两个词的通达,必然激活更多的词汇信息。但在这一阶段,与单纯的词汇层面的加工不同,短语与词的区别反映的究竟是词汇提取还是编码加工我们没有确凿的证据,且词和短语在编码加工过程中又有着怎样的区别,这都需要行为数据的证明。因为,再认阶段的反应时和准确率能够直接反映再认效率的高低,再认的结果也依赖于记忆编码的效果以及形成记忆痕迹的强度。

再认阶段的行为数据结果显示,短语的反应时长于词,准确率也低于词。这说明,在进行了学习记忆之后,词的提取速度更快,准确率也更高,再认成绩明显好于短语,也即词的记忆编码效果要比短语好,形成的记忆痕迹强于短语。那么,为什么会出现这样的情况呢? 从记忆编码的过程来看,词的编码效果好可能归因于两个阶段,第一阶段是激活大脑中的相关知识容易,第二阶段则是再编码阶段的组块化过程效率高,能够与长时记忆中存储的信息相对应。我们假设,大脑词库中存储的语言单位就是词,那么就很好解释了为什么词的编码效果好。因为首先词存储在大脑词库中,大脑对词的激活定然比短语容易,直接提取就可以了,并不需要额外的加工;其次进行再编码之后,词也较容易形成较深的记忆痕迹,并与长时记

---

① 其实,短语的构成规则是依据句法的,与词不同,因此短语的加工也会涉及句法的加工,目前学界鲜有文献讨论短语层面的句法加工机制的特点。本章节主要侧重词汇层面的加工,因而这一点也不展开讨论。

忆中的信息对应。反之,如果我们假设存储在词库中的语言单位是短语的话,则无法解释实验得到的结果。因此,通过对行为数据的分析,我们发现,与短语相比,大脑词库中存储的语言单位更应该是词。

实验结果同时显示,单纯词的反应时短于合成词,准确率也高于合成词,单纯词的再认成绩好于合成词。我们知道,单纯词和合成词的区别在于构成语素的数量不同,前者由一个语素构成,而后者由两个语素构成,这说明在词汇内部,语素数量的多少直接影响记忆编码的加工,且单语素词的编码效果好于多语素词。因此,词的语素构成数量影响其记忆痕迹形成的强度,语素越少,记忆编码越容易,记忆痕迹越深。

综上分析,我们可以得出结论:大脑对词与短语的记忆编码加工机制不同,与短语相比,大脑词库中存储的语言单位更应该是词,词的语素构成数量会影响其记忆痕迹形成的强度。但是,这样的结论仍旧需要多角度多方位的论证,尤其需要来自语言运用过程中的证据。

2. 结果二的分析和讨论

从我们的实验结果来看,单纯词和短语的记住和未记住的 ERPs 诱发了 DM 效应,但是合成词没有 DM 效应,同时,单纯词和短语的 DM 效应又有很大区别。不同 DM 效应反映了这三类双音节语言单位的编码加工过程也是不同的。

很多研究者对 DM 效应出现的条件和 DM 的意义进行了广泛探讨。DM 效应所反映的过程和其他种类的认知操作是不同的,而且 DM 效应的不同反映了学习项目间区别的变化和词在被编码送入记忆时所经历的技巧或是巩固方法不同(Kutas et al., 1988; Donchin et al., 1991; Neville et al., 1986)(我们在本章第一节中有详细分析)。单纯词的 DM 效应出现在 N400 成分上,N400 是在语义解释中出现的一个稳定的特异的 ERPs 成分,是对语义加工很敏感的一个 ERPs 成分,单纯词在 N400 成分上出现的差异说明单纯词的再编码和成功送入记忆主要依靠语义进行,对语义的不同编码方法使有些词被记住,而有些则被遗忘。短语的 DM 效应分布在 P200、N400 和 LPC 成分上,说明在编码阶段,记住和未记住的区分从长时记忆的词汇提取就开始了,记住的短语 P200 成分更正,说明其在词汇提取阶段就比未记住的短语耗费了更多的资源,因此在随后的再编码过程中也有较高的效率。而且三个成分上的差异表明,记住的短语和未记住的短语在被编码送入记忆时所经历的技巧或是巩固方法有很大的不同,短语可能利用了多种方法和编码操作来进行记忆。郭春彦等(2003)的实验表明,深加工条件下的 DM 效应大于浅加工条件下的 DM 效应,这和 Friedman et al.(2000)的研究结果是一致的。因此,短语的DM效应最大,说明它的加工难度是明显大于其他两类的,而且说明它在编码过程中使用的编码操作和编码方法比较多样。短语之所以有多种再编码的方式可能是由于短语是个组合,组成成分之间的关系并不紧密,由此给短语提供了自由灵活的编码方法以及更大难度的加工。而且短语也是依靠这些不同的技巧和方法来进行短时记忆的保存,在记住的三类语言单位比较中,短语在LPC成分上加工的难度也明显大于单纯词和合成词,因此这也证实了短语复杂多样的编码方式。

合成词没有DM效应,说明合成词记住和未记住的项目可能使用了相似的编码方法,而且从长时记忆中提取词汇的过程也没有差异。

第三节　本章结论

根据双音节语言单位的记忆编码的实验,我们得出以下一些结论:

(1)在记忆编码过程中,词和短语不仅在词汇提取方面的加工是不同的,而且编码加工也是不同的,不管在前部脑区还是后部脑区,短语的加工强度都比合成词大。短语通达大脑中预存的知识也比合成词要难得多,同时短语早期的编码加工也比合成词更为复杂,说明短语可能不是直接存储在大脑中的,而是首先从词库中提取词语,再经过一个运算的过程,因此显示出通达和编码加工都更困难。

(2)在记忆编码过程中,单纯词的LPC波幅最大,说明其调用了更多的神经元,显示出它的编码难度最小最为有效。单纯词在N400成分上的DM效应说明单纯词的再编码和成功送入记忆主要依靠语义进行。

(3)短语的DM效应说明短语可能利用了多种方法和编码操作来进行记忆,而多种编码方式可能是由短语组成成分之间的关系并不紧密造成的。

(4)合成词没有DM效应,说明合成词记住和未记住的项目都采用了相似的编码方法,而且长时记忆中的词汇提取过程也没有差异。

第七章 汉语基本语言单位的神经机制以及相关问题

第一节 汉语词库中基本语言单位的确立

第五章和第六章从单音节和双音节两个层次对汉语语言单位提取和存储的神经机制进行了研究,单、双音节的语言单位包含了无意义的字、语素、词和短语等几个不同层级的语言单位,基本涵盖了汉语中的语言单位,可以较全面地考察汉语语言单位提取和存储的情况。同时,单双音节的实验又分别从内隐提取和外显提取两种加工方式对提取单位问题进行研究,考察不同任务下语言单位的提取、存储的研究通过记忆编码的短时存储来研究。具体来说,单音节实验中三类语言单位包括了可以独立使用的词、不能够独立运用但具有音义结合体性质的非自由语素以及不能够独立运用也没有语义的汉字,双音节实验中的语言单位包括单纯词、合成词和短语。通过对实验结果的分析,我们得出了一些初步的结论,然后根据单双音节共6个实验的结论,结合语言学、神经认知等理论对汉语基本语言单位问题做进一步分析和探讨。

一、词库的语言单位中不包括句子

目前,语言学界一般认为汉语语言单位包括字、语素、词、短语和句子等几个层级,为了全面考虑汉语语言单位的使用情况及其与大脑词库的关系,我们在实验设计时,语料选择了字、语素、词和短语共四个层级的语言单位,以期达到全面考察的目的。

实验中没有将句子这一层级的语言单位纳入其中,主要基于几点考虑:首先,句子虽然是日常语言交流的基本单位,人们要想表达完整的意思必须依赖句子,但句子应该不是词库的一级基本单位。主要有两个理由,首先是句法具有递归性和能产性,根据句法规则可能生成任意的句子。生成语法学派认为,因为人具有先天遗传的语言能力,因此在从词库中提取出词之后,人可以根据规则生成无穷无尽的句子,这么多的句子如果都在词库中存储,显然违反了人脑使用的经济性原则,句子是在需要时根据句法规则生成的;另外,从语言的生成和理解的角度来看,句子也不可能作为语言的基本单位来生成和理解,也就是说句子不会存储在词库当中,因为语言生成和理解的过程中,大脑对句子的加工处理需要进一步的切分,句子的下一级语言单位也会重新组合产生更多的句子,人脑才可以运用这些数不清的句子,也才可以理解很多从来都没有听到过的句子。因此,词库中的语言单位不可能包括句子,只有这样才符合语言的能产性和经济性的原则。

二、不支持字是汉语词库的基本语言单位

根据上文的论述,句子不可能是词库中的基本单位,那么字、语素、词和短语这几级语言单位,究竟哪一级语言单位更应当是大脑词库的基本语言单位?我们从实验结果中找答案。实验中,考虑到实验材料物理属性的同一性需要,从单音节和双音节两个层次设计实验,在单音节的实验中我们考察了字、语素和词三类语言单位在大脑词库中的提取和存储情况,双音节实验中考察了词(单纯词和合成词)以及短语的提取和存储情况。结合语言理论,我们对6个实验结果进行了分析,认为字可能不是汉语词库提取和存储的基本语言单位。下面从几个方面来论证。

1. 人脑加工语言单位的神经电生理学证据

我们先来看提取加工的实验证据。

单音节语言单位研究(实验一、二)中,我们的语料均为单音节,表现在文字的书写形式上都是单个的汉字,但是我们根据语言理论划分出词、非自由语素和无意义的字这三类不同的语言单位。由于汉语的特殊性,字、语素与词之间并没有非常明显的界限,有时候一个字是一个语素,也是一个词,为了将字、语素与词区分开,我们选择无意义的字、单音节不能独立运用的语素(非自由语素)以及单音节词这三类语言单位。这样,词兼有了词、语素和字的性质,非自由语素兼有了语素和字的性质,而无意义的字只具有字的性质。因此,非自由语素可与词区分开,没有意义的字可与语素再区别开。这样选择语料,一方面三类语言单位是单个汉字,具有形式上的同一性,即可有效控制语料的物理属性,同时分别又是不同性质的语言单位。

如果字是提取和存储的基本语言单位,这三类语言单位都是字,在严格控制字的笔画和频率等物理属性的情况下,三类语言单位的提取和存储的加工应该是相同的,ERPs波幅和潜伏期都不应该表现出有显著差异,因此所有加工差异的结果都为"字不是提取和存储的基本语言单位"提供了

证据。实验结果显示,不管是内隐的提取加工,还是外显的提取加工,三类语言单位的提取过程和提取难度在 ERPs 成分上都有不同的表现。经过分析发现,在内隐提取加工中,无意义的字与非自由语素、无意义的字与词以及非自由语素与词之间在不同成分上的差异提示我们,语义判断任务使得被试在对无意义的字进行拒绝判断时最为容易,非自由语素比词加工难度大说明这与其在语言中不能单独使用有关,三者之间的区别显示它们在加工中的差异,也间接证明了它们在大脑中存储方式的不同。在外显提取加工中,无意义的字在 N400 和 LPC 成分上与非自由语素和词都有差异,说明其加工难度最小。三类语言单位新旧效应的差异也说明,无意义的字的旧项提取更多依赖短时记忆中的记忆痕迹,与词和非自由语素同时依赖短时与长时记忆的提取机制明显不同。这种加工过程的分离说明在提取的过程中,三类语言单位提取加工的机制完全不同,这与它们在大脑中的存储形式是直接相关的,也即提取机制的差异反映出存储方式的不同,从这一点看,字是提取和存储的基本语言单位的假设应该是不成立的。

双音节语言单位提取研究(实验三、四)考察的对象是三类双音节语言单位单纯词、合成词和短语,它们均由两个字组成。在内隐提取的实验中,相同数量的字组成的语言单位在提取过程中表现出 P2 成分和 N400 成分上的差异,主要体现为加工短语与词(单纯词、合成词)之间的不同,短语的提取难度比词大,加工过程也不同,其语义信息加工需要经过词提取、后词汇整合等过程完成;在外显提取的实验中,再认提取时短语与合成词的 LPC 成分有显著差异,新旧效应的分析结果也显示,不同于单纯词和短语,合成词没有 FN400 效应,这些实验结果都支持三类双音节语言单位的提取加工可能经历的是不同的过程。因此,两个实验结果从不同角度证明了字数相同但性质不同的语言单位的提取加工存在差异,也为字不可能是汉语词库中的基本语言单位提供了证据。

我们再来看存储加工的实验证据。

实验五中,三类单音节语言单位在正确记忆的编码过程中也有很大差别,体现在 P2、N2 和 LPC 等成分上,这种差别不仅体现在加工的时间进程上,也体现在编码加工要调用其他信息上,还体现在编码方式的不同上。如果我们假设字是大脑词库存储的基本单位,这三类语言单位都是单个的字,具有同一性,它们在大脑词库中存储的地位就应该是相同的,在记忆的早期加工阶段以及随后的语义编码过程都不应该显示出加工差异,但是实验结果提示词在早期阶段(P2 成分)投入了较多复杂加工,而非自由语素在晚期阶段(N400 成分和 LPC 成分)体现出编码加工的困难,无意义的字编码选择的单一性使得它编码加工难度最小且最为有效,它们在不同阶段加工都有差异。相继记忆效应的分析也提供了证据,只有无意义的字没有 N400 成分 DM 效应,反映出其无法依赖语义编码的特点,词 DM 效应比非自由语素的脑区分布更广泛,说明词能够更多利用大脑中预先存储的语义知识。均为单个字的三类语言单位编码加工过程的差异直接否定了字是汉语词库的基本存储语言单位。

双音节语言单位存储的研究(实验六)更是给我们提供了字不可能是大脑词库存储基本语言单位的证据,作为同样字数的语言单位,短语比合成词诱发了更正的 P2 成分,显示早期项目记忆编码中词汇提取耗费更多资源;相继记忆效应分析结果显示,合成词没有 DM 效应,单纯词 DM 效应只反映在 N400 成分上,短语 DM 效应分布在 P2、N400 和 LPC 成分,说明短语可能在词汇提取、编码方式(多种方法)以及加工难度等方面都与单纯词和合成词不同。那么,记忆编码差异来自哪儿呢?如果字是大脑词库存储的基本语言单位,在加工这些由两个字组成的语言单位时,首先要将两个字从大脑词库中提取出来,然后再进行编码加工,这种编码的加工过程应该是一样的。实验结果告诉我们,由两个字组成但性质不同的语言单位的编码加工并不相同,这足以证明,字不应该是大脑词库存储的基本语言单位。

综上,六个实验提供的神经电生理学证据都不支持字是汉语词库提取和存储的基本语言单位。

2. 语言理论分析的证据

从语言理论上来看,字也不应该成为汉语词库的提取和存储的基本语言单位。古代汉语中对语言的研究都是以字为基本语言单位,以汉字的形、音、义为研究对象形成了文字学、音韵学和训诂学等学科。这是因为在古代汉语中,一般来说汉字不仅是独立的书写单位,更是代表了具有语音和语义的音节,可以独立使用,相当于词。但是发展到现代汉语,汉字已经发生了很大的变化,有些字已经不能单独使用,有些字也失去了意义,很多单音节词双音节化,即演化为双字词。因此以字为中心的汉语研究显然已经无法满足语法研究的需要。现代汉语中,字是汉语的书写符号系统,根据结构主义的系统观点,书写符号是不属于语言符号系统的,是语言符号系统之外的东西,而语素和词是语言系统内的语言单位,如果字是大脑词库的基本语言单位,那语言系统内的语言单位就需要拿语言系统之外的单位来描述,这显然不符合结构主义的观点,皮亚杰(1984)认为,系统内部成员的价值必须在系统内得到解释,而不能向系统外寻求解释。显然,用字来解释词和语素是不符合结构主义对系统的要求的。

另外,如果字是大脑词库提取和存储的基本语言单位也不符合语言的普遍语法特征。Chomsky 提出了普遍语法的思想,不管人们使用的是哪一种语言,都具有普遍语法特征,这种普遍特征表现在词库和句法规则上。有些语言系统中无须区分字与词,因为根本就没有字概念的存在,词库中只有语素和词这两个基本层级。因此,从语言的普遍性来讲,字这一层级的语言单位也不应该成为词库中基本的语言单位。语言理论研究中,徐通锵(1994、1997、1998)、潘文国(2002)等提出"字本位"理论,但是他们所说的"字"已经脱离了我们通常意义上的字,与本文对字概念的界定也不同,他们所说的汉语的基本结构单位和最小结构单位的"字",具有"形、音、义三位一体"的特点,甚至"由几个音节构成的一个结构单位也可以叫作一个字"。这种概念上的有意义的字其实相当于我们通常所说的语素(李宇明,1997)。

三、语素也不能成为汉语大脑词库的基本语言单位

我们再来分析语素能否是汉语大脑词库中提取和存储的基本语言单位。在单音节语言单位的研究(实验一、二、五)中,我们将语素分为自由语素和非自由语素,其中自由语素既是语素也是词,非自由语素只有语素的性质;在双音节语言单位的研究(实验三、四、六)中,只有单纯词是由单语素构成的,合成词和短语都是由两个语素构成的。这样,单、双音节的 6 个实验就可以从语素与词(单音节)、单语素与多语素(双音节)等不同层级来考察它们的加工情况,探讨语素与其他语言单位的内在联系。

如果我们假设语素是汉语大脑词库提取的基本语言单位,实验中词与非自由语素都具有语素的性质,因此它们存储和提取的加工机制也应该是类似的,那么反映在行为数据和电生理指标上,反应时、正确率以及 ERP 波幅和潜伏期上可能不会有什么显著差异。我们来看提取加工的实验结果,实验一中,非自由语素的正确率低于词,它在 LPC 成分上的加工难度大于词,同样是语素,这两类语言单位内隐提取加工的行为和 ERP 数据都提示我们,非自由语素的内隐提取不同于词(自由语素),它有可能不是直接从大脑词库中提取的,或者它在大脑词库中的状态很不稳定,语义选择的困难使其需要耗费更多的资源,与词在加工过程及加工难度上都存在较大区别。因此,实验一的结果证明大脑对非自由语素与自由语素(词)的内隐提取加工是不同的,显然同一单位内部仍存在加工上的分离,这为语素不应该是大脑词库提取的基本语言单位提供了证据。

再来看单语素词和双语素词的提取,如果语素是大脑词库提取的基本语言单位,那么单语素词直接提取,双语素词需要提取后再进行整合加工,单语素词的提取就会比双语素词的提取更容易也更快。双音节语言单位的提取实验(实验三)却得到了相反的结果,单语素词(单纯词)和双语素词(合成词)在内隐提取过程中,P2、N400 和 LPC 等 ERPs 成分平均波幅和潜伏期都没有提示二者有加工强度和加工时间进程上的差异,简单来说,单语素词和双语素词的内隐提取加工过程并没有发现差异,词的构成成分——语素数量的多少对内隐提取加工没有形成影响,因此,结果说明由一个语素构成的单纯词和由两个语素构成的合成词可能都是直接提取的,至少它们的提取方式可能是相似的,这样二者的提取加工才不会出现差异,如果以语素为基本单位提取的话,则多语素的词因为更多整合加工的需求,势必在电生理学指标上有体现。在双音节外显提取实验(实验四)中,合成词和短语都是由两个语素组成的,但单纯词与短语、合成词与短语的加工都出现了分离,前者的分离表现在 P2、N400 两个 ERPs 成分上,后者分离表现在 P2 成分上。如果语素是提取的基本单位,同样由两个语素构成的语言单位提取加工怎么会显示出不同的加工难度呢?而且,单语素词的加工与双语素构成的短语加工出现了分离,同时单语素的单纯词与双语素的合成词的加工又没有加工差异的提示,这样的实验结果证明,用语素作为大脑词库的基本提取单位来解释是行不通的。所以,单双音节的提取实验都说明语素不可能是汉语大脑词库提取的基本语言单位。

我们接着来看语素在大脑词库中的存储情况。单音节存储加工的实验(实验五)对自由语素(词)和非自由语素的记忆编码的实验结果提示,大脑对非自由语素的加工难度都远远大于自由语素,体现在 P2、N400 和 LPC 成分上。经过分析,我们认为 P2 成分上的差异反映出自由语素(词)可能更容易激活人脑长时记忆中预先存储的单位,比非自由语素具有更好的词汇通达或更有效的记忆编码,N400 成分反映出非自由语素编码加工的多样性和复杂性,并导致语义编码加工比词困难,LPC 成分反映出非自由语素编码过程中记忆负荷的增加使其加工比词更困难。整合这几类语言单位的编码加工进程,我们认为大脑对非自由语素的记忆编码困难且效果差,在选择组块编码的时候,较多的选择可能性提示我们非自由语素在大脑词库中可能有多种存在方式,或独立存储,或以不同词条形式存储,在提取和编码存储加工过程中,可能与其他词条组合,也可能分解或重新组合。因此,非自由语素记忆编码加工的难度大提示我们,语素不太可能是大脑词库中语言单位的存储形式。

为了进一步证实自由语素与非自由语素编码加工的差异,我们又考察了二者的DM效应,结果发现自由语素与非自由语素的DM效应也不同,从前文分析我们知道,DM效应的差异显示了自由语素在记忆编码过程中比非自由语素利用了更多的大脑中预先已经存在的语义知识,非自由语素的记忆编码之所以没有能够利用足够的语义知识,无非有两方面的原因,要么是因为它在大脑词库中本来就没有语义知识的存储,要么因为想利用大脑词库中存储的语义知识难度非常大,但这两方面的原因同时都说明非自由语素和自由语素在大脑词库中的存储状态是不同的。如果语素在大脑词库中都是独立存储的,也就是说假如语素是大脑词库存储的基本语言单位,那么这种加工上的分离就不会出现,因为自由语素与非自由语素在编码时都是直接从词库中提取之后再进行编码。但是,实验结果却与这种假设并不一致。因此,词与非自由语素的DM效应的不同,也可以证明语素可能不是大脑词库存储的基本语言单位。

再从单语素词和双语素词的加工来分析语素能否是汉语词库存储的基本语言单位。与提取加工类似,假设语素是大脑词库中存储的基本语言单位,在记忆编码过程中,单语素词与双语素词的编码难度就应该是不同的,双语素词在提取出每个语素之后应该需要再进行语义整合或词法运算等加工,会显示出比单语素词更大的编码加工难度,而同样多数量语素构成的词和短语的加工应该不会提示加工难度上的差异。我们先来看单语素词(单纯词)与双语素语言单位(合成词和短语)加工结果的比较,在反应时上,单语素词比双语素语言单位(合成词和短语)都短,提示语素数量多少对编码速度存在影响,但是ERPs数据却给出了相反的证据,同样由两个语素组成,短语比合成词诱发了更正的P2成分,但是单纯词与合成词之间却没有差异,另外在N400和LPC两个成分上单语素词与两类双语素语言单位之间都没有差异。如果语素是大脑词库存储的基本语言单位,那么单纯词的编码加工应该与合成词加工存在差异,但语素数量的多少并未导致二者在加工上出现差异。因此,实验结果否定了语素是大脑词库中存储的基本语言单位。

在汉语大脑词库提取和存储的语言单位的研究中,有研究者认为语言单位在大脑词库中是以语素的形式存储的(彭聃龄等,1994),但也有人认为是复杂的存储形式(Hoosain,1992;彭聃龄等,1997等)。事实上,研究方法和研究语料的不同导致了研究结论的不一致,结论需要进一步验证。首先,研究方法借助效应的研究,依据反应时和准确率来考察启动效应,这种方法建立在激活扩散理论基础上,该理论认为,词汇以网络关系的形式进行表征,但是其组织具有严格的层次性,通过语义联系或语义相似性将概念组织起来。效应的研究首先肯定了激活扩散理论是可行的,但是这种理论究竟是否正确,目前也存在争议,需要实证研究的证据。词库中的这些词究竟是怎样存储的,是按照语义、语音等特征联系在一起的,还是以独立形式存储的,这些问题都没有得到解决。因此,效应的研究在理论基础上存在一定的问题。他们以此为基础得出的效应方面的结论,都只能是不同因素对汉语字词认知的影响,而不能真正推导出大脑词库中的存储单位。我们的研究是从语言单位存储和提取的神经机制研究出发,利用电生理技术来观察大脑在提取加工和存储加工时的强度和难度,因此更为贴近大脑词库的真实情况,更具有科学性。其次,从语料上看,前人的研究很多以双字词为主要研究对象,认为双字词是由词素构成的,其实在汉语中双字词的构成情况很复杂,有些双字词看上去都是由两个字组成的词,但其实内部有很大差异,这就导致双字词可以是单纯词,也可以是合成词,也有可能是离合词或是短语,事实上我们的实验结果显示,这些语言单位的加工是有很大差异的,因此,有些研究选择语料并非是同质的,即没能从语言学角度对语言单位进行分类,这就有可能导致结果的不纯粹性,或者在一定程度上无法看清语言单位的真正属性。

四、词更有可能是汉语词库的基本语言单位

我们再来分析词能否是汉语词库中提取和存储的基本语言单位。

首先,提取加工的研究(实验一、二、三、四)提供了词更有可能是汉语词库提取基本单位的几个证据。

单音节内隐提取研究结果(实验一)显示,词的内隐提取比非自由语素容易,这可能为词为汉语词库提取基本单位提供了证据,因为容易提取的单位更应该是汉语词库的基本提取单位,有利于大脑对提取出的单位进行分解或整合等运算,整体的语言产生过程也才符合大脑的经济原则;双音节内隐提取实验(实验三)结果显示,双音节单纯词和合成词提取加工过程诱发的 ERPs 没有显示分离,没有证据提示单纯词与合成词的神经加工机制的差异,且语素数量和汉字数量的多少都没有对双音节词的提取加工造成影响,因此我们推论单纯词和合成词可能都是直接提取的,在提取的时候都不需要经过语素的整合加工,这一点支持词更有可能是提取的基本单位。

同时,双音节提取研究结果(实验三、四)显示出词与短语的分离,这一分离也支持词更有可能是提取的基本单位。词与短语的内隐提取加

机制明显不同,不管是 P2 成分,还是 N400 成分都提示二者加工的差异,由两个词组成的短语提取的难度超过了单纯词和合成词,短语可能并不能直接提取,可能需要经过整合过程,这也正说明词数量的多少对提取加工是有直接影响的,且数量多少与提取难度成正比。同时,短语的新旧效应不同于合成词,比词更为明显,我们经过分析认为,短语在学习阶段进行编码加工时,首先根据规则将其组成部分整合加工后再进行编码,然后将编码的组块信息存储在短时记忆中,因此学习过的短语直接从短时记忆中提取,而其新项提取的加工不同于旧项,作为新项,在再认阶段的提取中,需要先从大脑词库中将短语的两个构成成分提取出来,再进行整合和输出加工,这样新出现的短语(新项)则缺乏熟悉感,也不容易与学习过的旧项相混淆。因此短语新旧项会呈现出比较大的 FN400 效应和顶区新旧效应差异,而合成词在记忆编码的加工过程中,因为缺乏这样的加工过程并没有显示出 FN400 效应。

存储加工(实验五、六)的研究结果也在一定程度上提供了词更有可能是汉语词库存储基本语言单位的证据。单音节语言单位存储加工研究(实验五)结果提示,词比非自由语素诱发了更正的 P2 成分,尽管不能完全确定该成分的性质,但经过分析我们认为,与非自由语素相比,词都具有更好的词汇编码或更有效的记忆编码,反映出词更容易激活存储在人脑的长时记忆中,并通过刺激的呈现而产生最为清晰的表象,表象的产生完全依赖于大脑中预先存储的知识,不同的语言单位在大脑词库的存储与表象的产生有很大关系,因为,预先存储则意味着词可能是直接存储在汉语大脑词库中的,而无意义的字的加工与词区别的来源可能正是因为无意义的字不是直接存储在大脑词库中的。词与非自由语素在 LPC 成分上的差异反映出非自由语素编码过程中组块编码选择的可能性增多,提示其记忆负荷比词大,也反映在正确率的降低上。更容易编码的单位才更可能是存储的基本语言单位,通过数据比较,词编码最为容易,也更有可能成为汉语词库存储的基本语言单位。

同时,词、非自由语素和无意义的字的 DM 效应相比,词的效应最强,潜伏期长且脑区分布广泛。经过分析我们认为,词与无意义的字的差异表现在 N400 成分上,无意义的字缺乏 N400 效应反映其无法依赖语义编码;词与非自由语素差异表现在 N400 和 LPC 成分上,词的 N400 成分上的 DM 效应脑区分布更广泛说明其利用大脑中预先存储的语义知识比非自由语素要多,加工更为充分,非自由语素缺乏 LPC 成分上的 DM 效应反映出其记住与未记住的项目都利用同一种编码方式,说明与词的记忆编码方式是不同的,无法更多依赖大脑中预先存储的信息,这种不同的编码方式也反映出词、非自由语素与无意义的字这些不同的语言单位在大脑词库中不同的存储状态。因此,记忆编码加工的难度和编码方式都提示词可能是直接存储在大脑词库中的。

双音节语言单位存储加工(实验六)研究结果提示,记忆编码过程中,词与短语不仅在内部词汇提取的加工不同,且编码加工也不同,不管在前部脑区还是后部脑区,短语的加工强度都比合成词大。短语通达大脑中预存的知识也比合成词要难得多,同时短语早期的编码加工也比合成词更为复杂,说明短语可能不是直接存储在大脑中的,而首先要从词库中提取词语,再经过一个运算的过程,因此显示出通达和编码加工都更困难。合成词更为容易的记忆编码加工支持词是汉语词库存储的基本语言单位;另外,短语的 DM 效应比单纯词、合成词都大,说明短语可能利用了多种方式和编码策略来进行记忆,而这多种编码方式可能是短语组成成分之间的关系并不紧密造成的,这种不紧密的结构提示短语内部成分的灵活性,反映在 DM 效应的增大,短语与词 DM 效应的差异则为词更有可能是汉语词库存储的基本语言单位提供了证据。

我们的研究结果与神经心理学研究、语言理论的研究不谋而合。

实验结果更支持词是汉语词库提取和存储的语言单位。这一观点与前人对失语症病人神经心理学的研究结论是一致的,崔刚(1994)通过对 8 例布罗卡失语症患者的考察,得出结论是词汇以整个词的形式贮存在大脑词库中;杨亦鸣(2002)扩大了失语症的类型,通过对 5 种不同类型的失语症病人语言调查认为中文大脑词库中存取的语言单位应该是词。从其他语言的相关性研究结论来看,词库以词为单位存储也具有普遍性特征,Rubin et al.(1979)、Butterworth(1983)、Cole et al.(1989)、Laudanna et al.(1989/1992)和 Chialant et al.(1995)等很多研究也都支持整词存储的观点。再来看理论语言学对词库中词的认识,在生成语法的早期阶段,Chomsky et al.(1968)认为一个词缀如果能够通过一个有规律的原则加到词干上去,它就不属于词库,也就是说有规则的变化不是词库的内容,词库只应该包含特异性的东西,这就意味着可以用规则生成的词都不在词库中。但随着理论的发展,他的认识发生了很大变化,到了最简方案时期(Chomsky,1991)他就认为,词库仍然是词汇的集合,词库中词条具有语音、语义和句法特征。随后他的想法(Chomsky,1993)又有了变化,主张所有的人类语言都包括词库和运算系统,词库为句法过程提供所需的词汇和功能性成分。整个句法过程就是从词库中挑选出一组词汇和功能性成分,经过运算生成语言表达形式。大脑词库中的词作为聚集了一定特征的整体在词库中存储着,只要一提取就可以直接进入句法运算并生成语言表达形式,词俨然成了词库中最基本的语言单位(Chomsky,1994、1995)。认知语言学也持同样的观点,Jackondoff(2002)也认为词库是词语在长时记忆中的存储,词是存储在词库中的。

五、短语不可能是汉语词库的基本语言单位

通过上文分析,我们认为,与字和语素相比,词更有可能是汉语词库提取和存储的基本语言单位,那比词大一级的语言单位——短语,它在大脑词库中是独立存储和提取的吗?它有可能是大脑词库中的基本语言单位吗?下面我们来进一步分析。

为了避免视觉刺激的物理属性对实验结果的影响,我们实验中短语和词都是双音节的,音节数和字数都是相等的。我们假设,短语如果是大脑词库中存储和提取的基本语言单位,那么词提取和存储的加工就会比短语慢,因为词是短语的构成成分,首先要提取基本语言单位——短语,之后分解为词,所以词无论是提取,还是存储加工都要将短语分解为词,分解过程势必增加大脑的工作负担,表现出比短语更大的加工难度。

我们来看双音节提取加工(实验三、四)的实验结果,在实验三中,不管是 P2 成分,还是 N400 成分都说明短语在提取加工时的难度超过单纯词和合成词,为词和短语的分离提供了证据,这一差异证明短语不应该是词库中的基本语言单位。实验四的结果中,短语的新旧效应较其他三类不仅延续时间长,而且脑区分布更为广泛,经过分析我们认为,人们将学习过的短语、将编码过的组块信息存储在短时记忆中,到再认阶段再提取出来,这样就会产生记忆痕迹,熟悉感也会增强,且强于合成词,短语新项由于刚出现的短语缺乏熟悉感,不容易与旧项混淆,因此新旧效应呈现出较大的 FN400 及顶区新旧效应,在新旧效应上与短语表现出较大的差异,尤其是合成词没有 FN400,表现出新旧项之间在熟悉性上没有区别,说明合成词直接存储的可能性较大。因此,两个实验都为短语不同于词提供了证据,尤其是加工机制也是完全不同的。

记忆编码加工的实验(实验六)结果也显示短语与词的编码加工差异。首先,是短语比词诱发了更大的 P2 成分[①],不管在前部脑区还是后部

[①] 研究显示,前部脑区的 P2 成分可能与早期项目编码关系密切,而后部脑区 P2 成分可能与从长时记忆中部分或完全的词汇提取有关。(Dunn 等,1998)

脑区,短语的加工强度都比合成词大,我们分析认为短语可能通达大脑中预存的知识比合成词要难,或者短语早期的编码加工比合成词更为复杂;其次,短语反应时比词长,正确率也低于词,这些证据都说明短语的记忆编码效果比词差。我们通过对记忆编码过程的分析后认为,短语激活大脑中相关知识比词难,之后的组块化过程效率比词低,因此唯一的解释就是短语可能不是直接存储在大脑中的,先要从词库中提取词,再经过一个运算和整合的过程,因此显示出通达和编码加工都更困难。另外一方面,短语的 DM 效应说明短语可能利用了多种方法和编码操作来进行记忆,而其他的语言单位,如单纯词和合成词则不需要这么多的编码方式,对多种编码方式的需求可能是短语组成成分之间的关系并不紧密造成的,这也同样说明短语不可能是大脑词库中提取和存储的基本语言单位。

学界对其他语言的研究至今没有任何学者提出大脑词库中的基本语言单位是短语,这一结论具有语言的普遍性。

第二节 汉语基本语言单位加工的神经机制

在系列实验的基础上,我们可以进一步对汉语基本语言单位提取和存储加工的神经机制进行分析与讨论,可以更清晰地了解汉语大脑词库的运行状态,并为汉语词库体系的构建寻找神经基础。下面从汉语基本语言单位提取和存储两个方面来探讨其神经机制。

一、汉语基本语言单位提取的神经机制

汉语语言单位提取的神经机制研究集中在实验一至实验四,我们下面依据每个实验的具体结论进行综合分析。根据上文分析,研究初步认定汉语词库的基本语言单位最有可能是词。因此,我们主要围绕词的内隐提取和外显提取来看词加工的神经机制。

1. 词内隐提取的神经加工机制

(1)ERPs 成分表现

总的来说,ERPs 数据表现在 P2、N400 和 LPC 两个成分上。

在 P2 成分上,双音节单纯词和合成词的波幅都比短语更正。

在 N400 成分上,单音节词与无意义的字平均波幅存在显著差异,词的 N400 成分平均波幅更负,N400 成分峰值结果显示,短语的峰值比单纯词和合成词的都大。

在 LPC 成分上,单音节词的波幅比非自由语素的更正,无意义的字的

波幅比词更正。

(2)激活脑区

单音节词:N400成分的激活脑区主要分布在中央顶区和顶区,LPC成分的激活脑区分布较广,主要分布在额中央区、中央区、中央顶区,不及无意义的字激活的脑区范围广泛。

双音节词(包括双音节单纯词和合成词):在P200成分上,双音节词脑区激活差异主要为前额和额区等。在N400成分上,脑区激活差异主要分布在额区和额中央区。LPC成分的激活脑区没有显著差异。

根据词与其他语言单位在加工神经机制上体现出的差异,我们认为,在内隐提取的过程中,三类单音节语言单位词、非自由语素和无意义的字内隐提取的加工机制是不同的。无意义的字缺乏语义的特征导致其做出拒绝的判断时耗费的心理资源最少,加工的难度最小,内隐的词汇提取过程可能根本就不存在,而非自由语素和词可能存在内隐的词汇提取过程,非自由语素加工难度比词更大,这可能和其不能单独使用的语法性质有关。单音节词(词)的内隐提取比单音节非自由语素的内隐提取要容易,这为Aitchison(2003)所提出的后备程序提供了证据支持。其次,词与非自由语素内隐提取所存在的ERPs差异为单音节语言单位下位类的划分提供了神经电生理的证据支持,也就是说,词和语素的划分以及语素的下位分类都具有心理现实性。最后,我们认为,单音节词可能是直接从中文大脑词库中提取的,非自由语素在提取时可能先提取由它和其他单位组合而成的语言单位,然后需要再经过一个分解加工的过程,而无意义的字可能就没有内隐的词汇提取过程。

对于双音节的词而言,单纯词和合成词的神经加工机制类似,语素数量的多少对提取加工过程没有影响。同属于词的单纯词和合成词ERPs的任何一个成分都没有显示出不同,说明在提取的过程中二者的加工机制可能是类似的,同时也说明提取过程中,语素数量的多少对加工没有形成任何影响,由一个语素构成的单纯词和由两个语素构成的合成词可能都是直接提取的,不需要经过语素的整合加工,它们在中文大脑词库中有可能是直接存储的,不过这还有待下面实验的进一步证明。其次,词与短语的神经加工机制不同。不管是P200成分,还是N400成分都为词和短语的分离提供了证据,短语在提取加工时的难度超过单纯词和合成词,这一差异体现了词与短语的分离。从语言理论的区分上来说,短语是由两个词组合而成的,因此,词和短语的分离也说明了词数量的多少对提取加工是起作用的,短语的提取是经过整合过程,而不是直接提取的。再次,语素的提取并不是词或其他语言单位提取加工过程中的必经阶段,汉语大脑词库中的多语素词可能是直接存储的,而多语素短语则不同,它在提取时可能是既要依赖存储,也需要运算。此外,语素数量相同而结构方式不同的语言单位提取方式不同。

2. 词外显提取的神经加工机制

(1) ERPs 成分表现

再认阶段单音节词的外显提取,在 N400 波幅上,无意义的字和非自由语素的差异显著,而词和无意义的字的差异接近显著,非自由语素的波幅最负。晚期成分 LPC1 分析时段为 450—650ms,词与无意义的字之间有非常显著的差异,而无意义的字与非自由语素之间的差异也接近非常显著。无意义的字的 LPC 波幅最大,大于词和非自由语素,词和非自由语素之间没有显著差异。对 650—850ms 时段的 LPC2 上,词与无意义的字之间有显著差异,无意义的字和非自由语素之间也有显著差异,无意义的字的 LPC 波幅最大,大于词和非自由语素,词和非自由语素之间没有显著差异。

再认阶段双音节词的外显提取,词与短语的差异主要体现在 LPC 成分上。

(2) 新旧效应以及激活脑区

再认阶段单音节词的外显提取,在 N400 成分上,激活脑区分布体现在中央区,类型的差异最大,LPC 成分激活脑区分布在额区、中央区、中央顶区和顶区。

单音节词与其他语言单位的新旧效应所激活的脑区也存在差异,词的新旧效应脑区分布主要在额区、中央区和顶区等,但在 500ms 之后,右额中央区以及左顶区达到最大峰,到 600—700ms 之间则没有新旧效应,700ms 之后在前额和额叶有新旧效应。非自由语素的新旧效应在 500ms 之前分布在额叶、中央区和顶区等很多脑区,700ms 之前的新旧效应只在顶区有,700ms 之后在前额出现新旧效应。无意义的字的新旧效应在 400—500ms 之间峰最大,分布脑区最为广泛,额区、中央区和顶区都有,600—700ms 间无意义的字的新旧效应最明显的脑区在前额,右顶区也有。700ms 之后又开始扩散到额区、中央区,比词和非自由语素在这一时间里的分布都要广。

双音节词与其他语言单位的区别脑区激活主要分布在中央区和中央顶区。双音节词的效应的激活脑区,单纯词和短语的新旧效应较大,几类语言单位新旧效应分布脑区也不一致,单纯词的新旧效应主要分布在额中央区、中央区、中央顶区和顶区,其中顶区最为显著,合成词的新旧效应主要在中央顶区和顶区,短语的新旧效应主要分布在额中央区、中央区、中央顶区和顶区。

根据词在神经机制加工上的表现,我们认为,词与无意义的字的顶区 P600 新旧效应不同反映了语义是调节顶区 P600 新旧效应的因素之一。词与无意义的字的外显提取加工机制不同说明,词和非自由语素旧项提取依赖短时记忆,但同时受到长时记忆中存储信息的干扰,而无意义的字的旧项可能不是直接从大脑词库中提取信息的。单音节词(词)可能是直接从汉语大脑词库中提取的,表现为词的外显提取更多依赖短时记忆中的记忆痕迹。P600 效应也提示词的提取依赖记忆,合成词没有 FN400 效应提示单纯词比合成词在大脑词库中的状态比较稳定,合成词无法依赖熟悉性来判断。短语可能不是以完整的短语形式存储在大脑词库中的,所以短时记忆的记忆痕迹要强于合成词,合成词有可能是以整体的形式存储的。最后,内隐提取和外显提取是不同的加工过程,但也反映出单纯词和合成词在不同提取条件下的加工方式是不同的,内隐提取加工以词为基本单位,而外显提取可能以语素为基本单位。

二、汉语基本语言单位存储的神经机制

汉语基本语言单位存储的神经机制研究集中在实验五和实验六,我们下面依据每个实验的具体结论做综合分析。

1. 单音节词编码存储加工的神经机制

(1) ERPs 成分表现

P2 成分上,词与非自由语素之间有显著性差异,词的波幅更正。词与非自由语素的 N400 成分也存在显著性差异,非自由语素的 N400 成分波幅更负。词与非自由语素的 LPC 成分之间存在显著差异,非自由语素的波幅更正。词诱发的 P2 成分激活脑区包括中央区和中央顶区,N400 成分激活脑区主要分布在中央区、中央顶区、顶区、颞区和颞顶区,LPC 成分主要分布在中央区、中央顶区、顶区和颞区。

(2) DM 效应及其激活脑区

词的 DM 效应主要分布在 N400 和 LPC 两个成分上,N400 成分在中央区 DM 效应最大,颞区额区也有分布,LPC 成分中央顶区的中央线 DM 效应最大,分布在中央区等。非自由语素只有 N400 成分的 DM 效应,最大 DM 效应的脑区分布在额区,LPC 成分的 DM 效应在额中央区的差异最大。无意义的字的 DM 效应出现在晚期成分,440—670ms 时段的最大 DM 效应在右顶区,670—900ms 时段 DM 效应在左右颞区和顶区比较明显。无意义的字没有 N400 的 DM 效应,这一点和词与非自由语素存在较大差

异,但 LPC 的 DM 效应比较明显,脑区分布也比较广泛,一直延续到 900ms 之后。

根据这些语言单位表现出的加工特点,我们认为,正确记忆的词、非自由语素和无意义的字这三类单音节语言单位在编码过程中有很大差别。词在早期成分上有最充分的加工,这反映出词可以通过刺激的呈现产生最为清晰的表象,这与不同语言单位在大脑词库中的存储状态是有很大关系的,因为表象的产生是完全依赖于大脑中预先存储的知识的,词与无意义的字的差别可能就在于无意义的字不是直接存储在大脑词库中的。无论是从词汇通达的角度,还是从记忆编码的角度来看,与非自由语素相比,P2 成分都反映出词具有更好的词汇通达或更有效的记忆编码,词可能更容易激活人脑长时记忆中预先存储的单位,而非自由语素可能并不是作为独立的单位形式进行存储,而之后的 N400 和 LPC 成分上的加工差异也提供了非自由语素最难编码的证据。在记忆编码过程中,无意义的字编码选择的单一性使它在编码时比词还容易,因为单音节词具有词和语素的双重性质,这种性质使它既可以单独使用,也可以与其他语言单位结合在一起作为整体存储。词与无意义的字的差异说明尽管二者的编码加工都比非自由语素要容易,都依赖长时记忆中词库存储的内容来编码,但加工通路和编码方式可能是不一样的。词、非自由语素和无意义的字具有不同的 DM 效应,说明三类单音节单位的记忆编码方式不同,证明了语言单位的划分是有神经机制基础的。从整个编码加工的时间进程来看,汉字无法作为独立单元进行存储,非自由语素记忆编码加工的难度提示语素独立存储的可能性很小,而词编码加工的特点提示词可能具备独立的存储方式,因此词更有可能成为词库中的基本语言单位。

2. 双音节词编码存储加工的神经机制

(1)ERPs 成分表现

P2 成分,合成词与短语有差异,合成词的波幅更小。合成词与短语的脑区分布广泛,包括额区、额中央区、中央区、中央顶区和顶区。N400 成分的脑区包括额区、额中央区。LPC 成分的脑区分布则包括中央区和顶区。

(2)DM 效应及其激活脑区

单纯词 N400 成分的 DM 效应,分布在前额、额区、额中央和中央区,LPC 成分中没有 DM 效应。短语的 DM 效应分布最为广泛,P2 成分在前额、额区、中央区、颞区都有 DM 效应,N400 成分的 DM 效应脑区分布主要出现在额区、中央区、颞区等,LPC 成分脑区主要分布在前额、额区、中央区、颞区等。

根据语言单位的加工特点,我们发现,词与短语的编码加工不同,不管在前部脑区还是后部脑区,短语的加工强度比合成词大,短语通达大脑中预存的知识也比合成词要难,同时短语早期的编码加工也比合成词更为复杂。单纯词的 LPC 波幅最大,显示其编码难度最小最为有效。单纯词在 N400 成分上的 DM 效应说明单纯词的再编码和成功送入记忆主要依靠语义进行。

第三节 基本语言单位和后备程序的关系

我们的研究结论支持汉语词库拥有存储和提取的基本单位,但大脑中可能同时也存在 Aitchison(2003) 所说的大脑词库后备程序,在这个后备程序中,额外的后备信息也有一种存储的可能性,就是以次要(或是第二)存储形式保存或是附着在严格而言的那个固定词库上。实验结果提示,从行为数据来看,非自由语素的准确率最低,ERP 的 LPC 成分也反映出非自由语素的加工难度最大,非自由语素不仅与无意义的字有差异,而且与词也有差异,也就是说非自由语素在单独提取时难度最大。非自由语素和词从语言学分类的角度来看,它们都是语素,但是二者的差别在于非自由语素在语言运用中不可以单独使用,ERP 证据说明非自由语素与词的加工机制不同,这也从脑加工角度为语言单位下位类区分提供了证据。但是,同时也说明另外一种假设的存在,即非自由语素不是从汉语词库中直接提取的,而是作为备用信息存储的,因此在提取时可能是经过了一个重新加工的过程,这个过程可能是分解或组合的过程,然后再提取和输出,这样在输出的过程中就体现出加工的难度增加。如果这一假设论证合理的话,那么与非自由语素相比,词并不是后备信息,它的提取和输出就没有这么复杂,加工的强度也应该更小,最有可能就是直接从大脑词库中提取,这也是它在大脑词库中存储的状态。

因此,汉语大脑词库中基本单位和后备程序应该是这样的关系:固有的大脑词库中存储的基本语言单位是词,但是有一个可以产生新词也可以分解词的后备程序,这个程序附着在或是连接到大脑词库上,而且其中包含了很多后备信息可以经常被大脑使用。在对不同的语言单位进行提取时,存储在大脑词库中的语言单位可以直接提取,而需要使用后备程序的语言单位就需要经过一个分解或者是重新整合的过程。

第四节 相关语言理论问题的探讨

一、语言单位加工的神经机制和"本位观"

实验中我们发现,根据语言理论分出的不同的语言单位,其编码方式和提取机制存在很大差异,这些差异反映在大脑对它们的加工难度和加工时间先后上的不一致,说明大脑具有区分不同语言单位的功能,但同样的语言单位加工时又显示出共性的存在。这种差异和共性的存在为语言单位的划分提供了电生理学证据。

单双音节内隐提取的实验中,三类单音节语言单位的加工机制是不同的,无意义的字缺乏语义的特征导致其做出拒绝的判断时耗费的心理资源最少,加工的难度最小,内隐的词汇提取过程可能根本就不存在,而可能存在内隐的词汇提取过程的是非自由语素和词,非自由语素加工难度又比词大。短语在提取加工时的难度超过单纯词和合成词,这一差异体现了词与短语的分离。从语言理论的区分上来说,短语是由两个词组合而成的,因此,词与短语的分离也说明了词数量的多少影响了提取加工的难度,短语的提取需要经过整合,并不是直接提取的。

单双音节记忆编码的实验也反映出几类语言单位不同的加工机制。三类单音节语言单位在正确记忆的编码过程中有很大差别,既体现在加工的时间进程上,也体现在编码加工要调用的其他信息不同,更是体现在编码内容和编码方式的不同上。大脑对词在 P2 成分上更早的加工说明在编码过程中,词比非自由语素要较容易编码和存储,而之后的 N400 和 LPC 成分的加工上也有差异。在记忆编码过程中,单纯词与合成词在 P2 成分上的差异体现了语素数量的多少对词加工的影响,单纯词诱发的 LPC 成分波幅显著大于其他语言单位,尤其是单纯词、合成词和短语的 DM 效应也各不相同。同为两个汉字组成的这些语言单位在物理属性方面没有差异,这些结果都证明了语言单位性质不同,大脑对其记忆编码加工就不同。另一方面,同一语言单位加工时又显示出共性:如词和非自由语素在编码时也在某一个成分上有共性的表现,说明单音节词仍然是构成其他词的语素,在这一点上它与非自由语素没有差异。单纯词与合成词都是词,在内隐的提取加工中,二者的神经加工机制并没提示有差异,语素数量多少对二者的加工没有产生影响。

这些不同的加工机制为各类语言单位提供了不同的神经基础,说明大脑对不同语言单位加工的区分，但同时又有共性表现，这些加工机制上差异和共性的存在反映了不同语言单位之间的差异以及它们内在的联系。经过讨论，我们知道，词更有可能是汉语词库提取和存储的基本语言单位，这意味着我们的大脑在运用语言时最为方便和经济的方式是使用词作为基本单位。目前汉语学界存在着很多种"本位观"，如"字本位""词本位"等，一直都有争论，这些理论为汉语提供了语言系统的重要语言单位参考以及研究的出发点，同时也指出了汉语的基本结构单位，丰富了汉语语言理论的研究。尽管这些理论都是研究汉语的基本语言单位，但是，特别要明确一点就是本文的基本语言单位和"本位"观中的"本位"概念不属于同一概念，而且研究角度和研究方法也是截然不同的。诚然，"字本位"有可能适合汉语的语言理论研究，可能以"字"为单位有利于汉语语法分析，也可能以"词"为单位适合汉语语法分析，但这些问题从我们的实验中无法得到充分的论证，因为我们研究的是大脑使用语言时运用的基本语言单位，是从语言生物属性的角度来研究汉语语言单位的，得到的是具有神经生物基础的基本语言单位，与"本位观"对语言单位的研究途径和研究目的都是不同的。

二、语素和构词法

英语中，语素是 morpheme，构词法是 morphology，或者翻译为形态学，对印欧语等具有丰富形态变化的语言来说，构词法的研究是以形态为中心的，研究词的结构或形式，与研究组词成句规则的句法相区别，因此很多印欧系语言构词法的研究是以语素为基本单位的。汉语的研究情况则不同，有研究认为，汉语没有印欧语的形态屈折形式，也就是没有性、数、格等形态变化，因此认为汉语是形态很少或者就是没有形态变化的语言。但是随着人们对形态认识的变化，区分出了广义形态和狭义形态，学术界也开始认可汉语形态的存在。胡附等（1990）明确指出，广义的形态包括了狭义的形态，是指除了单个词的形态变化外，还包括词与词的相互关系，词与词的结合，词语的先后次序。此外，对广义形态和狭义形态还有一种理解，传统的形态学研究包含构形法和构词法，而狭义的形态只包含构形法（高名凯，1986）。对于汉语的研究，构词法地位的确立是因为对广义形态概念的认可，很多学者将构词法放在了不同的地位。陆志韦（1957）认为与其说汉语的构词法属于形态学的一部分，不如说属于结构学的一部分，也就是属于句法学，因为汉语里的造句形式和构词的形式基本上是相同的；任学良（1981）认为，汉语中的词既有造词法，又有构词法，前者是研究用什么原料和方法创造新词,后者是研究词的内部结构形式,造词法统率了构词法,他还将造词法分为词法学造词法、句法学造词法、修辞学造词法以及综合式造词法,等等。

传统的汉语研究都是以字为基本单位研究字音、字形和字义,从西方语法中引进了语素概念之后,汉语构词法的研究才开始确立起来。语素区分为"自由"和"黏着"的观点最早是结构主义语言学家提出来的,也是区分词缀与非词缀的标准。汉语研究中,语素的自由和黏着被作为区分语素的标准,但是这种区分汉语语素的观点是否适宜汉语的实际情况?汉语究竟能否区分出语素这一词的下位语言单位?语素是否是汉语中存在的语言单位?这些都是语言理论尚未解决的问题。对于这些问题,我们从实验结果出发,对语素和词等语言单位加工的神经机制做一些初步的分析和探讨。

单音节语言单位的研究语料(实验一、二、五)分为词、非自由语素和无意义的字,其中词与非自由语素的区分标准就是能否独立使用,可以独立使用的是词,不能独立使用的是非自由语素。由于汉语的特点,我们区分出词和非自由语素,从实验的结果可以看出,不管是提取还是记忆编码的加工,词与非自由语素的加工机制存在很大区别:在内隐提取的加工中,词与非自由语素在 LPC 成分上存在显著差异,提示单音节词的提取比非自由语素要容易,这些单音节词与非自由语素在 ERPs 上的客观指标的差异证明二者的加工机制是不同的,这种差异也为单音节语言单位下位类的划分提供了神经电生理学的证据支持;在记忆编码过程中,大脑对词在 P2、N400 和 LPC 成分上的加工都与非自由语素不同,结果提示词比非自由语素要较容易编码和存储。

不仅如此,双音节语言单位的研究中(实验三、四、六),短语与合成词的差异也提供了同样的证据。在内隐提取加工过程中,不管是 P2 成分,还是 N400 成分都为词与短语的分离提供了证据,短语在提取加工时的难度比单纯词和合成词都大;对于再认的提取,合成词与短语在 LPC 成分上也有差异,短语的波幅明显大于合成词,短语的新旧效应也明显大于合成词,一系列的电生理证据都支持合成词和短语是不同的神经加工机制,二者的差异正是其构成成分的差异,合成词的构成成分包含自由语素也包含非自由语素,而短语的构成成分都是自由语素,因此这也正体现了自由语素和非自由语素加工的差异;在记忆编码过程中,词与短语编码加工机制不同,不管在前部脑区还是后部脑区,短语的加工强度都比合成词大,短语早期的编码加工也比合成词更为复杂,短语和合成词的 DM 效应不同提示二者材料的不同。

我们的实验结果支持汉语词库中语素单位的存在,同时为自由语素和非自由语素在大脑词库中的区分提供了充足证据,因此,按照这一标准对语素进行划分的研究是符合神经基础的,而以语素为基础的构词法的建立也是具有神经生物基础的。

第八章　汉语词库研究

　　词不是杂乱无章地堆积在我们的大脑中的,它们被组织成一个复杂的、连锁的系统,这个系统的内在的规则是能够被发现的。词不会随意地在人脑中堆积有两个原因,一是大脑中有非常多的词语,二是它们能够很快被找到(Aitchison,2003)。可是词库究竟是一种怎样的存在?词库包含的内容有哪些?词库的运作方式又是怎样的? Jarvella & Meijers(1983)认为,心理语言学的中心问题就是大脑词库——存在于我们头脑中的词典,是否是词的词库,词是否以单独的项目存在词库中并为语言使用做准备?对于汉语来说,我们同样要思考什么是词库,汉语的词库中有什么,词库中词的存储和通达是以完形的整体还是以它们的成分语素作为单位,汉字的正字法在通达汉语词库时起了什么样的作用。我们在思考汉语的词和词库时首先遇到的困惑就是,汉语的词主要成分很复杂,自由语素和黏着语素的组合方式多样,而其他语言的黏着语素作为功能成分(如词缀),通常是封闭的,这些语言关于词汇存储是组合还是分解的讨论趋向于将问题集中在汉语词的存储方式问题上,包括词根和词缀是以预编码形式存储还是以分解的形式存储,这就导致了汉语的存储问题在某种程度上与其他语言不同。另外一个困惑的问题是,汉语自然语言词库与汉字正字法加工之间的关系,汉字的书写系统从某种意义上说,推动了词汇加工的概念,但是,汉语词库与汉字系统的复杂关系也给汉语的词汇加工,尤其是汉语词库问题带来了困扰。

　　要了解汉语的词库系统,不能忽略另一个问题,即词库与语法规则是怎样的关系呢? Pinker(1997)认为,说任何一种语言的人都可以将语言的片段堆积在一起形成类似句子的有意义的话语片段。句子是运用语法被组织起来的,语法的规则控制了个别的实体,这些个别的实体又根据语法规则堆积在一起形成能被理解的语言输出,而这些输出又是听者根据同样的语法规则被分析并被理解的。语法规则控制了什么呢?它们可以是语法的类范畴,如名词和动词等,但不是意义,句子中句法操作的成分可能是名词或是动词等,但是我们在记忆中存储的容量远比名词和动词等词类成分要大得多。这些成分在说话者需要的时候被重复使用并被削弱,甚至变成很小的部分。词库是一系列形式与意义组成的对,它们被运用在话语的产生以及理解中,是在语流中作为意义的传达者被说话者确定的具体成分。因此,词库与句法的关系问题就显现出来,词库中有语法规则吗?词库只是句法运算的基础吗?但是目前看来,词库很难与大脑的具体部位建立起定位关系,这是因为词库的功能缺乏一致性,没有任何证据可以表明词库执行的功能是完全一致的。不过,学术界已经接受了"词库"这一术语,用来描述词汇在加工中所起到的特定作用。尽管如此,解决这些问题还是不可避免地将词库的研究带入句法研究中来,词库与句法界面的问题也逐渐成为学界关注的热点问题。我们将基于实验研究的结论,结合语言理论对汉语的词库特征做进一步分析和讨论,并初步构拟汉语词库可能的系统。

第一节 词库的争论与证据

词库理论的提出无疑为人们探索语言运转的奥秘和解释语言提供了一条清晰的路线。学界对于词库内涵与特征的理解不断地发展,这些理论的构想为心理语言学和神经语言学的研究拓宽了思路,人们认为在语言加工的过程中大脑词库起了极其重要的作用,因为词存储于大脑词库中,尤其是词的语音、语义和句法等重要的信息特征也都是在词库中存储的,语言生成和理解的加工过程的第一步就是要从大脑词库中提取词。因此,语言的核心和最有趣的组成部分之一就是大脑词库。但是,Ann Treisman 在1961 年第一次提出大脑词库这个问题后,至今我们仍然没有明确的答案回答它是什么样的结构以及该结构包含多少信息。大脑词库存储并组织词汇知识,一些研究者认为人有许多词库,每个存储信息级别都有一个(Ullman,2007),如正字法词库、语音词库、语义词库和句法词库,等等。还有研究(Mccleland & Rogers,2003;Seidenberg,1997 等)提出只存在一个组合所有信息层级的词库。这种认为存在词库的观点从 20 世纪 60 年代起就得到了多数学者的认可,但近年来一些研究(Elman,2004、2009;Dilkina et al.,2010)开始质疑并挑战这一观点,认为词是作为直接作用于大脑的刺激而被人所理解的,从而提出了新的问题:人脑中是否真的有大脑词库?即大脑词库究竟是否具有独立性?如果存在,它在语言加工过程中起到怎样的作用,与语义、句法之间又有着怎样的关系?是否又具备特定的神经基础支撑呢?Sousa et al.(2015)认为,单词可以按照列表方式存在并且被组织,可以被看成有数不清的词库。词库是语言表达和学习的核心结构,是语言描述的起点,词库会参与所有的语言过程。当一个人准备尝试想象词汇在每个使用者的大脑里是怎样被存储和组织时,一些麻烦的问题就会出现。大脑词库只是一种理论装置吗?它真的存在于大脑中吗?词汇信息是如何存储的?它的结构类似字典式的结构吗?

什么是词库?词库中究竟有些什么?关于这一问题,理论研究在一定程度上进行了探索,不过观点并不一致。结构主义语言学理论代表人物布隆菲尔德认为词库是语法的一个附属品(布隆菲尔德,1997/2002);生成语法在标准理论阶段提出词库里的基本形式就是词干,到了最简方案阶段,词条从词库里出来时就携带了所有的形态特征,然后在句法过程中逐步失去其中的一部分,剩下符合充分诠释原则的特征,扩充了词库的内容,而且词库并不是很重要的结构,Chomsky 声称它是"例外的列表",总是不遵循一般原则,它是语言变异的源泉(Chomsky,1993、1995 等);生成词库理论认为词库具有生成性,不应该仅仅是静态的词义集,而是存储具有生成性的词汇,实现句法和语义的最大同构(Pustejovsky,1995 等);认知语言学认为语法是由词库和心理语法组成的,处于语法中的词库是短语结构和句子结构接口模块的一部分,词库中的词项应该被看成一条对应规则(Jackendoff,1997 等)。Jackendoff(2002)分配了更多的相关作用给词库,他认为如果与语法相比的话,可以将大脑词库看作是"长时记忆中用语法构成短语和句子的单词的存储",语法信息在那里被存储。因此,在 Jackendoff 看来,语法信息被嵌入在词汇知识中,并不用于支配词汇项的语法组建层次结构。尽管这些理论对词库的内涵解释和功能作用的看法并不统一,但都不否认词库的存在。

语言理论研究提出了词库概念,这些对词库的理论设想与人脑中的词库是否吻合?相关实证研究主要集中在三个方面:(1)大脑中是否存在词库?一种观点承认词库存在于大脑中,从词库中分离出不同于语义词库的独立句法词库(Bormann et al.,2012;Biran et al.,2012),相反的观点则否认独立词库的存在,认为词是作为直接作用于大脑的刺激而被人所理解的,大脑中不存在词库(Dilkina,2010 等);(2)研究词库的内容及存储方式等问题:词库内容与其存储方式密切相关,有研究认为词库以词为单位存储(Butterworth,1983 等),也有研究认为大脑词库是整词和语素混合存储(Correa et al.,2004 等),观点并不一致;(3)寻求词库系统与句法系统的神经基础以及词库与句法的关系问题。一种观点认为二者之间不存在关系,词汇—语义系统(词库系统)和语法系统分别依赖于左半球的颞叶和额叶(Ardila,2012),由大脑不同的区域管辖;也有观点认为词库记忆依靠大脑左颞叶和左颞顶区域,而语法加工则依靠左额叶(Ullman et al.,

2005),另一种观点则认为在句子加工中词库和句法虽然具有不同的神经基础,但两个系统可能又具备加工过程相结合等的密切关系(Berwick et al.,2013;Randall et al.,1998)。国内外学者尝试构拟大脑词库模型,以此对语言的生成和理解过程进行勾勒,同时积极探索大脑词库中可能存储的语言单位,希望通过解决大脑词库中存储的语言单位问题来更清晰地认识人脑词库。但问题是研究结论并不一致,有研究认为大脑词库是以词为单位进行存储(Butterworth,1983 等),也有研究认为大脑词库的存储是整词和语素混合的情况(Correa et al.,2004 等)。这就导致学者们开始怀疑,大脑词库究竟是否真的存在?研究结果表明,通过规则可以生成的词并不存储在词库中,因为它们和不规则词汇的加工机制并不相同,于是又提出了"单一系统"和"双重系统"模型(Dilkina et al.,2010)。

随着神经认知科学和人工智能等学科的发展,词库的有无及其重要的作用日益凸显。学界基于象征主义和联结主义两种理论设想,从模拟心智和模拟大脑两个角度出发,产生了许多语言处理的计算模型,在这些模型中词库问题也成为关注的核心问题,支持词库存在的观点被较早提出来,而认为不存在词库的观点提出相对较晚,也没有很多支持者。即便如此,支持有词库观的学者对于词库存在的方式也有不同的想法,学者们尝试从语言加工和理解等不同的角度去探索词库的神经基础,形成了几种不同的词库观。

一、有词库观

很多研究者承认我们的大脑中存在词库。Triesman(1960)首先提出用"大脑词库"(Mental Dictionary)来命名词汇存储,然而大脑的词存储比词典更复杂、更巨大,而且还没有固定的内容(Coltheart,2001),词库与词典是不同的,字典式的结构太直观,也不太可能是大脑词库中的结构(Forster,1997)。Fodor(2002)在反对新词汇主义的过程中,他提出词库是一个标签,人们把不知道该怎样做的事情和他们不愿意去想的事情放在那里。Pinker(1998)也曾假定有一个用于通用或特殊实体的词的词库,这是对于学界无所适从的词库构想的解释,他认为词库只是一种记忆,大脑用语法(规则)去组合词时词库就会起作用。Ullman et al.(2005)认为词库包含了被记住的声音和意义的配对,非组合性的词和习语,它们受大脑语法规则所管辖。对于词库问题,研究者们提出了很多不同的观点,他们大都假定大脑词库知识的存在,但大脑词库的结构形式和内容却是不同的。我们将现有有词库的观点分为三种:单词库观、双词库观和多重词库观。

1. 单词库观

单词库观主要来自联结主义模型的构想，他们通过计算模型试图模拟大脑的最小处理单元，即神经元的活动，模拟人类感知、认知和行为的各个方面，他们认为语言知识并不存储在模块中，而是分布在神经网络中，因此联结主义模型假设只有一个词库存在。交互激活模型是 Mcclelland & Rumelhart(1981)提出的最有影响力的联结主义模型，模型由单词层、字母层和特征层等六个交互作用的层级构成，其中单词层是词库系统，它可能在几个层级上交互式发生，一个层级上的激活会扩展到相邻的层级，抑制和竞争可能都会发生在词层级上。此外，基于联结主义研究者还提出了言语感知的 TRACE 交互激活模型(Mcclelland & Elman,1986)和 Shortlist 模型(Norris,1994)等，构建出词汇表征以及单词识别加工依赖的词库模型。

Caramazza(1996)提出了言语产出模型，他认为定位到左颞叶的范畴化的词汇知识属于词汇层面，而不属于概念或语音层面。词库可能是连接语义和语音段的接口层。尽管后来 Caramazza(1997)在模型重新构造时，明确地排除了词条层级并且否认任何接口的存在，认为语义节点直接与正字法词素、句法特征和语音音素相连。

单词库包含多种模型，它们通过模拟人的语言行为表现来挑战模块化理论。但是，单词库理论面临着很多不明确的问题，核心问题之一就是，如果存在单词层级，那么词库中表征什么信息，这些信息又如何表征的？现有的单词库观多是将词汇层级的语义、语音甚至形态问题都放在信息交互中激活并产生联系的过程中来解决，事实上是从语言加工角度对大脑工作方式的模拟，其中词库是不能跳过的重要环节，因此词库的功能和存在方式就显得尤为关键。

2. 双词库观

双词库模型(the Dual Lexicon Model)是完全建立在语言加工的神经基础上的，严格意义上说是词汇加工通路的词库脑网络，由 Hickok & Poeppel(2000、2004、2007)主要针对语言产出加工提出。这一模型的主要观点是，我们所说的词的表征形式存储在两个平行词库中。一个是腹侧词库，位于颞后中回(Posterior Middle Temporal Gyrus, pMTG)和连接部后颞上沟(Posterior Inferior Temporal Sulcus, pITS)，起到了投射在后颞上回听觉—语音表征到概念表征到在颞极语义中心表征的中介作用，是投射词与意义的中介。这个区域不存储语义知识，但是存储了词的形态表征方式。这些表征运用双侧分布网络将位于后颞上回(Posterior Superior Temporal Gyrus, pSTG 的双侧)听觉上的语音表征与语义表征连接，用类似的分布网络与句法过程连接(Caplan,2007;Grodzinsky & Friederici,2006)。因此,腹侧词库主要是对口语词、句子加工中的语义解释起作用,以便于传达意义(如图片命名任务)。腹部词库的特征是以言语加工的双通道模型中后颞上沟和颞后中回的作用共同组成的(Hickok & Poeppel,2000、2004、2007)。颞上回的前部可能与记忆组织程序有一定的联系。双侧后颞上回(the Bilateral Posterior Superior Temporal Gyrus,pSTG)是未经改变的自然语言听觉—语音分析的主要位置。第二个是背侧词库,包括左缘上回(the Supramarginal Gyrus,SMG)以及邻近的顶盖部分,投射听觉语音结构到左侧主要发音网络,角回被认为是在次词汇单位的识别中起到作用。背部词库存储了完整的有条理的词形(Word Form)表征。之前的一些报告表明背侧加工是在一些次词汇层面起作用,比如在音素或音节层面。

背侧和腹侧通道的表征在语言加工过程中起到了很多互补的作用。在听觉言语感知中,在特定任务的自上而下地对后颞上回激活的影响下,它们共同促进了听觉—语音转换。(Gow & Segawa, 2009; Gow et al., 2008)。(参看图43)

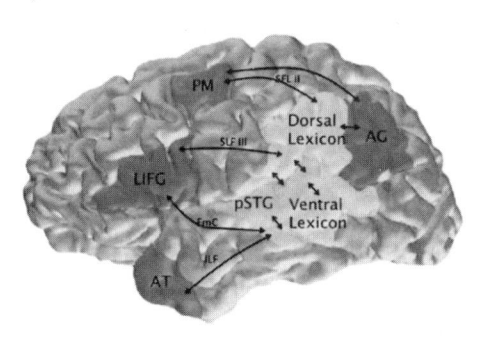

图43 转引自 Gow(2012)

3. 多重词库观

Ullman(2007)明确提出多词库观点,认为存在正字法、语音、语义和句法等多个层级的词库,他将大脑词库放在颞叶,语音加工发生在颞上中后部,概念信息的大脑皮层是在语音区域的前后。在这之前,失语症研究提供了多词库存在的证据,根据存储的不同类型的信息而存在不同的词库:语义信息可能被存储在系列的大脑脑区,句法信息在其他一些脑区,而语音在第三套系统内存储。例如,Hillis(2001)根据失语症患者的证据,对词汇系统的结构列出了患者的表征有两个词库:一个是语音的,一个是正字法的,根据功能它们被分离到输入和输出系统中。Teichmann et al. (2012)

报道,语义痴呆患者不能定义普通词语,但能够解决字谜问题,并据此提出了词汇与语义区别的证据,认为正字法词库储存在视觉词区域的颞下皮质区,而语义信息存储在前颞区皮质,这个案例研究也证实了多重词库观。Sahin et al. (2009)的研究也出现了词汇和语法的分离,他们运用颅内电生理方法(Intracranial Electrophysiology, ICE)研究了Broca区的语言加工,发现词汇、语法和语音信息有一个"时空截然不同的过程"(Spatiotemporally Distinct Process)。

多重词库观有来自正常人群和脑损伤的失语症患者神经基础的证据支持,正如多重词库观所假设的那样,不同的语言信息加工可能存在不同的词库,语言产出的词汇通达模型(Hagoort and Levelt, 2009)也更符合多重词库观。这也许能够成为解决语言模型的方案,但独立的多词库存在似乎不太符合大脑连通性的特性。

二、无词库观

无词库观认为语言的所有信息层(语义、句法、语音、正字法、语用等)都在同一个网络中集成和互连。分布式发展模型是基于词汇识别和命名的无词库观模型(Distributed Developmental Model of Word Recognition and Naming)(Seidenberg & Mcclelland, 1989),模型包括正字法、语音、意义和语境四个主要表征单元,以及三个起调节作用的隐藏单元。该模型假设,阅读过程包括了正字法、语音和语义三种类型分布式表征,且它们的表征构建是交互式的相互影响的三个层次。

无词库观的一个重要证据是词库与语法的不可分割性。Bates & Goodman(1997)对大龄儿童和成人中正常、非典型以及神经障碍人群等不同人群的语言习得以及在线加工的研究进行了整理和归纳,得出结论,并没有一致的证据表明语法和词库是模块独立的加工过程,支持了词库与语法的不可分割性,从而支持了无词库理论。

无词库观点具有神经生物学解释,Pulvermüller(1999)的研究支持无词库观,他认为,知识既没有在大脑的小区域中被表征,也没有被完全分布。知识是由具有特定功能和分布但未必被紧密定位的细胞群表征的。Pullvermüller这样解释词的表征——在具有明确的皮层分布的细胞群互联网络中双向分布,单词的发音和声学表现发生在Broca和Wernicke所在的近侧皮质,这是一个强连接的网络,是语音和语法特征的一个分布式的功能单元。这个网络还以双边方式连接到其他网络,在这些网络里不同意义特征被表征:如运动皮层被激活以加工涉及身体运动的动词;视觉皮层参与动物和颜色的具体名词表示;边缘系统在处理表达情感和情绪的词的特征时被激活。

最为明确和另类的无词库观点来自 Elman 的研究。Elman(2004、2009)两篇论文中明确提出了大脑词库并不存在的清晰观点,大脑词库并不像一长串信息那样是被动词库。事实上,它是一个巨大的动态网络,词组的意义在很大程度上取决于构成词的意义,因此意识与意义都取决于语境。他将词看作刺激,词的意义存在于对心理状态产生作用的效果,词汇作为线索(刺激)激活节点和连接的层,这些节点和连接的层可以被描述为话语语境中的单词含义,单词的类别从高维状态空间中的位置出现,单词作为外部刺激对系统内部状态起作用。Elman(2009)明确提出"去掉语言研究者最珍视的对象之一——大脑词库",他没有质疑单词的存在,认为没有词库的词汇知识仍然具有存在的可能性。词汇表征与其他语言的层次(句法、语义、语音、语用等)是一体的。

无词库观与大脑中实际的语言分布一致吗?词库与语法单独存储吗?这些问题迄今也没有统一的答案,我们可能需要更多的语言理解和产出的证据。

第二节　实验七:汉语词法与句法的接口及词库特征研究[①]

事实上,目前对词库的研究尚存在一定的问题。一是研究词库的立足点不同,有的研究在词汇或词汇以下层面,有的研究以句子为对象,这就直接导致了研究结论的不一致;二是研究对象较为局限,目前研究主要是针对印欧系语言,对词库共性研究需要多语言的类型学证据;三是对词库加工的神经机制的研究多依赖神经影像学和神经心理学方法,尽管这对于脑空间分布具有一定的说服力,但对于观察大脑实时加工过程还存在一定局限。对于词库研究来说,在语言单位单独呈现的静态条件下展开,可以研究汉语大脑词库静态的语言单位的加工方式,以此探究词库中的基本语言单位等问题(Packard,1999 等),而想要探究大脑词库的神经基础以及词库的独立性问题就必须将词库的静态研究与语言加工的动态研究结合起来,才更有利于对汉语词库特征的认识,才能真正探寻汉语词库加工的神经基础,验证词库内语言信息加工的层级问题,并进一步研究语言加工过程中

[①] 本节内容发表于《语言科学》(2010 年第 5 期,486—498 页),收入本书略有改动。

词库的特征及其作用。因此,我们将汉语语言单位的静态加工与句法加工条件下的研究结合起来,在不同语言单位的加工层面和不同的句法加工层面探讨汉语词库的特征。

词库中的内容是否固定不变,抑或说存储于词库中的语言信息在语言加工过程中是直接被提取或直接被激活,还是部分内容依赖记忆,部分又与句法加工类似,需要进行再加工,然后运用到语言中,其中最为典型的操作莫过于词法操作。很多学者认为词法与句法都属于句法层面的加工,因为是规则和存储的问题,规则依赖的神经基础不同于存储的神经基础,因此词法与句法相同,不过这样的结论更多依赖于印欧语等具有形态加工的语言。但是,汉语的情况不同,构词方式与短语的结构方式类似,那么词法的神经基础与句法一样吗?

从汉语语言学理论研究来看,词和短语的问题在20世纪初提出了短语的概念后就出现了,为了区分二者,人们使用了不同的标准,如插入法、转换法等,很快学术界对词和短语的界限问题展开了深入讨论。吕叔湘(1979/1999)、王宗炎(1981)等人对语素、词和短语如何划界的问题都提出了自己的看法,尽管他们拓宽了词的范围标准,提出新的概念,试图采用兼属的方法来解决词与短语之间的界限问题,但都没能真正解决问题。张斌(2003)认为复合词与短语的区别有时模糊不清,短语是词和词结合起来构成的,但是词与词联结在一起并非都是词。他提出采用王力的"插入法"(也就是扩展法)区分词和短语,并且在插入别的词之后,不仅要保持基本结构,而且不能改变原来的意义。如"大雨"可以说成"大的雨",是短语,而"大衣"不能说成"大的衣",则是词。但是,张斌认为用扩展法来区分同样也会遇到麻烦,如一些偏正结构在甲场合可以扩展,但在乙场合却不能扩展,一些动宾结构,即离合词,这些结构中的两个语素大多有一个不能单说的语素,似乎看成词更合理,但在插入了别的词语之后,宜当作短语。因此,张斌通过对这些结构的分析认为,要认清词和短语的分界问题,必须要明确离合词的概念。

离合词[①]是现代汉语中一种特殊的语言现象,是词和短语之间需要界定的一个特殊范畴。说其特殊,因为它合在一起使用时意义上具有整体性和单一性,具有单一的词汇意义,类似复合词,但是它的构成语素在使用时又可以分离开,类似短语。学界对于离合词的属性一直都有不同的观点,

---

① 又称"离子化的形式"(赵元任1979/2002)、"短语词"(吕叔湘,1979/1999)等,本书中采用"离合词"的说法。

一种观点认为离合词是词,不是短语,但又是特殊的词,即词说(刘泽先,1955;李清华,1983;赵淑华、张宝林,1996等);还有一种观点认为离合词最好归入短语,即短语说(王力,1946/1982等);还有人认为这类语言单位合时为词,分时为短语,即离合词说(陆志韦,1957;张寿康,1957;朱德熙,1982/2000;黄伯荣、廖序东,1993)。除了对离合词性质的探讨之外,学者们还从离合词的确定方法以及产生的动因等方面①进行研究,从不同侧面丰富了离合词的研究内容,使人们对离合词有了进一步的认识。但离合词究竟是一种什么性质的语言单位,是词还是短语,或者它根本就是一种独立的语言单位呢?学界至今没有达成共识。

事实上,这些不同观点的形成都归因于对词和短语划分不同标准的认定上:持"词说"的学者坚持意义标准,离合词的意义具有整体性,因此被看成是词,而结构形式上可以分开只不过是"有限形式的扩展"而已(赵元任,1979/2001:200);持"短语说"的学者则是以结构形式上能否分开为标准来区分词和短语,"凡两个字的中间还可以插得进别的字者,就是仂语,否则只是一个词"(王力,1946/1982);持"离合词"说的观点则是综合了这两个标准,将离合词"合"与"离"的语言运用状态分开看待,吕叔湘(1979/1999)更是指出离合词体现了词和短语划分问题,认为是词汇标准和语法标准两者之间的矛盾,因此他提出"从词汇的角度看,'睡觉''打仗'等等都可以算作一个词,可是从语法的角度看,不得不认为这些组合是短语"(吕叔湘,1979/1999:499)。因此,作为词和短语之间的一个特殊单位,离合词是语言理论研究中的棘手问题,搞清楚离合词的性质,能够解决困扰我们的词和短语的界限问题,同时也是探索汉语词法与句法加工机制的切入点。

汉语中的离合词最常见的结构是动宾和动补两种结构,如成亲、捣碎等,这种类型的结构既具有词的性质,又可以扩展使用,具有短语的性质,对于这种结构的形成原因和形成特点,学者们又有不同的意见。这关系到构词法和句法的问题。对于丰富形态变化的语言来说,构词法的研究是以形态为中心的,研究词的结构或形式,句法是研究组词成句的规则。构词规则和句法规则的关系因为复合词的出现而显得紧张起来,复合词是两个或两个以上的词结合形成的词,复合词的功能和单纯词一样,属于词,但是

---

① 研究者从离合词的确定方法(赵淑华、张宝林,1996;谢耀基,2001等)、结构特征和插入成分的特点(于根元,1987;段业辉,1994;饶勤,1997、2001;施茂枝,1999等)、产生的动因(王海峰,2002;董秀芳,2002;李宗江,2006;马清华,2009)等方面对离合词进行了深入的研究。

复合词又具有短语的特征,遵循短语的规则,这样复合词就成为一类复杂的语言单位。而对于复合词究竟是在词法层还是在句法层合成的,学术界也存在普遍争议。其实,问题的关键归结到构词规则和句法规则的同一性,以及构词规则和句法规则在语言运用过程中是否在同一层次上运行。要搞清构词规则和句法规则,首先要了解构词法和句法,一直以来,对于构词法和句法学术界也有不同的观点,早期结构主义强调语言之间在构词法上的差异大于句法上的差异,以 Chomsky 为代表的转换生成语法认为短语属于句法范畴,复合词属于词法范畴,因为构成短语的句法规则是不会涉及词的内部结构的,而复合词属于词法范畴,是在词法层面形成的(Chomsky,1970)。还有一种观点认为构词法就是句法,尤其是汉语里的造句形式和构词形式基本是相同的,汉语中复合词的构词规则是沿用句法规则的,以陆志韦(1957)、朱德熙(1982)和董秀芳(2004)为代表;还有一种观点认为,复合词的形成与句子无关,复合词处在词和短语之间的连续体之中,既具有词性又具有句法性,如黄月圆(1995)等。

但是,离合词究竟是怎样形成的,赵元任(1979/2001)认为这些结构首先是词,由于"离子化"的原因才带有短语性质。Huang(1984)持不同观点,他认为这些结构本质上是短语,然后经过词汇化,再分析为复合词,也就是短语构词。而黄月圆则认为这类词兼具了词性和句法性,词和句子的分界理论已经无法解决这个问题。离合词的界定总是纠葛在词与短语之间,是因为它既有与词一样的意义整体性的特点,又具有与短语一样的构成语素可以分开使用的特点。但构成词的规则是词法的,构成短语的规则是句法的[①]。那么,离合词依赖的是词法机制还是句法机制呢[②]?

我们在实验七中希望可以通过离合词与词和短语的差异和共性来探讨离合词的判断标准、性质和归属问题,从而进一步探讨构词规则和句法规则的内在生成机制。实验选用的离合词在结构上具有可合可离的特点,在意义上具有单一性,即组合的意义不是这个组合的构成成分的意义的相加。"离"指组合成这类语言单位的"语素"在使用时可以分离开,"合"指这类语言单位合在一起使用时结构和意义上都具有整体性、单一性,具有

[①] 朱德熙(1985/2005:4)指出"汉语句子的构造原则跟词组的构造原则基本上是一致的"。我们也将短语的构造方式当作是句法的,这一点也将得到实验证据的支持。

[②] 尽管对于词法和句法关系的讨论持续了几十年,词汇学派(Chomsky,1970)认为独立于句法之外的词法规则是必不可少的,构词和造句之间有着根本的区别,句法学派(Baker,1988 等)则认为句法也负责构词。实验语料的结构方式包括动宾、动补、主谓几种类型,因为这是汉语的构词法的几种最主要的方式(陆志韦,1957;赵元任,1979/2001 等),汉语复合词的构词方式与短语的结构方式基本相同。

单一的词汇意义。对于少数单纯词如"幽默""滑稽"等虽然存在有限形式的扩展,但是本文不将其作为离合词来考虑。另外也排除在一定语境下在语法、语义上被看成特殊用法的情况。

实验七运用事件相关电位技术这一神经电生理学手段,从人脑对离合词加工的角度对离合词的特点及其属性做初步的探讨,尝试为语言理论的研究提供神经电生理学方面的证据。我们将同为双音节[①]的合成词、离合词和短语放在同一实验中,通过语义判断任务考察它们的加工情况,将离合词加工过程表现出的特点与合成词、短语进行比较,通过行为数据和ERPs波幅及其潜伏期等基本技术指标所反映出的大脑加工特点来初步探讨离合词的属性。这里要强调的是,离合词和短语的结构形式均为"合"的形式,实验任务采用语义判断,这是因为:

(1)对形式同一性的控制。在语言的实际运用中,离合词和短语可以是"合"的形式,也可以是"离"的形式,二者都具有可扩展的能力,但合成词没有,采用离合词和短语的"合"的形式就使得三类语言单位具有共同的语言形式,在形式上具备了同一性,即控制了语言形式这样一个因素。这样,它们的不同就只有意义上是否具有整体性这一因素。因此,在形式同一的条件下,对于实验结果我们可以做如下设想:如果得到的实验结果表明三类语言单位的加工没有差别,那就说明人脑对词和短语的加工不受意义的整体性这一因素的影响,换句话说,人们对具有同样结构形式的词与短语的加工没有差异,而采用意义的标准来区分词与短语可能并不合适;如果三类语言单位的加工有区别,尤其是合成词与离合词、合成词与短语之间如果有差异,那么说明这三类语言单位的加工受到了意义的整体性这一因素的影响。还可以进一步假设,如果合成词不同于短语则说明意义的整体性这一标准有助于区分词与短语,同时如果离合词也不同于短语的话则表明"短语说"的观点有待商榷,反之也可以得出结论。所以,对形式上同一性的控制可以很好地分离出意义的整体性这一因素,便于我们对实验结果进行分析和解释。

(2)选择语义判断任务有两个方面的需要:一是保证了对语言单位的深入和完整加工,也就是能够达到语义上的通达,词汇判断等浅加工的任务不能满足这一需要;二是因为语义任务是考察三类语言单位语义整合特点的必要条件。合成词与离合词在意义的整体性上具有相似的特点,都具

[①] 由于实验中刺激的物理属性应具有同一性,我们选择的实验语料均为双音节的语言单位。

有不可分割性。由于实验控制形式上的因素,合成词与离合词在结构和意义上都相同,它们似乎就没有具有不同加工机制的可能。如果实验结果支持二者语义整合加工进程没有区别,则说明合成词和离合词构成语素的语义整合没有区别,即语素之间的语义关系并没有因为离合词可以"离"而呈现出差异。但是,如果实验得到了不同的结果,合成词与离合词之间有区别,那么就有两种可能性:一是离合词和合成词的意义都具有整体性,但构成语素的意义关系不同;二是与合成词不同,离合词的意义不是不可分割的。究竟是哪种情况,我们还要依赖于合成词与短语以及离合词与短语之间的比较。

综上,实验七拟考察离合词"合"的形式与合成词、短语之间的异同,通过实验结果分析这几类语言单位在大脑词库中的存储方式及其加工方式的特征,从而从神经电生理学的角度对离合词的属性做初步探索,同时考察其加工依赖词法还是句法机制。

一、被试和实验语料

选取 16 名(8 男,8 女)在校理工科大学生志愿者参加实验。所选被试的年龄在 20—24 岁,平均年龄为 21.42 岁,均为右利手,没有脑外伤和神经系统疾病史。视力和矫正视力均在 1.0 以上。实验后付少量报酬。数据离线处理后有 2 名被试的脑电数据未达到要求,在离线分析中剔除。

实验语料[①]为三种类型的双音节语言单位,分别为合成词(如肩负、屈指、搞活等)、离合词(如心软、查岗、提高等)和短语(如他会、吃药、磕破等)。首先,对初步选择的语料(每种类型大约 100 个)进行 35 人的熟悉度调查,熟悉度分为熟悉、较熟悉和不熟悉三个量级。调查结果排除了 8 份无效问卷,最后对 27 份有效问卷进行统计,剔除熟悉度低于 90% 的语料。其次,选择语料时考虑到结构关系因素对实验结果的影响,合成词、离合词和短语的结构类型只包括主谓、动宾、动补三种,且三类语言单位在不同结构类型的数量上进行了严格匹配(也就是说,三种语言单位的主谓型、动宾型和动补型结构的数量是完全相同的),这样就排除了结构方式这一因素对实验结果的影响。最后,为排除字的笔画因素的影响,所选语料的两个字笔画总和均控制在 10—32 画之间,所选语料的平均笔画分别为 19.92±

---

① 一些特殊的离合词,如少数单纯词"幽默""滑稽"等存在有限形式的扩展,本文选择实验语料时排除了这一部分的离合词。另外也排除一定语境下在语法或语义上被看成特殊用法的情况。

3.89画(合成词)、19.98±4.18画(离合词)、19.14±4.81画(短语),单因素方差分析显示,没有类型的因素效应[$F(2,147)=2.394, p>0.05$],事后检验表明也没有类型之间的两两差异(p值均大于0.05)。统计结果说明三类语料不存在笔画数上的差异。我们最终选择出每种类型50个语料用于实验,共150个。另外又选择150个双音节词作为填充词。

二、实验设计和程序

实验在隔音电磁屏蔽室进行。要求被试保持头部不动注视屏幕中央,屏幕距离被试眼睛70cm左右。刺激材料(所选语料)为72号宋体,呈现在计算机屏幕中央,屏幕的底色为黑色,字体颜色为白色。刺激材料进行了伪随机排列,所有材料被分为三个刺激序列,每个刺激呈现时间为100ms,刺激间隔为1800ms。序列之间均有短暂休息。实验任务为语义判断任务,要求被试尽快尽量准确地判断屏幕上呈现的词是否是动物的名称,并以左右手做出"是"或"不是"的按键反应,判断"是"与"不是"的比例为1∶1。在正式实验之前,要求被试完成同样任务的练习,熟悉按键和任务要求。按键左右手和刺激序列的呈现顺序在被试中进行了交叉平衡。

三、脑电记录与获得

采用美国Neuroscan公司生产的Quik-cap32电极帽记录脑电。参考电极置于双侧乳突连线,接地点在Fpz和Fz的中点,同时记录水平眼电和垂直眼电。滤波带通为0.05—100Hz,采样频率为1000Hz,电极与头皮接触电阻小于5KΩ。

四、数据处理和分析

离线处理数据,排除了眼动和肌肉活动对EEG数据的影响,分析时程为1200ms,其中刺激前基线200ms,自动矫正眨眼等伪迹,波幅大于±100μV者在去除伪迹过程中被自动剔除。数据处理中发现有2名被试脑电数据达不到要求,离线分析剔除无效数据后,对14名被试(7男,7女)的脑电数据进行叠加处理。分类叠加14名被试的脑电数据后得到合成词、离合词和短语三类双音节语言单位的ERPs曲线。

对记录到的行为数据用SPSS10.0统计软件包进行单因素重复测量方差分析,对三种语言单位的反应时和准确率的均数差别进行显著性检验。

结合总平均图,观察到实验主要诱发出 P2、N400 和 P600 几种 ERPs 成分,据 ERPs 总平均图波形、地形图等,确定了这几个 ERPs 成分的主要测量分析时段和测量方法,P2 成分分析 130—205ms 时间段的平均振幅,对 N400 成分测量了峰潜伏期,并对 270—320ms 时间段的平均波幅进行了测量,P600 成分分析了 450—630ms 时间段的平均振幅。对测量到的数据用 SPSS10.0 统计软件包进行两因素(因素分别为类型和电极)重复测量方差分析。统计结果进行了 Greenhouse-Geiss 校正。

五、实验结果

1. 行为数据结果

本实验行为数据包括被试的反应时和正确率。对 14 名被试的反应时(为排除极端数据的影响,剔除反应时长于 1800ms 和短于 200ms)和正确率进行单因素重复测量方差分析(见表 8),统计结果显示,没有反应时的因素效应,合成词与离合词、合成词与短语以及离合词与短语之间均没有显著差异($p>0.05$),也没有正确率的因素效应,三类语言单位的正确率两两比较也没有显著性差异($p>0.05$)。

表 8　三类语言单位的平均反应时和正确率

类型	反应时(ms) 均值	标准差	正确率(%) 均值	标准差
合成词	538.06	76.42	96.43	3.86
离合词	519.75	87.83	95.57	2.95
短语	512.66	83.02	97.14	2.45

2. ERPs 数据结果

实验主要得到合成词、离合词和短语三种 ERPs 曲线,三类语言单位诱发 ERP 波形差异主要集中在 P2 和 N400 成分。

对 P2 成分进行类型(3 水平:合成词、离合词和短语)×电极(10 水平:F3、F4、FZ、F7、F8、FCZ、FC3、FC4、FP1、FP2)的两因素重复测量的方差统计,结果显示,有类型的主效应,$F(2,26)=4.621, p<0.05, \varepsilon=0.787$,事后检验结果显示,合成词与短语($p<0.05$)、合成词与离合词($p<0.05$)之间的差异均达到统计学的显著意义,短语与离合词之间的差异不显著,$p>0.05$;

没有电极的主效应,$F(9,117)=0.830$,$p>0.05$,$\varepsilon=0.194$;也没有类型×电极的交互作用,$F(18,234)=0.691$,$p>0.05$,$\varepsilon=0.252$。从总平均图来看,合成词的P2波幅最大,短语的P2波幅最小。(见图44)

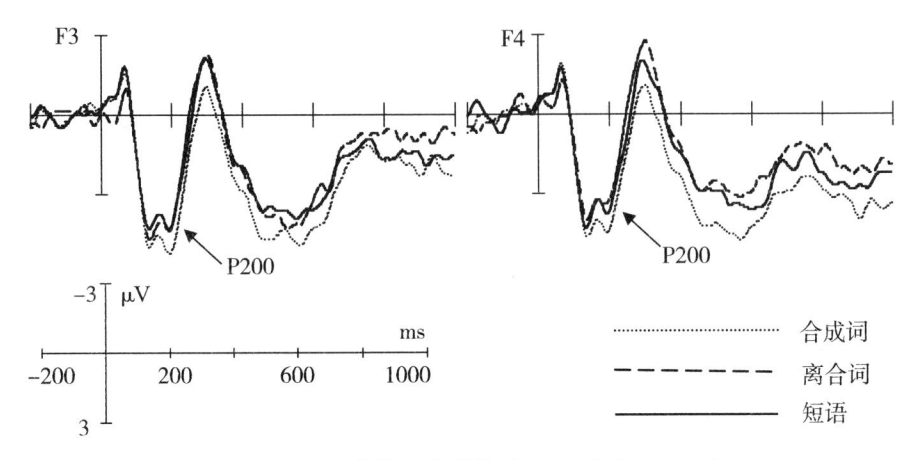

图44 三类双音节语言单位的P200成分(F3、F4)

对N400成分的峰潜伏期进行了类型(3水平:合成词、离合词与短语)×电极(11水平:FZ、F3、F4、FCZ、FC3、FC4、T7、T8、CZ、C3、C4)的两因素重复测量方差分析,统计结果显示,没有类型因素的主效应,$F(2,26)=1.204$,$p>0.05$,$\varepsilon=0.775$;没有电极因素的主效应,$F(10,130)=1.323$,$p>0.05$,$\varepsilon=0.252$;也没有类型×电极的交互作用,$F(20,260)=1.255$,$p>0.05$,$\varepsilon=0.195$。

对N400成分前部脑区进行类型(3水平:合成词、离合词与短语)×电极(10水平:FZ、F3、F4、F7、F8、FCZ、FC3、FC4、FP1、FP2)的两因素重复测量方差分析,统计结果显示,有类型因素主效应,$F(2,26)=6.133$,$p<0.01$,$\varepsilon=0.958$,事后检验结果显示,合成词与离合词、合成词与短语的差异具有统计学意义,$p<0.01$,离合词与短语之间的差异达不到统计学的显著意义,$p>0.05$;没有电极因素的主效应,$F(9,117)=2.731$,$p>0.05$,$\varepsilon=0.191$;也没有类型×电极的交互作用,$F(18,234)=1.981$,$p>0.05$,$\varepsilon=0.284$。从波形上来看,N400成分波幅最大的是离合词和短语,合成词的最小。后部脑区的类型(3水平:合成词、离合词与短语)×电极(5水平:C3、C4、CPZ、CP3、CP4)统计结果显示,有类型因素主效应,$F(2,26)=4.326$,$p<0.05$,$\varepsilon=0.836$,事后检验结果显示,合成词与离合词、合成词与短语的差异具有统计学意义,$p<0.05$,离合词与短语之间的差异达不到统计学的显著意义,$p>0.05$;没有电极因素的主效应,$F(4,52)=2.830$,

$p>0.05, \varepsilon=0.709$；也没有类型×电极的交互作用，$F(8,104)=1.034, p>0.05, \varepsilon=0.595$。（见图45）

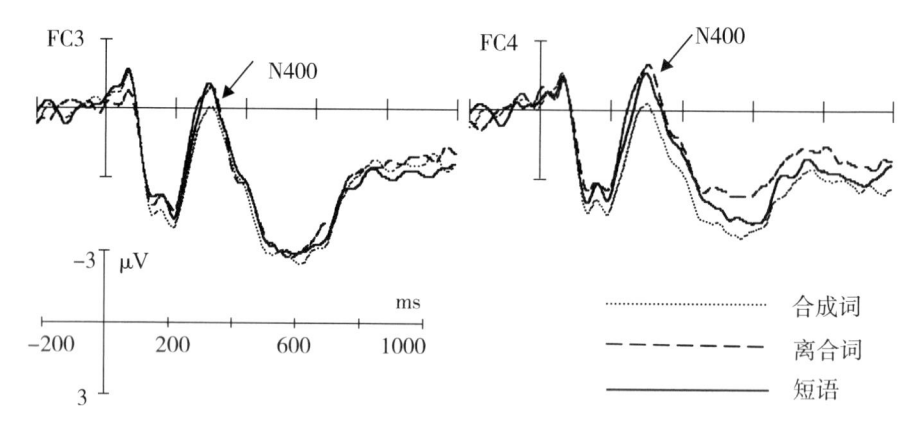

图45　三类双音节语言单位的N400成分（FC3、FC4）

P600成分的统计结果显示，类型（3水平：合成词、离合词与短语）×电极（4水平：C3、C4、CZ、PZ）的两因素重复测量方差分析结果显示，有类型因素主效应，$F(2,26)=4.822, p<0.05, \varepsilon=0.882$，事后检验结果显示，合成词与离合词、离合词与短语之间的差异均具有统计学的显著意义，$p<0.05$，合成词与短语的差异达不到统计学意义，$p>0.05$；没有电极因素的主效应，$F(3,39)=2.257, p>0.05, \varepsilon=0.673$；没有类型×电极的交互作用，$F(6,78)=1.774, p>0.05, \varepsilon=0.394$。（见图46）

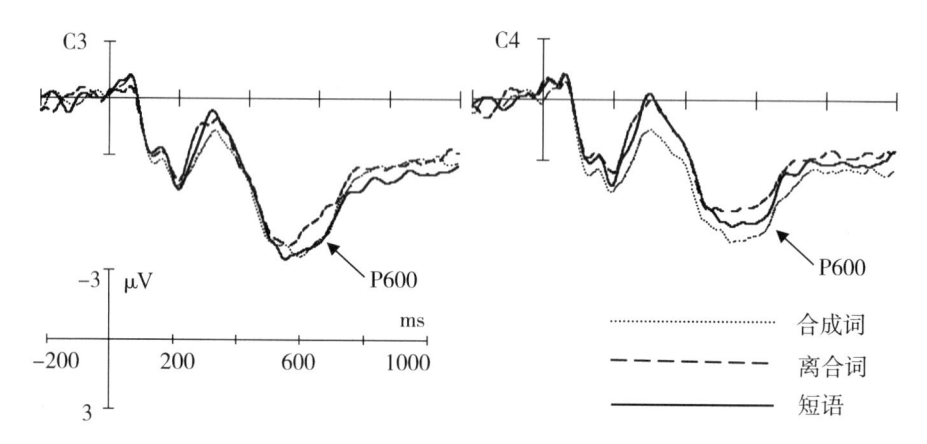

图46　三类双音节语言单位的P600成分（C3、C4）

六、分析与讨论

1. 离合词具有与合成词不同的存储方式

从实验结果来看,三种类型的语言单位之间的差异最早出现在 P200 成分,这一成分上的差异主要分布在前部脑区,包括前额、额区和颞叶。合成词的 P200 波幅(4.705μV)大于离合词(3.782μV)和短语(3.694μV),而离合词与短语之间的差异达不到统计学显著意义。在前人研究中,一些对视觉呈现的语言研究发现,在 200ms 左右出现的这一正波[①]分布在脑前部额叶、中央区等,并认为这一成分与词汇的加工有关,词汇的语义通达的时间很可能是在 200ms 左右,这一结论得到了行为学、眼动以及神经电生理学等方面研究的支持。[②] Dambacher et al. (2006)认为不同的词频可以反映词汇通达的难易程度,他们的研究结果显示,高频词的 P200 成分波幅大于低频词,而潜伏期也早于低频词,说明高频词的通达明显早于低频词,在刺激呈现后 140—200ms,高频词通达已经完成,词汇加工已经完成,而低频词则没有完成加工,P200 反映的是词汇加工的过程,脑区分布主要在额—中央区。

我们在实验中也得到了 P200 成分,合成词的 P200 波幅大于短语,同样是由两个音节组成的语言单位,其物理属性不存在差别[③],P200 效应的存在应该与刺激的物理属性没有关系。比较合成词与短语,我们知道前者是单个的词,而后者是两个词组成的短语,P200 成分上出现差异应该与语言单位性质不同有关。同样是视觉任务的研究,我们得到的 P200 成分与 Dambacher et al. (2006)观察到的 P200 成分不仅在潜伏期(130—205ms)上非常接近,脑区分布也很一致,我们认为很有可能是同一成分,同样也反映了词汇阶段的加工过程。在 130—205ms 的时间范围内,合成词的通达已经完成,而短语的加工不同,它更为复杂,此时大脑在加工短语中的构成

[①] 有些研究者(如 Dambacher et al. ,2006 等)根据这一正波的潜伏期将其命名为 P200。

[②] 行为学的研究(Rayner,1998;Sereno et al. ,2003)已经指出,词汇语义信息的通达发生在能够再认的书写词和口语词出现以后的 200ms 以内。词再认的早期词汇语义通达的神经生理学证据还来自对 N100、N200 和 MMN 等较早潜伏期的 ERP 成分的研究(Pulvermüller et al. ,1995;Pulvermüller et al. ,2001;Sereno et al. ,1998;Hinojosa et al. ,2001;Hauk & Pulvermuller,2004;Hauk et al. ,2006)。因此,词汇语义的通达是个早期加工过程,神经生理学上反映也是在 200ms 左右或更早的时间。

[③] 一些对词早期知觉加工的研究(Martin et al. ,2006)认为,词的低层次的特征(如笔画、字形等)效应反映在 P1、N1 等成分上,而我们的研究中,在进行语料选择时就已经考虑到这一因素,同时实验结果显示,P1、N1 这些早期成分上几种语言单位之间并没有显著差异,这说明刺激的物理属性并不存在差异。

成分,只是部分的加工,因此体现为短语的波幅更小。从短语与合成词在早期成分 P200 上的差异,我们可以初步推断,短语并不作为一个整体存储在我们的大脑词库中,因此不能整体通达,在提取的加工过程中呈现出分解的特点。我们的这一结论与 Blanchet et al. (2007) 的 ERPs 实验结果吻合,他们的实验结果显示,P200 成分的波幅随着语义策略的更大组织需求而有所增大,也就是需要更多语义策略的词在加工时表现为 P200 成分的增大,脑区分布在额中央、中央和中央顶。这意味着合成词在 P200 成分的加工过程中付出了更多的语义加工,也就是说,词整体的语义提取基本已经完成,而离合词和短语都没有完成。

我们再来看离合词。离合词 P200 成分的波幅小于合成词,但与短语之间没有显著性差异。之前对于词和短语的分析给了我们一个启示,短语与合成词在这个阶段通达加工过程并不相同,在 P200 成分的时间窗里,短语的加工局限于构成成分的加工。与短语相似,离合词的 P200 成分波幅也比合成词要小,离合词的通达在这个阶段也很可能没有完成,只有对离合词内部成分的加工。进一步分析我们发现,合成词通达的潜伏期之所以早,是因为作为单个的词,在大脑中应该有预先存储的表征,可以直接通达和提取,而短语和离合词则不以整体的形式存储,不能够直接提取。但离合词与短语的存储状态是否完全相同,还是以某种类似的游离状态存储在词库中,P200 成分无法提供直接证据,还需要结合加工时间进程做进一步分析。但可以肯定的一点是,离合词的存储与词显然不同,它并不是以整词的形式进行加工的。

2. 从语义整合加工难度看离合词的意义整体性特征

N400 成分是在语义解释中出现的一个较为稳定的特异的 ERPs 成分,在语义任务中是对语义加工很敏感的一个 ERPs 成分,N400 的波幅与语义加工的难度负相关。(Kutas et al.,1980;Kutas et al.,1984)实验中,三类语言单位的 N400 的峰潜伏期没有差异(合成词、离合词和短语的峰潜伏期分别为 309.33ms、312.49ms、306.86ms),但平均波幅在前部脑区(前额、额区、额中央区等)存在显著差异,短语的波幅($-1.402\mu V$)大于合成词($-0.161\mu V$),离合词的波幅($-1.470\mu V$)也大于合成词。在后部脑区(中央区和中央顶区)也存在同样情况,短语的波幅($0.974\mu V$)大于合成词($2.417\mu V$),离合词的波幅($1.389\mu V$)也大于合成词。

通过对 P200 成分的分析,我们知道,词汇加工的过程很可能是在 200ms 左右就已经完成,而之后的 N400 成分就很可能已经是信息整合或是另外一些层面的加工,我们的这一分析与 Rugg(1990)、Assadollahi et al.

(2001)等人的研究结论是一致的,他们认为 N400 反映的是词汇后加工整合过程的困难程度,而不是词汇水平的某些加工特点。实验结果显示,语义整合加工难度最小的是合成词,这一点说明合成词词汇的通达和提取比离合词和短语容易。结合 P200 成分来看,合成词的词汇通达在 200ms 之前已经完成,在之后的 N400 成分上表现为加工难度最小,这说明合成词加工耗费的资源最小,由于任务要求被试必须完成对合成词的语义理解,它的 N400 波幅小正说明了基于整词提取的合成词语义加工难度最小。

具体来看离合词与合成词的区别。对于这两种语言单位来说,N400 成分上表现出来的差异与语言单位是否具有意义的整体性相关,并且只有两种可能性:一种可能性是离合词和合成词的意义都具有整体性,但二者构成语素的意义关系不同导致了二者加工难度不同;另一种可能性是离合词的意义不具有整体性,即意义可以分割,这与合成词不同。如果前一种假设成立,与合成词相同,离合词的意义具有整体性,离合词的加工难度比合成词大是因二者构成语素的意义关系不同导致的。那么,意义上可拆分的短语语义整合的难度就应该比合成词和离合词大,因为短语是词与词的临时组合,它的语义是两个词的语义相加,大脑需要调动更多资源进行运算,而且这是临时的语义整合和运算,与合成词和离合词相比,短语的加工难度应该更大。但实验结果却与我们的假设不同,短语与离合词在 N400 成分上没有任何差异,这就说明"离合词和合成词的意义都具有整体性"的假设显然不能成立。所以,实验结果支持后一种假设,即,与合成词相比,离合词的意义整体性特征已经发生了变化,或者说离合词的语义并非是完全不可分割的。

我们再从语义整合加工依赖的机制来看离合词的语义加工。研究表明,人们对依赖存储和依赖运算的加工机制是不同的,依赖存储的加工是从大脑词库中直接提取,而依赖运算的加工则需要耗费更多的整合资源(Pinker,1991;Ullman,2001)。Ullman et al.(2005)的研究发现,形态的运算和存储具有不同的神经关联,从词库中提取存储的单词主要与大脑左颞和颞顶等结构相关,而规则形态的运算则与左额等大脑结构有关。实验结果表明,在前额和额区,短语比合成词诱发了更负的 N400 成分,这说明短语的语义整合依赖的是运算机制。离合词与合成词相比,也有类似的效应,这同样说明离合词的语义加工更多依赖的也是运算的机制。但离合词与短语相比,二者没有显著性差异。尽管这一点不能为离合词与短语是否使用相同的加工方式提供直接证据,但是,我们能够肯定的一点是,离合词的语义加工并非依赖直接提取,而有可能依赖运算机制,至于以何种具体的方式进行语义加工还需要进一步的研究。

3. P600 反映了语义判断任务中离合词的加工负荷大

晚成分 P600 的统计结果显示,离合词的波幅(5.309μV)小于合成词(6.356μV),也小于短语(6.604μV),合成词与短语之间没有显著性的差异。这种 P600 的效应主要出现在中央区和顶区。很多研究表明,P600 成分是对句法加工敏感的成分之一,它与句法结构违反或句法结构的复杂度相关。但本文研究并非是句子的加工,因此获得的 P600 成分应该不同于句法研究中的 P600 成分。一些对词汇加工的研究表明,词汇判断任务中诱发的晚成分(LPC/P600)与判断决定的加工过程有关系(Brown et al.,2000;Bouaffre et al.,2007),因为有判断的任务就有期望的机制,这种机制必然会使被试使用一定的策略,而在一些没有判断任务的加工中,如在默读条件下就没有额外的任务需求,也就没有期望机制的激活,因此认为晚成分效应是由不同的加工负荷产生的,意义上相关的刺激会比无关的刺激加工负荷要小,波幅更正走向的刺激加工更容易。

我们结合反应时数据来看 P600 成分,三类语言单位的平均反应时基本上都在 510—540ms 之间,而 P600 成分的分析时程为 450—630ms,换句话说,被试做出判断的时间与 P600 成分的时间窗是吻合的,因此 P600 成分应该体现了被试做出判断时的策略机制。实验任务与语义相关,被试在做出判断之前,要对呈现的刺激的语义进行表征,必然与任务需求(是否表示动物名称)发生语义上的联系,然后做出"是"或"否"的判断。在 P600 成分上,根据 Brown et al.(2000)和 Bouaffre et al.(2007)的研究,由于与合成词和短语相比,离合词的 P600 波幅最小,说明离合词在做出判断时的加工难度最大,使用了更多的加工策略,判断决策的难度最大。P600 效应的出现说明在做出决策的时候,离合词与任务需求的语义连接之间困难最大,大脑需要使用多种策略来加工离合词并与期待的语义形成联系。分析原因,我们认为离合词判断难度大与其"可分可离"的特点有关。离合词是以"合"的状态呈现给被试的,可事实上,离合词在使用的时候却经常被插入其他的一些成分,如"理发"可以说成"理了一次发"等。它经常以"离"的状态被运用,离合词的内部结构上就有了一定的分离性,受使用频率的影响,离合词的分离方式或是扩展方式在大脑中会存在不同程度的记忆痕迹,因此在对离合词进行语义加工时,这种或"合"或"离"结构的变化因素作为内隐的监测直接干涉了离合词的加工过程,使其与任务需求建立语义联系更加困难,体现为判断决策的困难。合成词与短语的情况则不同,合成词的使用方式相对稳定,语义提取以及与任务的语义连接相对都会简单得多,不需要如此复杂的策略加工。短语的成分都是临时从词库中提取出来的,然后再按照规则进行整合和运算,语义整合是临时的,搭配方式也是临时的,但对于短语来说,一旦语义整合加工完成,语义也就能够完全通达,在 N400 成分的加工过程中短语的语义整合已经基本完成,因此在晚期阶段,其结构方式自然不会对语义判断有影响,也不需要更多的策略加工。

4. 离合词是词还是短语?

离合词究竟是词还是短语,一直是语法研究中存在的困惑。下面我们结合离合词与合成词以及离合词与短语在加工机制上的差异,对离合词的性质做初步探讨。

实验结果显示,离合词的加工方式与合成词完全不同。从加工的时间进程来看,离合词在 200ms 左右(P2 成分)与合成词不同。通过上文的分析,我们认为合成词的词汇语义的通达在这一阶段已经完成,而离合词还需要在更晚的时间(300ms 左右的 N400 成分上)进行语义整合,可见,离合词的语义整合方式与合成词不同,即离合词的意义整体性特征可能已经发生了变化。反过来说,如果离合词与合成词具有同样的语义特点,其语义仍具有整体性,具有不可分割的意义,离用的方式也没有影响到离合词各构成语素的语义,整个词的意义不是其组合成分单独承担其中的一部分,也并不是其构成成分的意义简单相加,那么它就应与合成词一样,可以直接通达,大脑对它的加工也就不会表现出与合成词不同。因此,我们说离合词可能已经不再是一个单一的语义单位,且离合词的构成语素很多都是自由语素[1],这就为离合词离用时构成语素的意义独立提供了必不可少的条件,即使其构成语素不是自由语素,也可以因为单独使用频率的增加而变为自由语素[2],因为"从真正的黏着语素到半自由语素,再到真正的自由语素其实是个连续体"(石定栩,2002:42)。另外,离合词意义的整体性还会受到其他一些因素,如扩展、移位等不同离用方式的影响而被破坏,使离合词在语言实际使用过程中具有与短语相似的一些特点,如插入成分多样

---

[1] 对离合词来源的研究表明,有些离合词是由短语经过凝缩、比喻等方式演变而来(马清华,2009),或者是由动宾短语演变而来(董秀芳,2002),因此这部分离合词的构成成分原来都是词。另外,赵淑华、张宝林(1996)所统计的 355 个动名式的离合词中,由两个自由语素构成的离合词有 161 个,占 45.5%,吴道勤、李忠初(2001)也将离合词分为两种类型,一种由两个自由语素构成,另一种则是包含半自由语素的结构形式。

[2] 有些学者(史有为,1992)甚至因为一些词可以插入其他成分而离用,将"慷""慨""滑""稽"等单纯词中的语素归入了"准语素"。

化,在句中的位置也较为灵活等①。还有一点要强调的是,本实验考察的离合词均为"合"的形式,并不是离合词被拆开使用时的"离"的形式,排除了形式上对合成词、离合词和短语加工的影响,但离合词依旧表现出与合成词非常大的差异,这一方面说明离合词的意义整体性特征已经发生了变化,或者说离合词的语义并非是完全不可分割的,另外一方面也说明离用方式对离合词的影响绝不只是在"离"的时候才有的,但究竟是怎样影响的,还需要设计另外的实验来考察。

通过上文分析,我们看到,离合词与短语在 P2 和 N400 成分上都没有显著性的差异,只在 P600 成分上有差异。这说明,离合词与合成词加工差异要远远大于离合词与短语之间的差异,但这种区别无法直接证明离合词与短语的加工是相同的。上文的分析表明,P600 成分的差异反映了在语义判断任务中离合词比短语加工负荷大,这一加工上的差异与实验任务相关,我们无法根据这一成分上的区别来推断离合词与短语的加工机制有差异,因此,从本实验中无法得出离合词与短语具有相同或不同加工机制的结论,它们之间在加工机制上的异同尚需要进一步的实验证据来证明。

综上,本实验结果支持离合词与合成词具有不同加工机制,但并没有足够证据证明离合词与短语具有相同的加工机制,只是相对来说,离合词与短语的加工机制接近,但可以肯定地说,本实验不能提供证据支持离合词与短语的区别。

5. 离合词加工更依赖句法,而不是词法

离合词是划分词和短语绕不开的一个问题,就是因为它既有词意义整体性的特点,又具有短语可以分开使用的特点。那么,离合词依赖的是词法机制还是句法机制呢?我们下面结合上文对离合词性质的初步分析做进一步分析和讨论。

词与短语有明显的分离,表现为:词的 P2 波幅更大,短语 N400 波幅更负。实验是在语义任务下,对合成词、离合词与短语进行理解加工,语义的理解加工是个外显的任务,但在理解过程中还包含了大脑对于词法和句法的内隐加工,词与短语的分离正是说明了词法与句法在加工机制上的差异。吕叔湘(1979/1999:501)将语言单位分为静态单位和动态单位,认为"语言的静态单位是:语素,词,短语(包括主谓短语),而语言的动态单位

---

① 关于离合词离散形式及其插入成分的研究可参看王素梅(1999)、任海波、王刚(2005)等的研究。

是小句,句子(一个或几个小句),……"。静态单位都是备用单位,从这个意义上来说,词与短语没有实质上的区分,但是我们的实验结果并不能完全支持这样的说法,词和短语应该是不同层面的单位,它们依赖的语法规则是不同的,词可能依赖的是词法,而短语则依赖句法。

至于离合词,它的加工与词也有明显的分离,表现为 P2 成分波幅的减小和 N400 成分波幅的增大。离合词的构成是依赖词法还是句法呢? 学界一般从离合词演变的历时角度来考察其性质,并得出了两种不同的结论。一是认为离合词是通过词汇化的路径而来(董秀芳,2002),认为现代汉语的离合词是由过去的动宾短语演变而来的,因此"现代汉语的离合词,是自由词组向词转化而未能成熟的明显表现"(刘叔新,2005:47);还有一种观点认为有的离合词是经历了去词汇化的过程演变来的,由已经是词的单位重新短语化(李宗江,2006)。但无论是词汇化还是去词汇化的观点,他们对于离合词有一点共识,那就是离合词是词和短语的一个中间状态,所以具有词汇和句法的双重特征。实验结果表明,词与离合词在脑的加工机制方面有着严格的区分,即否定了离合词与词有着相同的加工机制。但没有证据证明离合词与短语之间有不同的加工机制。吕叔湘(1979/1999:498)认为,离合词"不分开的时候是词,分开的时候是短语",我们实验考察的是"合"的离合词,但其加工却与合成词有着显著差异,这一点说明即使是"合",离合词也与词不同,它可能已经被赋予了更多的句法特征,或者说离合词的句法功能与词不同,尽管它没有形式上的标记,正如汉语的词被使用到句子中也没有标记一样,但这不能否认词在不同句子中可以具有不同的语法功能。没有形式标记,但却具备了一定的语法功能,这可能正是离合词结构的松散性及用法上的灵活性和多样性的原因。

6. 汉语的词法与句法

为什么离合词的提取难于合成词,又难于短语呢? 我们假设,离合词的提取过程只是个从词库中提取词项的过程,那么离合词的提取应该不会比合成词难,显然这种假设并不存在。我们再假设,离合词是运用句法规则生成的,短语也是根据句法规则生成的,那么提取过程以同样句法规则生成的离合词与短语应该是一样的,但实验结果却是离合词的提取难度还远远大于短语,这也就否定了离合词运用句法规则的生成机制。离合词的提取过程究竟是怎样的呢? 词法或是句法任何一方的作用都不会造成离合词在提取时难于合成词和短语两类语言单位,因此,唯一的解释就是在离合词的提取过程中词法规则和句法规则在一定程度上相互制约和限制,两种竞争的规则使离合词的提取比合成词难,又比短语难,构词法的规则在词库内部起作用,而句法的规则在内部的词汇提取完成之后开始起作用,并最终影响离合词的提取加工。

第六章存储加工的研究提醒我们,汉语使用者的大脑机制中,构词规则和句法规则不应该是完全同一的,否则词的编码加工与短语的就应该一致,但实验结果提示我们构词规则的使用会更为容易。这可能用 Pinker(1999)的观点更容易解释,他认为运用记忆比运用规则来得更为经济,词根是存储在记忆中的,这样来看,合成词是存储在记忆中的,也就是说是存储在大脑词库中的,运用它就是从词库中提取的过程,而短语的情况则不同,它需要首先提取词库中的词,再运用句法规则来生成,因此它的加工就显得更难些。

离合词与词的加工机制完全不同,尤其是离合词语义整合加工过程反映出其意义并非是不可分割的,它与合成词的意义整体性已经不同,因此,离合词的加工并不依赖词法而是依赖句法的机制。但是,句法环境中的离合词加工机制尚需要进一步的研究。离合词与词、短语的双重分离说明汉语中的构词规则和句法规则是一个连续统,有相互联系甚至相互转换的可能。这一结论从另外一个侧面告诉我们,汉语中的词法规则和句法规则所依赖的神经基础不是完全相同的,但是他们之间似乎又存在着一定的内在关联,这需要我们从更多层面的加工去进一步获得解释,才能真正得到词法和句法的界面关系问题的答案。

七、小结

通过对实验结果的分析与讨论,我们得出了一些结论:

(1)离合词在大脑中的存储与词不同,它并不是以整词的形式进行加工的。

(2)与合成词相比,离合词的意义整体性特征已经发生了变化,或者说离合词的语义并非是完全不可分割的。离合词的语义加工并非依赖直接提取,而有可能依赖运算,至于以何种具体的方式进行语义加工则需要进一步的研究。

(3)实验结果支持离合词与合成词具有不同的加工机制,相对来说,离合词与短语的加工机制接近,但目前的实验尚没有足够的证据证明离合词与短语就是具有相同的加工机制。

(4)离合词的构成不是依赖词法的机制而是依赖句法的机制,这是它具有结构的松散性以及用法的灵活性和多样性的原因。

(5)汉语中的词法和句法规则加工依赖的神经基础不是完全相同的,

构词规则和句法规则之间有联系并有可能相互转换。

总的来说,从神经电生理学角度对离合词的考察表明,离合词与词的加工机制完全不同,尤其是离合词语义整合加工过程反映出离合词意义并非是不可分割的,它与合成词的意义整体性已经不同,因此,我们的结论并不支持"词说"的观点。另外,由于我们考察的是离合词的"合"的形式,它"合"时的加工与词也迥异,在"分"时的加工机制还有待进一步的实验来验证,主要是对语境中词、离合词和短语的句法加工机制做进一步的研究,这样才能更为全面地反映汉语词法和句法的加工机制。

第三节 汉语语言单位存取条件下的词库特征

Aitchison(2003)认为,在处理大脑中的词时,应当将存储和提取看作是休戚相关的问题,而并非同一问题。尽管一般的感觉表明,人类的词汇存储被组织起来用以确保使用时能快速准确地提取目标词,尽管人类所知道的巨大数量的单词和他们能够被速度很快地查找到都说明了一个具有高度组织的大脑词库的存在。但是,巨大的存储容量和快速提取的要求不是必定相同的。她这样比喻,假设大脑词库中的词语像在书中的一样,那么如果想存储数千本书,最简单的方法就是找一间大房子,将这些书从地板到房顶成堆地堆放起来。我们肯定会从对着门的房间的旁边开始,然后继续堆放直到整个房间都被放满,然后我们就会关上门。按照这种方法,我们能够存储可能的最大数量的书。但是假如我们需要查阅其中的一本书,我们怎样才能找到它?我们可能决不会将我们想要的书放在门口附近,除非它碰巧被放在门口。简单来说,提供了最大存储容量的系统可能和高效率的词语提取并不一致,而且存储需求和迅速提取之间可能存在着差异。其实,Aitchison区分了存储和提取的过程和方式,但同时她也不否定二者密切相关。汉语词库存储和提取机制又有怎样的关联呢?我们的实验结果分析出了一些大脑词库语言单位的存储和提取的关系。

我们把人脑中关于词汇的存储和提取的信息集称作"词库"或"词典",而大脑词库是人脑中关于词汇信息的内存。(杨亦鸣等,2000;杨亦鸣等,2001)因此,有关词汇的存储和提取的信息都是存储在大脑词库中的。对大脑词库这样的理解包含两层含义,首先,词库是存储在大脑中的,这种存储是静态的存储;其次,大脑词库中存储的信息是处于共时的静态状态的,所以存储在大脑词库中的语言单位也是以静态方式存在的。但是大脑词库中究竟存储了些什么,存在的这些信息又是以怎样的方式存储的,又是以哪一种语言单位为基本语言单位存储的,这些具体情况是我们看不见也摸不着的,因此,对大脑词库中存储的内容和内容存储的方式的研究必须通过对大脑词库的运用来推测和实现。

人们又是怎样快速有效地运用大脑词库中存储的这些信息的呢?人们在运用语言(包括语言的理解和产生)的时候,必须要从大脑词库中提取不同的语言单位进行整合或是分解,然后组织成供使用者运用的语言,这就是从大脑词库中提取的过程,是个动态的使用过程。但人在运用语言时是如何调度这些存储在大脑词库中的语言单位的,以哪种语言单位为基本的提取单位,然后进行语言产生和理解活动的整合或分解方式又是什么?这种从大脑词库提取的过程是在哪个层级的语言单位进行的?这些问题都与大脑词库语言单位存储的状态休戚相关。

在汉语语言单位加工的研究中,考虑到不同加工方式对词库的影响,我们的实验研究内容主要分为两个大的方面,一是不同层级语言单位的提取加工研究,二是不同语言单位的存储加工研究。通过对语言单位不同层级的存储和提取加工的研究,我们发现,三类单音节语言单位词、非自由语素和无意义的字内隐提取的加工机制是不同的,其外显提取加工机制也是不同的,有的更多依赖短时记忆中的记忆痕迹,而词和非自由语素的提取既依赖大脑的短时记忆,但同时受到长时记忆中存储信息的干扰。单音节词(词)可能是直接从中文大脑词库中提取的,非自由语素在提取时可能先提取再经过一个分解加工的过程,这样的实验结论在一定程度上证明了词库独立性的神经基础,对我们考察汉语词库体系具有一定的意义。不同层级的单音节语言单位从词库中提取方式不同,有的更多依赖语义的提取,有的是直接提取,提取通道也呈现出多样性,这在一定程度上提示了不同语言单位在词库中不同的存储状态,语言单位需要词库的备用信息存储,还可能需要进行再加工。

从语言单位的存储加工来看,词、非自由语素和无意义的字这三类单音节语言单位正确记忆在编码过程中有很大差别,既体现在加工的时间进程上,也体现在编码加工要调用的其他信息不同上,更是体现在编码内容和编码方式的不同上。无意义的字的编码内容选择性小,编码策略并不复杂,词和无意义的字的差异说明尽管二者的编码加工都比非自由语素要容易,都依赖长时记忆中词库存储的内容来编码,但加工通路和编码方式可能是不一样的,但从整个编码加工的时间进程来看,汉字无法作为独立单元进行存储,非自由语素记忆编码加工的难度提示语素独立存储的可能性很小,而词编码加工的特点提示词可能具备独立的存储方式,词、非自由语素和无意义的字的记忆编码方式不同,证明了语言单位的划分是有神经机制基础的。词、非自由语素和无意义的字不同的记忆编码方式反映出在大脑词库中不同的存储状态。词和非自由语素的差异说明词是具有自己独立的存储方式的,词和非自由语素表现出的共同点,说明词可以作为构成其他词的语素,在这一点上它和非自由语素没有本质差异;非自由语素具有编码内容和编码方式的多重选择,说明它在大脑词库中拥有多种存在方式;无意义的字编码选择的单一性说明它在大脑词库中存在方式的唯一性。此外,在实验研究中我们发现,在短时记忆的编码过程中,编码加工开始早于单音节非自由语素的单音节词内隐提取也要更容易,无论是记忆编码的加工还是内隐提取的加工都首先要激活大脑词库中相应的信息或是词项,在这个过程中激活得快,相应词汇通达的速度也快,因此,在大脑词库存储的这一语言单位的形式和对它的提取有很大的关系,直接提取存储的单位会比没有存储的单位要快。因此,这样的实验结果也在一定程度上支持了词库的独立性,词库中存在一定的词汇信息和概念信息,尽管我们现在还不能够确定语义信息之间的关联究竟是独立的存储,还是按语义节点的存储方式,此外词库中不同层级的语言单位的提取激活模式不同也表明它们依赖的神经基础不同,再认方式的不同也是因为其存储方式的差异导致的。

　　从词与短语的加工来看,从词库中提取单纯词和合成词的神经加工机制没有差异,这说明语素数量的多少对提取加工过程没有影响。词不需要经过语素的整合加工,它们在中文大脑词库中有可能是直接存储的,词与短语的加工的神经机制不同,词可能是直接存储的,而短语在提取时可能是既要依赖存储,也需要运算。离合词在大脑词库中的存储与词不同,它并不是以整词的形式进行加工的,其语义加工并非依赖直接提取,而有可能依赖运算,离合词的加工并不依赖词法而是依赖句法的机制,是它具有结构的松散性以及用法的灵活性和多样性的原因,构词方式和句法结构关系是不同的层级加工,它们依赖的神经基础是不同的,句法关系的加工是在前额和额区的运算机制,词的加工更多体现在颞叶的存储加工,词法与句法并非是相同的加工机制。在存储加工中,合成词和短语的差异不仅表现在词汇提取方面的加工是不同的,而且编码加工也是不同的,不管在前部脑区还是后部脑区,短语的加工强度都比合成词大。短语通达大脑中预存的知识要比合成词难得多,说明短语可能不是直接存储在大脑中的,而首先要从词库中提取词语,再经过一个运算的过程,因此显示出通达更困难。早期的编码加工也比合成词要难,可能反映了短语早期的编码加工也比合成词更为复杂，单纯词再编码和成功送入记忆词库中主要依靠语义进行。短语在被编码送入记忆时所经历的技巧或是巩固方法有很大的不同，短语编码过程中使用的编码操作和编码方法比较多样。词法和句法的存储加工方式不同。词法是与词凝固在一起存储的，没有运算的过程。句法是存储和运算相结合，大脑运用不同方式对词和短语等不同学习项目进行编码并送入记忆，它们所经历的技巧或是巩固方法不同。

我们的实验结果支持汉语词库拥有存储和提取的基本单位，但大脑中可能同时也存在 Aitchison(2003) 所说的大脑词库后备程序，在这个后备程序中，额外的后备信息也有一种存储的可能性，就是以次要(或是第二)存储形式保存或是附在严格而言的那个固定词库上。实验一的结果中，从行为数据来看，非自由语素的准确率最低，ERPs 的 LPC 成分也反映出非自由语素的加工难度最大，这一点非自由语素不仅和无意义的字有差异，而且和词也有差异，也就是说非自由语素在单独提取时难度最大，而非自由语素和词虽然从语言学的定义上来说都是属于语素的层次，但是二者的差别在于非自由语素在语言运用中不可以单独使用，ERPs 的证据说明非自由语素和词的加工机制是存在差异的，这也从另外一方面提供了大脑对语言单位下位类的区分。但是同时也证明了存在的假设，正因为非自由语素不是直接从汉语词库中直接提取的，而是作为备用信息存储的，因此在提取时可能是经过了一个重新加工的过程，这个过程可能是个分解的过程，然后再达到提取和输出的目的，这样在输出的过程中就体现出加工的难度增加。如果这种论证合理的话，那么词的提取和输出就没有这么复杂，加工的强度也变小，可能就是直接从大脑词库中提取的，也证明了它在大脑词库中存储的状态。

因此，我们通过实验结果进行推断，汉语词库中的基本语言单位和后备程序的关系可能是这样的：固有的大脑词库中存储的基本语言单位应该是词，但是存在一个可以产生新词也可以分解词的后备程序，这个程序附着在或是连接到大脑词库上，而且其中包含了很多后备信息可以经常被大脑词库使用。在对不同的语言单位进行提取时，存储在大脑词库中的语言单位就直接可以提取，而需要使用后备程序的语言单位就需要经过一个分解或者是重新整合的过程。

第四节　汉语词库特征及其模型构拟

很多研究者对人们大脑中的语言系统是怎样运作的充满好奇,因为只要掌握了某种语言,无论小孩或老人都可以运用那么多复杂的词、短语或是句子。Chomsky(1995、1997、2002)提出特殊的语言器官是人类生物天赋的一部分,也就是语言能力,人的头脑里天生就有一个语言机制。人类的语言具有普遍原则,依赖普遍原则的高度概括和简明特征,人才可以理解和运用这样复杂的语言。尽管在20世纪Chomsky就提出了词库的概念,但是他对词库的概念和内涵的理解却在不断地发展和变化,从转换生成语法到最简方案,词库在他理论中的地位得到逐渐提高,词库的内容也在逐渐丰富,直到2005年他发表了"Three Factors in Language Design"一文,Chomsky强调"大词库,小语法",重视词语的特征分析和描写,因为基础的句法运作仍然是从词库中取出这些具有语义和句法特征的词项来实现。

但事实上,人究竟是如何运作我们的大脑词库的呢?大脑词库中是否包含了那么多的语义和句法特征?作为分析性语言,汉语的特征与印欧语有着较大的区别,Packard(2001)在思考汉语词库的时候也提出了两个困惑,第一个是汉语的词主要部分是由开放类词项组成的,这与其他的语言截然不同,因此其他语言中关于组合还是分解的词汇存储的讨论趋向于将问题集中在词根和词缀是以预编码形式存储还是以分解的形式存储,这样的讨论可能并不适合汉语;另外一个困惑的问题是,汉语自然言语词库与汉字正字法加工之间的关系,因为汉字的书写系统具有表意的作用,它推动了词汇加工。他还针对性地提出,心理语言学家对汉语词库的研究趋向于集中在汉字字形的视觉加工,而不是自然的语言,这类研究只能被看成是视觉加工的次领域。这样的认识为我们目前探讨汉语的词库问题提供了思考路径,汉语词库的研究不能局限在正字法的加工上,还要更多关注语言的本质问题。

一、以词汇加工为基础提出的大脑词库的模型及争论

从词汇理解和产出角度关注汉语的词库模型是目前学界关于汉语词库研究的两个主要出发点。

从语言的理解来看,心理语言学的一些语言理解模型似乎解决不了汉语的词库问题。例如Marslen-Wilson(1989)的言语理解词汇提取的cohort

模型,假定某个词汇单位是通过连续接近的过程被激活和通达的,在这个过程中,目标词汇单位因为规则而进入,而它的竞争者因为规则而退出,听觉输入系统也是这样加工的。群集词汇提取模型提出一些不同的看法,词汇单位的选择过程开始于词汇单位的语音段被作为感官输入而进行多重通达,听者大脑词库中共用的起始音段顺序的所有词汇单位被假定作为候选单位而激活,在随后的词汇单位选择过程发生之前先表征最初的判断,随着越来越多的听觉输入,与其他在最初判断空间的群组成分区别开,减少了群组的大小,以内容为基础的语境判断也会发生,这样就可以根据目标词汇单位的句法、语义和话语语境需求而缩小了群组的大小。这一过程持续到词汇单位候选里留出独一无二的理想单位。而在汉语的言语理解中,问题的关键是词汇单位的身份:是语素还是词?假如说是词,组成群组的候选者中都是词,而最终排除和选择的都是词。如果说词汇通达的单位是语素,那么最终选择和排除的也都是语素。以"窗户"为例,如果语素作为词汇通达单位,用群集模型来解释,在"窗户"的最开始,在某个特定的点,伴随着语音形式的句法、语义和语用等信息都集中到一起,从大脑词库中提取单词"窗户"。发出 chu 的音时,就有很多语音上的候选词,如 chu、chun、chuang 等等,但是根据句法、语义和语用等信息就会删减掉很多的候选语素。但前提条件是,我们删掉的这些语素是独立存储于大脑中的,但是它们究竟是否都存在呢,这可能需要证据。另外,其他语境需求能否缩减语音上候选语素的数量呢?这可能也会存在一定操作上的困难,因为语素"窗"和特定的上下文的关系并不确定,能够帮助选择语素"窗"的条件作为加工要素可能只有意义,而不是名词或动词等句法类。从这个角度来说,汉语词库模型的确需要从不同的角度来进行验证,并非是任何一个模型都可以进行简单应用的,这与 Elman(2004)无词库观的解释有一定的相关性,在多角度、多层面的信息加工层面,词库模型的构拟就显得非常困难。

很多有关语言产生中词汇单位提取的模型假设,意义是最初词汇选择的触发点,提取语音信息需要一个独立的过程。研究者提出了"两阶段"模型,在这种模型中,通达词汇单位的形式和通达词汇单位的意义是分离的,最初的选择发生在意义上。通达意义阶段从非语言的概念层次或是消息层面开始,这是由说话者交流信息的意图产生的,在消息层面之后的内容根据调查人而有所不同。两个最有名的模型来自 Garrett(1988)和 Levelt(1989、1992)。在 Garrett 的模型中,信息不仅引起了包含语义和语法赋值但没有语音形式的抽象词项选择,也引起了包括抽象功能短语结构的构建。在 Levelt 的模型中,信息导致了包含语义和句法信息的词的激活,但是没有被指定语音形式,紧接着句法语义词触发了运用它们从语法内容上获得信息,并开始建构短语。Levelt 的模型意味着句法结构通过句法语义词中的语法信息来投射,而 Garrett 的模型里句子结构使用相对独立的原则来构建,但是两种模型中,信息是抽象词汇单位提取的关键所在。因此问题又回到在言语理解中,究竟词汇单位是语素还是词。如果我们假定语素是词汇单位,那就意味着在信息阶段之后,通达的语义和语法信息的抽象群是语素,语素中包含的语法信息必须是语素组合信息,而不是词组合信息。另一方面,如果我们假设词是词汇单位,那么这个单位必须包含有关能作为可组合单位的词语顺序(如句法短语槽的最小占据者)的语法信息。如果我们假定语素作为词汇单位,在 Garrett 的模型中,在后信息阶段形成的句子框架必定是能接受语素而不是词作为单位的框架,而在 Levelt 的模型中,语法语义词包含的语法信息必定是有关语素和其他语素组合的信息。因此,不管我们用哪个模型,假定我们假设语素是词汇单位,现代汉语的语法就必定成为包含组合语素的规则,将语素作为基本组合的单位这样的语法。但是如果是这样的话,我们很难想象这样的语法是怎样工作的,如何在生成句子的过程中首先根据规则生成词或是短语,这样的加工看起来要比实际情况复杂得多。

不过,并非所有的模型都支持语素作为词汇单位,也有很多实验证明汉语的词在大脑词库的表征中是以整词为单位的,而不是以语素为单位进行加工的。Zhou & Marslen-Wilson (1994) 发现,当词、语素和音节频率分别发生变化,只有词的频率变化对词判断的反应时间有效应,而且是对真实的词,这说明汉语的词在大脑词库中的表征是以整词为单位的,而且词汇通达是通过整词单位发生的。之后,Zhou & Marslen-Wilson (1995) 使用听觉—听觉启动词汇判断进行了 12 个系列自然言语的研究,他们的实验结果完全一致,词的表征和通达都发生在整词层面,作者得出一些结论,汉语的词汇表征是以词为基础,在词汇通达中,言语输出最终投射到词表征的层面。他们的实验结果与词的表征和通达发生在语素层面这样的结果观点出现了不一致。Liu & Peng(1997) 也发现,整词的意义通达发生在语素单个意义组合成词之前。实验任务是先呈现启动词,再呈现目标词,来看启动词的汉字是否对目标词的反应时有增加的作用。文章的结论是在视觉词再认中,整个词的意义加工速度比词成分的语素意义的加工要快。Taft & Zhu(1997) 的实验采用启动命名任务,考察两字词的表征是通过整词还是通过它们的成分语素,文章结论是,词汇记忆中的词汇表征是以整词为单位的。但是,这些实验研究都基于词汇层面,且没能很好地将汉语的语素与词清晰地区分出来,汉语单音节语素有很多是能够独立运用的词,这种混淆就必然使得结论不那么科学。

  探究汉语语言单位加工的基础是研究汉语的词库存储的前提。学界提出了几种不同的观点。Hoosain(1992)认为对汉语使用者来说,很难确切地分清词的界限,他认为汉语的多语素词很可能和英语不一样,并没有列在词库当中,而是在语言使用过程中才有意义,汉语词库中包含很多单个语素,存在"词汇工具包",允许多语素词的产生和理解。换句话说,他认为汉语词库中不列有复杂词。然而,由于使用的频率高,复杂词也可能作为词条存在,而且完形词与构成词的语素可能是平行激活的,他甚至还提出如果汉语词库不存储所有的多语素词,那么单个的成分所起的作用比英语中的要大得多。这是个相对来讲具有发展观点的结论。另外也有些学者考虑到规则与存储的关系,如 Dai(1992)认为很大一部分复杂词是列在词库中的,而不是由规则生成的,汉语的词是使用多产规则生成的,词的成分可以是自由的词,也可以是词缀。Zhang & Peng(1992)认为汉语的词是以分解的形式存储在词库中,而且这些词通过"汉字"通达。但是他们的实验是基于阅读的视觉再认实验,有别于自然语言的理解,因为视觉与书写的信息加工是不同的。Packard(2001)认为,在汉语词库中,说话者知道的每个复杂词都以编码的形式列于词库中,除了那些包含形态成分 G(语法词缀)的复杂词。在言语产生和理解中,词成了汉语词汇通达的基本单位,语法词缀通过规则单独地分别地被加上去,或者被分解。除了语法词之外的所有复杂词都列于汉语自然言语词库中,以包括他们形态结构表征的形式存在。语法词(包含形态成分的词,如语法词缀"着、了、过"等)是汉语中仅有的以"分解的"形式存储在词库中的唯一的复杂词类型,这些词被假定为是在在线运用过程中通过生成规则来理解和产出的,说话者知道的所有复杂词、黏着词根词和派生词(包括他们形态结构的表征)都是以词的形式存储的。这些词与组成词的规则之间的关系以"词汇羡余规则"(Jackendoff,1972)形式存在于说话者的语法中。所有的语素和预编码的词都列于词库中,但是只有词(预编码的词或自由语素)可用于词汇通达并插入句子中。说话者知道的黏着语素列于说话者的词库中,但是却不能插入句法框架中。它们一定是在词库中,这是因为说话者知道它们,并且一定是将其用于构建和理解新词语(运用构词规则),因此(黏着)语素能够用于词汇通达和插入句法形式类槽中。另外词汇化程度不同的词存储情况更为复杂,当复杂形式词汇化为词的时候,它们作为实际的预编码的词项,包含其形态、语音、语义和句法特征的词项列在词库中,当词变得"更加词汇化",这就意味着有关形态、语音、语义和句法等信息经历了"缩减",也就是作为词汇条目的部分知识表征开始衰退,词汇知识变得更加不透明,也可能无法看清语法加工,而事实上这样的语法加工是起作用的,而且是被运用的。这是个复杂的结论,简单来说,所有的汉语语素,无论是自由的还是黏着的都列在大脑词库中,但只有自由语素可以作为直接的词汇通达单位。对说话者来说已知的复杂词也列在其中,它们往往以预编码的形式存在,语法词则不同,语法词是在在线加工中形成的。此外,能表达词结构知识的构词规则也是汉语使用者词库中的一部分。但是这是停留于理论构想的汉语词库的状况,需要实验的证据来论证。

二、汉语大脑词库的特征

鉴于前人对于汉语词库系统的讨论,我们首先将着眼点放在汉语词库的基本语言单位上,这是进行汉语词库存储探讨的前提。另外,语言的加工不可能只在词汇层面就能够解决问题,我们从不同层级语言单位的加工以及词法与句法加工机制的研究来探讨汉语词库的特征。这是自然语言的加工,不是理论的构想和推测,我们运用神经电生理学的技术是为了考察人脑的实际加工,综合不同实验研究结果,我们发现了汉语词库的一些特征,下面分别从存储提取的基本语言单位和语言单位的加工特征两个方面分析讨论。

1. 存储提取的基本语言单位

通过对不同层级语言单位的存储和提取加工的研究,我们发现,相对于字、语素和短语,词更应该是汉语词库的基本语言单位,相应地,汉语语言系统以词为基本语言单位更符合人脑实际,这是汉语词库最显著的基本特征。研究证据主要来自存储和提取加工的研究结果。

从语言单位的提取加工来看,在单音节语言单位层级,词的内隐提取比非自由语素要容易,无意义的字并不存在词汇提取过程,词和非自由语素外显提取既依赖大脑的短时记忆,也能够从长时记忆中提取信息,而无意义的字的外显提取加工中可能不能从词库中直接提取信息,更多依赖短时记忆中的记忆痕迹,综合内隐与外显提取加工的结论,我们分析排除了字成为词库基本语言单位的可能性,与非自由语素相比较,加工难度的差异使得我们更倾向于词为汉语词库的基本语言单位;在双音节语言单位层级,单纯词与合成词的内隐提取加工机制没有差异性提示,短语的加工难度比词大,短语的新旧效应比词的更为显著提示新出现的短语缺乏熟悉感,我们认为,语素数量对词的提取加工没有影响为语素不是汉语词库语言单位提供了进一步的证据,短语比词更大的加工难度以及熟悉感的缺乏都为短语不是汉语词库基本语言单位提供了证据,词构词方式以及语素数量等因素未对词提取加工难度造成影响则证明了词更应该是汉语词库的基本语言单位。

从语言单位的存储加工来看,在单音节语言单位层级,词、非自由语素和无意义的字的记忆编码方式不同,反映出在大脑词库中不同的存储状态,无意义的字在大脑词库中没有单独的存储,很有可能是和其他的单位结合在一起存储的,词的编码加工比非自由语素的要较容易说明词是具有自己独立的存储方式,更可能是词库中存储的基本单位,非自由语素具有多重选择性,说明它在大脑词库中存储方式的多样性,这也为语素不是汉语词库的基本语言单位提供了证据;在双音节语言单位层级,词与短语编码加工不同,短语的加工强度比合成词大,记忆编码的差异支持词是汉语词库存储的基本语言单位。

2. 语言单位加工的特征

勾勒汉语大脑词库系统,需要我们寻求语言单位加工的具体特征。通过对不同类型语言单位加工的考察,我们发现了汉语语言单位在加工过程中呈现出来的特点,并依此对汉语词库的特征进行了推测。

(1) 语言单位的层级性特征

通过系列实验研究,我们发现汉语语言单位在大脑加工过程中呈现出层级性,主要表现为短语、词、语素以及语素的下位分类等不同层级,不仅说明语言单位的加工具有层级,更是提示语言单位在词库中存在多层级的混合存储模式。

提取加工显示词与语素、短语与词的加工分离,在相同任务下,表现出加工难度的层级性,在不同提取模式下也表现出层级性特征。具体来说,层级性首先表现在词与语素的区分上,证据主要有两个方面,一是单音节的词与语素的提取加工差异,二是相同的语素数量而不同性质语言单位提取方式不同,即合成词与短语,它们均由两个语素构成,但构成短语的语素同时也是词,短语加工比合成词难从另一层面说明了语素与词之间的层级区分。层级性还表现在短语与词的分离,两种提取条件下都发现短语比词更难的加工过程,且并未在两类不同构词方式的词之间发现难度上的区别,进一步为短语与词的区别性层级特征提供了证据。存储加工直接显示了语素、词与短语的记忆编码方式,不同语言单位的存储编码加工依赖不同的神经基础,表现出语言单位多层级的存储模式。其中,无意义的字在大脑词库中没有单独的存储,语素的存储方式多样化,直接存储或者以后备信息的概念形式存储在与大脑词库密切关联的后备程序中,词是独立的存储状态,短语编码方式也有多样化特征,依靠多种策略进行词提取及运算加工,说明短语可能不是直接存储在大脑中的。

(2)词库内容及存储方式特征

词库存储内容与语言单位的存储状态直接相关。不同提取方式的加工差异以及存储加工的结论都提示我们要考虑词库系统的复杂性,包括词库存储内容的层级性和存储方式的多样性。经过分析我们认为,词库中存储的内容主要是词与语素,其中非自由语素相对存储方式更为复杂,而无意义的字不具备单独存储的可能性,编码选择的单一性说明它在大脑词库中存在方式的唯一性,以与其他成分组合为词的形式存储,短语也不是词库存储的内容。

从词库提取之后,不同的语言单位都负载词汇信息,包括语义概念信息,语义任务的实验显示,词与短语的加工差异不仅说明相同语素数量而性质不同的语言单位提取方式不同,更说明语素的分解和整合不是其他更高层级语言单位的必经阶段,词汇语义信息应该存在于词库中,与其相关的词法信息也存储于词库中,提取完成时语义与词法信息已经附着在词上。合成词与短语的加工的神经模式不同,词表现为颞叶的存储加工,短语是前额和额区的运算机制,这也是由于词库存储的是词而不是短语的可能性导致的,因此短语必须依赖运算才能完成语义任务。

三、汉语词库模型构拟

我们在汉语词库系统的独立性以及对其存储和运作方式的研究基础之上,尝试构拟汉语词库系统的模型,以便能够勾勒汉语的生成和理解过程。

1. 汉语词库神经基础及独立性

寻求词库系统与句法系统具有不同的神经基础是词库独立性的有力证据。我们通过对词与短语加工的考察分离出词法与句法的加工机制,发现构词方式与句法关系的脑加工方式不同,依赖的神经基础也不同,证明了词库的独立性。提取过程中,不仅词与短语的加工难度不同,而且短语更多依赖额区运算机制完成语义提取,而不是颞叶的存储记忆,这与Ullman et al.(2005)的研究结论比较一致,他们认为形态的运算和存储具有不同的神经关联,从词库中提取存储的词主要与大脑左颞和颞顶等结构相关,而规则形态的运算则与左额等大脑结构有关。词与短语的编码存储的神经基础也不同,不仅短语的加工强度比合成词大,短语也可能利用了多种编码方式来进行记忆,额区、中央区以及顶区等多脑区都发现有 DM 效应,但合成词则未观察到 DM 效应,说明二者记忆编码加工机制的分离,与依赖词法和依赖句法的语言单位在大脑中存储方式不同有关,它们在编码加工时依赖的神经基础不同,这也为词库和句法系统的独立性提供了证据。

但是我们又发现概念语义信息、句法信息等在语言单位加工过程中有着不同作用,加工任务也表现出变量作用,这提示我们汉语词库系统的复杂性以及受其他因素影响的可能性,当然也可能存在 Berwick et al. (2013) 提出的另外一种可能性,也就是词库与句法具有不同的神经基础,但两个系统可能又具备结合的加工过程等密切关系。这说明词库系统与句法演算系统之间是更为复杂的关系。

2. 汉语词库的存储和运作之间动态的复杂关系

操汉语者大脑中应该存在着独立的词库系统和句法系统,汉语词库包括了多层级的语言单位,但它们在词库中的存储方式可能不同,体现出一定的层级性和复杂性。

我们推测,汉语词库中基本语言单位和后备程序应该是这样的关系:固有的大脑词库中存储的基本语言单位是词,但是有一个可以产生新词也可以分解词的后备程序,这个程序附着或是连接到大脑词库上,而且其中包含了很多后备信息可以经常被大脑词库使用。在对不同的语言单位进行提取时,存储在大脑词库中的语言单位可以直接提取,而需要使用后备程序的语言单位就需要经过一个分解或者是重新整合的过程。词的语义句法的特征不一定都是句法操作的结果,语义信息更多是在词库中就已经被赋予,词库中存在一定的词汇信息和概念信息,尽管我们现在还不能够确定语义信息之间的关联究竟是独立的存储还是按语义节点的存储方式。

语言单位提取方式的不同,提取通道的多样性以及实验任务对提取方式的影响,都在一定程度上说明语言单位的动态运作与词库之间的关系并非是简单的线性模式,而是存在多层级具有变化性的复杂关系。离合词更是这一复杂关系网上特殊的存在。从语言单位的性质上说,它是词和短语之间的一个特殊范畴,它合在一起使用时意义上具有整体性和单一性,具有单一的词汇意义,类似词,但是它的构成语素在使用时又可以分离开,类似短语。因此,离合词组成成分的关系词法的还是句法的,并没有明确的说法。从离合词的加工上看,它的语义加工并非依赖直接提取,尽管与其结构的松散性有关,但是离合词不依赖词法的加工机制让我们进一步认识到,尽管词库系统与记忆存储机制有关,语言单位的提取方式与存储方式有关,但在语言运作中词库系统也可能会有变化,词库内存储的内容也可能发生变化,词库系统与语言运作之间是发展的动态关系。

3. 汉语词库系统构拟

汉语的词库系统应该是个立体的复杂系统。通过研究,我们发现词库中的语言单位具有多层级混合存储状态和通道提取的多样性特点,具有词和语素等多层级语言单位的存储方式,词库中大多数词是独立存储和直接提取的,词还具有语义、句法等特征,语素具有备用信息的存储和再加工模式,可能以显性和非显性两种状态呈现,词库中存在后备程序。短语不能直接提取,依赖存储和运算加工机制。

汉语词库中不同层级语言单位提取模式、再编码方式和再认方式都不同,不同层级的语言单位之间关系复杂,它们加工的神经基础也不同。大脑对于词库中存储的语言单位特征在加工时具有自动区分的功能,或者说,词的特征在提取的时候就已经附着在上面。语素的分解和整合不是其他更高层级语言单位的必经阶段,构词方式与句法结构关系依赖的是不同的神经基础,词法和句法加工的神经机制不同。

由此,我们可以设想,操汉语者大脑中应该也存在着独立的词库系统和句法系统,汉语词库包括了不同层级的语言单位,但它们在词库中的存储方式可能不同,体现出一定的层级关系;词的语义句法的特征不一定都是句法操作的结果,可能是在词库内就被赋予的;词的语义句法信息不是都由句法操作而来,也有的是在词库中就已经被赋予了的。在汉语词库中,词以比较稳定的状态被存储,在语言运用时可以直接从词库中提取,而这些词在词库中被赋予了包括语法特征在内的多层面特征,在运用到语言产出时这些特征才表现出来。词法是与词凝固在一起存储的,没有运算的过程。句法是存储和运算的结合。汉语词法规则的加工与句法规则的加工依赖不同的神经基础,"单一系统"模型并不符合汉语词库的实际情况。汉语的词法规则可能是依赖颞叶等大脑的记忆功能区,而句法需要演算,这一结论与Pinker(1999)的观点一致。词库系统与句法演算系统之间是更为复杂的关系,可能不是简单的存储和运算的关系,在不同层级的语言单位的加工过程中,因为句法信息和语义信息的复杂性,加上任务需要的资源运用都可能会影响到其加工的模式和依赖的神经基础。这提示我们需要进一步研究更多更复杂的词类加工和句法加工条件下汉语词库与句法的接口问题。

通过研究大脑词库的特征,同时考虑到词库中存储的内容及它们之间的相互关系,尤其关注词库与句法的接口关系,将语言加工的自上而下与自下而上的过程结合起来,我们初步构建符合人脑实际加工的汉语大脑词库的复杂的立体系统。如图47:

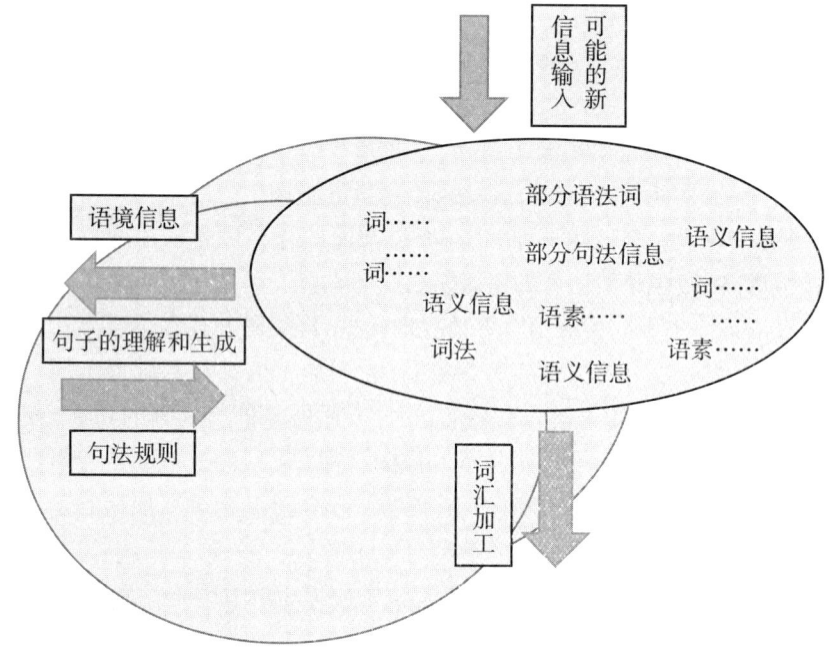

图47 汉语词库模型构拟

第五节 本章结论

通过研究,我们考察了语言单位加工条件下词库的特征,一定程度上搞清了汉语大脑词库的存储内容、语言单位的存取方式以及它们之间的关系,并且探讨了汉语词法与句法的神经基础,分析了汉语词库的特征,尝试构拟了汉语大脑词库系统,得出了一些研究结论。

(1)词更应该是汉语词库的基本语言单位,汉语语言系统以词为基本语言单位更符合人脑实际,这是汉语词库最显著的基本特征;

(2)汉语词库中的语言单位具有层级性,词库中存储的内容主要是词和语素,词汇语义信息以及词法存在于词库中;

(3)汉语词库系统与句法演算系统具有不同的神经基础,具有独立性;

(4)汉语的词库系统应该是个立体的复杂系统。语言单位具有多层级混合存储状态和通道提取的多样性特点,"单一系统"模型并不符合汉语词库的实际情况,词库系统与句法演算系统之间关系复杂。

  但是,研究仍然存在一些问题,一是目前阶段的成果是基于现有实验的基础上的,但是汉语大脑词库系统是个复杂的系统,目前的系统构拟仍然很初步,尽管我们考虑到将动态提取与静态存储研究结合起来,将词库系统与句法操作的研究结合起来,再在综合分析情况下去思考词库的立体系统。但是,人脑的运作并非都是按部就班的,词库在何种层面上的存在、词库自身的运作以及词库与句法操作的协同运作等这些问题仍然没有能够解决。因此,探索汉语大脑词库的特征和完整体系的构建仍然有很长的路要走。

第九章　结语

第一节　主要结论

一、关于汉语词库的基本语言单位的结论

通过对实验结果的综合分析,我们得出结论,词更有可能是汉语词库的基本语言单位。

首先,句子、短语、字和语素不可能是汉语词库的基本语言单位。句子作为大脑词库提取和存储的基本语言单位不符合语言的能产性和经济原则,句子并不在汉语的词库中,更不可能成为词库中的基本语言单位;短语在提取和编码过程中都表现出加工难度大于词的特征,短语可能利用了多种方法和编码方式来记忆,可能是短语组成成分之间的关系并不紧密造成的,说明短语不可能是大脑词库中的基本语言单位。再次,字不可能是汉语词库中的基本语言单位。在严格控制了字的笔画和频率等物理属性的情况下,三类单音节语言单位的提取和存储的加工显示出不同的提取难度和编码方式,相同数量汉字组成的双音节单纯词、合成词与短语的加工差异也不支持字是汉语大脑词库的基本语言单位;提取和存储加工的实验结果同样不支持语素是汉语词库的基本语言单位,非自由语素的提取比词耗费更多的资源不能满足基本语言单位的经济性要求,语素数量的多少对语言单位的加工没有形成影响,非自由语素编码加工难度大以及编码时对多重选择也不支持语素的独立存储。

其次,词最有可能成为汉语词库的基本语言单位。总结起来,研究结果提供了词更有可能是汉语词库的基本单位的几个证据:一是词的内隐提取比非自由语素的要容易;二是双音节单纯词和合成词的内隐提取加工机制类似;三是短语的提取加工难度比单纯词和合成词的都大;四是短语的新旧效应不同于合成词,短语的新旧效应最明显,说明在再认阶段短语提取需要先从大脑词库中将构成短语的词提取出来,再进行整合和输出,这样刚出现的短语则缺乏熟悉感;五是记忆编码过程中,词的编码加工比非自由语素的要更容易;六是词、非自由语素和无意义的字的 DM 效应说明

它们的记忆编码方式不同,这种不同的编码方式反映出在大脑词库中不同的存储状态,词和非自由语素的差异说明词是具有自己独立的存储方式的;七是词与短语编码加工不同,短语的加工强度都比合成词大,记忆编码的差异支持词是汉语词库存储的基本语言单位;八是短语的 DM 效应特征提供了词更有可能是汉语词库存储的基本语言单位的证据。

所以,我们说在汉语大脑词库中,词更有可能成为提取和存储的基本语言单位,而不是字、语素、短语和句子。

二、汉语语言单位提取加工的结论

关于汉语语言单位提取加工的神经机制,我们得到以下结论:

(1)相对于字、语素和短语,词更应该是汉语大脑词库中提取的基本语言单位。

(2)三类单音节语言单位(词、非自由语素和无意义的字)的内隐提取加工机制是不同的,无意义的字缺乏语义的特征导致其做出拒绝的判断时耗费的心理资源最少,加工的难度最小,内隐的词汇提取过程可能根本就不存在,而非自由语素和词可能存在内隐的词汇提取过程,非自由语素加工难度比词更大,这可能和其不能单独使用的语法性质有关。

(3)无意义的字的外显提取加工机制不同于词,也不同于非自由语素;无意义的字旧项可能不是直接从大脑词库中提取信息的,它更多依赖短时记忆中的记忆痕迹;词和非自由语素旧项提取既依赖短时记忆,但同时受到长时记忆中存储信息的干扰,二者的外显提取具有相似性。

(4)词与短语的加工机制不同,短语在提取加工时的难度超过单纯词和合成词,这一差异体现了词与短语的分离,也说明词数量的多少对提取加工是起作用的,短语是经过整合提取的。

(5)单纯词与合成词提取加工的神经机制没有提示差异,语素数量的多少对提取加工过程没有影响,由一个语素构成的单纯词和由两个语素构成的合成词可能都是直接提取的,不需要经过语素的整合加工,它们在汉语大脑词库中有可能是直接存储的;P600 效应提示单纯词和合成词的提取都依赖于记忆,合成词没有 FN400 效应提示单纯词比合成词在大脑词库中的状态更为稳定,合成词无法依赖熟悉性来判断。

(6)语素的提取并不是词或其他语言单位提取加工过程中的必经阶段,汉语大脑词库中的多语素词可能是直接存储的,而多语素短语则不同,它在提取时可能是既要依赖存储,也需要运算;语素数量相同而结构方式不同的语言单位提取方式不同。

(7)单音节词(词)的内隐提取比单音节非自由语素的内隐提取要容易,这为 Aitchison(2003)所提出的后备程序提供了证据支持。

(8)内隐提取和外显提取是不同的加工过程,但也反映出单纯词和合成词在不同提取条件下的提取方式是不同的。

(9)由提取加工对汉语大脑词库语言单位的存储状态提供了推测:单音节词(词)在大脑词库中存储状态可能是独立的;非自由语素可能以后备信息的概念形式存储在和大脑词库有密切关联的后备程序中;无意义的字在大脑词库中没有单独的存储,很有可能是和其他的单位结合在一起存储的;短语可能都不是以完整形式存储在大脑词库中的,其短时记忆的记忆痕迹要强于合成词,而词则有可能以整体的形式存储。

三、汉语语言单位存储加工的结论

关于汉语语言单位存储加工的神经机制,我们得到以下结论:

(1)从记忆编码加工的角度来看,相对于字、语素和短语,词更有可能是汉语词库存储的基本语言单位;从整个编码加工的时间进程来看,汉字无法作为独立单元进行存储,非自由语素记忆编码加工的难度提示语素独立存储的可能性很小,而词编码加工的特点提示词可能具备独立的存储方式,短语早期的编码加工比词复杂,可能利用多种方法和编码操作来进行记忆也提示其不可能直接存储在词库中。

(2)词、非自由语素和无意义的字不同的记忆编码方式反映出在大脑词库中不同的存储状态。词与非自由语素的差异说明词具有自己独立的存储方式,词与非自由语素表现出的共同点,说明词可以作为构成其他词的语素,在这一点上它与非自由语素没有本质差异;非自由语素具有编码内容和编码方式的多重选择,说明它在大脑词库中拥有多种存在方式;无意义的字编码选择的单一性说明它在大脑词库中存在方式的唯一性。

(3)与非自由语素相比,词具有更好的词汇通达或更有效的记忆编码,可能更容易激活人脑长时记忆中预先存储的单位,而非自由语素可能并不是作为独立的单位形式进行存储,而之后的 N400 和 LPC 成分上的加工差异也提供了非自由语素最难编码的证据;无意义的字编码选择的单一性使它在编码时最为容易,词与无意义的字的差异说明尽管二者的编码加工都比非自由语素要容易,都依赖长时记忆中词库存储的内容来编码,但加工通路和编码方式可能是不一样的。

(4)词、非自由语素和无意义的字不同的 DM 效应,说明三类单音节单位的记忆编码方式不同,词与非自由语素 DM 效应的差异体现在 N400 成分和 LPC 成分上,而无意义的字根本没有 N400 的 DM 效应。

（5）词、非自由语素与无意义的字在编码过程中有很大差别,既体现在加工的时间进程上,也体现在编码加工要调用的其他信息不同上,更是体现在编码内容和编码方式的不同上,这些差异都为三类语言单位的划分提供了证据支持。

（6）在记忆编码过程中,词与短语编码加工不同,不管在前部脑区还是后部脑区,短语的加工强度都比合成词大,短语通达大脑中预存的知识也比合成词要难得多,同时短语早期的编码加工也比合成词更为复杂,说明短语可能不是直接存储在大脑中的,而首先要从词库中提取词语,再经过一个运算的过程,因此显示出通达和编码加工都更困难。

（7）在记忆编码过程中,单纯词调用了更多的神经元,显示出编码难度最小最为有效,它的再编码和成功送入记忆主要依靠语义进行;合成词没有 DM 效应,说明合成词记住和未记住的项目都采用了同样的编码方法,而且从长时记忆中词汇提取过程也没有差异;短语的 DM 效应说明短语可能利用了多种方法和编码操作来进行记忆,而这多种编码方式可能是短语组成成分之间的关系并不紧密造成的。

四、语言加工与 ERP 指标

通过系列的实验研究,得到了语言加工与 ERPs 指标关系的一些结论:

（1）实验中观察到的 P2 成分可能并不是 RP,而很可能是和汉语词的提取密切相关的一个成分。

（2）实验结果支持 N400 是语义加工的敏感指标,N400 的潜伏期稍早与实验任务有关,LPC 成分的波幅与加工难度负相关。

（3）N400 成分不仅是语义加工敏感的指标,还可能反映的是后词汇的语言信息整合加工的难度,而不仅仅是词汇水平的某些加工特点。

（4）语义是调节顶区 P600 新旧效应的因素之一,这一结论来自无意义字的顶区 P600 新旧效应不同于词和非自由语素。

五、与汉语理论相关的结论

通过对不同汉语语言单位加工神经机制的考察,我们得到了一些与汉语语言理论相关的结论:

（1）短语与词、词与语素的划分以及语素的下位分类都是具有生物神经基础的。

（2）离合词不依赖词法而是依赖句法的加工机制，是它具有结构的松散性以及用法的灵活性和多样性的原因。

（3）汉语的词法和句法规则加工依赖的神经基础并不相同，构词规则和句法规则有联系并有可能相互转换。

（4）汉语语法系统以词为基本单位更符合人脑的生物神经基础。

六、有关汉语词库的结论

我们以语言单位加工条件下词库的特征、词库的存储内容及存取方式等为研究基础，分析了汉语词库的特征，尝试构拟了汉语大脑词库系统，得出了一些结论：

（1）词更应该是汉语词库的基本语言单位，汉语语言系统以词为基本语言单位更符合人脑实际，这是汉语词库最显著的基本特征。

（2）汉语词库中的语言单位具有层级性，词库中存储的内容主要是词和语素，词汇语义信息以及词法存在于词库中。

（3）汉语词库系统与句法演算系统具有不同的神经基础，具有独立性。

（4）汉语的词库系统应该是个立体的复杂系统。语言单位具有多层级混合存储状态和通道提取的多样性特点，"单一系统"模型并不符合汉语词库的实际情况，词库系统与句法演算系统之间关系复杂。

第二节　有待探讨的问题

研究仍然有些问题还没有能够深入，有待进一步的实验支持。例如，词的内部分类不够详细，可以从不同构词法的角度来分析具有类似结构的性质，也可以从词构成语素的自由与否对词详细分类，以期考察语素对词存储和提取的不同作用，进而探讨不同构词法的加工机制，可以为汉语构词法的研究提供一定的神经电生理证据。其次，我们对汉语语言单位的探讨只包括单音节和双音节，暂时没有考察到三音节和更多的音节，如熟语等语言单位暂未考察，以后可以拓宽研究范围，对汉语语言单位的分类进行全面的研究。再次，论文只研究了无语境条件下的语言单位加工情况，如果与有语境条件下的语言产生和理解过程中的语言单位加工情况进行结合，就可以从不同角度研究中文大脑词库语言单位的存储和提取机制，能够全面地揭示大脑词库中的语言单位的存储状态和使用过程。此外，论文研究途径还比较局限，实验只涉及视觉加工，而并没有涉及听觉加工，这也有待以后进一步研究工作的开展;ERP技术手段的使用,尽管对锁定时间的刺激反应可以精确到毫秒,但是该技术也存在一定的局限,如容易受眨眼的影响,对脑功能区的定位也存在限制,我们还可以再结合脑成像技术来研究这一问题,将得到的结果和ERPs实验结果互相印证。

参考文献

中文著作及论文

[1] 北京语言学院语言教学研究所:《现代汉语频率词典》,北京:北京语言学院出版社,1986年。

[2] 布隆菲尔德著,袁佳骅、赵世开、甘世福译:《语言论》,北京:商务印书馆,外语教学与研究出版社,剑桥:剑桥大学出版社联合出版,1997/2002年。

[3] 曹伯韩:《现阶段文法的学习问题》,《新语文》1951年第2期。

[4] 曹伯韩:《字和词的矛盾必须解决》,《中国语文》1952年第8期。

[5] 曹伯韩:《应当建立词的观念》,《中国语文》1952年第11期。

[6] 曹伯韩:《字·词·短语》,《汉语学习》1954年第8期。

[7] 陈宝国、彭聃龄:《汉字识别中形音义激活时间进程的研究》,《心理学报》2001年第1期。

[8] 陈望道:《从"词儿连写"说到语文深入研究》(1940a),《陈望道语文论集》,上海:上海教育出版社,1980年。

[9] 陈望道:《文法革新问题答客问》(1940b),《陈望道语文论集》,上海:上海教育出版社,1980年。

[10] 陈望道:《语文运动的回顾和展望》(1940c),《陈望道语文论集》,上海:上海教育出版社,1980年。

[11] 陈文彬:《词儿连写的演变、办法和问题》,《中国语文》1953年第5期。

[12] 程雨民:《汉语中的语素短语》,复旦大学中国语言文学研究所:《中国语言文学研究的现代思考》,上海:复旦大学出版社,1991年。

[13] 程雨民:《汉语以语素为基础造句(上)》,《暨南大学华文学院学报》2001年第1期。

[14] 程雨民:《汉语字基语法——语素层造句的理论和实践》,上海:复旦大学出版社,2003年。

[15] 崔刚:《布鲁卡氏失语症实例研究——兼谈词汇障碍对大脑词库研究

的启示》，《外语教学与研究》1994 年第 1 期。
[16] 崔刚：《布洛卡氏与传导性失语症患者的语音障碍》，《外语教学与研究》1999 年第 3 期。
[17] 崔刚：《失语症的口语表达障碍研究》，北京：航空工业出版社，2001 年。
[18] 董秀芳：《词汇化：汉语双音词的衍生和发展》，成都：四川民族出版社，2002 年。
[19] 董秀芳：《汉语的词库与词法》，北京：北京大学出版社，2004 年。
[20] 段业辉：《论离合词》，《南京师大学报》1994 年第 2 期。
[21] 范晓：《三个平面的语法观》，北京：北京语言学院出版社，1996 年。
[22] 方环海、张珊珊等：《二十世纪九十年代中国的神经语言学研究》，《语言学及应用语言学研究》2001 年第 1 期。
[23] 高名凯：《汉语语法论》，北京：商务印书馆，1986 年。
[24] 高素荣：《失语症》，北京：北京医科大学、中国协和医科大学联合出版 1993 年。
[25] 桂诗春：《语言与大脑》，《国外语言学》1962 年第 3 期。
[26] 郭春彦、朱滢等：《不同加工与记忆编码关系的 ERP 研究》，《心理学报》2003 年第 2 期。
[27] 郭绍虞：《汉语词组对汉语语法研究的重要性》，《复旦大学学报》1978 年第 1 期。
[28] 何元建：《回环理论与汉语构词法》，《当代语言学》2004 年第 3 期。
[29] 何元建、王玲玲：《汉语真假复合词》，《语言教学与研究》2005 年第 5 期。
[30] 胡附、文炼：《现代汉语语法探索》，北京：商务印书馆，1990 年。
[31] 胡明扬：《词类问题考察》，北京：北京语言文化大学出版社，1996 年。
[32] 黄伯荣：《从"词"到"语"是 80 年代语法学发展的趋向》，《汉语学习》1991 年第 3 期。
[33] 黄伯荣、廖序东：《现代汉语（增订版）》，北京：高等教育出版社，1993 年。
[34] 黄月圆：《复合词研究》，《国外语言学》1995 年第 2 期。
[35] 贾富仓、翁旭初：《事件相关功能磁共振成像》，《生理科学进展》2001 年第 4 期。
[36] 金兆梓：《国文法之研究》，北京：商务印书馆，1983 年。
[37] 黎锦熙：《新著国语文法》，北京：商务印书馆，1924 年。

[38] 李清华:《谈离合词的特点和用法》,《语言教学与研究》1983 年第 3 期。
[39] 李荣宝、彭聃龄、王春茂:《汉语认知加工过程的早期皮层电位》,《心理科学》2001 年第 6 期。
[40] 李行德:《语言发展理论和汉语儿童语言》,《现代外语》1997 年第 4 期。
[41] 李亚非:《核心移位的本质及其条件——兼论句法和词法的交界面》,《当代语言学》2000 年第 1 期。
[42] 李宇明:《儿童语言的发展》,武汉:华中师范大学出版社,1995 年。
[43] 李宇明:《汉语语法"本位"论评——兼评邢福义"小句中枢说"》,《世界汉语教学》1997 年第 1 期。
[44] 李宗江:《去词汇化:"结婚"和"洗澡"由词返语》,《语言研究》2006 年第 4 期。
[45] 林汉达:《动词连写问题》,《中国语文》,1953 年第 10 期。
[46] 林连通、顾士熙:《中国语言学年鉴》(1995-1998)上、下册,北京,语文出版社,2002 年。
[47] 刘复:《中国文法通论》,上海:中华书局。《民国丛书》第二编(55),上海,上海书店,1939 年。
[48] 刘顺:《论现代汉语的"离合词"》,《齐齐哈尔大学学报》1999 年第 5 期。
[49] 刘叔新:《汉语描写词汇学》(重排本),北京,商务印书馆,1995 年。
[50] 刘泽先:《用连写来规定词儿》,《中国语文》编辑部:《汉语的词儿和拼写法》第 1 辑,北京:中华书局,1955 年。
[51] 卢利亚著,赵吉生、卫志强译:《神经语言学》,北京:北京大学出版社,1987 年。
[52] 陆志韦:《构词学的对象和手续》,《中国语文》1956 年 12 月刊。
[53] 陆志韦:《汉语的构词法》,北京:科学出版社,1957 年。
[54] 罗跃嘉、魏景汉:《跨通路识别汉字形音的偏差相关成分研究》,《心理学报》1997 年第 4 期。
[55] 罗跃嘉、魏景汉:《正常青年人汉字语义识别的 ERP 特征性成分》,《中国科学院心理研究所年报》,1997 年。
[56] 罗跃嘉、魏景汉:《汉字识别的跨感觉通路 ERP 注意成分研究》,《中国科学》1998 年第 6 期。
[57] 罗跃嘉、魏景汉等:汉字视听再认的 ERP 效应与记忆提取脑机制,《心

理学报》2001年第6期。

[58] 吕勇、沈德立:《P240的语义距离效应》,《应用心理学》2005年第3期。

[59] 吕叔湘:《中国文法要略》,北京:商务印书馆,1982年。

[60] 吕叔湘:《语法学习》,北京:中国青年出版社,1953年。

[61] 吕叔湘:《"停"是词吗?"止"不是词吗?》,《中国语文》1955年5月号。

[62] 吕叔湘:《汉语单双音节问题初探》,《中国语文》1963年第1期。

[63] 吕叔湘:《汉语语法分析问题》,1979年,载《汉语语法论文集》,北京:商务印书馆,1999年。

[64] 吕叔湘、朱德熙:《语法修辞讲话》,北京:中国青年出版社,1952年。

[65] 马建忠:《马氏文通》,北京:商务印书馆,1998年。

[66] 马清华:《错综关系下例外的形成——汉语离合词成因再探》,《语言科学》2009年第2期。

[67] 潘文国:《"字"与Word的对应性(上)》,《暨南大学华文学院学报》2001年第3期。

[68] 潘文国:《"字"与Word的对应性(下)》,《暨南大学华文学院学报》2001年第4期。

[69] 潘文国:《"本位"研究的方法论意义》,《华东师范大学学报》(哲学社会科学版)第34卷第6期,2002年。

[70] 潘文国:《字本位与汉语研究》,上海:华东师范大学出版社,2002年。

[71] 潘文国、叶步青、韩洋:《汉语的构词法研究》,上海:华东师范大学出版社,2004年。

[72] 彭楚南:《两种词儿和三个连写标准》,《中国语文》1954年第4期。

[73] 彭聃龄:《汉字信息加工》,载王甦、林仲贤主编《中国心理科学》,吉林:吉林教育出版社,1997年。

[74] 彭聃龄、丁国盛、王春茂等:《汉语逆序词的加工——词素在词加工中的作用》,《心理学报》1999年第1期。

[75] 彭聃龄、李燕平、刘志忠:《在重复启动条件下汉语双字词的识别》,《心理学报》1994年第4期。

[76] 彭聃龄、舒华等:《汉语认知研究》,济南:山东教育出版社,1997年。

[77] 彭聃龄、徐世勇等:《汉语单字词音、义加工的脑激活模式》,《中国神经科学杂志》2003年第5期。

[78] 彭聃龄、杨晖:《汉字的读音及其在字义提取中的作用》,载彭聃龄等

主编《汉语认知研究》,济南,山东教育出版社,1997年。
[79] 皮亚杰著,倪连生、王琳译:《结构主义》,北京:商务印书馆,1984年。
[80] 齐沪扬:《现代汉语短语》,上海:华东师范大学出版社,2000年。
[81] 屈南、郭春彦等:《提取方式对记忆效应的影响》,《心理学报》2005年第1期。
[82] 饶勤:《离合词的结构特点和语用分析》,《汉语学习》1997年第1期。
[83] 饶勤:《动宾式离合词配价的再认识》,《语言教学与研究》2001年第4期。
[84] 任海波、王刚:《基于语料库的现代汉语离合词形式分析》,《语言科学》2005年第6期。
[85] 任学良:《汉语造词法》,北京:中国社会科学出版社,1981年。
[86] 邵敬敏:《关于新世纪汉语语法研究的几点思考》,《语言科学》2003年第4期。
[87] 沈怀兴:《"离合"说析疑》,《语言文字学》2003年第2期。
[88] 沈家煊:《神经语言学:对失语症中语言与脑关系的综观》,《国外语言学》1992年第3期。
[89] 施茂枝:《述宾复合词的语法特点》,《语言教学与研究》1999年第1期。
[90] 石定栩:《乔姆斯基的形式句法——历史进程和最新理论》,北京:北京语言文化大学出版社,2002年。
[91] 石定栩:《复合词和短语的语法特点》,载《中国语文》。
[92] 中国语文杂志社编《语法研究和探索》(十一),北京:商务印书馆,2002年。
[93] 史有为:《呼唤柔性——汉语语法探异》,海口:海南出版社,1992年。
[94] 索绪尔著,高名凯译:《普通语言学教程》,北京:商务印书馆,1996年。
[95] 谭力海、彭聃龄:《汉字的视觉识别过程——对形码和音码的作用考察》,《心理学报》1991年第3期。
[96] 王力:《汉语语法纲要》,上海:上海教育出版社,1982年。
[97] 王力:《中国语法理论》,载《王力文集》第1卷,济南:山东教育出版社,1984年。
[98] 王立:《汉语词的社会语言学研究》,北京:商务印书馆,2003年。
[99] 王甦、汪安圣:《认知心理学》,北京:北京大学出版社,1992年。
[100] 王湘、程灶火、姚树桥:《汉词再认过程中回忆及熟悉感判别机制的ERPs研究》,《中国临床心理学杂志》2005年第1期。

[101] 王湘、程灶火、姚树桥、赵仑:《汉词再认的 ERP 新旧效应》,《航天医学与医学工程》2005 年第 2 期。

[102] 王春茂、彭聃龄:《合成词加工中的词频、词素词频及语义透明度》,《心理学报》1999 年第 3 期。

[103] 王德春、吴本虎等:《神经语言学》,上海:上海外语教育出版社,1997 年。

[104] 王海棻:《马氏文通与中国语法学》,合肥:安徽教育出版社,1998 年。

[105] 王海峰:《现代汉语离合词离析动因刍议》,《语文研究》2002 年第 3 期。

[106] 王素梅:《论双音节离合词的结构、扩展及用法》,《沈阳师范学院学报》1999 年第 4 期。

[107] 王文斌:《汉语并列式合成词的词汇通达》,《心理学报》2001 年第 2 期。

[108] 王新德等:《汉语失读症的研究》,《中华神经精神科杂志》1992 年第 3 期。

[109] 王宗炎:《关于语素、词和短语》,《中国语文》1981 年第 5 期。

[110] 卫志强:《人脑与人类自然语言——多方位研究中的神经语言学》,《语言文字应用》1994 年第 4 期。

[111] 魏景汉、罗跃嘉:《认知事件相关脑电位教程》,北京:经济日报出版社,2002 年。

[112] 吴道勤、李忠初:《"离合词"的语法性质及其界定原则》,《湘潭工学院学报》(社会科学版)2001 年第 3 期。

[113] 悉德尼·兰姆:《兰姆教授谈神经认知语言学》,《外语教学与研究》1999 年第 2 期。

[114] 谢耀基:《词和短语的离合问题》,《烟台大学学报》2001 年第 4 期。

[115] 邢福义:《小句中枢说》,《中国语文》1995 年第 6 期。

[116] 邢福义:《汉语语法学》,长春:东北师范大学出版社,1997 年。

[117] 徐彩华、张必隐:《汉语单字词的通达:词频和累计频率的作用》,《心理科学》2004 年第 2 期。

[118] 徐通锵:《语义语法刍议——语言的结构基础和语法研究的方法论初探》,《语言教学与研究》1991 年第 3 期。

[119] 徐通锵:《"字"和汉语研究的方法论》,《世界汉语教学》1994 年第 3 期。

[120] 徐通锵:《"字"和汉语的句法结构》,《世界汉语教学》1994 年第

2 期。

[121] 徐通锵:《"字"和汉语研究的方法论——兼评汉语研究中的"印欧语的眼光"》,《世界汉语教学》1994 年第 3 期。

[122] 徐通锵:《语言论》,长春,东北师范大学出版社,1997 年。

[123] 徐通锵:《说"字"——附论语言基本结构单位的鉴别标准、基本特征和它与语言理论建设的关系》,《语文研究》1998 年第 3 期。

[124] 徐通锵:《基础语言学教程》,北京:北京大学出版社,2001 年。

[125] 许威汉:《略谈使用词儿问题》,《华东师范大学学报》(自然科学版) 1959 年第 2 期。

[126] 杨柳桥:《汉语语法中的字和词的问题》,《中国语文》1957 年 1 月号。

[127] 杨亦鸣:《语言的神经机制与语言理论研究》,上海:学林出版社。

[128] 杨亦鸣、曹明:《汉语皮质下失语患者主动句式与被动句式理解、生成的比较研究》,《中国语文》1997 年第 4 期。

[129] 杨亦鸣、曹明:《中文大脑词库形、音、义码关系的神经语言学分析》,《中国语文》1998 年第 6 期。

[130] 杨亦鸣、曹明:《基于神经语言学的中文大脑词库初探》,《语言文字应用》2000 年第 3 期。

[131] 杨亦鸣、曹明、沈兴安:《国外大脑词库研究概观》,《当代语言学》2001 年第 2 期。

[132] 杨亦鸣、方环海、张珊珊:《中文大脑词库中语言单位存储和提取方式初探》,《语言学及应用语言学研究》第 1 卷第 1 辑,上海:学林出版社,2001 年。

[133] 杨亦鸣、梁丹丹、顾介鑫等:《名动分类:语法的还是语义的——汉语名动分类的神经语言学研究》,《语言科学》(创刊号),2002 年。

[134] 杨亦鸣、沈兴安:《汉语量词及其分类的神经机制与相关理论问题探讨》,《中国语言学报》2003 年第 11 期。

[135] 杨亦鸣、张珊珊、刘涛、赵仑、耿立波:《人脑中的基本语言单位——汉语双音节语言单位加工的神经电生理学证据》,《中国语言学报》第 13 期,北京:商务印书馆,2008 年。

[136] 杨治良、郭力平、王沛、陈宁:《记忆心理学》第二版,上海:华东师范大学出版社,1999 年。

[137] 于根元:《动宾式短语动词的类化作用》,载中国社会科学院语言研究所现代汉语教研室编《句型和动词》论集,北京:语文出版社,

1987年。
[138] 张斌:《汉语语法学》,上海:上海教育出版社,2003年。
[139] 张强、沈兴安、江火:《我国神经语言学研究的理论和方法》,《外语研究》2005年第6期。
[140] 张必隐:《中文双字词在心理词典中的分解贮存》,《全国第七届心理学学术会议文摘选集》,1993年。
[141] 张必隐:《中文双字词在心理词典中的储存模式》,载彭聃龄主编《汉语认知研究》,济南:山东教育出版社,1997年。
[142] 张涤华、胡裕树等:《汉语语法修辞词典》,合肥:安徽教育出版社,1988年。
[143] 张清芳、杨玉芳:《汉语词汇产生中语义、字形和音韵激活的时间进程》,《心理学报》2004年第1期。
[144] 张珊珊、江火:《从记忆编码加工看人脑中的基本语言单位——一项对汉语双音节语言单位的ERPs研究》,《语言研究》2010年第4期。
[145] 张珊珊、江火:《离合词是词还是短语?——来自神经电生理学的证据》,《语言科学》2010年第5期。
[146] 张珊珊、江火:《形态加工问题研究进展》,《南京社会科学》2010年第11期。
[147] 张珊珊、刘涛、耿立波:《左脑枕顶功能与汉字语义加工的早期皮层电位》,《临床和实验医学杂志》2010年第24期。
[148] 张珊珊、杨亦鸣:《从记忆编码加工看人脑中的基本语言单位——一项基于单音节语言单位的ERPs研究》,《外语与外语教学》2012年第2期。
[149] 张珊珊、赵仑、刘涛、顾介鑫、杨亦鸣:《大脑中的基本语言单位——来自汉语单音节语言单位加工的ERPs证据》,《语言科学》2006年第3期。
[150] 张世禄:《词汇讲话(一) 词是什么》,《语文知识》1956年1月号。
[151] 张世禄:《词汇讲话(二) 词和词组的分别》,《语文知识》1956年2月号。
[152] 张世禄:《张世禄语言学论文集》,上海:学林出版社,1984年。
[153] 张寿康:《略论汉语的构词法》,《中国语文》1957年6月号。
[154] 张寿康:《构词法和构形法》,武汉:湖北教育出版社,1981年。
[155] 张武田、冯玲、何海东:《汉字识别中的语音效应》,《心理学报》1993年第4期。

[156] 章士钊:《中等国文典》,上海:商务印书馆,1907 年。《民国丛书》第二编(54),上海:上海书店,1935 年。

[157] 赵仑:《ERP 实验教程》,天津:天津社会科学院出版社,2004 年。

[158] 赵金铭:《能扩展的"动+名"格式的讨论》,《语言教学与研究》1984 年第 2 期。

[159] 赵淑华、张宝林:《离合词的确定和离合词的性质》,《语言教学与研究》1996 年第 1 期。

[160] 赵艳芳:《认知语言学概论》,上海:上海外语教育出版社,2002 年。

[161] 赵元任:《汉语口语语法》,北京:商务印书馆,1979 年。

[162] 中国社会科学院语言研究所词典编辑室:《现代汉语词典》,北京:商务印书馆,2005 年。

[163] 中国心理学会:《当代中国心理学》,北京:人民教育出版社,2001 年。

[164] 周国光、张林林:《现代汉语语法理论与方法》,广州:广东高等教育出版社,2003 年。

[165] 周上之:《汉语离合词研究》,上海:上海外语教育出版社,2006 年。

[166] 周上之:《离合字组与音节变动》,《语言教学与研究》2007 年第 4 期。

[167] 周晓林:《语义激活中语音的有限作用》,载彭聃龄主编《汉语认知研究》,济南:山东教育出版社,1997 年。

[168] 周晓林、Marslen-Wilson:《汉字形声字声旁的语义加工》,《心理学报》2002 年第 1 期。

[169] 朱德熙:《说"的"》,《中国语文》1961 年第 12 期。

[170] 朱德熙:《语法讲义》,北京:商务印书馆,1982 年。

[171] 朱德熙:《语法答问》,北京:商务印书馆,1985 年。

外文著作及论文

[1] Aitchison. J. 2003: *Words in the Mind—An Introduction to Mental Lexicon*. Third Edition, Basil Blackwell.

[2] Andrews, S. and Bond, R., 2009: "Lexical Expertise and Reading Skill: Bottom-up and Top-down Processing of Lexical Ambiguity". *Reading and Writing* 22, 687-711.

[3] Andrews, S. and Lo, S., 2013:" Is Morphological Priming Stronger for Transparent than Opaque Words? It Depends on Individual Differences in

Spelling and Vocabulary." *Journal of Memory and Language* 68, 279-296.

[4] Angelelli, P., Marinelli, C. V. and Zoccolotti, P., 2010:"Single or Dual Orthographic Representations for Reading and Spelling? A Study of Italian Dyslexic-dysgraphic and Normal Children." *Cognitive Neuropsychology* 27, 305-333.

[5] Anshen, F. and Aronoff, M., 1988. "Producing Morphologically Complex Words." *Linguistics* 26, 641-656.

[6] Ardila, A., 2012:"Interaction Between Lexical and Grammatical Language Systems in the Brain." *Physics of Life Reviews* 9(2), 198-214.

[7] Aronoff, M., 2000:*Morphology*. In Wilson, R. A., and Keil F. C. eds, MIT认知科学百科全书,上海:上海外语教育出版社。

[8] Aslan, O., Gunal, S. and Dincer, B. T., 2018:" A Computational Morphological Lexicon for Turkish: TrLex." *Lingua* 206, 21-34.

[9] Assadollahi, R. and Pulvermuller, F., 2001:"A Neuromagnetic Evidence for Early Access to Cognitive Representations." *Neuroreport* 12 (2), 207-213.

[10] Assadollahi, R. and Pulvermuller, F., 2001:" Word Length and Frequency in Early Lexical Access: Neuromagnetic Evidence. (Society for Psychophysiology Research, Abstracts of the 41st Annual Meeting.)" *Psychophysiology* 38, 1-21.

[11] Atkinson, J. R. and Shiffrin, R. M., 1968:"Human Memory: A Proposed System and Its Control Processes. In Spence K. W., and Spence J. T., eds," *The Psychology of Learning and Motivation: Advances in Research and Theory* 2, 89-195. New York: Academic Press.

[12] Baddeley, A. D., 1986:*Working Memory*. Oxford: Clarendon.

[13] Baker, M. C., 1988:" Incorporation: A Theory of Grammatical Function Changing." *Massachusetts Institute of Technology* 56(7), 833-839.

[14] Beeman, M. and Chiarello, C., 1998:" *Right Hemisphere Language Comprehension: Perspective from Cognitive Science*." New Jersey: LEA 424.

[15] Bentin, S. and Peled, B. S., 1990:"The Contribution of Task-related Factors to ERP Repetition Effects at Short and Long Lags." *Memory and Cognition* 18(4), 359-366.

[16] Bentin, S., McCarthy, G. and Wood, C. C., 1985:" Event-related Potentials Associated with Semantic Priming." *Electroencephalography*

and clinical Neurophysiology 60, 343-355.

[17] Beretta, A., Campbell, C., Carr, T. H., Huang, J., Schmitt, L. M., Christianson, K. and Cao, Y., 2003: "An ER-fMRI Investigation of Morphological Inflection in German Reveals that the Brain Makes a Distinction Between Regular and Irregular Forms." *Brain and Language* 85(1), 67-92.

[18] Berwick, R. C., et al., 2013: "Evolution, Brain, and the Nature of Language." *Trends in Cognitive Sciences* 17(2), 89-98.

[19] Besson, M. and Macar, F., 1987: "An Event-related Potential Analysis of Incongruity in Music and Other Nonlinguistic Contexts." *Psychophysiology* 24, 14-25.

[20] Besson, M., Kutas, M. and Van Petten, C., 1992: "An Event-related Potential (ERP) Analysis of Semantic Congruityand Repetition Effects in Sentences." *Journal of Cognitive Neuroscience* 4, 132-149.

[21] Bierwisch, M. and Schreuder, R., 1992: "From Concepts to Lexical Items." *Cognition* 42, 23-60.

[22] Biran, M. and Friedmann, N., 2012: "The Representation of Lexical-syntactic Information: Evidence from Syntactic and Lexical Retrieval Impairments in Aphasia." *Cortex* 48(9), 1103-1127.

[23] Blanchet, S., Gagnon G. and Bastien, C., 2007: "Event-related Potential Study of Dynamic Neural Mechanisms of Semantic Organizational Strategies in Verbal Learning." *Brain Research* 1170, 59-70.

[24] Bormann, T. and Weiller, C., 2012: "'Are There Lexicons?' A Study of Lexical and Semantic Processing in Word-meaning Deafness Suggests 'Yes'." *Cortex* 48(3), 294-307.

[25] Bouaffre, S. and Faita-Ainseba, F., 2007: "Hemispheric Differences in the Time-course of Semantic Priming Processes: Evidence from Event-related Potentials (ERPs)." *Brain and Cognition* 63, 123-135.

[26] Boudelaa, S. and Marlsen-Wilson, W. D., 2004: "Allomorphic Variation in Arabic: Implications for Lexical Processing and Representation." *Brain and Language* 90, 106-116.

[27] Boudelaa, S. and Marslen-Wilson, W. D., 2001: "Morphological Units in the Arabic Mental Lexicon." *Cognition* 81, 65-92.

[28] Bresnan, J., 2001: *Lexical-Functional Syntax*. Oxford: Blackwell

Publishers 446.

[29] Brown, C. M. and Hagrrot, P., 1993:"The Processing Nature of the N400: Evidence from Masked Priming." *Journal of Cognitive Neuroscience* 5(1), 34-44.

[30] Brown, C. M., Hargoort, P. and Chwilla, D. J., 2000:"An Event-Related Brain Potential Analysis of Visual Word Priming Effects." *Brain and Language* 72, 158-190.

[31] Brownman, C. P., 1978:"Tip of the Tongue and Slip of the Ear: Implications for Language Processing." *UCLA Working Papers in Phonetics*. University of California, Los Angeles.

[32] Buck-Gengler, C. J., Menn. L. and Healy, A. F., 2004:"What 'Mice Trap' Tells Us About the Mental Lexicon." *Brain and Language* 90, 453-464.

[33] Bullinaria, J. A. 1995 Modelling Lexical Decision: Who Needs a Lexicon? In Keating, J. G. ed. *Neural Computing Research and Applications III* 3, 62-69. Maynooth, Ireland: St. Patrick's College.

[34] Burani, C. and Caramazza, A., 1987:"Representation and Processing of Derived Words." *Language and Cognitive Processes* 2(3-4), 217-227.

[35] Burke, D. M. and Shafto, M. A., 2004:"Aging and Language Production." *Current Directions in Psychological Science* 13(1), 21-24.

[36] Burt, J. S. and Long, J., 2011:"Are Word Representations Abstract or Instance-based? Effects of Spelling Inconsistency in Orthographic Learning." *Canadian Journal of Experimental Psychology* 65, 214-228.

[37] Burt, J. S. and Tate, H., 2002:"Does a Reading Lexicon Provide Orthographic Representations for Spelling?" *Journal of Memory and Language* 46, 518-543.

[38] Butterworth, B., 1983:" Lexical Representations. In B. Butterworth ed." *Language Production* 2, 257-294. London: Academic Press.

[39] Caplan, D., 1987: *Neurolinguistics and Linguistic Aphasiology*. Cambridge, UK: Cambridge University Press.

[40] Caplan, D., 2007:" Functional Neuroimaging Studies of Syntactic Processing in Sentence Comprehension: A Selective Critical Review." *Language and Linguistics Compass* 1(1-2), 32-47.

[41] Caramazza, A., 1996:"The Brain's Dictionary." *Nature* 380, 485-486.

[42] Caramazza, A., 1997:" How Many Levels of Processing are There in Lexical Access?" *Cognitive Neuropsychology* 14 (1), 177-208.

[43] Caramazza, A., Laudanna, A. and Romani, C., 1988:" Lexical Access and Inflectional Morphology. " *Cognition* 28, 297-332.

[44] Caramazza, A., Miceli, G., Silveri, C. and Landanna A., 1985:" Reading Mechanisms and the Organization of the Lexicon: Evidence from Acquired Dyslexia. " *Cognitive Neuropsychology* 2, 81-114.

[45] Carpenter, P. A. and Daneman, M., 1981:" Lexical Retrieval and Error Recovery in Reading: A Model Based on Eye Fixations. " *Journal of Verbal Learning and Verbal Behavior* 20, 137-160.

[46] Chapman, R. M., McCrary, J. W. and Chapman, J. A., 1978:"Short-term Memory: 'The Storage' Component of Human Brain Response Predicts Recall. " *Science* 202, 1211-1214.

[47] Chee, M. W., Weekes, B., Lee, K. M., et al., 2000:" Overlap and Dissociation of Semantic Processing of Chinese Characters, English Words, and Pictures: Evidence from fMRI. " *Neuroimage* 12(4), 392-403.

[48] Cheng, C. M., 1992:" Lexical Access in Chinese: Evidence from Automatic Activation of Phonological Information. " *Advances in psychology* 90, 67-91.

[49] Cheng, C. M. and Fu, G. L., 1986:" The Recognition of Chinese Characters and Words Under Divided Visual-field Presentation. In Kao, H. S. R. and Hoosain, R. eds. " *Linguistics, Psychology and the Chinese Language*. Hong Kong: the University of Hong Kong.

[50] Chialant, D. and Caramazza, A., 1995:" Where is Morphology and How is it Represented? The Case of Written Word Recognition. In L. B. Feldman ed. " *Morphological Aspects of Language Processing* 55 - 76. Hillsdale, NJ: Erlbaum.

[51] Chomsky, N., 1965: *Aspects of the Theory of Syntax*. Cambridge, MA: the MIT Press.

[52] Chomsky, N., 1970:" Remarks on Nominalization. In Roderick Jacobs and Peter Rosenbaum eds. " *Reading in English Transformational Grammar* 184-221. Waltham, MA: Ginn.

[53] Chomsky, N., 1971:" Deep Structure, Surface Structure, and Semantic Interpretation. In Danny Steinberg and Leon Jakobovits eds. " *Semantics*:

An Interdisciplinary Reader 11-61. The Hague: Mouton.

[54] Chomsky, N., 1981: *Lectures on Government and Binding*. Dordrecht: Blackwell.

[55] Chomsky, N., 1991:" Some Notes on Economy of Derivation and Representation. In Friedin Robert ed. " *Principles and Parameters in Comparative Grammar*. Cambridge, MA: the MIT Press.

[56] Chomsky, N., 1993: *A Minimalist Program for Linguistic Theory*. In the View from Building 20, Hale, Kent and Samuel Jay Keyser. eds. Cambridge, MA: the MIT Press.

[57] Chomsky, N., 1994: *Bare Phrase Structure*. Cambridge, MA: the MIT Press.

[58] Chomsky, N., 1995: *The Minimalist Program*. Cambridge, MA: the MIT Press.

[59] Chomsky, N., 2002: *New Horizons in the Study of Language and Mind*. Beijing: Foreign Language Teaching and Research Press, Cambridge: Cambridge University Press.

[60] Chomsky, N., 2005:" Three Factors in Language Design. " *Linguistic Inquiry* 36(1), 1-22.

[61] Chomsky, N. and Kenstowicz, M., 1999:" Derivation by Phrase. " *An Annotated Syntax Reader* 482.

[62] Chomsky, N. M. and Helle, M., 1968: *The Sound Pattern of English*. Cambridge, MA: the MIT Press.

[63] Chomsky, N. and Schaff, A., 1997:" Language and Cognition. Conference of Cognitive Science Society, In D. Johnson and C. Emeling eds. " *The Future of the Cognitive Revolution* 15-31.

[64] Chu-Chang, M. and Loritz, D. J., 1977:" Phonological Encoding of Chinese Ideographs in Short-term Memory. " *Language Learning* 27, 341-348.

[65] Chwilla, D. J., Brown, C. M. and Hagoort, P., 1995:" The N400 as a Function of the Level of Processing. " *Psychophysiology* 32, 274-285.

[66] Cole, P., Segui, J. and Taft, M., 1997:" Words and Morphemes as Units for Lexical Access. " *Journal of Memory and Language* 37, 312-330.

[67] Cole, P., Beauvillain, C. and Segui, J., 1989:" On the Representation and Processing of Prefixed and Suffixed Derived Words: A Differential

Frequency Effect. "*Journal of Memory and Language* 28, 1–13.

[68] Collins, A. M. and Lofus, E. F., 1975:"A Spreading Activation Theory of Semantic Process. "*Psychological Review* 82, 407–428.

[69] Collins, A. M. and Quillian, M. R., 1969:" Retrieval Time for Semantic Memory. "*Journal of Verbal Learning and Verbal Behaviour* 8, 240–247.

[70] Coltheart, M., 2004:" Are There Lexicons?" *Quarterly Journal of Experimental Psychology* 57(7), 1153–1171.

[71] Coltheart, M. R. K., Perry, C., Langdon, R. and Ziegler, J., 2001:"DRC: A Dual Route Cascaded Model of Visual Word Recognition and Reading Aloud. "*Psychological Review* 108(1), 204–256.

[72] Connolly, J. F., Phillips, N. A., Stewart S. H., et al., 1992:" Event-related Potential Sensitivity to Acoustic and Semantic Properties of Terminal Words in Sentence. "*Brain and Language* 43, 1–18.

[73] Connolly, J. F., Phillips, N. A., Stewart S. H., et al., 1994:" Event-related Potential Components Reflect Phonological and Semantic Processing of the Terminal Word of Spoken Sentences. " *Journal of Cognitive Neuroscience* 6(3), 256–266.

[74] Correa, L. M. S., Almeida, D. A. and Porto R. S., 2004:" On the Representation of Portuguese Gender-inflected Words in the Mental Lexicon. "*Brain and Language* 90, 63–73.

[75] Costa, V., Fischer-Baum, S., Capasso, R., Miceli, G. and Rapp, B., 2011:" Temporal Stability and Representational Distinctiveness: Key Functions of Orthographic Working Memory. " *Cognitive Neuropsychology* 28, 338–362.

[76] Craik, F. I. M. and Lockhart, R. S., 1972:" Levels of Processing: A Framework for Memory Research. "*Journal of Verbal Learning and Verbal Behaviour* 11, 671–684.

[77] Craik, F. I. M. and Tulving, E., 1975:" Depth of Processing and the Retention of Words in Episodic Memory. " *Journal of Experimental Psychology: General* 104, 268–294.

[78] Crowder, R. G., 1976:*Principles of Learning and Memory*. Hillsdale, H. J. Erlbaum.

[79] Curran, T., 1999:" The Electrophysiology of Incidental and Intentional Retrievals: ERP Old/New Effects in Lexical Decision and Recognition

Memory. "*Neuropsychologia* 37, 771-785.

[80] Curran, T., 2000:" Brain Potentials of Recollection and Familiarity." *Memory and Cognition* 28, 923-938.

[81] Curran, T., 2004:" Effects of Attention and Confidence on the Hypothesized ERP Correlates of Recollection and Familiarity." *Neuropsychologia* 42, 1088-1106.

[82] Curran, T. and Cleary A. M., 2003:" Using ERPs to Dissociate Recollection from Familiarity in Picture Recognition." *Cognitive Brain Research* 15, 191-205.

[83] Curran, T. and Friedman, W. J., 2004:" ERP Old/New Effects at Different Retention Intervals in Recency is Crimination Tasks." *Cognitive Brain Research* 18, 107-120.

[84] Curran, T., Schacter, D. L., Norman, K. A. and Galluccio L., 1997:" False Recognition After a Right Frontal Lobe Infarction: Memory for General and Specific Information." *Neuropsychologia* 35, 1035-1049.

[85] Curran, T., Tanaka, J. W. and Weiskopf, D. M., 2002:" An Electrophysiological Comparison of Visual Categorization and Recognition Memory." *Cognition, Affect and Behavioral Neuroscience* 2(1), 1-18.

[86] Dai, X. L., 1992: *Chinese Morphology and Its Interface with the Syntax.* Ph. D. Dissertation, Ohio State University.

[87] Damasio, H., Grabowski, T. J., Tranel, D., Frank, R. J., Hichwa, R. D. and Damasio, A. R., 1996:" A Neural Basis for Lexical Retrieval." *Nature* 380, 499-505.

[88] Dambacher, M., Kliegl, R., Hofmann, M., and Jacobs A. M. 2006:" Frequency and Predictability Effects on Event-related Potentials During Reading." *Brain Research* 1084(1), 89-103.

[89] Daniele, A., Giustolisi, L., Silver, M., Colosimo, C and Gainotti, G., 1994:" Evidence for a Possible Neuroanatomical Basis for Lexical Processing of Nouns and Verbs." *Neuropsychologia* 32, 1325-1341.

[90] De Jong, N. H., Feldman, L. B., Schreuder, R., Pastizzo, M. and Baayen, R. H., 2002:" The Processing and Representation of Dutch and English Compounds: Peripheral Morphological and Central Orthographic Effects." *Brain and Language* 81, 2-11.

[91] De Jong, N. H., Schreuder, R. and Baayen, H. 2000 The Morphological

Family Size Effect and Morphology. *Language and Cognitive Processes* 15, 329-365.

[92] Dell, G. S., Chang, F. and Griffin, Z. M., 1999:"Connectionist Models of Language Production: Lexical Access and Grammatical Encoding." *Cognitive Science* 23(4), 517-542.

[93] Dell, G. and O'Seaghdha, P., 1992:"Stages of Lexical Access in Language Production." *Cognition* 42, 287-314.

[94] Dell, G. and Reich, P., 1981:"Stages in Sentence Production: An Analysis of Speech Error Data." *Journal of Verbal Learning and Verbal Behavior* 20, 611-629.

[95] Dilkina, K., Mcclelland, J. L. and Plaut, D. C., 2008:"A Single System Account of Semantic and Lexical Deficits in Five Semantic Dementia Patients." *Cognitive Neuropsychology* 25, 136-164.

[96] Dilkina, K., Mcclelland, J. L. and Plaut, D. C., 2010:"Are There Mental Lexicons? The Role of Semantics in Lexical Decision." *Brain Research* 1365, 66-81.

[97] Dixon, R. M. W., Lexandra, A. and Aikhenvald, Y., 2002:*Word: A Cross-linguistic Typology Study*. Cambridge: Cambridge University Press.

[98] Dohmes, P., Zwitserlood, P. and Bolte, J., 2004:"The Impact of Semantic Transparency of Morphologically Complex Words on Picture Naming."*Brain and Language* 90(1-3), 203-212.

[99] Donchin, E., 1981:"Surprise! … Surprise?" *Psychophysiology* 18, 493-513.

[100] Donchin, E. and Fabiani, M., 1991:"The Use of Event-related Brain Potentials in the Study of Memory: Is P300 a Measure of Event Distinctiveness? In Jennings J. R. and Coles, M. G. H. eds."*Handbook of Cognitive Psychophysiology: Central and Autonomic System Approaches* 471-498. Chichester: Wiley.

[101] Donchin, E., Ritter, W. and McCallum, W. C., 1978:"Cognitive Psychophysiology: The Endogenous Components of the ERP. In E. Callaway, P. Tueting and S. H. Koslow eds,"*Event-related Brain Potentials in Man* 349-411. New York: Academic Press.

[102] Dunn, B. R., Dunn, D. A., Languis, M. and Andrew, D.,1998:"The Relation of ERP Components to Complex Memory Processing." *Brain*

and Cognition 36, 355-376.

[103] Edward L. Wilding and Michael D. Rugg., 1996:" An Event-related Potential Study of Recognition Memory with and Without Retrieval of Source." *Brain* 119(3), 889-905.

[104] Elizabeth Bates, E., Chen, S., Tzeng, O. J. L., Li, P. and Opie, M., 1991:" The Noun-verb Problem in Chinese Aphasia." *Brain and Language* 41, 203-233.

[105] Ellis, A. W. and Young, A., 1988: *Human Cognitive Neuropsychology: A Textbook with Readings*. London: Erlbaum.

[106] Elman, J. L., 1990:" Finding Structure in Time." *Cognitive Science* 14, 179-211.

[107] Elman, J. L., 1993:" Learning and Development in Neural Networks: The Importance of Starting Small." *Cognition* 48(1), 71-99.

[108] Elman, J. L., 2004:" An Alternative View of the Mental Lexicon." *Trends in Cognitive Sciences* 8(7), 301-306.

[109] Elman, J. L., 2009:" On the Meaning of Words and Dinosaur Bones: Lexical Knowledge Without a Lexicon." *Cognitive Science* 33, 1-36.

[110] Emmorey, K. D. and Fromkin, V. A., 1988:" The Mental Lexicon. In E. J. Newmeyer, eds. "*Linguistics: The Cambridge Survey* 3, 124-149. Cambridge.

[111] Fabiani, F., Karis, D. and Donchin, E., 1986:" P300 and Recall in an Incidental Memory Paradigm." *Psychophysiology* 23, 298-308.

[112] Fabiani, F., Karis, D. and Donchin, E., 1990:" Effects of Mnemonic Strategy Manipulation in a Von Restorff Paradigm. *Electroencephalographysiology* 75, 22-35.

[113] Feldman, D., Vaughan, H. G. and Erlenmeyer-Kimling, L., 1981:" Multiple Late Positive Potentials in Two Visual Discrimination Tasks." *Psychophysiology* 18, 635-649.

[114] Feldman, L. B., Soltano, E. G., Pastizzo, M. and Francis, S. E., 2004:" What do Effects of Semantic Transparency Reveal About Morphological Processing?" *Brain and Language* 90, 17-30.

[115] Finniigan. S., Humphreys, M. S., Dennis, S. and Geffen, G., 2002:" ERP 'Old/New' Effects: Memory Strength and Decisional Factor(s)." *Neuropsychologia* 40, 2288-2304.

[116] Fischler, I., Bloom, P. A., Childers, D. G., et al., 1983:" Brain Potentials Rto Stages of Sentence Verification. " *Psychophysiology* 20, 400-409.

[117] Fischler, I., Bloom, P. A., Childers, D. G., et al., 1984:" Brain Potentials During Sentence Verification: Late Negativity and Long-term Memory Strength. " *Neuropsychologia* 22, 559-568.

[118] Fischler, I., Bloom, P. A., Childers, D. G., et al., 1983:" Brain Potentials Rto Stages of Sentence Verification. " *Psychophysiology* 20, 400-409.

[119] Fischler, I., Childers, D. G., Achariyapaopan, T., et al., 1985:" Brain Potentials During Sentence Verification: Automatic Aspects of Comprehension. " *Biological Psychology* 21, 83-106.

[120] Fodor, J. A., 1983: *The Modularity of Mind: An Essay on Faculty Psychology*. Cambridge, MA: the MIT Press.

[121] Fodor, J. A., 2002:" The Lexicon and the Laundromat. In Merlo, P., and Stevenson, S. eds. " *The Lexical Basis of Sentence Processing* 75-94. Amsterdam: John Benjamins.

[122] Ford, M., Davis, M. H. and Marslen-Wilson, W. D., 2003:" Morphology and Frequency: Contrasting Methodologies. In R. H. Baayen and R. Screuder eds. " *Morphological Structure in Language Processing* 89-124. Berlin: Mouton de Gruyter.

[123] Ford, M. A., Davis, M. H. and Marslen-Wilson, W. D., 2010:" Derivational Morphology and Base Morpheme Frequency. " *Journal of Memory and Language* 63, 117-130.

[124] Forster, K. I., 1979:" Levels of Processing and the Structure of Language Processor. In Cooper, W. and Walker, E. eds. " *Sentence Processing: Psycholinguistic Studies Presented to Merrill Garrett* 27-85. Hillsdale, NJ: Erlbaum.

[125] Forster, K. I., 1997:" Words, and How We (Eventually) Find Them Accessing the Enmtal Representation of Words. In Altmann, G. ed. " *The Ascent of Babel: An Exploration of Language, Mind, and Understanding* 65-83. Oxford University Press.

[126] Francis, G., 2012:" The Psychology of Replication and Replication in Psychology. " *Perspectives on Psychological Science* 7, 585-594.

[127] Frauenfelder, U. and Schreuder, R. , 1992:" Constraining Psycholinguistic Models of Morphological Processing and Representation: The Role of Productivity. In G. Booij and J. van Marle. eds. "*Yearbook of Morphology* 165-183. Dordrecht: Kluwer.

[128] Friederici, A. D. , 1995:" The Time Course of Syntactic Activation During Language Processing: A Model Based on Neuropsychological and Neurophysiological Data. "*Brain and Language* 50 ,259-281.

[129] Friedman, D. and Johnson, R. ,2000:" Event-related Potential (ERP) Studies of Memory Encoding and Retrieval: A Selective Review. " *Microscopy Research and Technique* 51, 6-28.

[130] Friedman, R. B. , and Hadley, J. A. , 1992:" Letter-by-letter Surface Alexia. "*Cognitive Neuropsychology* 9, 185-208.

[131] Frost, R. , Armstrong, B. C. , Siegelman, N. and Christiansen, M. H. ,2015:" Domain Generality Versus Modality Specificity: The Paradox of Statistical Learning. " *Trends in Cognitive Sciences* 19(3), 117-125.

[132] Fuster, J. M. , 1999:" Hebb's Other Postulate at Work on Words. " *Behavioral and Brain Sciences* 22(2), 288-289.

[133] Gagne, C. L. and Spalding T. L. ,2004:" Effect of Relation Availability on the Interpretation and Access of Familiar Noun-noun Compounds. " *Brain and Language* 90(1-3), 478-486.

[134] Gardiner, J. M. and Java, R. I. , 1990:" Recollective Experience in Word and Non-word Recognition. "*Memory and Cognition* 18(1) ,23-30.

[135] Garrett, M. F. , 1988:" Processes in Language Production. In Newmeyer, F. J. ed. " *Linguistics: The Cambridge Survey* 3, 69 - 96. Cambridge University Press.

[136] Garrett, P. T. , Dunn, B. R. , Dunn, D. A. and Andrasik, F. A. , 1994:" ERP Correlates of Methylphenidate Treatment in Males with Attention-deficit Hyperactivity Disorder. "*Paper Presented at the Annual Meeting of the Association for Applied Psychophysiology and Biofeedback*. Atlanta, GA.

[137] George, S. , M. , Mannes, S. and Hoffman, J. E. , 1994:" Global Semantic Expectancy and Language Comprehension. " *Journal of Cognitive Neuroscience* 6, 70-83.

[138] Gevins, A. , Leong, H. , Smith, M. E. , Le, J. and Du, R. , 1995:"

Mapping Cognitive Brain Function with Modern High-resolution Electroencephalography. "*Trend in Neuroscience* 18(10), 429-436.

[139] Golob, E. J. and Starr, A., 2004: "Visual Encoding Differentially Affects Auditory Event-related Potentials During Working Memory Retrieval. "*Psychophysilogy* 41(2), 186-192.

[140] Bates. and Goodman, J. C. 1997: "On the Inseparability of Grammar and the Lexicon: Evidence from Acquisition, Aphasia and Real-time Processing. "*Language & Cognitive Processes* 12(5-6), 507-584.

[141] Gordon, P., 1986: "Level-ordering in Lexical Development. " *Cognition* 21(2), 73-93.

[142] Gorno-Tempini, M. L., Hillis, A. E., Weintraub S., et al., 2011: " Classification of Primary Progressive Aphasia and its Variants. " *Neurology* 76(11), 1006-1014.

[143] Gow, D. W. J., 2012: "The Cortical Organization of Lexical Knowledge: A Dual Lexicon Model of Spoken Language Processing. " *Brain and Language* 121, 273-288.

[144] Gow, D. W., and Segawa, J. A., 2009: " Articulatory Mediation of Speech Perception: A Causal Analysis of Multi-modal Imaging Data. " *Cognition* 110(2), 222-236.

[145] Gow, D. W., Segawa, J. A., Alfhors, S. and Lin, F. H., 2008: " Lexical Influences on Speech Perception: A Granger Causality Analysis of MEG and EEG Source Estimates. "*Neuroimage* 43(3), 614-623.

[146] Graham, S. and Santangelo, T., 2014: "Does Spelling Instruction Makes Students Better Spellers, Readers, and Writers? A Meta Analytic Review. "*Reading and Writing* 27, 1703-1743.

[147] Greber, C. and Frauenfelder, V. H., 1999: " On the Locus of Morphological Effects in Spoken-word Recognition: Before or After Lexical Identification?"*Brain and Language* 68, 46-53.

[148] Grodzinsky, Y. and Friederici, A. D., 2006: "Neuroimaging of Syntax and Syntactic Processing. " *Current Opinion on Neurobiology* 16(2), 240-246.

[149] Gropen, J., Pinker, S., Hollander, M. and Goldberg, R., 1991: "Affectedness and Direct Objects. "*Cognition* 41, 153-96.

[150] Gross, M., Say, T., Kleingers, M., Münte, T. F. and Clahsen, H.,

1998:"Human Brain Potentials to Violations in Morphologically Complex Italian Words. " *Neuroscience Letters* 241, 83-86.

[151] Gürel, A., 1999:" Decomposition: To What Extent? The Case of Turkish. " *Brain and Language* 68, 218-224.

[152] Hackley, S. A., Woldorff, M. and Hillyard, S. A., 1990:" Cross-modal Selective Attention Effects on Retinal, Myogenic, Brainstem, and Cerebral Evoked Potentials. " *Psychophysiology* 27, 195-208.

[153] Hagen, G. F., Gatherwright, J. R., Lopez, B. A. and Polich J., 2006:"P3a from Visual Stimuli: Task Difficulty Effects. " *International Journal of Psychophysiology* 59, 8-14.

[154] Hagoort, P. and Levelt, W. J. M., 2009:" The Speaking Brain. " *Science* 326, 372-373.

[155] Hankamer, J., 1989:" Morphological Parsing and the Lexicon. In W. Marslen-Wilson ed. " *Lexical Representation and Process*. Cambridge, MA: the MIT Press.

[156] Hardyck, C., Tzeng, O. J. L. and Wang, W. S. Y., 1977:" Ceretral Lateralization Effects in Visual Half-field Experiments. " *Nature* 269, 705-707.

[157] Harris, M. and Coltheart, M., 1986:" *Language Processing in Children and Adults: An Introduction*. " London: Routledge and Kegan Paul.

[158] Hauk, O. and Pulvermvller, F., 2004:" Effects of Word Length and Frequency on the Human Event-related Potential. " *Clinical Neurophysiology* 115, 1090-1130.

[159] Hauk, O., Davis, M. H., Ford, M., Pulvermuller, F. and Marslen-Wilson, W. D., 2006:"The Time Course of Visual Word Recognition as Revealed by Linear Regression Analysis of ERP Data. " *Neuroimage* 30, 1383-1400.

[160] Hebb, D. O., 1949:*The Organization of Behavior*. New York: Wiley.

[161] Helenius, P., Salmelin, R., Service, E. and Connolly, J. F., 1999:" Semantic Cortical Activation in Dyslexic Readers. " *Journal of Cognitive Neuroscience* 11(5), 535-550.

[162] Henderson, L., 1989:" On Mental Representation of Morphology and Its Diagnosis by Means of Visual Access Speed. In W. Marslen-Wilson ed. " *Lexical Representation and Process*. Cambridge, MA: the MIT Press.

[163] Heredia, R. R., 2008:" Mental Models of Bilingual Memory. In Altarriba, J. A., and Heredia, R. R. "*An Introduction to Bilingualism: Principles and Processes.* New York: Erlbaum 39-67.

[164] Hickok, G. and Poeppel, D., 2007:" The Cortical Organization of Speech Processing. "*Nature Reviews. Neuroscience* 8(5), 393-402.

[165] Hickok, G. and Poeppel, D., 2000:" Towards a Functional Neuroanatomy of Speech Perception. "*Trends in Cognitive Science* 4(1), 131-138.

[166] Hickok, G. and Poeppel, D., 2004:" Dorsal and Ventral Streams: A Framework for Understanding Aspects of the Functional Anatomy of Language. "*Cognition* 92(1-2), 67-99.

[167] Hillis, A. E., 2001:"The Organization of the Lexical System. In Rapp, B. ed." *The Handbook of Cognitive Neuropsychology: What Deficits Reveal About the Human Mind.* Philadelphia: Psychology Press.

[168] Hills, A. E. and Caramazza, A., 1995:" Representation of Grammatical Categories of Words in the Brain. "*Journal of Cognitive Neuroscience* 7, 396-407.

[169] Hinojosa, J. A., Martin-Loeches, M. and Rubia, F. J., 2001:" Event-related Potentials and Semantics: An Overview and An Integrative Proposal. "*Brain and Language* 78, 128-139.

[170] Hinojosa, J. A., Martin-Loeches, M., Gomez-Jarabo, G. and Rubia, F. J., 2000:" Common Basal Extra Striate Areas for the Semantic Processing of Words and Pictures. " *Clinical Neurophysiology* 111, 552-560.

[171] Hintzman, D. L. and Curran, T., 1994:" Retrieval Dynamics of Recognition and Frequency Judgments: Evidence for Separate Process of Familiarityand Recall. "*Journal of Memory and Language* 33, 1-18.

[172] Hintzman, D. L. and Curran, T., 1995:" When Encoding Fails: Instruction, Feedback, and Registration Without Learning. " *Memory and Cognition* 23, 213-226.

[173] Hintzman, D. L., Curran, T. and Oppy, B., 1992:" Effects of Similarity and Repetition on Memory: Registration Without Learning?" *Journal of Experimental Psychology: Learning, Memory, and Cognition* 18, 667-680.

[174] Holcomb, P. J. and Neville, H. J., 1990:" Auditory and Visual

Semantic Priming in Lexical Decision: A Comparison Using Event-related Brain Potentials. "*Language Cognitive Processes* 5, 281-312.

[175] Hoosain, R., 1992:"Psychological Reality of the Word in Chinese, in Chen, H. -C., and Tzeng, O. J. -L. eds." *Language Processing in Chinese*. Amsterdam: North-Holland and Elsevier 111-130.

[176] Huang, C. T. J., 1984:"Phrase Structure, Lexical Integrity, and Chinese Compounds." *Journal of the Chinese Language Teachers Association* 19(2), 53-78.

[177] Ito, T., Sugioka, Y. and Hagiwara, H., 1996:"Psychological Status of Rules in Derivational Morphology: Evidence from Japanese Norninal Suffixation."*Metropolitan Linguistic* 16, 10-40.

[178] Jarvella, R. J. and Meijers, G., 1983:" Recognizing Morphemes in Spoken Words: Some Evidence for a Stem-organized Mental Lexicon." *The process of language understanding*, 81-112.

[179] Jean Aitchison., 1987:*Words in the mind: An introduction to the mental lexicon*. Oxford: Basil Blackwell.

[180] Jackendoff, R., 1987: *Consciousness and the Computational Mind*. Cambridge, MA: The MIT Press.

[181] Jackendoff, R., 1990:*Semantics Structure*. Cambridge, MA: The MIT Press.

[182] Jackendoff, R., 1997: *The Architecture of the Language Faculty*. Cambridge, MA: The MIT Press.

[183] Jackendoff. R. S., 2002:*Foundations of Language: Brain, Meaning, Grammar, and Evolution*, Oxford University Press.

[184] Jarvella, R. J. and Meijers, G., 1983:" Recognizing Morphemes in Spoken Words: Some Evidence for a Stem-organized Mental Lexicon." *The Process of Language Understanding*, 81-112.

[185] Jean Aitchison., 1987:*Words in the Mind: An Introduction to the Mental Lexicon*. Oxford: Basil Blackwell.

[186] Just, M. A. and Carpenter, P. A., 1987:T*he Psychology of Reading and Language Comprehension*. Allyn and Bacon.

[187] Karis, D., Fbiani, M. and Donchin, E., 1984:"P300" and Memory: Individual Differences in the Von Restorff Effect." *Cognitive Psychology* 16, 177-216.

[188] Kintsch, W. and Monk, D. ,1972:"Storage of Complex Information in Memory: Some Implications of the Speed with Which Inferences can be Made. " *Journal of Experimental Psychology* 94, 25-32.

[189] Kiparsky, P. ,1976:"Historical Linguistics and the Origin of Language. In Harnad, Steklis, and Lancaster eds. " *Origin and Evolution of Language and Speech (Special Volume)*. Annals of the New York Academy of Sciences 280.

[190] Kiparsky, P. ,1982: *Lexical Phonology and Morphology*. In I. S. Yang ed. Linguistics in the Morning Calm Seoul: Hansin.

[191] Klatzky, R. L. , 1980: *Human Memory: Structures and Processes*. SanFrancisco: W. H. Freeman.

[192] Knight, R. T. ,1990:" Neural Mechanisms of Event-related Potentials: Evidence from Human Lesion Studies. In J. W. Rohrbaugh, R. Parasuraman, and R. Johnson eds. " *Event-related Brain Potentials: Basic Issues and Applications*.

[193] Kutas M, Hillyard S A. ,1980:" Reading Between the Lines: Event-related Brain Potentials During Natural Sentence Processing. " *Brain and Language*, 11(2), 354-373.

[194] Kutas, M. ,1985:" Event-related Brain Potentials in Bilinguals During Reading. " Presented at *the 13th Annual Metting of the International Neuropsychological Society*, San Diego, California.

[195] Kutas,M. ,1993:" In the Company of Others Words: Electrophysiological Evidence for Single Word Versus Sentence Context Effects. " *Language and Cognitive Processes* 8, 533-572.

[196] Kutas, M. and Donchin E. ,1977:" Augmenting Mental Chrometry: The P300 as Measure of Stimulus Evalution Time. " *Science* 197, 792-795.

[197] Kutas, M. and Hillyard, S. A. ,1980:" A Reading Senseless Sentences: Brain Potentials Reflect Semantic Incongruity. " *Science* 207, 203-205.

[198] Kutas, M. and Hillyard, S. A. ,1980:" Event-related Brain Potentials to Semantically Inappropriate and Surprisingly Large Words. " *Biological Psychology* 11, 99-116.

[199] Kutas,M. and Hillyard, S. A. ,1984:" Brain Potentials during Reading Reflect Word Expectancy and Semantic Association. " *Nature* 307, 161-163.

[200] Kutas, M. and Hillyard, S. A., 1989: "An Electrophysiological Probe of Incidental Sassociation." *Journal of Cognitive Neuroscience* 1, 38-49.

[201] Kutas, M. and Van Petten, C., 1988: "Event-related Brain Potential Studies of Language." *Advances in Psychophysiology* 3, 139-187.

[202] Kutas, M. and Van Petten, C., 1994: "Psycholinguistics Electrified: Event-Related Brain Potential Investigations." *Handbook of Psycholinguistics*. Academic Press. Inc.

[203] Kutas, M., Neville, H. J. and Holcomb, P. J., 1987: "A Preliminary Comparison of the N400 Response to Semantic Anomalies During Reading, Listening, and Signing. In R. J. Ellingson, N. M. F. Murray, and A. M. Hallidy eds." *Electroencephalo-graphy and Clinical Neurophysiology Supplement* 39: the London Symposia 325 - 330. Amsterdam: Elsevier.

[204] Laudanna, A., Badecker, W. and Caramazza, A., 1989: "Priming Homographic Stems." *Journal of Memory and Language* 28, 531-546.

[205] Laudanna, A., Badecker, W. and Caramazza, A., 1992: "Processing Inflectional and Derivational Morphology." *Journal of Memory and Language* 31, 333-348.

[206] Lehtonen, M., Cunillera, T., Rodríguez-Fornells, A., Hultén, A., Tuomainen, J. and Laine, M., 2007: "Recognition of Morphologically Complex Words in Finnish: Evidence from Event-related Potentials." *Brain Research*, 1148, 123-137.

[207] Levelt, Willem J. M., 1989: *Speaking: From Intention to Articulation*. Cambridge, MA: The MIT Press.

[208] Levelt, Willem J. M., 1992: "Accessing Words in Speech Production." *Cognition* 42, 1-22.

[209] Libben, G. and Jarema, G., 2002: "Mental Lexicon Research in the New Millennium." *Brain and Language* 81, 2-11.

[210] Libben, G. and Jarema, G., 2004: "Conceptions and Questions Concerning Morphological Processing." *Brain and Language* 90, 2-8

[211] Liu, Y. and Peng, D., 1997: "Meaning Access of Chinese Compounds and Its Time Course. In Chen, H. Ed." *Cognitive Processing of Chinese and Related Asian Languages* 219 - 232. Hong Kong: The Chinese University Press.

[212] Luck, S. J. and Hillyard, S. A. 1994:"Electrophysiological Correlates of Feature Analysis During Visual Search." *Psychophysiology* 31, 291-308.

[213] Marslen-Wilson, W., 1987:"FunctionalParallelism in Spoken Word-recognition." *Cognition* 25(1-2), 71-102.

[214] Marslen-Wilson, W. and Tyler, L. K., 1980:"The Temporal Structure of Spoken Language Understanding." *Cognition* 8, 1-71.

[215] Marslen-Wilson, W. and Tyler, L. K., 1998:"Rules, Representations, and The English Past Tense." *Trends in Cognitive Sciences* 2(11), 428-435.

[216] Marslen-Wilson, W. and Welch A., 1978:"Processing Interactions and Lexical Access During Word Recognition in Continuous Speech." *Cognitive Psychology* 10, 29-63.

[217] Marslen-Wilson, W., Tyler, L. K., Waksler, R. and Older, L., 1994:"Morphology and Meaning in the English Mental Lexicon." *Psychological Review* 101(1), 3-33.

[218] Martin, F. H., Kaine, A. and Kirby M., 2006:"Event-related Brain Potentials Elicited During Word Recognition by Adult Good and Poor Phonological Decoders." *Brain and Language* 96, 1-13.

[219] Martin, F. M. del P., Ernestus, M. and Baayen, R. H., 2004:"Do Type and Token Effects Reflect Different Mechanisms? Connectionist Modeling of Dutch Past-tense Formation and Final Devoicing." *Brain and Language* 90(1-3), 287-298.

[220] Martin-Loeches M., Hinojosa, J. A., Gomez-Jarabo, G. and Rubia. F. J., 1999:"The Recognition Potential: An ERP Index of Lexical Access." *Brain and Language* 70, 364-384.

[221] Martin-Loeches, M, Hinojosa, J. A, Gomez-Jarabo, G, Rubia, F. J., 1999:"The Recognition Potential: An ERP Index of Lexical Access." *Brain and Language*, 70(3), 364-384.

[222] McClelland, J. L., 1979:"On the Time Relations of Mental Process: An Examination of Systems of Process in Cascade." *Psychological Review* 86, 287-330.

[223] McClelland, J. L. and Elman, J. L., 1986:"The TRACE Model of Speech Perception." *Cognitive Psychology* 18, 1-86.

[224] McClelland, J. L. and Rogers, T. T., 2003:"The Parallel Distributed

Processing Approach to Semantic Cognition. "*Nature Reviews Neuroscience* 4, 310-322.

[225] McClelland, J. L. and Rumelhart, D. E., 1981:" An Interactive Activation Model of Context Effects in Letter Perception: Part 1. An Account of Basic Findings. "*Psychological Review* 88, 375-407.

[226] McDonough, B. E., Warren, C. A. and Don, N. S., 1992:" Event-related Potentials in a Guessing task: The Gleam in the Eye Effect. " *International Journal of Neuroscience* 66, 209-219.

[227] Meyer, D. E., Schvaneveldt, R. W. and Ruddy, M. G., 1974:" Functions of graphemic and phonemic codes in visual word-recognition". *Memory and Cognition*, 2(2), 309-321.

[228] Miozzo, M., 2003:" On the Processing of Regular and Irregular Forms of Verbs and Nouns: Evidence from Neuropsychology. " *Cognition* 87, 101 - 127.

[229] Mondini, S. Luzzatti, C., Zonica, G., Piatarini, C. and Semenza, C., 2004:" The Mental Representation of Verb-noun Compounds in Italian: Evidence of a Multiple Single-case Study in Aphasia. " *Brain and Language* 90, 470-477.

[230] Monsell, S., 1985:" Repetition and the Lexicon. In Ellis, A. Ed. " *Progress in the Psychology of Language* (Vol. 1). Hove and London: Lawrence Erlbaum Associates.

[231] Morton, J., 1969:" Interaction of Information in Word Recognition. " *Psychological Review* 76, 165-178.

[232] Morton, J., 1982:" Disintegration the Lexicon: An Information Processing Approach. In J. Mehler, E. Walker and M. Garrett, eds. "*Perspectives on Mental Representation* New Jersey: LEA.

[233] Mouchetant-Rostaing, Y., Giard, M. H., Aguera, P. E. et al., 2000:" Early Signs of Visual Categorization for Biological and Non-biological Stimuli in Humans. "*Neuroreport* 11, 2521-2525.

[234] Neville, H. J., Kutas, M., Chesney, G. and Schmidt, A. L., 1986:" Event-related Potentials During Initial Encoding and Recognition Memory of Congruous and Incongruous Words. " *Journal of Memory and Language* 25, 79-92.

[235] Nickels L., 2002:" Theoretical and Methodological Issues in the

Cognitive Neuropsychology of Spoken Word Production." *Aphasiology*, 16(1-2), 3-19.

[236] Nicoladis, E. and Murphy, V. A., 2004:" Level-ordering Does Not Constrain Children's Ungrammatical Compounds. " *Brain and Language* 90, 487-494.

[237] Norris, D., 1994:" Shortlist: A Connectionist Model of Continuous Speech Recognition. " *Cognition* 52(3), 189-234.

[238] Olidchney, J. M., Petten, C. V., Paller, K. A., Salmon, D. P., Iragui, V. J. and Kutas, M., 2000:" Word Repetition in Amnesia: Electrophysiological Measures of Impaired and Spared Memory. " *Brain* 123(9), 1948-1963.

[239] Osterhout, L., 1999:" A Superficial Resemblance Does Not Necessarily Mean You Are Part of the Family: Counterarguments to Coulson, King and Kutas (1998) in the P600/SPS-P300 Debate. " *Language and Cognitive Processes* 14, 1-14.

[240] Packard, J. L., 1999:" Lexical Access in Chinese Speech Comprehension and Production. " *Brain and Language* 68, 89-94.

[241] Packard, J. L., 2001: *The Morphology of Chinese: A Linguistic and Cognitive Approach*. Cambridge: Cambridge University Press, Beijing: Foreign Language Teaching and Research Press.

[242] Paller, K. A., Kutas, M., Mcisaac, H. K., 1995:" Monitoring Conscious Recollection via the Electrical Activity of the Brain. " *Psychological Science*, 6(2), 107-111.

[243] Paller, K. A., Mccarthy, G., Roessler, E., et al., 1992:" Potentials Evoked in Human and Monkey Medial Temporal Lobe During Auditory and Visual Oddball Paradigms. " *Electroencephalography and Clinical Neurophysiology*/Evoked Potentials. 84(3), 269-279.

[244] Paller, K. A. and Katus, M., 1992:" Brain Potentials During Memory Retrieval Provide Neurophysiological Support for the Distinction Between Conscious Recollection and Priming. " *Journal of Cognitive Neuroscience* 4, 375-391.

[245] Paller, K. A., Katus, M. and Mays, A. R., 1987:" Neural Correlates of Encoding in an Incidental Learning Paradigm. " *Electroencephalography and Clinical Neurophysiology* 67, 360-371.

[246] Paller, K. A., Katus, M. and McIsaac, H. K,. 1995:" Monitoring Conscious Recollection via the Electrical Activity of the Brain. " *Psychological Science* 6, 107-112.

[247] Paller, K. A., McCarthy, G. and Wood C. C. ,1988:" ERPs Predictive of Subsequent Recall and Recognition Performance. " *Biological Psychology* 26, 269-276.

[248] Palmer, B., Nasman, V. T. and Wilson, G. F. ,1994:" Task Decision Difficulty: Effects on ERPs in A Same-different Letter Classification Task. " *Biological Psychology* 38(2-3), 199-214.

[249] Pastizzo, M. and Feldman, L. B. ,2004:" Morphological Processing: A Comparison Between Free and Bound Stem Facilitation. " *Brain and Language* 90, 31-39.

[250] Penke, M., Weyerts, H., Gross, M., Zander, E., Munte, T. F. and Clahsen, H., 1997:" How the Brain Processes Complex Words: An ERP-study of German Verb Inflections. " *Essex Research Reports in Linguistics* 14, 1-41.

[251] Perfetti, C. A. and Zhang, S., 1991:" Phonological Processes in Reading Chinese Characters. " *Journal of Experimental Psychology: Learning, Memory and Cognition* 17(4), 633-643.

[252] Perfetti, C. A., Zhang, S. and Berent, I. ,1992:" Reading in English and Chinese: Evidence for a 'Universal' Phonological Principle. In Front, R., and Katz, L. eds. " *Orthography, Phonology, Morphology and Meaning*. Amsterdam: Elsevier 227-248.

[253] Picton, T., 1988:" The Endogenous Evoked Potentials, In Basar, E. Ed. " *Dynamics of Sensory and Cognitive Processes in the Brain*. New York: Springer-Verlag.

[254] Picton, T., Lins, O. and Sherg, M., 1995:" The Recording and Analysis of Event-related Potentials. In F. Boller and J. Grafman eds. " *Handbook of Neuropsychology* 10, 3-73. Amsterdam: Elsevier.

[255] Pinker, S., 1989: *Learnability and Cognition: The Acquisition of Argument Structure*. Cambridge, MA: the MIT Press.

[256] Pinker, S. ,1991:" Rules of Language. " *Science* 253, 530-535.

[257] Pinker, S. ,1994: *The Language Instinct*. New York: William Morrow.

[258] Pinker, S., 1995:" Language. In Gazzaniga M. S. ed. " *The Cognitive*

Neuroscience. Cambridge, MA: the MIT Press.
[259] Pinker, S., 1998: "Words and Rules." *Lingua* 106, 219-242.
[260] Pinker, S., 1999: *Words and Rules: The Ingredients of Language*. London: Phoenix.
[261] Pinker, S., 1997: *How the Mind Works*. New York: Norton.
[262] Polich, J. and Emanuel D., 1988: "P300 and the Word Frequency Effect." *Electroencephalography and clinical neurophysiology* 70(1), 33-45.
[263] Pulvermüller, F., 1999: "Words in the Brain's Language." *Behavioral and Brain Sciences* 22, 253-279.
[264] Pulvermüller, F., Kujala, T., Shtyrov, Y., Simola, J., Tiitinen, H., Alku, P., Alho, K., Martinkauppi, S., Ilmoniemi, R. J. and Näätänen R., 2001: "Memory Traces for Words as Revealed by the Mismatch Negativity." *Neuroimage* 14, 607-616.
[265] Pulvermüller, F., Lutzenberge, W. and Birbaumer, N., 1995: "Electrocortical Distinction of Vocabulary Types." *Electroencephalography and Clinical Neurophysiology* 94, 357-370.
[266] Pustejovsky, J., 1995: *The Generative Lexicon*. Cambridge, MA: the MIT Press.
[267] Randall, B. and Marslen-Wilson, W., 1998: "The Relationship Between Lexical and Syntactic Processing." *In Proceedings of the Twentieth Annual Conference of the Cognitive Science Society* 871-876.
[268] Raney, G. E., 1993: "Monitoring Changes in Cognitive Load During Reading: An Event-related Brain Potential and Reaction Time Analysis." *Journal of Experimental Psychology* 19, 51-69.
[269] Rastle, K., Davis, M. H., Marslen-Wilson, W. D. and Tyler, L. K., 2000: "Morphological and Semantic Effects in Visual Word Recognition: A Timecourse Study." *Language and Cognitive Processes* 15(4), 507-537.
[270] Rayner, K., 1998: "Eye Movements in Reading and Information Processing: 20 Years of Research." *Psychological Bulletin* 124, 372-422.
[271] Rubin, G. S., Becker, C. A. and Freeman, R. H., 1979: "Morphological Structure and Its Effect on Visual Word Recognition."

Journal of Verbal Learning and Verbal Behavior 18(6), 757-767.

[272] Rudell, A. P., 1990:" The Recognition Potential: A Visual Response Evoked by Recognizable Images. "*Neuroscience Abstracts* 16, 106.

[273] Rudell, A. P., 1991:" The Recognition Potential Contrasted with the P300. "*International Journal of Neuroscience* 60(1), 85-111.

[274] Rudell, A. P., 1992:" Rapid Stream Stimulation and the Recognition Potential. " *Electroencephalography and Clinical Neurophysiology* 83, 225-240.

[275] Rugg, M. D., 1990:" Event-related Brain Potentials Dissociate Repetition Effects of High and Low Frequency Words. " *Memory and Cognition* 18(4), 367-379.

[276] Rugg, M. D. and Barrett, S. E., 1987:"Event-related Potentials and the Interaction Between Orthographic and Phonological Information in a Rhyme-judgment Task. "*Brain and Language* 32(2), 336-361.

[277] Rugg, M. D. and Doyle, M. C., 1992:" Event-related Potentials and Recognition Memory of Low and High Frequency Words. " *Journal of Cognitive Neuroscience* 4(1), 69-79.

[278] Rugg, M. D., Cox, C. J. C., Doyle, M. C. and Wells, T., 1995:" Event-related Potentials and the Recollection of Low and High Frequency Words. "*Neuropsychologia* 33(4), 471-484

[279] Rugg, M. D., Mark, R. E., Walla, P., Schloerscheidt, A. M., Birch, C. S. and Allan, K., 1998:" Dissociation of the Neural Correlates of Implicit and Explicit Memory. "*Nature* 392, 595-597.

[280] Rugg, M. D., Schloerscheidt, A. M. and Mark, R. E., 1998:" An Electrophysiological Comparison of Two Indices of Recollection. " *Journal of Memory and Language* 39, 47-69.

[281] Rugg, M. D., 1995:*Event-related Potential Studies of Human Memory*. In Gazzaniga,. M. S. ed. *Cognitive Neurosciences*. Cambridge, MA: the MIT Press.

[282] Rumelhart, D. E. and McClelland, J. L., 1986:*On Learning the Past Tenses of English Verbs*. Cambridge, MA: the MIT Press.

[283] Sahin, N. T., Pinker, S., Cash, S. S., Schomer, D. and Halgren, E., 2009:" Sequential Processing of Lexical, Grammatical, and Phonological Information Within Broca's Area. "*Science* 326, 445-449.

[284] Sanquist, Thomas F., et al., 1980:"An Event-Related Potential Analysis of Coding Processes in Human Memory." *Progress in Brain Research* 54, 655-660.

[285] Satoh, K., Ohta, K., Matsutoh, Y., Matsushima, E. and Yamanaka, Y., 2002:"Pre-existing Semantic Knowledge and DM Effect." *International Congress Series* 1232, 193-196.

[286] Schirmeier, M. K., Derwing, B. L. and Libben G., 2004:"Lexicality, Morphological Structure, and Semantic Transparency in the Processing of German Ver-verbs: The Complementarity of On-line and Off-line Evidence." *Brain and Language* 90, 74-87.

[287] Schreuder, R. and Baayen, R. H. 1997 How Complex Simplex Words Can Be. *Journal of Memory and Language* 90, 63-73.

[288] Seidenberg, M. S. 1997 Language Acquisition and Use: Learning and Applying Probabilistic Constraints. *Science* 275, 1599-1603.

[289] Seidenberg, M. S. and McClelland. J. L., 1989:" A Distributed, Developmental Model of Word Recognitionand Naming." *Psychological Review* 96, 523-568.

[290] Sereno, S. C., Rayner, K. and Posner M. I., 1998:"Establishing a Time-line of Word Recognition: Evidence from Eye Movements and Event-related Potentials." *Neuroreport* 9, 2195-2200.

[291] Sereno, S. C. and Rayner, K., 2003:"Measuring Word Recognition in Reading: Eye Movements and Event-related Potentials." *Trends in Cognitive Sciences* 7, 489-493.

[292] Shtyrov, Y., Hauk, O. and Pulvermuller, F., 2004:"Distributed Neuronal Networks for Encoding Category-specific Semantic Information: The Mismatch Negativity to Action Words." *European Journal of Neuroscience* 19, 1083-1092.

[293] Singleton, D., 2007:"How Integrated is the Integrated Mental Lexicon? In Lengyel, Z., Navracsics, J. eds." *Second Language Lexical Processes: Applied Linguistic and Psycholinguistic Perspectives* 3-16.

[294] Smith, M. E., 1993:"Neurophysiological Manifestations of Recollective Experience During Recognition Memory Judgments." *Journal of Cognitive Neuroscience* 5, 1-13.

[295] Smith, M. E. and Halgren, E., 1987:"Event-related Potentials During

Lexical Decision: Effects of Repetition, Word Frequency, Pronounceability, and Concreteness." *Electroencephalography and clinical Neurophysiology* 40, 417-421.

[296] Smith, M. E. and Halgren, E., 1989:" Dissociation of Recognition Memory Components Following Temporal Lobe Lesions." *Journal of Experimental Psychology:Learning,Memory and Cognition* 15,50-60.

[297] Sousa, L. B. and Gabriel, R.,2015:"Does the Mental Lexicon Exist?" *Revista de Estudos da Linguagem*, 23(2), 335-361.

[298] Spencer, L. J., Tye-Murray, N. and Tomblin, J. B., 1998:" The Production of English Inflectional Morphology, Speech Production and Listening Performance in Children with Cochlear Implants." *Ear and Hearing*, 19(4), 310.

[299] Sproat, R. and Shih, C.,1996:" A Corpus-based Analysis of Mandarin Nominal Root Compound." *Journal of East Asian Linguistics*, 5(1), 49-71.

[300] Stelmack, R. M. and Miles, J.,1990:"The Effect of Picture Priming on Event-related Potentials of Normal and Disabled Readers During a Word Recognition Memory Task." *Journal of Clinical and experimental Neuropsychology* 12(6), 887-903.

[301] Stemberger, J., 1985:" An Interactive Activation Model of Language Production. In A. Ellis ed. "*Progress in the Psychology of Language* 1. Hillsdale, NJ: Erlbaum.

[302] Taft, M.,1979:"Recognition of Affixed Words and the Word Frequency Effect." *Memory and Cognition* 7(4), 263-272.

[303] Taft, M., 1988:" A Morphological-decomposition Model of Lexical Representation." *Linguistics* 26, 657-668.

[304] Taft, M., 1991: *Reading and the Mental Lexicon*. Hove: Lawrence Erlbaum Associates Ltd.

[305] Taft,M.,1994:"Interactive-activation as a Framework for Understanding Morphological Processing. In D. Sandra and M. Taft eds. "*Morphological Structure, Lexical Representation and Lexical Access*. Hillsdale, NJ: Erlbaum.

[306] Taft, M. and Forster, K., 1975:" Lexical Storage and Retrieval of Prefixed Words." *Journal of Verbal Learning and Verbal Behavior* 14,

[307] Taft, M. and Forster, K., 1976:"Lexical Storage and Retrieval of Polymorphemic and Polysyllabic Words." *Journal of Verbal Learning and Verbal Behavior* 15, 607-620.

[308] Taft, M. and Kougious, P., 2004:"The Processing of Morpheme-like Units in Monomorphemic Words."*Brain and Language* 90, 9-16.

[309] Taft, M. and Zhu, X., 1995: *The Representation of Bound Morphological in the Lexicon: A Chinese Study*. New Jersey: Erlbaum 293-316.

[310] Taft, M. and Zhu, X., 1997:"Using Masked Priming to Examine Lexical Storage of Chinese. In Chen, H. ed."*Cognitive Processing of Chinese and Related Asian Languages* 233-241. Hong Kong: The Chinese University Press.

[311] Taft, M., Huang. and Zhu, X., 1994:"The Influence of Character Frequency on Word Recognition Responses in Chinese."*Advances in the Study of Chinese Language Processing* 1, 59-73.

[312] Taylor, M. J., Smith, M. L. and Iron, K. S., 1990:"Event-related Potential Evidence of Sex Differences in Verbal and Nonverbal Memory."*Neuropsychologia* 28, 691-705.

[313] Teichmann, M., Turc, G., Nogues, M., Ferrieux, S. and Dubois, B., 2012:"A Mental Lexicon Without Semantics."*Neurology* 79(6), 606.

[314] Tomasello, M., 1992: *First Verbs: A Case Study of Early Grammatical Development*. Cambridge: Cambridge University Press.

[315] Treisman, A. M., 1960:"Contextual Cues in Selective Listening." *Quarterly Journal of Experimental Psychology* 12, 242-248.

[316] Tzeng, O. J. L. and Chen, S., 1988:"Aphasia in Chinese. Symposium on Aphasia in Non-Indo-European Languages."*Academy of Aphasia*. Montreal.

[317] Tzeng, O. J. L., Hung, D. L. and Wang, W. S. Y., 1977:"Speech Recoding in Chinese Characters."*Journal of Experimental Psychology: Human Memory and Learning* 3(6), 621.

[318] Ullman, M. T., 2001:"The Neural Basis of Lexicon and Grammar in First and Second Language: The Declarative/Procedural Model." *Bilingualism: Language and Cognition* 4(1), 105-122.

[319] Ullman, M. T., 2004:"Contributions of Memory Circuits to Language:

The Declarative/ Procedural Model. "*Cognition* 92(23), 1-70.

[320] Ullman, M. T., 2007: " The Biocognition of the Mental Lexicon. In Gaskell, M. G. ed. "*The Oxford Handbook of Psycholinguistics*. Oxford, UK: Oxford University Press, 267-286.

[321] Ullman, M. T., Corkin, S., Coppola, M., Hickok, G., Growdon, J. H., Koroshetz, W. J. and Pinker, S., 1997: " A Neural Dissociation Within Language: Evidence that the Mental Dictionary is Part of Declarative Memory, and That Grammatical Rules are Processed by the Procedural System. " *Journal of Cognitive Neuroscience* 9, 266-276.

[322] Ullman, M. T., Pancheva, R., Love, T., Yee, E., Swinney, D. and Hickok, G., 2005: " Neural Correlates of Lexicon and Grammar: Evidence from the Production, Reading, and Judgement of Inflection in Aphasia. "*Brain and Language* 93(2), 185-238.

[323] Van Petten, C. and Senkfor, A. J., 1996: "Memory for Words and Novel Visual Patterns: Repetition, Recognition, and Encoding Effects in the Event-related Brain Potential. "*Psychophysiology* 33(5), 491-506.

[324] Van Petten, C., Kutas, M., Kluender, R., Mitchiner, M. and Mcisaac, H., 1991: "Fractionating the Word Repetition Effect with Event Related Potentials. "*Journal of Cognitive Neuroscience* 3, 131-150.

[325] Vannest, J., 1999: "Lexical Morphology and Lexical Access. "*Brain and Language* 68, 324-332.

[326] Wagner, A. D., Koutstaal, W. and Schacter, D. L., 1999: " When Encoding Yields Remembering: Insights from Event-related Neuroimaging. "*Philosophical Transactions of the Royal Society London, Series B: Biological Sciences* 354, 1307-1324.

[327] Waksler, R., 1999: " Cross-Linguistic Evidence for Morphological Representation in the Mental Lexicon. "*Brain and Language* 68, 68-74.

[328] Wilding, E. L., 2000: " In What Way Does the Parietal ERP Old/New Effect Index Recollection?" *International Journal of Psychophysiology* 35, 81-87.

[329] Wilding, E. L. and Rugg, M. D., 1996: " An Event-related Potential Study of Recognition Memory with and Without Retrieval of Source. " *Brain* 119, 889-905.

[330] Yin, W. and Butterworth, B., 1992: " Deep and Surface Syslexia in

Chinese. In Chen, H. C., and Tzeng, O. J. L. eds. "*Language Processing in Chinese* 349–366. Amsterdam: North-Holland and Elsevier.

[331] Zhang, B. and Peng, D., 1992: " Decomposed Storage in the Chinese Lexicon. In Chen, H. C., and Tzeng, O. J. L. eds. " *Language Processing in Chinese* 131–149. The Netherlands: North-Holland, Elsevier.

[332] Zhou, X. and Marslen-Wilson, W., 1994: " Words, Morphemes and Syllables in the Chinese Mental Lexicon. " *Language and Cognitive Processes* 9(3), 393–422.

[333] Zhou, X. and Marslen-Wilson, W., 1995: " Morphological Structure in the Chinese Mental Lexicon. " *Language and Cognitive Processes* 10(6), 545–600.

[334] Zhou, X. and Marslen-Wilson, W., 1996: " Direct Visual Access is the Only Way to Access the Chinese Mental Lexicon. In Corrrel, G. W. ed. " *Proceedings of the 18th Annual Conference of the Cognitive Science Society* 714–719. Mahwah, NJ: Erbaum.

[335] Zhou, X., Shu, H., Bi, Y. and Shi, D., 1999: " Is There Phonologically Mediated Access to Lexical Semantics in Reading Chinese? In Inoff, A., Wang, J., and Chen, H. C eds. " *Reading Chinese Script: A Cognitive Analysis* 135–172. NJ: Erlbaum.

[336] Zwitserlood, P., 2004: " Sublexical and Morphological Information in Speech Processing. " *Brain and Language* 90, 368–377.